安徽省引江济淮工程
考古发掘简报合集

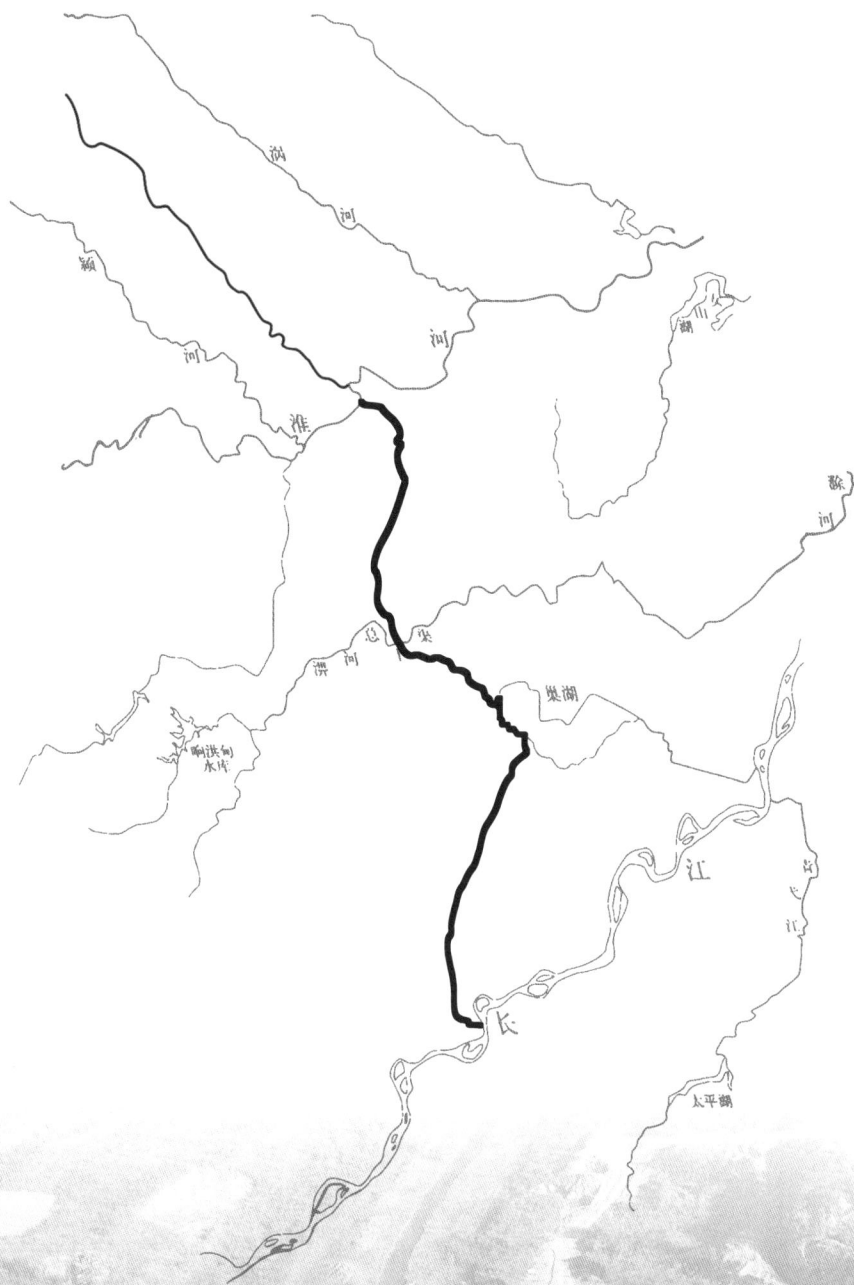

安徽省文物局 主编
安徽省文物考古研究所 编著

上海古籍出版社

图书在版编目（CIP）数据

安徽省引江济淮工程考古发掘简报合集 / 安徽省文物局主编；安徽省文物考古研究所编著. —上海：上海古籍出版社,2024.7

（安徽省引江济淮工程考古成果）

ISBN 978-7-5732-1205-4

Ⅰ.①安… Ⅱ.①安… ②安… Ⅲ.①水利工程-出土文物-考古发掘-发掘报告-汇编-安徽 Ⅳ.①K878.45

中国国家版本馆CIP数据核字（2024）第095142号

安徽省引江济淮工程考古成果

安徽省引江济淮工程考古发掘简报合集

安徽省文物局　主编

安徽省文物考古研究所　编著

上海古籍出版社出版发行

（上海市闵行区号景路159弄1-5号A座5F　邮政编码201101）

（1）网址：www.guji.com.cn

（2）E-mail：guji1 @ guji.com.cn

（3）易文网网址：www.ewen.co

上海雅昌艺术印刷有限公司印刷

开本889×1194　1/16　印张15.5　插页36　字数399,000

2024年7月第1版　2024年7月第1次印刷

ISBN 978-7-5732-1205-4

K·3626　定价：198.00元

如有质量问题，请与承印公司联系

目　　录

插 图 目 录

肥西高古墩新石器时代遗址发掘简报

肥西瓦屋郢遗址发掘简报

庐江坝埂遗址周代遗存发掘简报

庐江杨家墩周代遗址发掘简报

庐江俞庄遗址周代遗存发掘简报

太和马庄遗址发掘简报

寿县五里闸墓地考古发掘简报

肥西塘新圩遗址发掘简报

彩 版 目 录

肥西高古墩新石器时代遗址发掘简报

吉林大学考古学院　安徽省文物考古研究所

一、发掘概况

高古墩遗址位于安徽省合肥市肥西县高店乡平河村,淮河支流(天河)西岸,遗址中心点坐标为:北纬31.891 35°,东经116.882 35°,高程5米(图一)。遗址地貌为岸边阶地,原地表种植瓜蒌等经济作物。地表经过多次翻耕,平缓无明显起伏。地面调查可见泥质灰陶、夹砂红陶,饰有绳纹、篮纹等纹饰的陶器残片。经勘探,分布面积约为28 000平方米。

图一　高古墩遗址位置示意图

该遗址部分位于引江济淮工程施工范围内,受安徽省引江济淮工程文物保护工作领导小组办公室委托,2019年12月至2020年8月,安徽省文物考古研究所与吉林大学考古学院合作,对

图二　发掘区原始地貌

该遗址进行了科学发掘。于遗址核心区布10米×10米探方10个,编号2020FGGT1～T10(后文略去前缀),方向为正南北向,布方面积1000平方米。发掘区基点为T01西北角,坐标为:北纬31°53′42.85″,东经116°52′43.85″(图二)。发掘过程中,为完整揭露已发现的遗迹部分而扩方,总计发掘面积1300平方米(彩版一;彩版二)。

该遗址地层堆积相对简单,发掘区南部堆积平均厚度约为0.6米,北部约为0.4米。文化层以新石器时代为主,共清理房址13座、灰坑53个、灰沟2条、墙基2条。

二、地 层 堆 积

平整土地行为导致该遗址上层堆积已遭严重破坏,现存地层堆积相对简单,在发掘区内的分布比较一致。现以T5内地层堆积情况为例予以介绍(图三):

依土质、土色、包含物等信息综合判断,该探方地层堆积可分3层。

第①层:黏土,较致密,呈水平状分布于整个探方内,平均厚度0.15米,包含植物根茎、红烧土块、红烧土颗粒及砖瓦碎块、青花瓷片。该层下遗迹有灰坑2处:H5、H53。

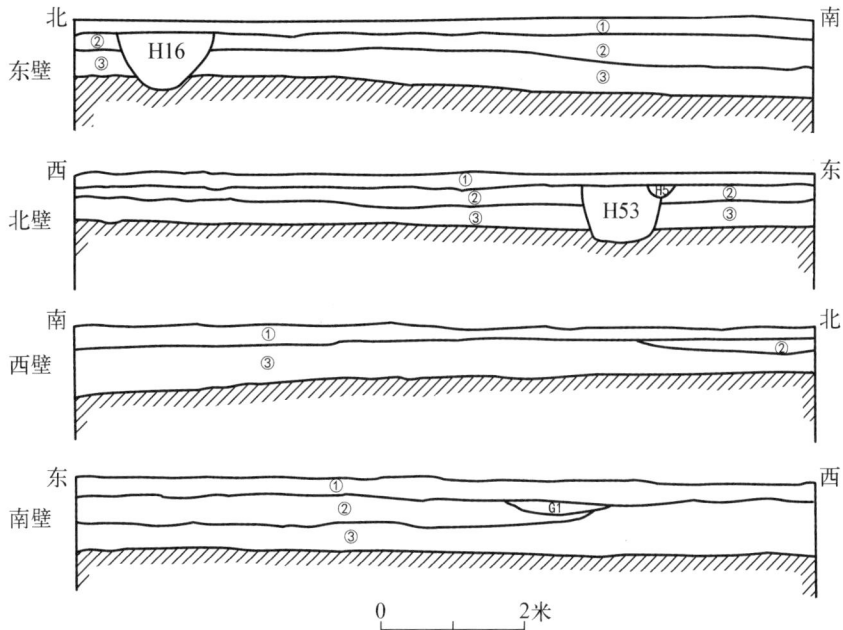

图三　T5四壁剖面图

第②层：灰色黏土，土质致密，分布于探方北部及东部，西南部缺失，平均厚度0.25米，包含有红烧土块、红烧土颗粒。出土有泥质灰陶、黑陶及夹砂红褐陶片，可辨器形以罐、豆为主。

第③层：黄褐色黏土，土质致密，呈水平状基本分布于整个探方，平均厚度0.5米，包含有红烧土块及红烧土颗粒。出土有泥质灰陶、夹砂红褐陶片，可辨器形有罐、豆、盆、壶等。

其下为青灰色黏土，经采样分析为自然原因形成，不包含人类活动遗物。

其余探方堆积情况与T5总体相似。发掘区内现存文化层形成年代相近，均为新石器时代。耕土层清理完毕后，大部分遗迹现象已经显露。

三、遗　　迹

本次发掘所见遗迹种类主要有房址、灰坑，另外有墙基2条及灰沟2条。下面分类进行介绍：

（一）房址

共13座。分别编号为F1～F13。其中，F6保存情况不佳，仅残留部分居住面和少量柱洞，难以复原其初始形制。出于复原遗址整体布局的目的，仍将其独立编号。其余12座房址，根据房屋建造方式的不同可分为半地穴式建筑与地面式建筑两大类。

1. 半地穴式建筑

3座，分别编号为F3、F4、F5。

F3　主体位于T4的中东部，发现于第①层扰乱层下，打破第②层。房址为椭圆形半地穴建

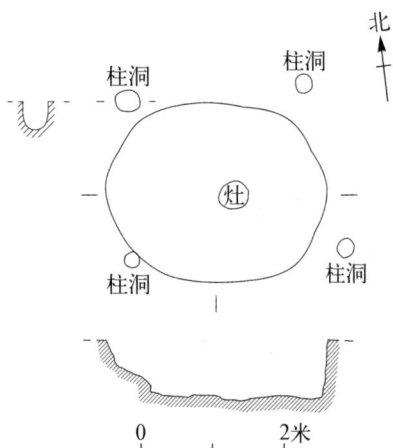

图四　F3平、剖面图

筑，大体呈西北至东南向，长约3米，最宽约2.4米，最深约0.78米。西北部为短斜坡，坡度较缓，坡壁筑有椭圆形脚窝2处，应为踏步，其余坑周壁面近直。踩踏面较平，略凸凹。在居室中心偏后有近圆形灶坑一处，弧壁圜底，直径约0.4米，深约0.08米。在房址四角共发现柱洞4个，平面近圆形，大小、深浅不等（图四）。

F4　主体位于T9的中部，发现于第①层扰乱层下，打破第②层。房址为近椭圆形半地穴建筑，大体呈西北至东南向，长约8.3米，最宽约4.7米，最深约0.8米。居室西侧内凹，设有一向外凸出的阶梯式窄小门道，门向朝西南，门道处设一级台阶，宽约0.67米。西北部屋内踩踏面略低于屋外地面，其余坑周壁面近直。踩踏面斜平，西北高、东南低。灶1在居室后部居中处，形状近椭圆形，弧壁圜底，长径约0.67米，短径约0.4米，深约0.1米。居室内共发现柱洞23个，平面近圆形，大小、深浅不等，都分布在居室内，其中环绕居室一周近坑壁处分布柱洞19个，另有居室东西轴线分布一排4个柱洞。屋外地面近门道向南处发现灶2，形状近椭圆形，弧壁圜底，长径约0.8米，短径约0.47米，深约0.07米。紧邻灶2设有一近圆形卵石坑，直径约0.53米，深约0.23米，坑内铺垫卵石（图五；彩版三，2）。

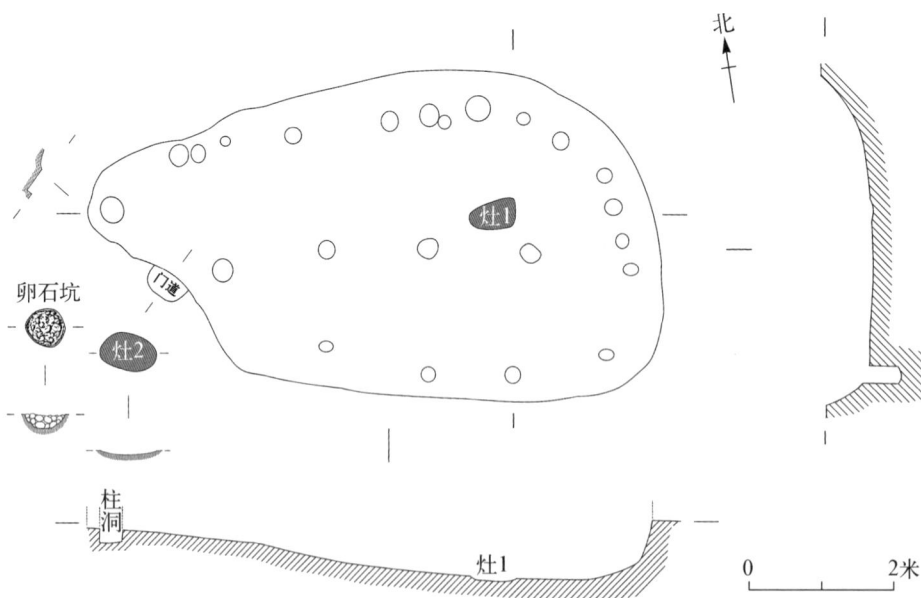

图五　F4平、剖面图

F5　主体位于T4的中东北部，发现于第①层扰乱层下。房址为椭圆形半地穴建筑，大体呈西北至东南向，长约3.1米，最宽约2.6米，深约0.43米。坑周壁面斜直，踩踏面较平。居室东南设有一向外凸出的阶梯式窄小门道，门向朝东南，长约0.54米，宽约0.74米，门道设有一级台阶。环绕分布居室一周柱洞5个，平面近圆形，大小、深浅不等。在房屋范围内未发现灶（图六）。

2. 地面式建筑

9座。地面起建的建筑可以分为单间建筑和多间建筑。

单间建筑共5座，分别编号为F1、F2、F7、F8、F13。

F1　主体位于T7的东部，西北角延伸至T6内，发现于第①层扰乱层下，东南角被F11叠压。房址为长方形地面式建筑，大体呈南北走向。南北室内残长约12.7米，室内宽约1.82米。墙基是在红烧土上挖沟槽，基槽深约0.34米，宽约0.42米，建筑东西两侧可见明显的墙体，宽约0.42米，为青灰色黏土构筑。西墙与F12的东墙为共用隔墙。门道设在西墙南侧，门向朝西，宽约0.87米。踩踏面叠压在房基垫土之上，墙体和房屋范围内未发现柱洞及灶（图七）。

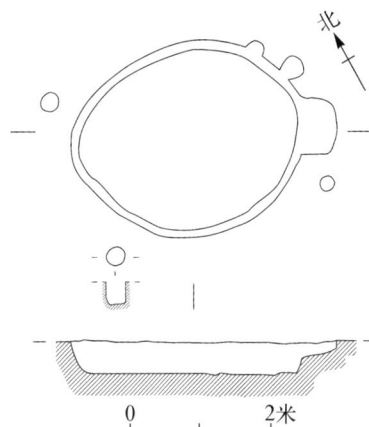

图六　F5平、剖面图

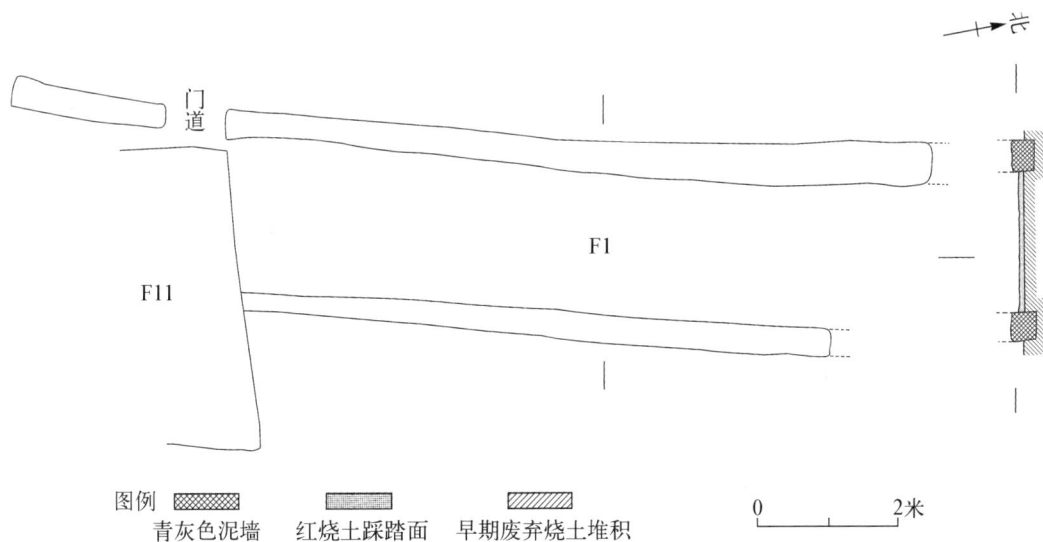

图例　青灰色泥墙　红烧土踩踏面　早期废弃烧土堆积

图七　F1平、剖面图

F2　主体位于T2的东南部，发现于第①层扰乱层下。房址为近长方形地面式建筑，近南北走向。大体南宽北窄，南北室内长约4.14米，东西室内宽约2.9～3.35米。墙基是在红烧土上挖沟槽，基槽深约0.4米，宽约0.28米，四面可见明显的墙体，宽约0.25米，为青灰色黏土构筑。门道设在东墙南侧，门向朝东，宽约0.6米。在四面墙体的位置共发现柱洞21个，平面近圆形，大小、深浅不等，其中门道两侧各有柱洞，东墙和南墙交汇处一柱洞内垫有石块，其建筑形式分墙基内栽埋木柱和打破外墙基栽埋木柱2种。在房屋范围内未发现灶等生活遗迹（图八；彩版三，1）。

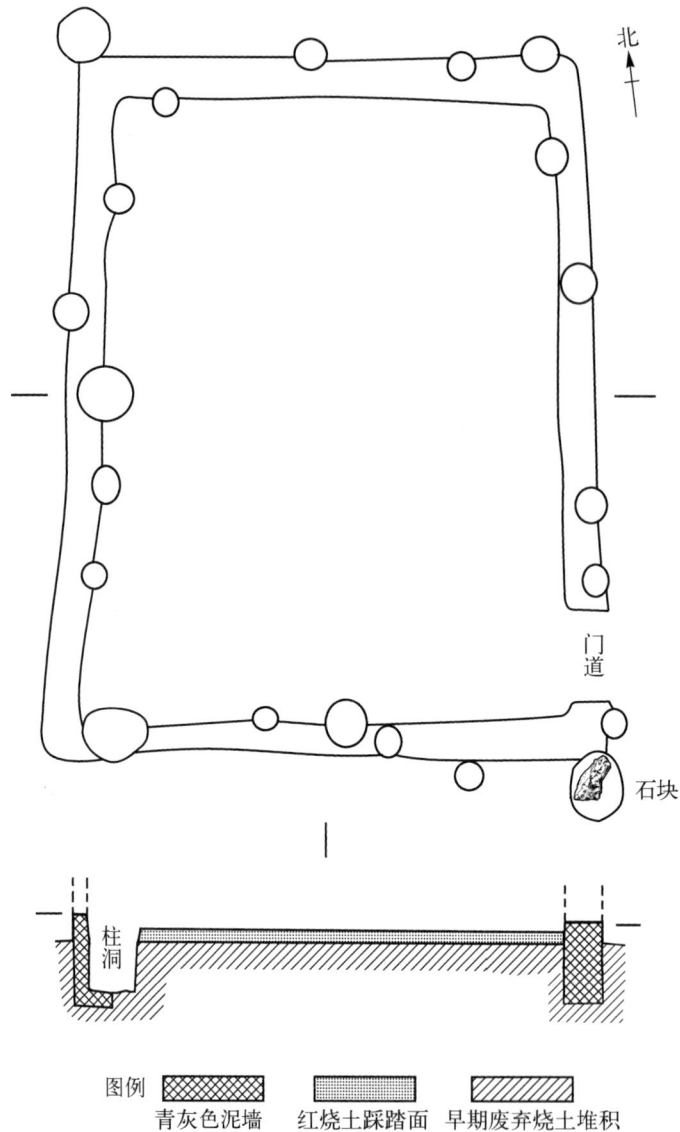

图八　F2平、剖面图

F7　主体位于T10的东南部，发现于第①层扰乱层下，建于红烧土倒塌堆积之上。房址为近长方形地面式建筑，大体呈东西走向，东西室内长约2.52米，南北室内宽约2.11米。墙基是在红烧土上挖沟槽，深约0.48米，宽约0.25米。四面可见明显的墙体，宽约0.33米，为青灰色黏土构筑。房址内部可见人为加工的踩踏面，推测是以早期房屋的倒塌堆积堆垫而成。在居室内发现灶坑2处，其中灶1在居室后部紧贴东墙处，形状为半椭圆形，弧壁圜底，长约0.54米，宽约0.67米，深约0.1米；灶2在居室居中处，形状近圆形，弧壁圜底，直径约0.47米，深约0.1米。门道设在西墙北侧，门向朝西，宽约0.52米。在四面墙基内共发现柱洞15个，平面近圆形或椭圆形，大小、深浅不等，其中门道两侧各有1个柱洞（图九）。

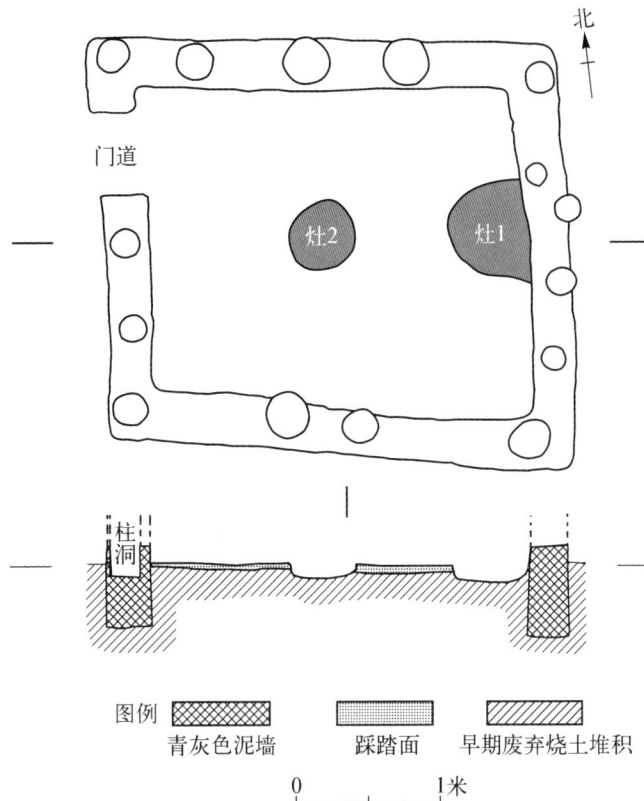

图九　F7平、剖面图

F8　主体位于T10的南部，发现于第①层扰乱层下，建于红烧土之上。房址为近方形地面式建筑，东西室内长约2.35米，南北宽约2.5米。墙基是在红烧土上挖沟槽，深约0.42米，宽约0.26米。四面可见明显的墙体，宽约0.24米，为青灰色黏土构筑。在居室内发现灶坑2处，其中灶1在居室后部居中处，形状近葫芦形，弧壁圜底，长约0.82米，最宽约0.61米，深约0.1米；灶2近居室门道处，形状近圆形，弧壁圜底，直径约0.35米，深约0.1米。门道设在东墙南侧，门向朝东，宽约0.5米。在四面墙体的位置共发现柱洞18个，平面近圆形或椭圆形，大小、深浅不等，其中门道两侧各有1个柱洞，其建筑形式分墙基内栽埋木柱和打破内、外墙基栽埋木柱2种（图一〇）。

F13　主体位于T10的中西部，西侧未发掘，发现于第①层扰乱层下。房址已发掘部分为近方形地面式建筑，东西走向。室内边长约2.18米。墙基是在红烧土上挖沟槽，基槽深约0.2米，宽约0.34米，四面可见明显的墙体，宽约0.3米，为青灰色黏土构筑。门道设在东墙中部，门向朝东，宽约0.6米。在四面墙体的位置共发现柱洞9个，平面近圆形，大小、深浅不等，其中门道两侧各有1个柱洞，其建筑形式分墙基内栽埋木柱和打破外墙基栽埋木柱2种。在房屋范围内未发现灶等生活遗迹（图一一）。

多间建筑共4座，分别编号为F9、F10、F11、F12。

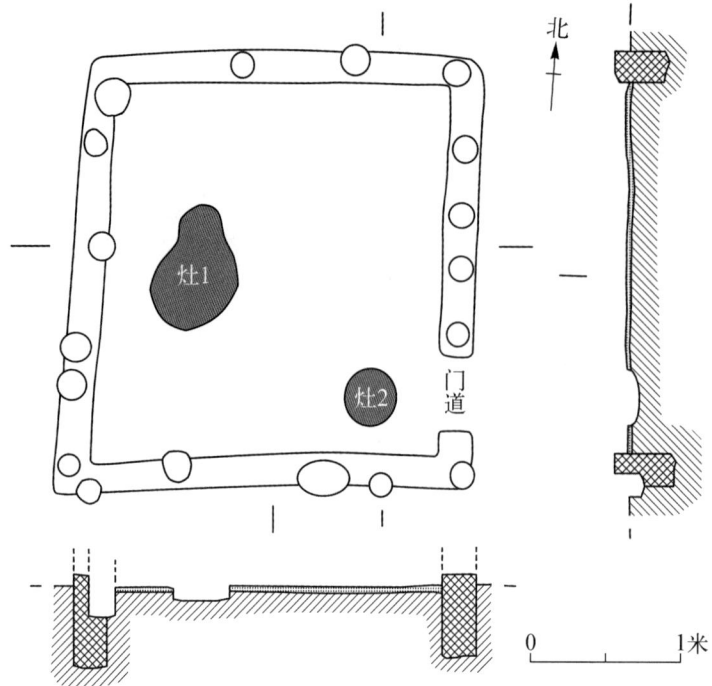

图例　青灰色泥墙　踩踏面　早期废弃烧土堆积

图一〇　F8平、剖面图

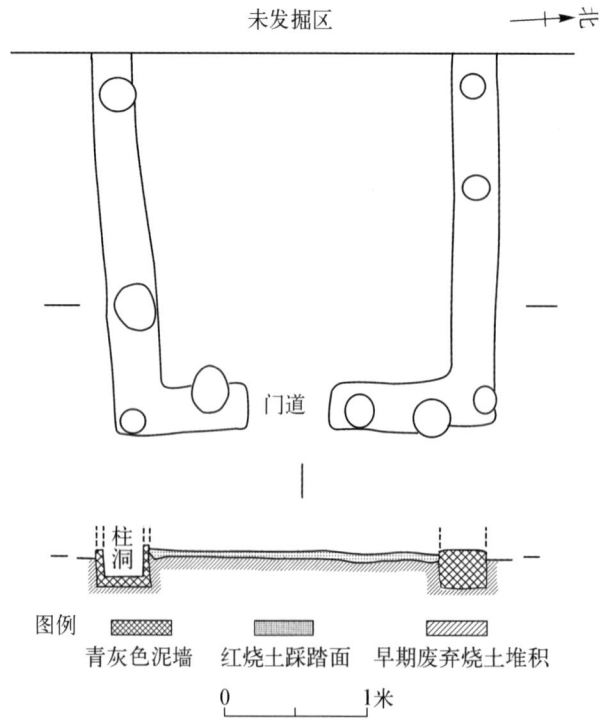

图例　青灰色泥墙　红烧土踩踏面　早期废弃烧土堆积

图一一　F13平、剖面图

F9　主体位于T8西部,北侧延伸至T7内,发现于第①层扰乱层下,建筑于红烧土倒塌堆积之上。房址为近梯形地面式建筑,大体呈南北走向,为一次性建成。房屋结构为由北至南一排两间,即四周为共用主墙,中间再以隔墙分隔两间,形成套间,门向各异。南北总长约10米,东西总宽约4.93～5.7米。墙基是在红烧土上挖沟槽,深约0.43米,宽约0.35～0.59米。四面可见明显的主墙,北、西、南墙及隔墙宽约0.47米,东墙南部较厚,最宽约0.87米,均为青灰色黏土构筑。北套间为排房的外间,平面近梯形,南北室内长约4.47米,东西室内宽约4.13～4.73米,外门道设在西主墙北侧,门向朝西,宽约0.6米;南套间为排房的内间,平面近长方形,南北室内长约4.3米,东西室内宽约3.8米。套间门设在隔墙西侧,门向朝北,宽约0.6米。踩踏面基本处在同一水平面上。在四面主墙及隔墙的位置共发现柱洞25个,平面近圆形或椭圆形,大小、深浅不一,其中外门道两侧各有1个柱洞,其建筑形式分墙基内栽埋木柱和打破外墙基栽埋木柱2种。在房屋范围内未发现灶等生活遗迹(图一二)。

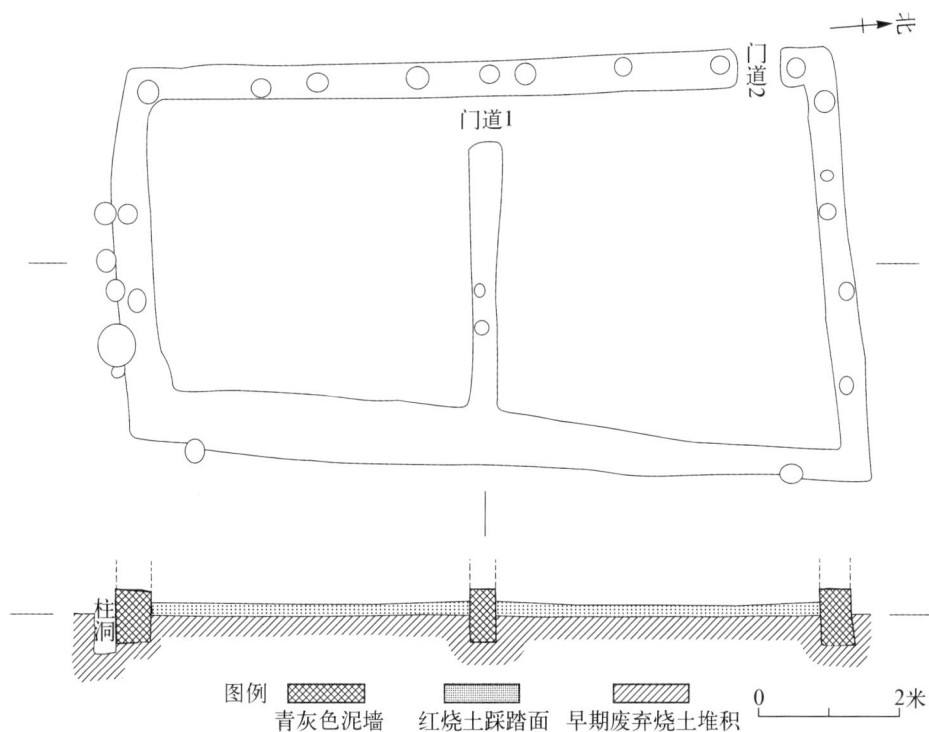

图一二　F9平、剖面图

F10　主体位于T5西南部,发现于第①层扰乱层下。房址平面为折尺形地面式建筑,大体呈南北走向,为一次性建成,房屋结构为由北至南一排两间,相叠交错,形如折尺。其形制较为特殊,虽然两间房相组合形成套间,但每个房间又有各自的外门道,又形成单独房间,即四周为共用主墙,中间再以隔墙分隔成独立的房间,形成套间,门向各异。南北总长约6.1米,东西宽约5.4米。墙基是在红烧土上挖沟槽,深约0.24米,宽约0.34～0.47米,四面可见明显的主墙,主墙和隔墙宽约0.4～0.26米，均为青灰色黏土构筑。北套间平面呈"刀把"形，南北西墙室内长约2.6米、东墙室内长约1.2米，东西室内宽约4.78米，外门道设在东主墙北侧，门向朝东，宽约0.52米；南套间平面近长方形，南北室内长约2.17米，东西室内宽约2.6米，在居室西北部有近椭圆形灶坑一处，弧壁圜底，长径约0.78米，短径约0.4米，深约0.1米。外门道设在东主墙南侧，门向朝东，宽约0.52米；套间门设在隔墙东侧，门向朝北，宽约0.7米。踩踏面基本处在同一水平面上。在四面主墙及隔墙的位置共发现柱洞31个，平面近圆形或椭圆形，大小、深浅不一，其中2个外门道两侧各有1个柱洞，其建筑形式分墙基内栽埋木柱和贴附外墙栽埋木柱2种（图一三）。

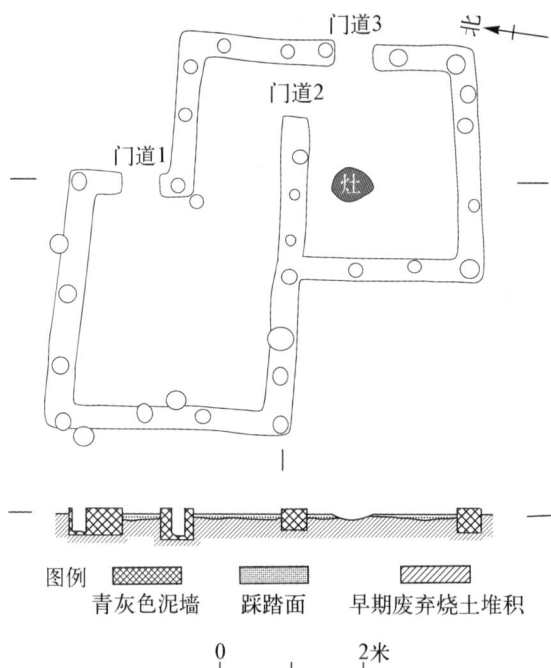

图一三　F10平、剖面图

F11　主体位于T8东部，北侧延伸至T7及TG2内，发现于第①层扰乱层下，建筑于红烧土倒塌堆积之上。房址为近梯形地面式建筑，大体呈东北至西南走向，为一次性建成。房屋结构为由北至南一排三间，即四周为共用主墙，中间再以两隔墙分隔三间，形成套间。南北总长约11.45米，东西总宽约2.47～4.2米。墙基是在红烧土上挖沟槽，基槽深约0.36米，宽约0.3米。四面可见明显的主墙，主墙及隔墙宽约0.27～0.4米，均为青灰色黏土构筑。自北向南的第一间为排房的外间，平面近梯形，南北室内长约2.73～3.13米，东西室内宽约2.73～3.4米，外门道1设在东主墙中部，门向朝东，宽约0.53米；自北向南的第二间为排房的内套间，平面近梯形，南北室内长约3.27～3.67米，东西室内宽约2.23～2.87米，套间门道2设在隔墙中部，门向朝北，宽约0.53米；自北向南的第三间为排房的内套间，平面近梯形，南北室内长约3.87米，东西室内宽约1.8～2.27米，套间门道3设在隔墙中部偏西，门向朝北，宽约0.53米；踩踏面基本处在同一水平

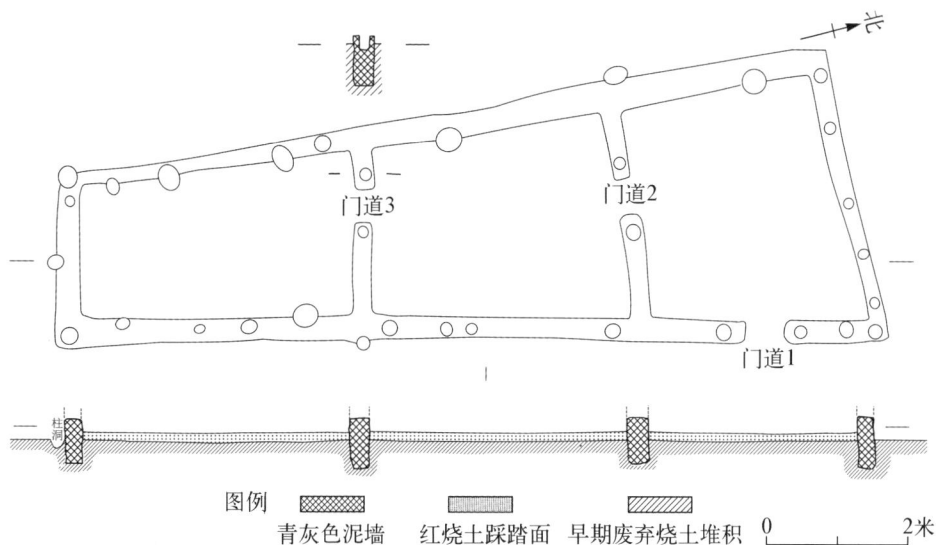

图例　▨青灰色泥墙　▨红烧土踩踏面　▨早期废弃烧土堆积　0　　2米

图一四　F11平、剖面图

面上。在四面主墙及隔墙的位置共发现柱洞33个，平面近圆形或椭圆形，大小、深浅不一，在各个门道两侧各有1个柱洞，其建筑形式分墙基内栽埋木柱和打破内、外墙基栽埋木柱2种。在房屋范围内未发现灶等生活遗迹（图一四；彩版四）。

F12 主体位于T7，发现于第①层扰乱层下，南侧被F9打破。房址为近长方形地面式建筑，大体呈南北走向，为一次性建成，东墙和F1为共用隔墙。房屋结构为由北至南一排两间，即四周为共用主墙，中间再以隔墙分隔两间，形成套间，每个房间有各自的外门道，门向各异。南北残长约11.15米，东西总宽约5.46米。墙基是在红烧土上挖沟槽修建，基槽深约0.31米，宽约0.36米。四面可见明显的主墙，主墙及隔墙宽约0.46米，均为青灰色黏土构筑。北套间，平面近长方形，南北室内长约5.38米，东西室内宽约4.61米，门道3设在西主墙南侧，门向朝西，宽约0.85米；南套间平面近长方形，南北室内残长约4.92米，东西室内宽约4.62米，门道1设在东主墙南侧，门向朝东，宽约0.77米，套间门道2设在隔墙中部，门向朝北，宽约0.77米。踩踏面基本处在同一水平面上。在四面主墙及隔墙、屋内的位置共发现柱洞16个，平面近圆形或椭圆形，大小、深浅不一，其中门道2、3两侧各有1个柱洞，其建筑形式分墙基内栽埋木柱和贴附内、外墙基栽埋木柱2种。在房屋范围内未发现灶等生活遗迹（图一五）。

（二）灰坑

共53个。编号为H1～H53。大部分灰坑内未出土遗物，推测其功能可能为取土坑。现选取出土遗物较为丰富的H52进行介绍。

H52 主体位于T9、T10内，发现于第①层扰乱层下。平面为长条不规则椭圆形，大体呈东北至西南走向，坑壁斜弧，坑底较平。最长径约7.6米，最宽径约2.8米，最深处约0.32米。坑内堆积为一次性堆积，土质较疏松，土色呈灰色。包含有陶片、石器等遗物（图一六）。

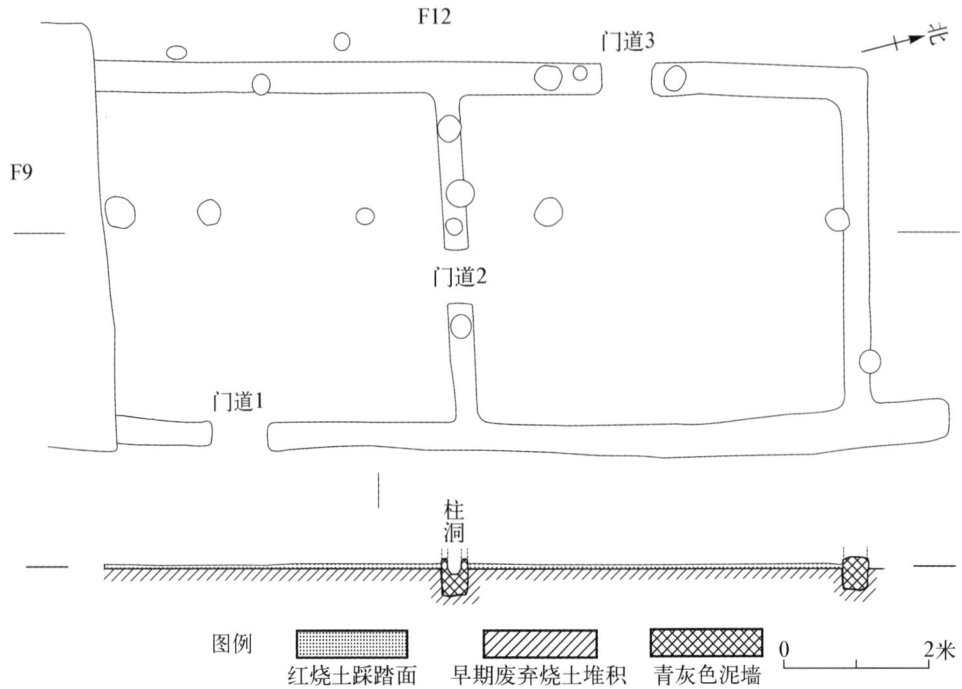

图一五　F12平、剖面图

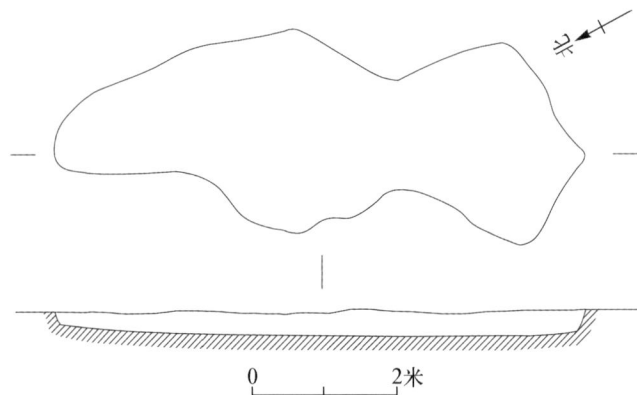

图一六　H52平、剖面图

（三）墙

共2条。编号为Q1、Q2（图一七）。

Q1　主体分布于T1、T11、T12内，发现于第①层扰乱层下，大体呈西北至东南走向，现残存墙基及柱洞，平面呈长条曲尺形，在西北角向西南呈近直角弯折，墙基是在红烧土上挖沟槽，槽体两侧及中间栽埋木柱，并填筑成墙基，墙基的深度和宽度不尽相同，残长约29米，宽约0.46～0.69米，深约0.6米。柱洞平面近圆形，大小、深浅不一，多为竖直型。

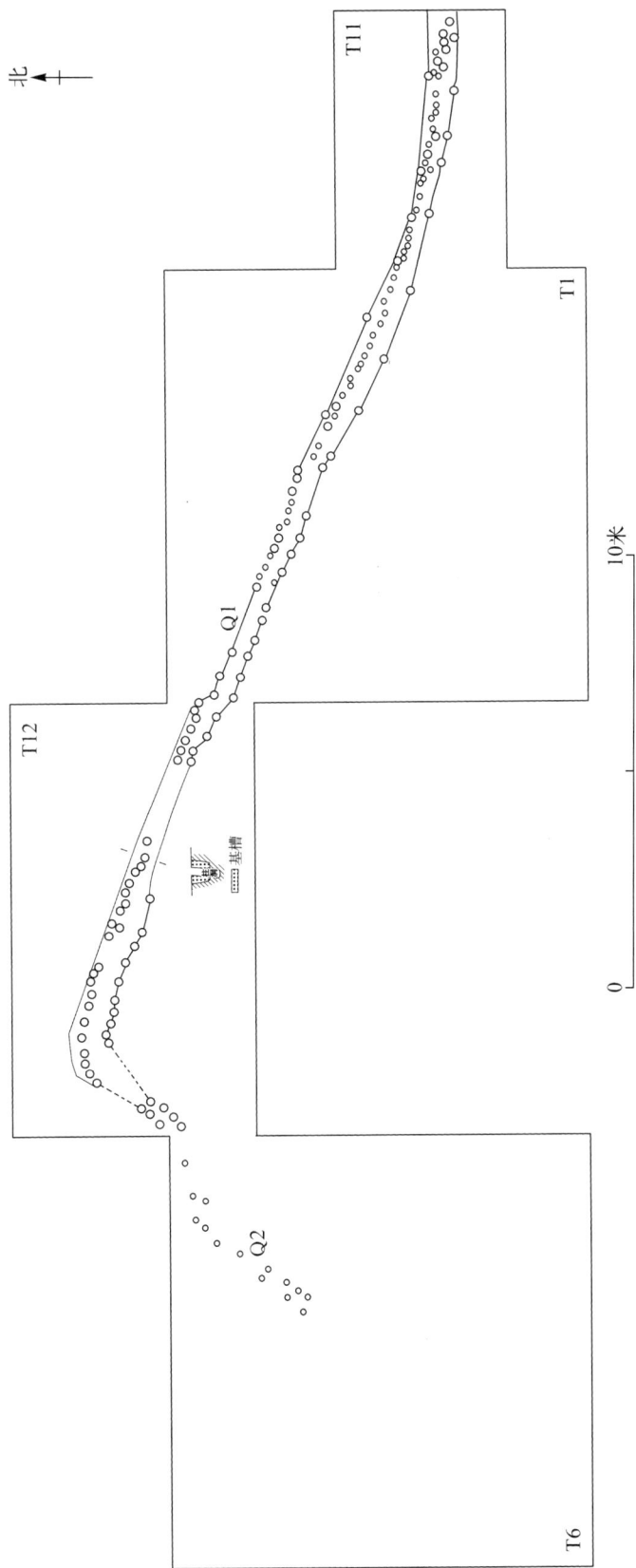

图一七　Q1、Q2平、剖面图

Q2 主体分布于T6内，发现于第①层扰乱层下，大体呈东北至西南走向，现残存墙基及柱洞，平面呈长条形，墙基痕迹不甚明显，现残存两排柱洞，共14个，应为墙基槽体两侧栽埋的木柱，残长约4.55米，柱洞间宽约0.27米，柱洞平面近圆形，大小、深浅不一，柱坑多系竖直型。由于北部紧邻Q1，且与Q1折角处方向一致，推测可能与Q1连为一体。

四、遗　物

出土遗物大部分为陶片，另有少量石器及骨角器。

（一）陶器

完整器少见。器物以轮制为主，也有少量手制、轮制相结合。泥质灰陶数量最多，此外也有夹砂灰陶、泥质红陶、夹砂红陶等，同时出土少量的黑陶及黑皮陶。可辨器形有罐、鼎、豆、盆、鬶、杯等，其中陶罐残片出土数量最多，同时也出土了一定数量的鼎足。纹饰以绳纹和篮纹为主，也有少量器物上有刻划纹及附加堆纹等装饰。

罐 数量较多，均残，部分可能为罐形鼎。标本F4②：13，泥质灰陶。敛口，圆唇内勾，唇沿上饰一周凸棱，折沿，沿下饰戳印纹，弧肩，肩部饰一鸡冠形鋬耳，圆腹，器表饰戳印纹，下腹残。口径36、残高16.92厘米（图一八，1）。标本G2①：1，泥质红褐胎黑衣陶。尖唇厚重，侈口，折沿，弧肩，肩部刻划弧线纹，并饰一周凸棱纹，鼓腹，腹饰篮纹，间有段隔，下腹残。口径32、残高20.92厘米（图一八，2）。标本T5②：5，泥质灰黑陶。尖唇，敞口，折沿，下腹残，器表饰绳纹。口径26、残高16.68厘米（图一八，3）。标本T5②：6，泥质黑陶。方唇，敞口，折沿，弧肩，肩部饰两道凹槽，圆腹，下腹残，器表饰弦断绳纹。口径32、残高12.44厘米（图一八，4）。标本F4②：14，泥质灰褐陶。尖圆唇，敞口，折沿，弧腹，下腹残，器表饰绳纹。口径24、残高11.88厘米（图一八，5）。标本F3③：4，泥质灰陶。尖圆唇，敞口，折沿，圆腹，下腹残，腹饰篮纹。口径20、残高10.4厘米（图一八，6）。标本F3①：4，泥质灰陶。圆唇，侈口，短束颈，近斜直，颈、肩两处饰凸棱纹，腹残。口径26、残高9厘米（图一八，7）。标本F4③：5，泥质灰胎黑衣陶。圆唇，侈口，折沿，鼓腹，下腹残，器表饰绳纹。口径22、残高9.92厘米（图一八，8）。标本F4②：15，泥质灰褐陶。圆唇，侈口，折沿，鼓腹，下腹残，器表饰绳纹。口径12、残高11.6厘米（图一八，9）。标本F4①：8，泥质灰陶。圆唇，侈口，折沿，鼓腹，下腹残，器表饰绳纹。口径14、残高9.48厘米（图一八，10）。标本T8①：5，泥质灰褐胎黑衣陶，残存下腹及器底，下腹斜弧收，平底，腹饰绳纹，间有段隔。底径16、残高14.68厘米（图一八，11）。标本T6①：9，夹砂红褐胎黑衣陶。方唇略内勾，侈口，短束颈，近斜直，弧肩，肩饰凸弦纹，下腹残，腹饰篮纹。口径17、残高8厘米（图一八，12）。标本F2：1，夹细砂红褐胎黑衣陶。方唇，侈口，折沿，鼓腹，腹饰篮纹。残高口径14、6.88厘米（图一八，13）。标本T6①：10，泥质黑陶。圆唇，侈口，折沿上翘，弧肩，肩饰一宽扁形鋬，圆腹残。外口径8、残高4.28、鋬厚1.2厘米（图一八，14）。

鼎 从出土陶片的形制和鼎足的数量分析，罐形鼎数量颇多，但因残碎严重，统计出的完整

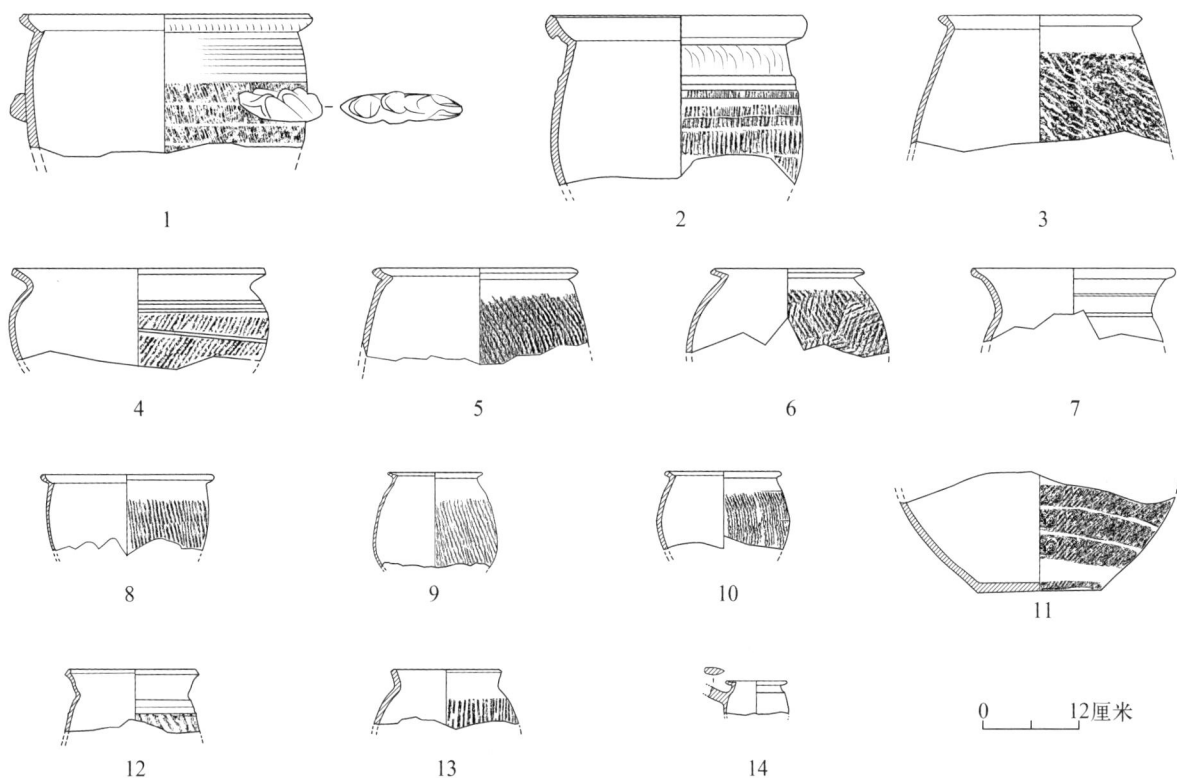

图一八　出土陶罐

1. F4②:13　2. G2①:1　3. T5②:5　4. T5②:6　5. F4②:14　6. F3③:4　7. F3①:4　8. F4③:5
9. F4②:15　10. F4①:8　11. T8①:5　12. T6①:9　13. F2:1　14. T6①:10

器较少。标本T10②:6，夹细砂黄褐陶。口残，斜弧腹，下腹垂鼓，圜底，器表满饰篮纹，腹壁饰斜向篮纹，底部篮纹交错分布，底侧装三个扁平足，截面宽扁，足根外侧捏制外凸，外凸两侧指捏处形成凹窝，足尖残。最大腹径26.6、残高26.4、鼎足残高约12.4、壁厚2.1厘米（图一九，1）。标本H52:9，泥质灰陶。圆唇，敞口，斜折沿，鼓腹略垂，圜底，腹壁及底饰斜向篮纹，底侧装三个扁足，整体上宽下窄，截面扁圆，足根外部按捺凹窝，足尖残。口径12.92、最大腹径14.08、高20、足残高约9.48厘米（图一九，2；彩版五，5）。标本T7①:3，泥质黄褐陶，器表施黑衣。口残，斜折沿，弧鼓腹，圜底，下腹处起凸棱两圈，底横装三个宽扁足，截面长条形，足外侧划刻三道竖向深凹槽，足尖略外卷。残高16.68、足残高10.28厘米（图一九，3；彩版五，4）。标本F4②:1，夹细砂黑陶。敛口，尖圆唇，外沿斜折，内沿平，内沿饰两道浅凹槽，敛口，鼓腹略垂，圜底，底侧装三个宽扁足，残留足根。口径10、最大腹径8.88、残高7.4厘米（图一九，4）。

鼎足　出土数量丰富，形态各异，有侧装扁足、横装扁足、凿形足、圆柱形足等。标本T2①:6，夹细砂黄褐陶。横装宽扁足，器身扁薄，截面长条形，足外侧饰五道竖向凹槽，足尖平，有指捏按捺痕迹。足高17.68厘米（图二〇，1）。标本H52:11，夹砂灰褐陶。侧装扁足，器身扁薄，呈倒三角形，截面长条形，足根外侧竖向按捺三个凹窝，足尖较尖。残高17.2厘米（图二〇，2；彩版五，1）。标本F4①:5，夹细砂红褐陶。侧装扁足，截面长条形，足根下变为扁薄，足尖较

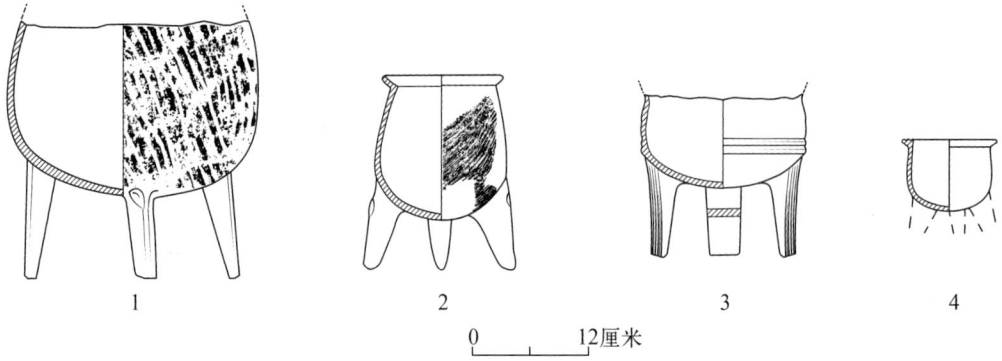

0　　　　12厘米

图一九　出土陶鼎

1. T10②:6　2. H52:9　3. T7①:3　4. F4②:1

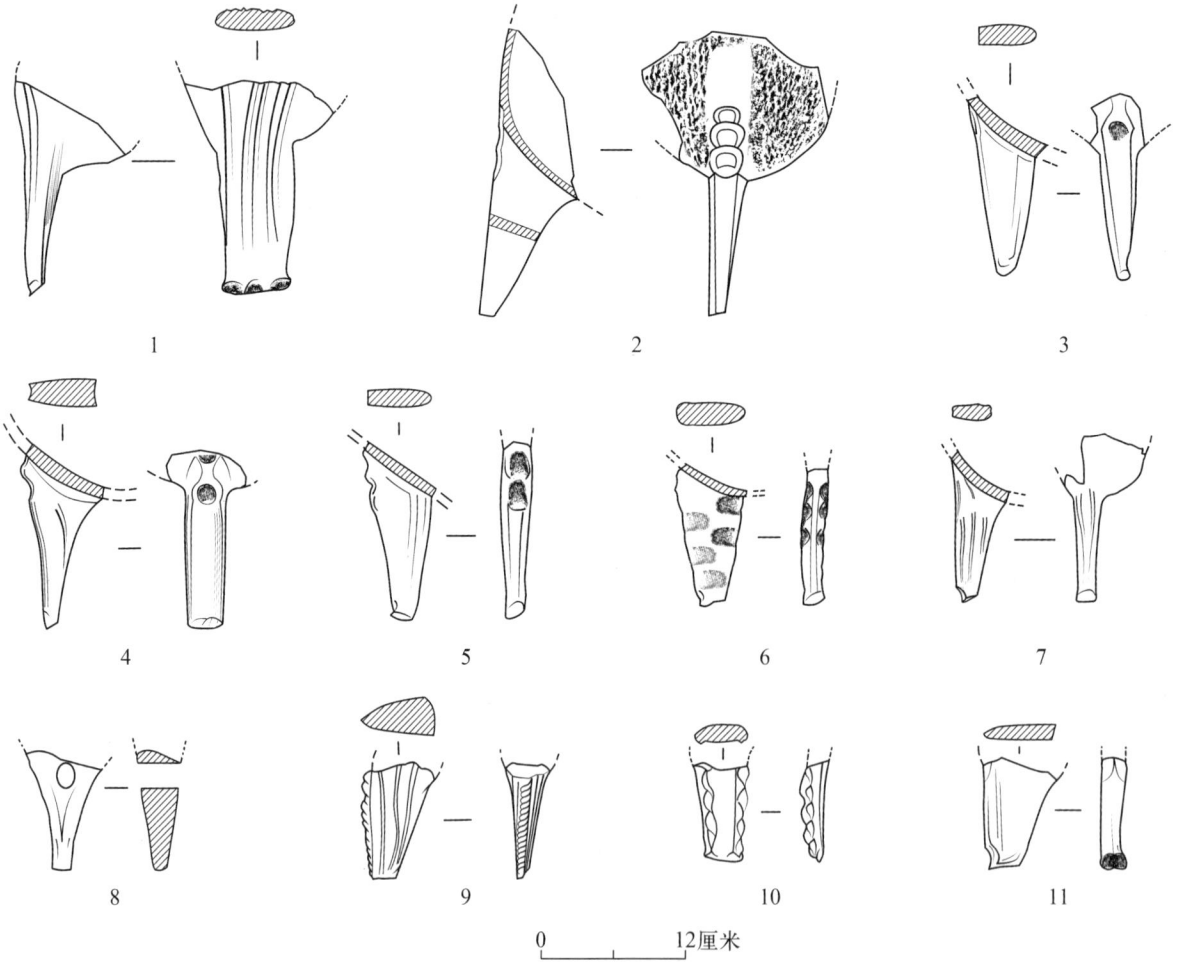

0　　　　12厘米

图二〇　出土陶鼎足

1. T2①:6　2. H52:11　3. F4①:5　4. T6①:7　5. F4①:6　6. F4①:7　7. T6①:8　8. F3①:3
9. T10①:13　10. H52:12　11. H34:1

平,足根外侧按捺凹窝。足高11.52厘米(图二〇,3;彩版五,2)。标本T6①:7,夹细砂黄褐陶。凿形足,足根下变为扁薄,截面呈扁方形,足尖较平,足根外侧捏起外凸,其下按捺凹窝。高14.64厘米(图二〇,4)。标本F4①:6,泥质黄褐陶。侧装扁足,器身扁薄,截面长条形,足根外侧按捺两个凹窝,足尖较平,有指捏按捺痕迹。足高14.36、厚2.64厘米(图二〇,5;彩版五,3)。标本F4①:7,泥质灰陶。侧装扁足,器身扁薄,截面长条形,足两侧有手握指按痕迹,足尖外侧有指捏按捺痕迹。高17.68厘米(图二〇,6)。标本T6①:8,夹细砂红褐胎黑衣陶。侧装扁足,器身扁薄,截面长条形,足两侧饰多道浅凹槽,足根外侧饰竖向长条形按窝,足尖较平,有指捏按捺痕迹。高12厘米(图二〇,7)。标本F3①:3,泥质灰白胎黑衣陶。横装圆柱形足,上粗下细,足尖平,足根处贯通一圆孔,圆孔有明显的贴合痕迹。足高10.36厘米(图二〇,8)。标本T10①:13,泥质黑陶。侧装扁足,整体宽扁,鼎足内侧较厚,外侧较薄,截面呈三角形,足尖较平,外侧起花边形凸脊,两侧饰多道竖向凹槽。残高9.9厘米(图二〇,9)。标本H52:12,夹细砂红褐陶。横装扁足,器身扁薄,截面长条形,足尖平,两侧起花边形凸脊。残高8.2厘米(图二〇,10)。标本H34:1,泥质红褐陶。侧装扁足,器身扁薄,截面长条形,足根外侧捏制外凸,外凸两侧指捏处形成浅凹窝,足尖有指捏按捺痕迹。残高9.72厘米(图二〇,11)。

鸟首形足出土数量少。标本T10②:7,泥质灰褐陶。鼎足正面及截面形状均为弧边等腰三角形,空心足,外壁鼓凸,内壁弧凹。足面满饰竖向凹槽,中部起竖向齿状凸脊,近足根凸脊两侧各饰一镂空圆孔,形似双眼,足下内弯,足尖似喙,整体呈鸟嘴状(图二一;彩版六,9)。

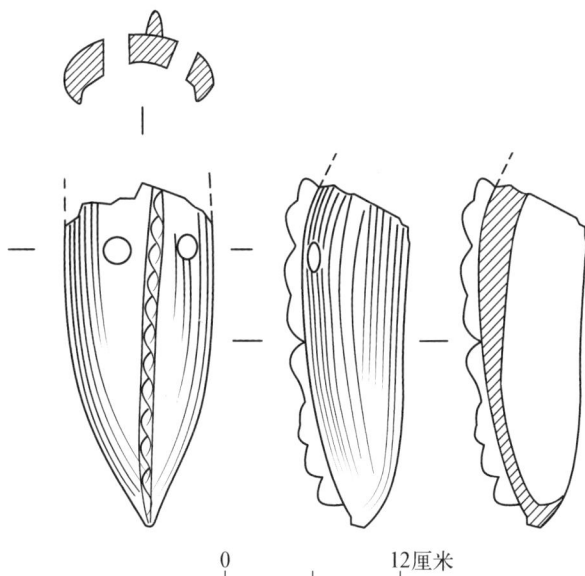

0　　　　　12厘米

图二一　出土陶鸟首形鼎足

豆　数量较多,多为泥质灰陶或泥质灰胎黑衣陶,也有少量泥质红褐陶。标本F4①:3,泥质灰白胎黑衣陶。残存豆盘,敛口,圆唇内勾,斜弧腹近直。口径23.2、残高5.88厘米(图二二,1)。标本T2①:5,泥质灰胎黑衣陶,轮制。残存豆盘,尖圆唇,口微侈,斜弧腹,呈钵形,腹中部饰一圈凹弦纹。口径22、残高5.48厘米(图二二,2)。标本T10②:9,泥质灰胎黑衣陶,轮制。残存豆盘,敛口,圆唇,斜弧腹,呈钵形。口径20.8、残高6.08厘米(图二二,3)。标本T5①:2,泥质黑陶,轮制。残存豆盘,尖唇,侈口,外沿有尖状突棱一圈。口径14.4、残高4.76厘米(图二二,4)。标本F4②:10,泥质灰陶,轮制。残存豆柄上半部及豆盘底部,豆盘斜弧壁,平底,圆柱形豆柄,近豆盘处饰一圈凸棱。残高10.36厘米(图二二,5)。标本T10①:12,泥质黑陶,轮制。豆盘平底,圆柱形高柄,豆柄上部饰一圈凸棱,其下饰一圈凹槽。残高11.24厘米(图二二,6)。标本F4②:11,泥质红胎灰衣陶,轮制。残存豆盘底及豆柄上半部,豆盘平底,圆柱形高柄,豆柄上部饰两圈凹弦

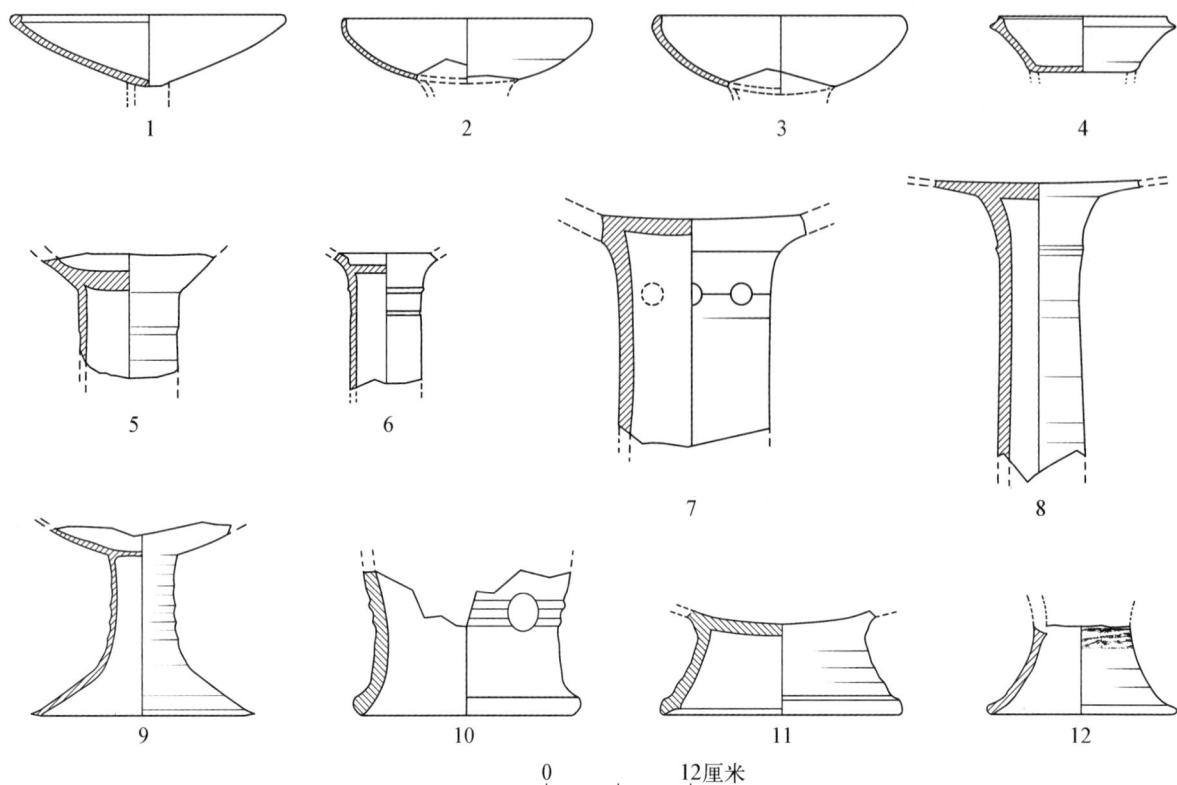

图二二　出土陶豆

1. F4①：3　2. T2①：5　3. T10②：9　4. T5①：2　5. F4②：10　6. T10①：12　7. F4②：11　8. F4②：12
9. F9：1　10. F3①：2　11. T7①：11　12. T7①：12

纹，其上有三个圆形镂孔。残高18.96厘米（图二二，7）。标本F4②：12，泥质灰白胎灰衣陶。残存豆盘底及豆柄上半部，豆盘下腹斜弧，平底，圆柱形细高柄，豆柄上部饰一圈凸棱，下部饰多道凹弦纹。残高25.8厘米（图二二，8）。标本F9：1，泥质黄褐陶，器表饰黑衣，大部脱落。上腹残，下腹斜弧收，平底，圆柱形高柄，喇叭形圈足，柄部及圈足留有拉坯形成的凹凸弦纹。底径20、残高22厘米（图二二，9）。标本F3①：2，泥质灰胎黑衣陶，轮制。残存圈足下部，圈足饰两道凸棱，其上饰圆形镂孔，足底外撇。足径20、残高12厘米（图二二，10）。标本T7①：11，夹细砂红陶，轮制。残存豆盘底及圈足，豆盘圜底，喇叭形圈足。足径20、残高8.68厘米（图二二，11）。标本T7①：12，泥质红陶，轮制。残存豆盘底及圈足，豆盘平底，喇叭形圈足，圈足上部饰篮纹，下部饰两道凹弦纹。足径16.04、残高7.4厘米（图二二，12）。

盆　数量较多，多为泥质灰陶和黑衣陶，少量为夹细砂黄褐陶。标本F4②：15，泥质灰陶。圆唇，敛口，外沿饰多道凹凸棱纹，斜弧腹，下腹残，器表饰粗绳纹，轮制痕迹明显。口径48、残高21.88厘米（图二三，1）。标本F3④：4，泥质灰陶。圆唇，平折沿，沿较宽，直口，折腹，上腹近直，下腹斜弧，折腹处饰一圈凹槽，器底残。口径52、残高15厘米（图二三，2）。标本F4①：9，泥质灰陶。叠唇，直口微侈，斜弧腹，下腹残，器表饰斜向戳印纹。口径52、残高9.4厘米（图二三，3）。标本G2：2，夹细砂灰陶。尖唇，敛口，斜折沿，外沿下饰宽、窄两圈凹槽，斜弧腹，腹饰弦断细绳

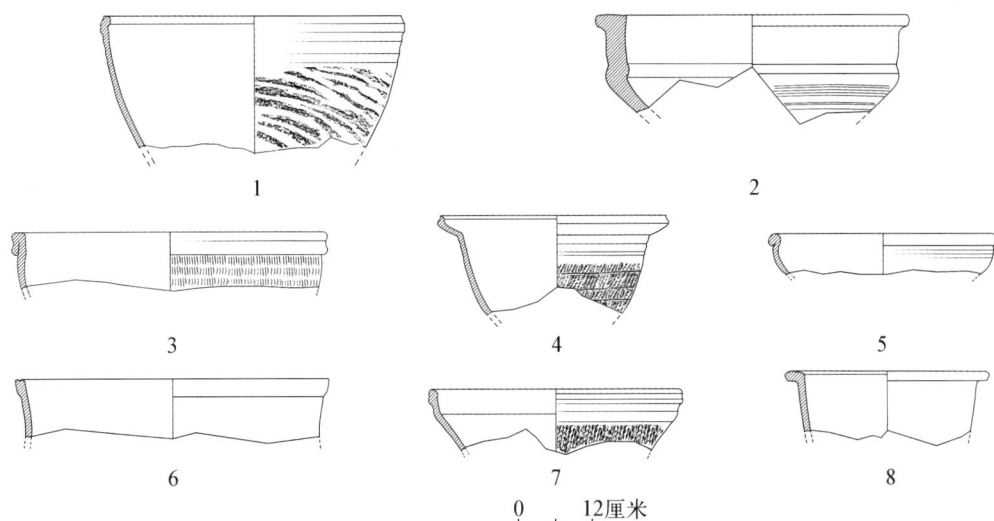

图二三　出土陶盆

1. F4②：15　2. F3④：4　3. F4①：9　4. G2：2　5. H53：2　6. T6①：12　7. F4①：10　8. H52①：16

纹，下腹斜弧收，底残。口径38、残高16.04厘米（图二三，4）。标本H53：2，泥质灰胎黑衣陶。圆唇，敛口，卷沿，斜弧腹，下腹残。口径36、残高6.6厘米（图二三，5）。标本T6①：12，夹细砂黄褐陶。方唇厚重，沿上饰一圈浅凹槽，侈口，直腹略内凹，下腹残。口径52、残高9.72厘米（图二三，6）。标本F4①：10，泥质灰陶。圆唇，直口，外沿下饰一圈凸棱纹，上腹处饰两道细凸棱，斜直腹、略内凹，腹饰绳纹，下腹部残。口径40、残高10.04厘米（图二三，7）。标本H52①：16，泥质灰白胎黑衣陶。圆唇，敞口，宽折沿，斜直腹微弧，下腹部残。口径34、残高11.92厘米（图二三，8）。

　　鬶　出土数量少，残损严重。多为泥质黄褐陶与泥质红陶，陶质细腻，器体薄。标本H52：13，泥质红陶。短流，略弯曲，流口有明显的贴合痕迹，形似卷叶。流长11.28厘米（图二四，1）。标本T9①：9，泥质黄褐陶。短流，流口有明显的贴合痕迹，形似卷叶。流长9.12厘米（图二四，2）。标本T6①：11，泥质红陶。环形把手，横截面为宽扁形。把手拉坯痕迹明显（图二四，3）。标本F1：2，泥质红陶。环形把手，系两个泥条缠绕而成，形似绳索（图二四，4）。标本T9①：10，泥质黄褐陶。宽扁形把手，呈弯弧状，把手外侧饰两道凹槽（图二四，5）。标本T10②：1，夹砂红褐胎黑衣陶。圆唇，口微侈，短颈，斜肩，鼓腹，圜底，四个锥形足。口沿一侧捏制短平流，流两侧指捏处各贴附一近圆形陶饼，另一侧安置环形扁宽把手，连接腹中部和口沿，余残。腹径7.72、高8.2、足高约2.18厘米（图二五，2）。

　　杯　出土数量较少，形制多样。标本T9②：2，泥质红褐陶，器表饰黑衣，手制。圆唇，敛口，鼓腹，平底，器表可见垃坯指印，口沿下饰一圆形镂孔。口径3.4、最大腹径4.46、底径3.2、高5.1、镂孔直径0.25厘米（图二五，5）。标本F4②：9，泥质灰白陶，器表饰黑衣，轮制。残存下腹及底，下腹直壁略内凹，平底，底置一扁宽把手，把手弧状上翘。底径4.8、把手宽1.84、残高3.2、厚0.46厘米（图二五，10）。标本T10①：1，泥质黑陶，轮制。尖圆唇，敞口，斜弧腹内凹，内壁中部饰一圈凹槽，平底。口径10.22、底径5.8、高3.7、厚0.5厘米（图二五，13）。

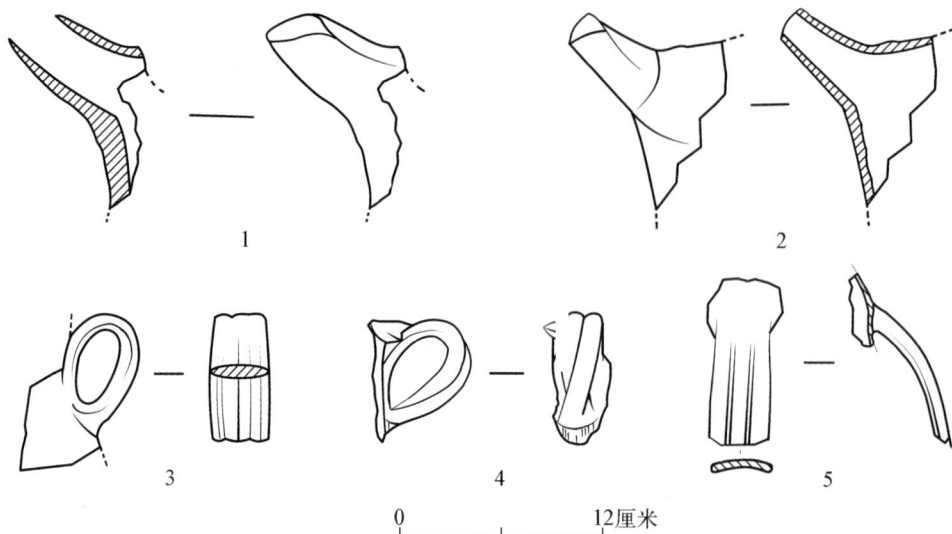

图二四　出土陶鬶

1、2. 陶鬶流 (H52∶13、T9①∶9)　3～5. 陶鬶把 (T6①∶11、F1∶2、T9①∶10)

碗　数量少。标本 T9①∶8，泥质灰陶，器表饰黑衣，轮制。残存下腹及底，下腹斜直，平底。底径5.6、残高5.2厘米（图二五，9）。标本 T10②∶8，泥质黑陶，轮制。残存下腹，下腹斜弧收，平底。底径7.48、残高5.16厘米（图二五，14）。

器纽　1件。标本 T5③∶1，泥质红褐陶，器表饰黑衣，残。圆柱形长柄，两端圆钝，柄中部捏制一扁薄圆盘，形如圆饼。圆盘直径3.9、残高5、厚0.96厘米（图二五，6）。

器盖　出土数量较少。标本 T7①∶10，泥质黑陶，轮制。子口，尖唇，整体呈半球状，盖顶残缺，器表中部饰一圈凸脊。口径22、残高7.04厘米（图二五，4）。标本 F1∶1，泥质灰陶，轮制。器盖口沿残缺，盖面隆起，圆柱形纽。器纽直径2.39、高1.28厘米（图二五，10）。

器底　出土数量少，与遗址内出土陶器口沿及腹片的数量相去甚远。标本 T7①∶5，泥质灰陶，轮制。平底略内凹，器底刻划弧线纹，弧线外凸，朝向器底中心。底径7.2、残高2.2厘米（图二五，3）。标本 T7①∶9，泥质黑陶，轮制。残存下腹，下腹斜弧收，矮圈足，下腹满饰斜向戳印纹。底径6、残高4厘米（图二五，11）。

陶拍　1件。标本 T6①∶2，夹砂黄褐陶。拍面呈圆饼形，残，拍顶略鼓，圆柱形柄，位于拍面背部中心。拍面直径11.28、厚2.24、柄部直径3.04、高1.48厘米（图二五，1）。

陶器残件　出土数量较少，陶质细腻，制作精细。器形有陶碗（T10②∶8、T10②∶8）、陶杯（T10①∶1）等。另外还有一些高柄杯残件。标本 T10①∶9，泥质黑陶，薄胎，轮制。残留器柄及器底，圆柱形细高柄，柄下部起一周扁菱形凸脊，圈足，足上弧凸，足沿陡折。柄径0.88、凸脊直径1.58、底径4.2、残高5.8、柄残高2.53厘米（图二五，7）。标本 H52①∶10，泥质黑陶，薄胎。残存下腹及柄，下腹为深腹，柄为细长圆管形，柄下部饰细浅凹凸棱槽，上部饰一圈凹槽，柄与下腹连接处起一周扁菱形凸脊。柄径1.94、凸脊直径2.68、残高18、柄残高16.64厘米（图二五，12）。

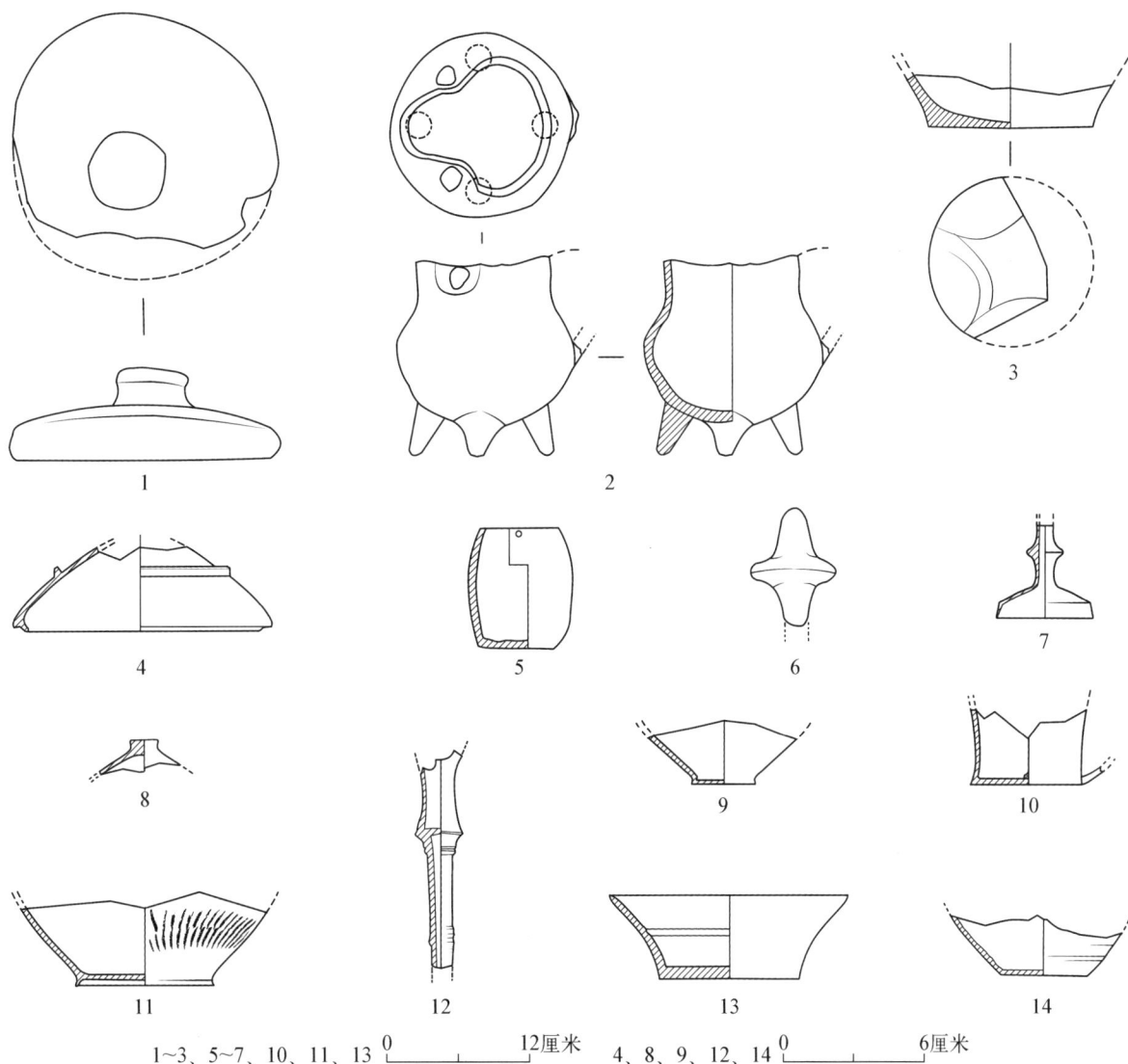

图二五　出土陶器

1.陶拍（T6①：2）　2.陶鬶（T10②：1）　3、11.陶器底（T7①：5、T7①：9）　4、8.陶器盖（T7①：10、F1：1）

5、10、13.陶杯（T9②：2、F4②：9、T10①：1）　6.器纽（T5③：1）　7、12.陶高柄杯残件（T10①：9、H52①：10）

9、14.陶碗（T9①：8、T10②：8）

纺轮　出土数量较少。标本T6①：3，泥质黄褐陶，器表饰黑衣，大部脱落。残存一半，器身扁平，两侧凸鼓，略起脊，呈圆饼形，中有一孔，单面划刻两圈同心圆纹饰。最大径5.4、厚1.62、孔径0.48厘米（图二六，13；彩版五，7）。标本T7②：1，泥质黄褐陶。整体呈圆饼形，顶平，底略弧凸，剖面呈梯形，两侧斜直，中有一孔。底面划刻五条圆弧凹弦纹组合纹饰，圆弧朝向中心。最大径4.9、厚1.06、孔径0.55厘米（图二六，14；彩版五，8）。标本T8①：1，泥质红褐陶，器表饰黑衣，大部脱落。整体呈圆饼形，剖面呈梯形，两侧斜直，中有一孔，顶面外缘一周起脊，底面划刻五条圆弧凹弦纹组合纹饰，圆弧朝向中心。最大径5、厚1.2、孔径0.54厘米（图二六，15）。标本

T5②：1，泥质灰陶。器身扁平，两侧竖直，呈圆饼形，中有一孔，两面均饰叶脉纹，一面饰四组，另一面饰一组。最大径4.6、厚1.06、孔径0.36厘米（图二六，16；彩版五，6）。

（二）石器

石器中砺石数量最多，石锛、石镞次之，斧、凿少量，除石镞外均残损严重。

锛　数量最多，磨制精细，但大都保存较差，部分仅剩器身，不见锛刃。标本T6①：1，青色硅质泥岩，通体磨制。整体呈长条形，上下大体同宽，器身方扁，背、腹面较直，单面锋，直刃，顶部残。残长11.8、宽4.8、厚3.9、刃部宽4.63厘米（图二六，2）。

斧　仅出土2件石斧，通体磨制，磨制精美。标本T10①：3，黑色硅质泥岩，通体磨制光滑。整体呈长条形，上下大体同宽，器身扁薄，背、腹面较直，双面刃，刃部有残损。长6、宽4.52、厚1.1、刃部残宽4.46厘米（图二六，3）。标本F4②：2，黑褐色硅质泥岩。上半部残，整体打磨，上

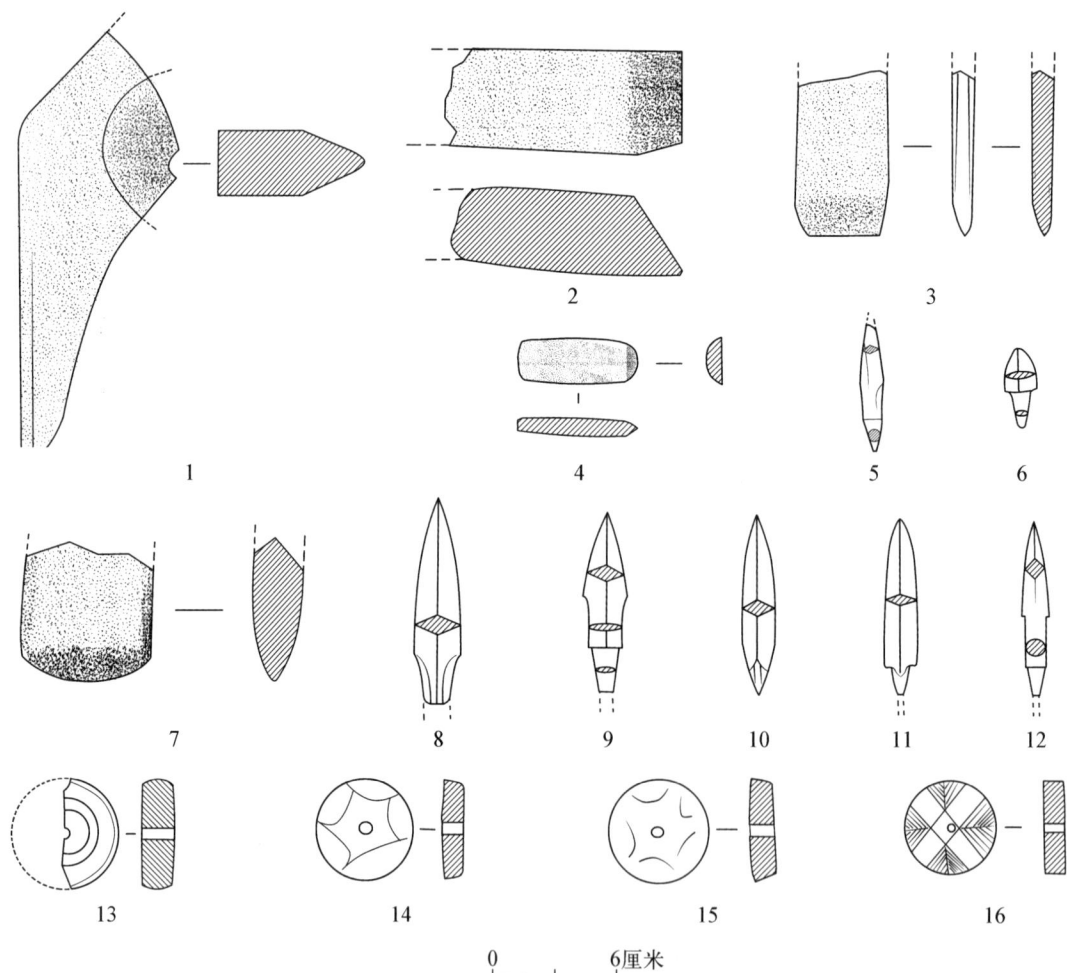

图二六　出土陶纺轮、石器、骨器

1. 石磬（？）（H52①：7）　2. 石锛（T6①：1）　3、7. 石斧（T10①：3、F4②：2）　4. 石凿（T4②：1）　5. 骨镞（T7②：2）
6、8～12. 石镞（F4③：3、H52①：5、T9②：1、T2②：1、T8②：1、T8②：2）　13～16. 陶纺轮（T6①：3、T7②：1、T8①：1、T5②：1）

下大体同宽,剖面扁圆,上部宽厚,下部窄薄,双面刃,弧刃。残长6.74、宽6.66、厚2.62厘米(图二六,7;彩版六,2)。

凿 1件。标本T4②:1,青色硅质泥岩,通体磨制光滑。整体呈长条形,上下大体同宽,器身扁薄,截面呈半圆状,单面锋,弧刃。长6、宽2.3、厚0.84厘米(图二六,4;彩版六,3)。

磬(?) 标本H52①:7,青黑色角闪岩,残。整体弯折,近"L"形,器身厚重,通体磨制,器身中上部钻有一圆孔,圆孔外缘较宽,内凹,残,两面管钻。残长20、残宽8、厚3.2、孔半径约3.2厘米(图二六,1;彩版六,1)。

镞 大部分由硅质泥岩磨制而成,出土石镞形态各异,磨制精美,保存较为完整。标本F4③:3,黑色硅质泥岩,通体磨制光滑。平面呈三角形,中部起脊,断面呈扁菱形,有两翼,扁圆锥形铤。长3.8厘米(图二六,6)。标本H52①:5,灰褐色砂质板岩,通体磨制光滑。平面呈柳叶形,中部起脊,断面呈扁菱形,刃部有崩损,扁圆菱形铤,残。残长9.8厘米(图二六,8;彩版六,4)。标本T9②:1,黑褐色硅质泥岩,通体磨制光滑。平面呈三角形,中部起脊,断面呈扁菱形。铤分两部:上铤扁圆柱形,下铤扁圆锥形,尾残。残长8.7厘米(图二六,9;彩版六,6)。标本T2②:1,黑褐色硅质泥岩,通体磨制光滑。平面呈柳叶形,中部起脊,断面呈扁菱形,刃部有崩损,扁圆锥形短铤。长8.6厘米(图二六,10;彩版六,5)。标本T8②:1,黑色硅质泥岩,通体磨制光滑。平面呈柳叶形,中部起脊,断面呈扁菱形,两侧有翼,刃部有崩损,扁圆锥形短铤,尾残。残长8.5厘米(图二六,11;彩版六,7)。标本T8②:2,黑青色硅质泥岩,通体磨制光滑。平面呈三角形,中部起脊,断面呈方菱形,脊下有翼,铤分两部分:上铤圆柱形,下铤圆锥形,尾残。残长8.4厘米(图二六,12;彩版六,8)。

(三)骨器

数量很少,能辨认为骨器的仅有1件骨镞。标本T7②:2,取自长骨骨壁,通体粗磨,镞尖及铤尾残。平面呈柳叶形,中部起脊,断面呈扁菱形,扁圆锥形短铤。残长6.1厘米(图二六,5)。

五、结 语

高古墩遗址的发掘,部分揭露了一处新石器时代的小型居址,丰富了淮河流域新石器时代聚落研究的基础素材。发掘区内的房址分布于同一层位,错落有致,少见叠压打破关系,应为同期遗存。据此推测,该居址在营造之初进行了有序的规划。各房址的平面分布位置提示,该居址内的房屋可能存在不同的功能分区。方形地面建筑与近圆形半地穴式建筑的交错分布,也许代表着其使用功能存在差异,个别小型房址也许仅仅用于储物或食物加工。规模相对较大的多间房址内没有发现灶,表明该形制房址的功能可能主要为居住。房址中单间与多间的形制并存,半地穴房屋与木骨泥墙式的地面建筑并存,以及居址周边围墙的发现,都为研究新石器时代该地古代居民房址的构筑模式和布局规律提供了实证。

发掘区北部的两条墙基存在交会,并有多次整修的迹象。墙基北部附近区域经勘探未见建筑类遗迹。据此可以推测,墙基位置即代表了居址的北部边界。从墙基形制和构筑方式分析,围墙的主要功能并不是防御外敌入侵。可能在阻挡野兽或者边界标定方面更有实际意义。若该墙为居址的北部边界这一推测成立,该居址的中心区域应在发掘区更南部的位置。

与邻近地区时代相近的遗址材料对比,高古墩遗址的房屋构建模式具有自身特点[①]。遗址中规模较大的房址,普遍存在复建现象。相对完整的房址构建在前期房屋倒塌堆积上的现象不是孤例。复建的房址利用废弃房址的倒塌堆积铺垫居住面的现象常见。据遗址规模推测,该遗址的人口密度与居住用地的关系,应不会紧张到房屋废弃后一定要原址复建的程度。这种现象的出现,目前合理的解释可能仍与该居址的布局存在一定规制有关。

房址中未发现相对完整的生活用器和工具,房内堆积里所见器物多残损严重,后期扰动混入的可能性更大。这一现象可能表明,该遗址的废弃与人群搬迁经历了有序的过程,尚有价值的生活用品已经随人群搬离。

本次发掘出土了一批以陶器为主的遗物,其中鸟首式鼎足[②]与黑陶等具有典型龙山文化风格的器物以及鱼鳍形鼎足等具有典型大汶口文化风格的器物,都为从器物类型学视角对遗址进行使用年代推断提供了支撑。以这些造型时代风格明显的器物推测,该居址的年代应为新石器时代晚期。

出土遗物中少见能直接反映该遗址人群生产、生活方式的遗物。石镞虽有一定数量的发现,但其形制具有多样性。石刀与砺石等在遗址中也有发现,但数量不多。该遗址虽邻古河道,但与渔业相关的遗物未见发现。通过对遗迹内填土的浮选,发现有粟、稻等作物存在的证据。据此推测,该居址人群的主要食物来源应为农作物,农业应是该人群主要的生业方式。

通过对遗址中出土石制品的分析,石料主要为透闪岩、变质泥岩和硅质泥岩。周边地区存在此类石料的地区中,最近的为该遗址北方的大别山区。这一信息提示,该居址人群的活动范围已具有一定的广度。

关于该居址废弃的原因,据对遗址内堆积形成原因的相关测试,环境和气候变化导致该地暂不适合人群生活,可能是人群搬离的主要原因。

执　　笔:张宇亮　魏　东
绘　　图:张宇亮　王艳如

---

① 中国社会科学院考古研究所安徽工作队等:《安徽蒙城县尉迟寺遗址2003年发掘简报》,《考古》2005年第10期。

② 王芬:《藤花落龙山文化城址试析》,《江汉考古》2017年第5期。

桐城魏庄遗址新石器时代墓葬发掘简报 *

中国人民大学考古文博系　安徽省文物考古研究所

2019年春,为配合安徽省重点水利工程——引江济淮工程建设,安徽省文物考古研究所、中国人民大学考古文博系、桐城市博物馆等单位组成联合考古队,对魏庄遗址进行了抢救性发掘。

魏庄遗址位于安徽省桐城市孔城镇晴岚村魏庄组西南部,西邻孔城河,东距乡村道路约360米,南距228省道约740米,西南距薛家岗遗址约72公里,东北距凌家滩遗址墓葬区约102公里(图一)。遗址位于一处中部低两侧高的岗地上,岗地高于周边3~4米。岗地多为旱田,种植油菜、青菜和树苗,其周围还有一些水田,种植水稻。

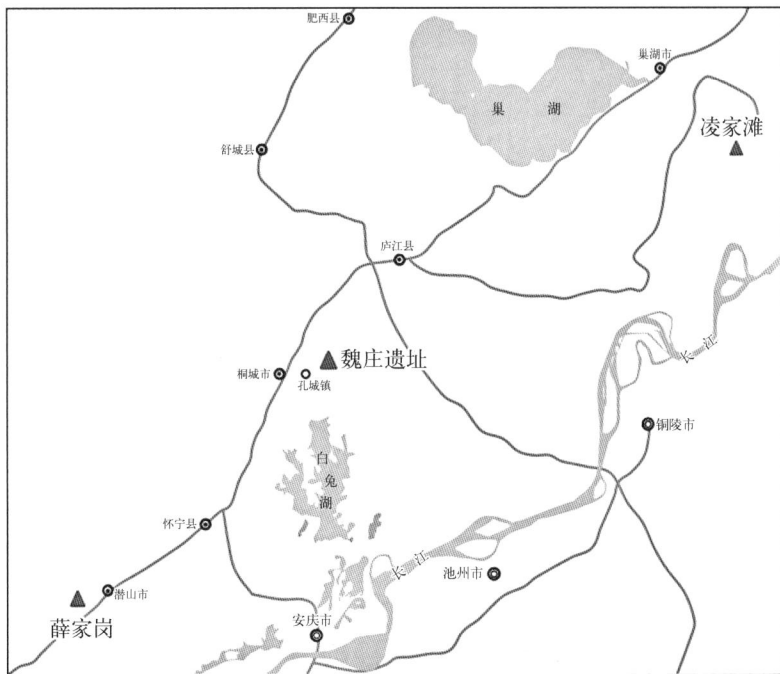

图一　魏庄遗址位置示意图

---

* 本文原题作《安徽桐城魏庄遗址新石器时代墓葬2019年发掘简报》,载《文物》2022年第4期。

此次发掘发现新石器时代、商周和唐代遗迹47处,包括灰坑32个、墓葬9座、路址2处、房址1座、灶址1处及灰沟2条。新石器时代遗迹包括墓葬、灰坑及房址等,其中8座墓葬为此次发掘的主要收获,现将其发掘情况简报如下。

一、地层堆积

本次发掘区位于遗址西南部,共布10米×10米探方9个、5米×5米探方2个。发掘区地势东高西低,呈阶梯状分布,根据地形可分为Ⅰ、Ⅱ、Ⅲ三个发掘区(图二)。发掘区文化堆积较薄,各层大体上均为水平状堆积。Ⅰ区和Ⅲ区位于同一台地上,被一条现代人工沟渠隔开,两区地层堆积基本相同。Ⅱ区地势较低,地层堆积情况与Ⅰ区、Ⅲ区有明显不同。现以ⅠT104北壁为例介绍如下(图三)。

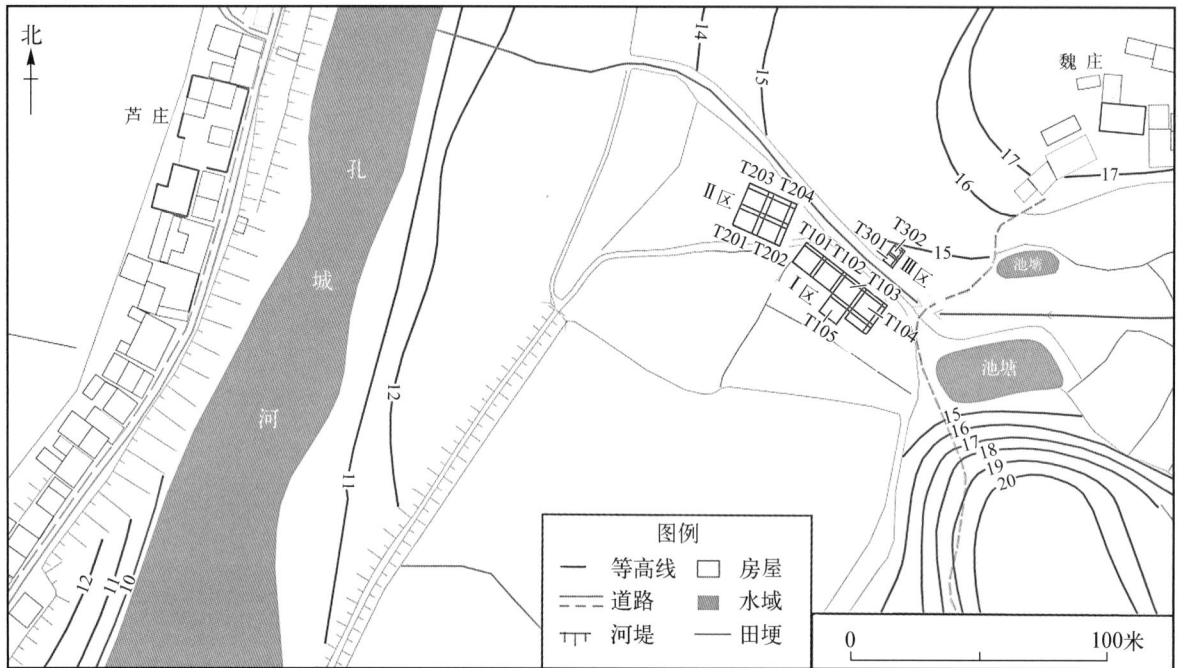

图二　探方位置示意图

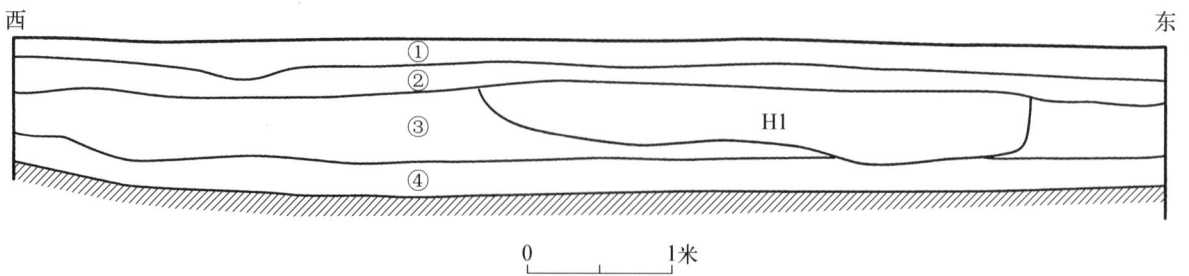

图三　ⅠT104北壁剖面图

第①层：现代耕土，呈浅灰色，土质疏松。厚0.15～0.25米。含少量红烧土颗粒和炭屑，出土遗物多为陶片，另有近现代瓷片、青砖等。

第②层：浅褐色土，土质较软。厚0.25～0.35米，深0.4～0.5米。含大量红烧土块、红烧土颗粒和炭屑，出土遗物有陶片、石器及唐宋时期的瓷片等。此层为唐宋时期文化层，扰动较为严重。H1开口于该层下。

第③层：灰褐色土，土质致密。厚0.35～0.45米，深0.7～0.8米。含少量红烧土颗粒和炭屑，出土遗物主要为陶片。此层为新石器时代文化层。

第④层：黄褐色土，土质致密。厚约0.2米，深0.8～1米。包含物较少，仅有少量红烧土颗粒和陶片。此层为新石器时代文化层。

第④层以下为生土。

二、墓　　葬

8座（编号M1～M5、M7～M9）。墓葬均位于Ⅰ区，开口于第③层下。除了M4部分压于T103东隔梁下，其余均位于T104及其扩方范围内。其中M1～M3基本上成一排，距离较近；M4和M8、M7和M9彼此相邻（图四）。墓葬形制为长方形竖穴浅坑，墓葬略内收，墓口略大于墓底。墓内填土较单一，未出现分层现象。未发现葬具和人骨，不过M1、M2发现有人骨腐烂痕迹。随葬器物有陶器、玉石器，以陶质生活用具为主。

（一）M1

1. 墓葬形制

墓口长约1.6、宽约0.84米，墓底长约1.56、宽约0.8米，深约0.12米。方向43°。墓内填土呈黄褐色，略发灰，土质较致密，包含陶片、石块、植物根系等。随葬器物以生活用具为主，包括陶豆2件、陶碗2件、陶罐1件、陶壶3件、陶纺轮1件、石锛2件、石钺1件（图五）。

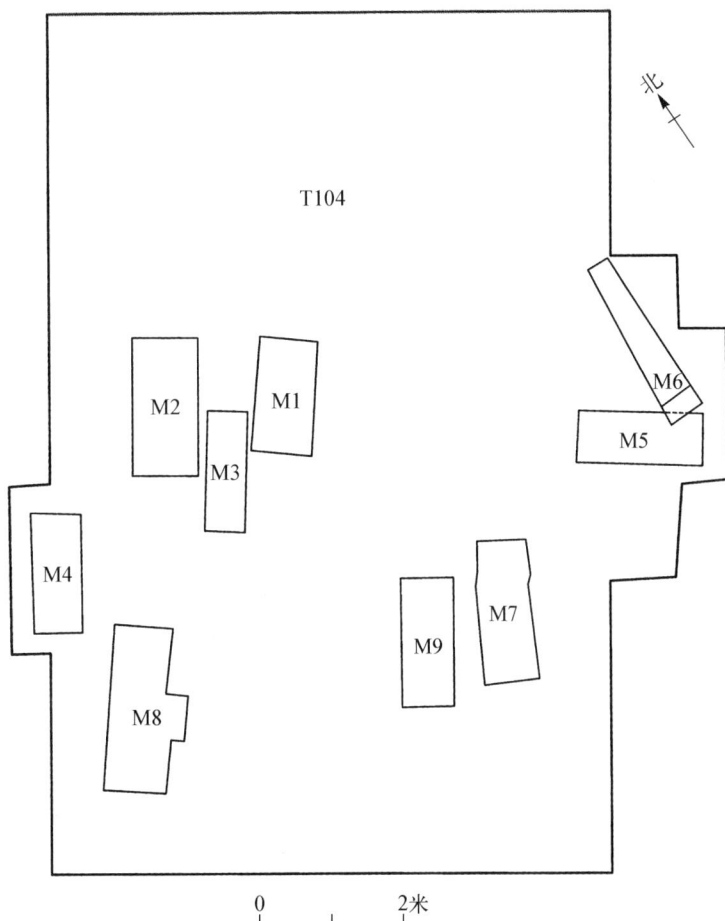

图四　墓葬平面分布图

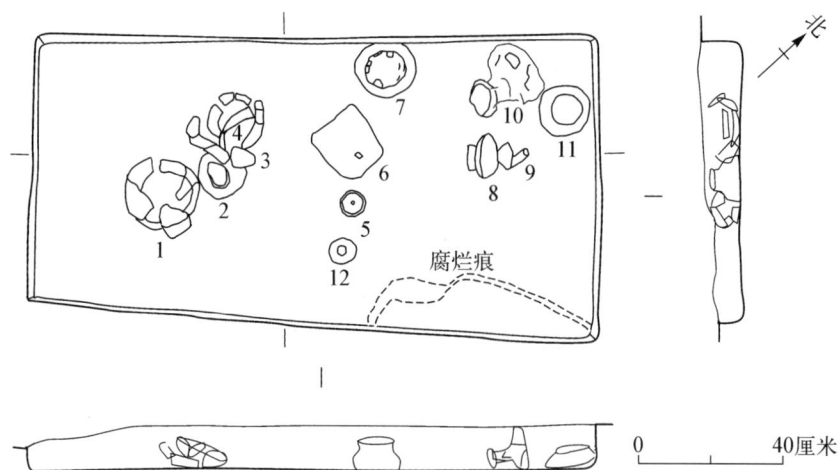

图五　M1平、剖面图

1、10.陶豆　2、7、8.陶壶　3、11.陶碗　4、9.石锛　5.陶纺轮　6.石钺　12.陶罐

2. 随葬器物

（1）陶器

9件。器形有豆、碗、罐、壶、纺轮。

豆　2件。标本M1∶1，泥质黑陶。敛口，尖圆唇，折腹，上腹壁内收，圜底，高柄，喇叭形圈足残。腹中部饰一周凸棱，柄部饰一组四周凹弦纹，弦纹下饰有等距分布的圆形和长条形镂孔。口径17.4、残高14.4厘米（图六，1；彩版七，1）。标本M1∶10，泥质红陶。残损严重，仅存豆柄，柄有镂孔。残高7.2、残宽8.4厘米（图六，2；彩版七，2）。

碗　2件。标本M1∶3，泥质红胎黑皮陶。残损严重，仅残存器底。残宽10.2、底径5.9、残高2.8厘米（图六，7；彩版七，3）。标本M1∶11，夹粗砂红胎黑皮陶。敞口，卷沿，圆唇，上腹向内微弧，下腹折收，平底，假圈足。口径14.2、底径6.6、高5.1厘米（图六，4；彩版七，4）。

罐　1件。标本M1∶12，泥质红陶。敞口，尖圆唇，束颈，弧腹，平底。口径4.3、最大腹径5.4、底径2.8、高3.8厘米（图六，3；彩版七，5）。

壶　3件。标本M1∶2，泥质红陶。残损严重。鼓腹，圈足。最大腹径12.2、残高8.8厘米（图六，10；彩版七，6）。标本M1∶7，泥质灰陶。口部残缺，鼓腹，圈足。最大腹径9.8、底径4.6、残高7.2厘米（图六，11；彩版八，1）。标本M1∶8，泥质黑皮陶。口微外侈，圆唇，直领，折肩，斜直腹，平底，圈足。口径6.2、最大腹径11.2、底径6、高9.4厘米（图六，12；彩版八，2）。

纺轮　1件。标本M1∶5，泥质红陶。圆饼形，两面扁平，中间有一穿孔，剖面近似梯形。上径5.4、下径6.3、孔径0.7、厚1.9厘米（图六，9；彩版八，3）。

（2）石器

3件。器形有锛、钺。

　　锛　2件。标本M1∶4，表面侵蚀严重。平面呈长方形，顶部磨平，背部略弧。单面刃，刃部有损。长6.4、宽4.9、厚1.7厘米（图六，5；彩版八，4）。标本M1∶9，灰白色。平面呈长方形，上窄下宽，顶部磨平，面略弧。单面刃，刃口锋利。长6.8、宽2.3、厚1.3厘米（图六，6；彩版八，5）。

　　钺　1件。标本M1∶6，青灰色。器体扁薄，平面呈梯形，磨制较细。器体一侧较厚，另一侧较薄。顶端磨平，一角残缺。平刃，刃口锋利，一角残缺。上部有一孔，为两面对钻。长14.4、宽15.3、厚0.6、孔径2.1厘米（图六，8；彩版八，6）。

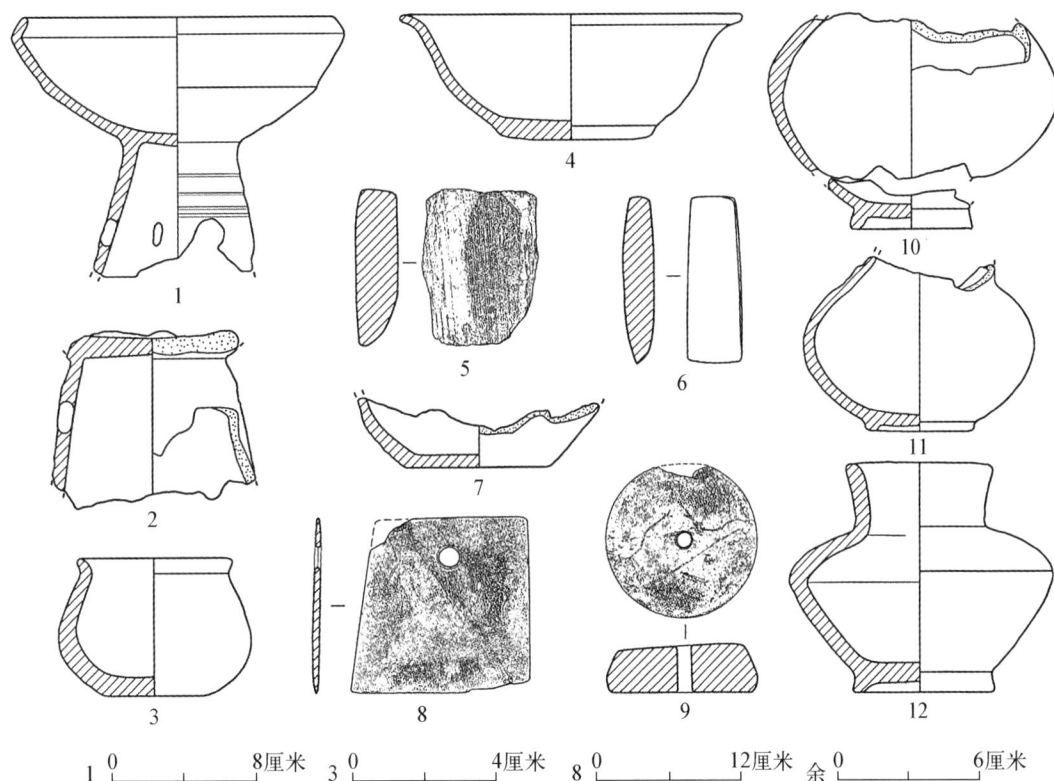

图六　M1出土器物

1、2.陶豆（M1∶1、M1∶10）　3.陶罐（M1∶12）　4、7.陶碗（M1∶11、M1∶3）　5、6.石锛（M1∶4、M1∶9）
8.石钺（M1∶6）　9.陶纺轮（M1∶5）　10～12.陶壶（M1∶2、M1∶7、M1∶8）

（二）M2

1.墓葬形制

　　墓口长约2.04、宽约1.08米，墓底长约2、宽约1.04米，深约0.12米。方向42°。墓内填土呈黄褐色，略发灰，土质较致密，包含陶片、红烧土块、红烧土颗粒、炭屑、石块、沙粒、植物根系等。随葬器物以生活用具为主，包括陶鼎1件、陶釜1件、陶豆3件、陶罐4件、陶壶1件、陶盆1件、陶杯3件、陶纺轮1件、玉隧孔珠1件（图七）。

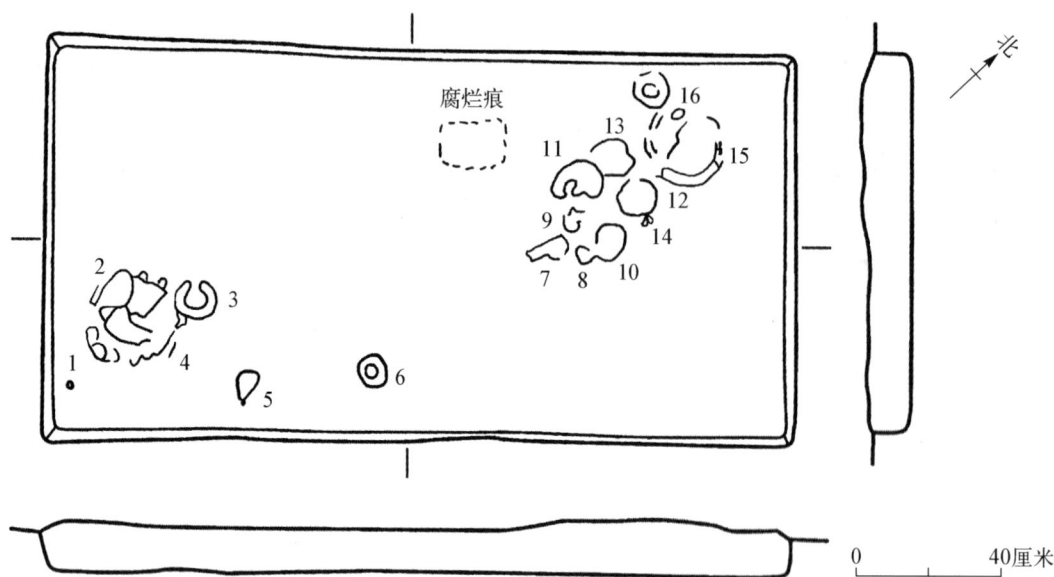

图七　M2平、剖面图

1. 玉隧孔珠　2、10、12. 陶豆　3、5、13、16. 陶罐　4. 陶盆　6. 陶鼎　7～9. 陶杯　11. 陶壶　14. 陶纺轮　15. 陶釜

2. 随葬器物

（1）陶器

15件。部分陶器残损严重，无法修复。器形有鼎、釜、豆、壶、罐、盆、杯、纺轮。

鼎　1件。标本M2：6，泥质红陶。器形较小，残损严重，圜底，三圆锥状足。残高5厘米（图八，1；彩版九，1）。

釜　1件。标本M2：15，泥质红胎黑皮陶。敞口，方圆唇，斜直深腹，平底。口径19.2、底径7.5、高9.8厘米（图八，2；彩版九，2）。

豆　3件。标本M2：2，泥质灰陶。敛口，圆唇，豆盘较浅，弧腹，圜底，高柄，喇叭形圈足。腹部有一周凸棱，柄部饰两组各四周凹弦纹和两组圆形、长条形镂孔，凹弦纹与镂孔相间分布，镂孔上下、左右相错排列。口径17.6、足径12、高13.8厘米（图八，3；彩版九，3）。标本M2：10，泥质红胎黑皮陶。残存豆柄，柄部有镂孔。残高10.6厘米（图八，4；彩版九，4）。

罐　4件。标本M2：3，泥质红陶。敞口，圆唇，直领，溜肩，斜直腹，小平底。口径7.2、最大腹径11.8、底径5.2、高11.4厘米（图八，5；彩版九，5）。标本M2：5，泥质红胎黑皮陶。残存弧形腹片。残宽10、残高6厘米（图八，7；彩版九，6）。标本M2：16，泥质红胎黑皮陶。残存上腹部和底部，平底。残高4厘米（图八，6；彩版一〇，1）。

壶　1件。标本M2：11，泥质红胎黑皮陶。口残缺，折腹，圜底，圈足。足中部饰一周凹弦纹。最大腹径13.2、底径7.2、残高11.8厘米（图八，9；彩版一〇，2）。

盆　1件。标本M2：4，泥质红胎黑皮陶。敞口，沿面弧凹，圆唇，上腹微内弧，下腹折收，平底微内凹。折腹处有一周凸棱。口径22、底径8、高8.4厘米（图八，8；彩版一〇，3）。

杯 3件。标本M2：7，泥质红胎黑皮陶。残存杯身，敞口，斜直腹。残高4.3厘米（图八，10；彩版一〇，4）。标本M2：8，泥质红胎黑皮陶。残存喇叭形柄，柄上部饰两周凸弦纹。足径5、残高3.5厘米（图八，11；彩版一〇，5）。标本M2：9，泥质红胎黑皮陶。器形较小，敞口，圆唇，斜直腹，高柄，喇叭形圈足。柄下部等距相间装饰一周圆形和长条形镂孔。口径7.4、足径6.3、高9.8厘米（图八，12；彩版一〇，6）。

纺轮 1件。标本M2：14，泥质红胎黑皮陶。残碎，无法复原。

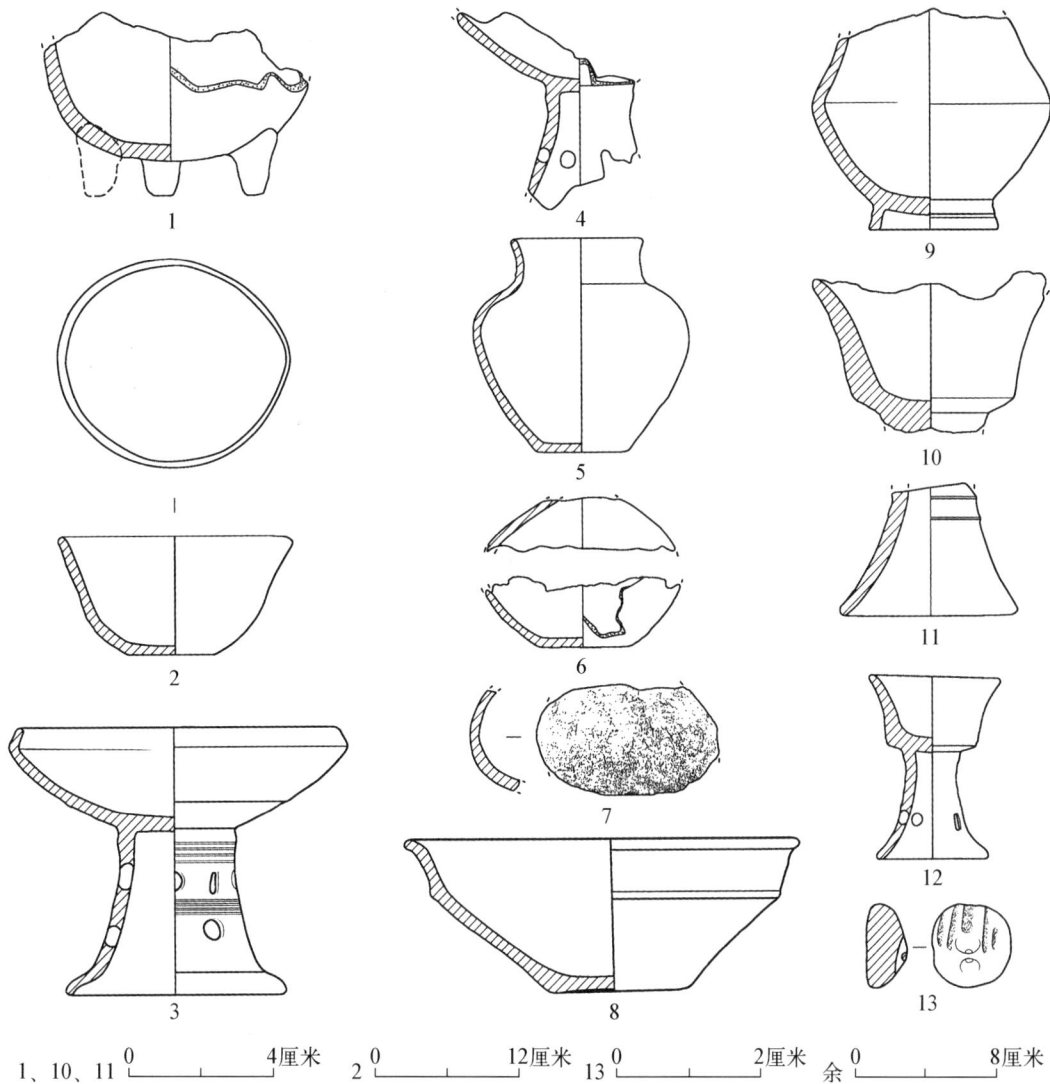

图八　M2出土器物

1.陶鼎（M2：6）　2.陶釜（M2：15）　3、4.陶豆（M2：2、M2：10）　5～7.陶罐（M2：3、M2：16、M2：5）
8.陶盆（M2：4）　9.陶壶（M2：11）　10～12.陶杯（M2：7、M2：8、M2：9）　13.玉隧孔珠（M2：1）

（2）玉器

隧孔珠 1件。标本M2：1，乳白色。半球形，磨制精细。半球球面向两侧各切去一半，在中心凸出部位斜向对钻一小圆孔，孔相通。背面留有数道凹痕。最大直径1.1、厚0.6、孔径0.3厘米（图八，13；彩版一一，1）。

（三）M3

1. 墓葬形制

墓口长约1.75、宽约0.58米，墓底长约1.71、宽约0.54米，深约0.18米。方向40°。墓内填黄褐土，土质较致密，包含陶片、红烧土颗粒、炭屑、石块、沙粒、植物根系等。随葬器物以生活用具为主，包括陶豆3件、陶碗1件、陶盘1件、陶罐2件、陶杯1件、石锛2件、石钺1件（图九）。

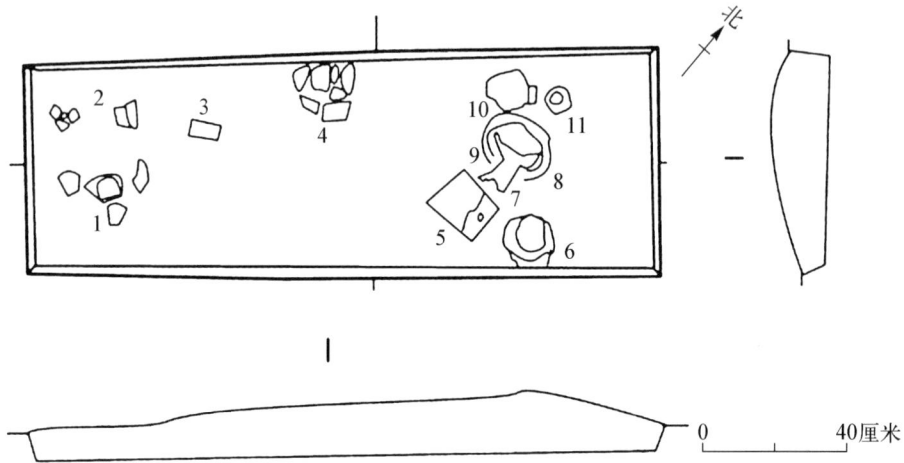

图九　M3平、剖面图

1、6、7.陶豆　2.陶杯　3、9.石锛　4.陶盘　5.石钺　8.陶碗　10、11.陶罐

2. 随葬器物

（1）陶器

8件。部分陶器残损严重，无法修复。器形有豆、碗、盘、罐、杯。

豆 3件。标本M3：1，泥质红陶。残存柄上部。残宽9、残高3厘米（图一〇，3；彩版一一，2）。标本M3：7，泥质灰陶。敛口，尖圆唇，豆盘较浅，弧腹，圜底，高柄，喇叭形圈足。腹中部有一周凸棱，柄饰四周凹弦纹，凹弦纹之间饰圆形和长条形镂孔。口径16.4、足径14.4、高15.6厘米（图一〇，1；彩版一一，3）。

碗 1件。标本M3：8，泥质灰陶。敞口，卷沿，沿面弧凹，尖圆唇，上腹向内微弧，下腹折收，圜底，圈足。腹部有一周凸棱。口径17.4、底径7.5、高6.3厘米（图一〇，2；彩版一一，4）。

盘 1件。标本M3：4，泥质红陶。残存器底，底平。残宽8.5、残高2.5厘米（图一〇，4；彩版一一，5）。

罐　2件。标本M3：10，泥质红陶。小直口，圆唇，弧腹，圜底，喇叭形圈足。腹上部饰三周凹弦纹。口径7.6、最大腹径11.8、底径7.6、高12.4厘米（图一〇，5；彩版一一，6）。标本M3：11，泥质红胎黑皮陶。方圆唇，侈口，束颈，鼓腹，小平底内凹。口径4.7、最大腹径6.3、底径3.3、高4.8厘米（图一〇，6；彩版一二，1）。

杯　1件。标本M3：2，泥质红胎黑皮陶。尖圆唇，直腹略外敞，柄残缺。腹下部饰两周凹弦纹。口径8.6、残高4.5厘米（图一〇，7；彩版一二，2）。

（2）石器

3件。器形有锛、钺。

锛　2件。标本M3：3，灰白色。平面呈长方形，上窄下宽，顶部不平，面略弧。单面刃，刃口锋利。长7.8、宽3.9、厚1.5厘米（图一〇，9；彩版一二，3）。标本M3：9，灰黄色。平面呈长方形，上窄下宽，顶部磨平，背面略弧。单面刃，刃口锋利。长8.3、宽3.2、厚1.4厘米（图一〇，8；彩版一二，4）。

钺　1件。标本M3：5，灰黄色。器体扁薄，平面呈梯形，平刃。上部饰一两面管钻孔。长16.8、宽14.2、厚0.6、孔径2.1厘米（图一〇，10；彩版一二，5）。

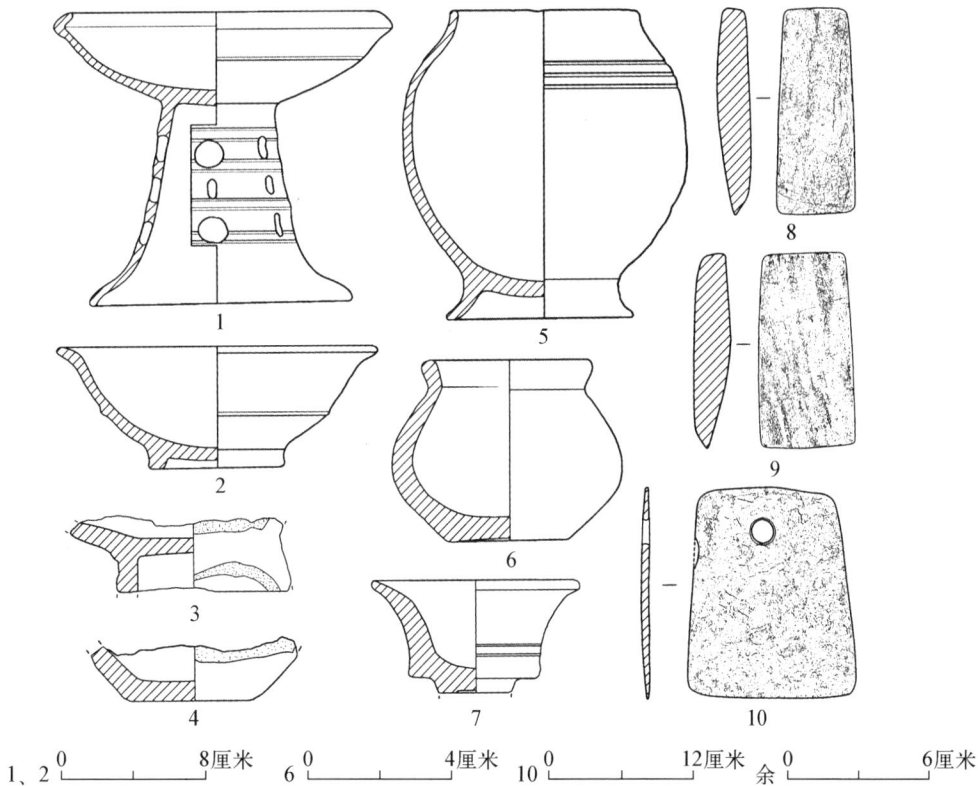

图一〇　M3出土器物

1、3.陶豆（M3：7、M3：1）　2.陶碗（M3：8）　4.陶盘（M3：4）　5、6.陶罐（M3：10、M3：11）
7.陶杯（M3：2）　8、9.石锛（M3：9、M3：3）　10.石钺（M3：5）

（四）M4

1. 墓葬形制

墓口长约 1.73、宽约 0.7 米，墓底长约 1.69、宽约 0.66 米，深约 0.2 米。方向 40°。墓内填黄褐土，土质较致密，包含陶片、红烧土块、红烧土颗粒、炭屑、石块、沙粒、植物根系等。随葬器物以生活用具为主，包括陶鼎 1 件、陶豆 2 件、陶罐 5 件、陶壶 1 件、陶盆 1 件、陶杯 1 件、陶纺轮 2 件，另有 1 件器形不明（图一一）。

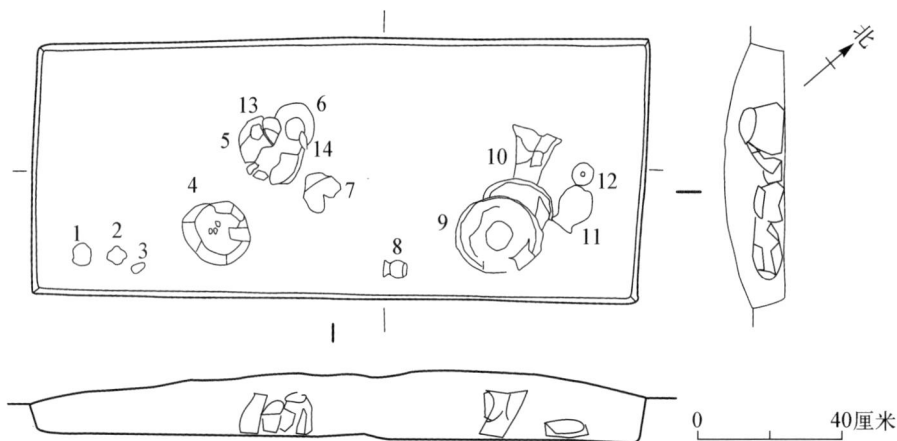

图一一　M4 平、剖面图

1～3、7、11. 陶罐　4. 陶器　5、10. 陶豆　6. 陶壶　8. 陶杯　9. 陶盆　12、13. 陶纺轮　14. 陶鼎

2. 随葬器物

14 件。均为陶器。部分陶器残损严重，无法修复。器形有鼎、豆、罐、壶、盆、杯、纺轮。

鼎　1 件。标本 M4：14，泥质红陶。残存一足，上宽下窄，截面呈椭圆形。残高 4.9、残宽 2.3 厘米（图一二，5）。

豆　2 件。标本 M4：5，泥质灰陶。残存腹部陶片。残宽 15、残高 5.6 厘米（图一二，2；彩版一二，6）。标本 M4：10，泥质红胎黑皮陶。口内敛，尖唇，弧腹，圜底，高柄，喇叭形圈足。下腹部有一周凸棱，圈足上饰三组圆形和长条形镂孔，其间饰四组各两周凹弦纹。口径 19.6、底径 14.4、高 18.8 厘米（图一二，1；彩版一三，1）。

罐　5 件。标本 M4：1，泥质红胎黑皮陶。口残缺，鼓腹弧收，平底略内凹。最大腹径 13、底径 7.4、残高 7.2 厘米（图一二，8；彩版一三，2）。标本 M4：2，夹砂红陶。器形较小，口微侈，尖圆唇，束颈，弧腹，小平底内凹。口径 3.6、最大腹径 4.4、底径 2.5、高 3.6 厘米（图一二，9；彩版一三，3）。标本 M4：7，泥质灰陶。圆唇，直领，圆筒形腹，平底。颈部有两周波浪形凹槽。口径 5.2、最大腹径 6.6、底径 4、高 9.5 厘米（图一二，10；彩版一三，4）。标本 M4：11，泥质红陶。口残，弧腹，平底，圈足。最大腹径 10.4、底径 5.8、残高 7.2 厘米（图一二，11；彩版一三，5）。

  壶 1件。标本M4：6，泥质黑皮陶。口微敞，方圆唇，直领，溜肩，折腹，圜底近平。颈部有三周波浪形凹槽。口径7.2、最大腹径13.4、底径4.8、高10.2厘米（图一二，3；彩版一三，6）。

  盆 1件。标本M4：9，泥质红陶。敞口，卷沿，沿面弧凹，圆唇，弧腹，圜底，圈足。腹中部有一周凸棱。口径22.3、底径9、高8.7厘米（图一二，4；彩版一四，1）。

  杯 1件。标本M4：8，夹砂褐陶。口微侈，尖圆唇，束颈，弧腹，平底，圈足。口径5.7、最大腹径6、足径4.4、高4.8厘米（图一二，12；彩版一四，2）。

  纺轮 2件。夹砂灰陶。圆饼形，壁面向外鼓凸，两面平，中间有一孔。标本M4：12，最大直径6、厚1.4、孔径0.7厘米（图一二，7；彩版一四，3）。标本M4：13，最大直径5、厚1.6、孔径0.7厘米（图一二，6；彩版一四，4）。

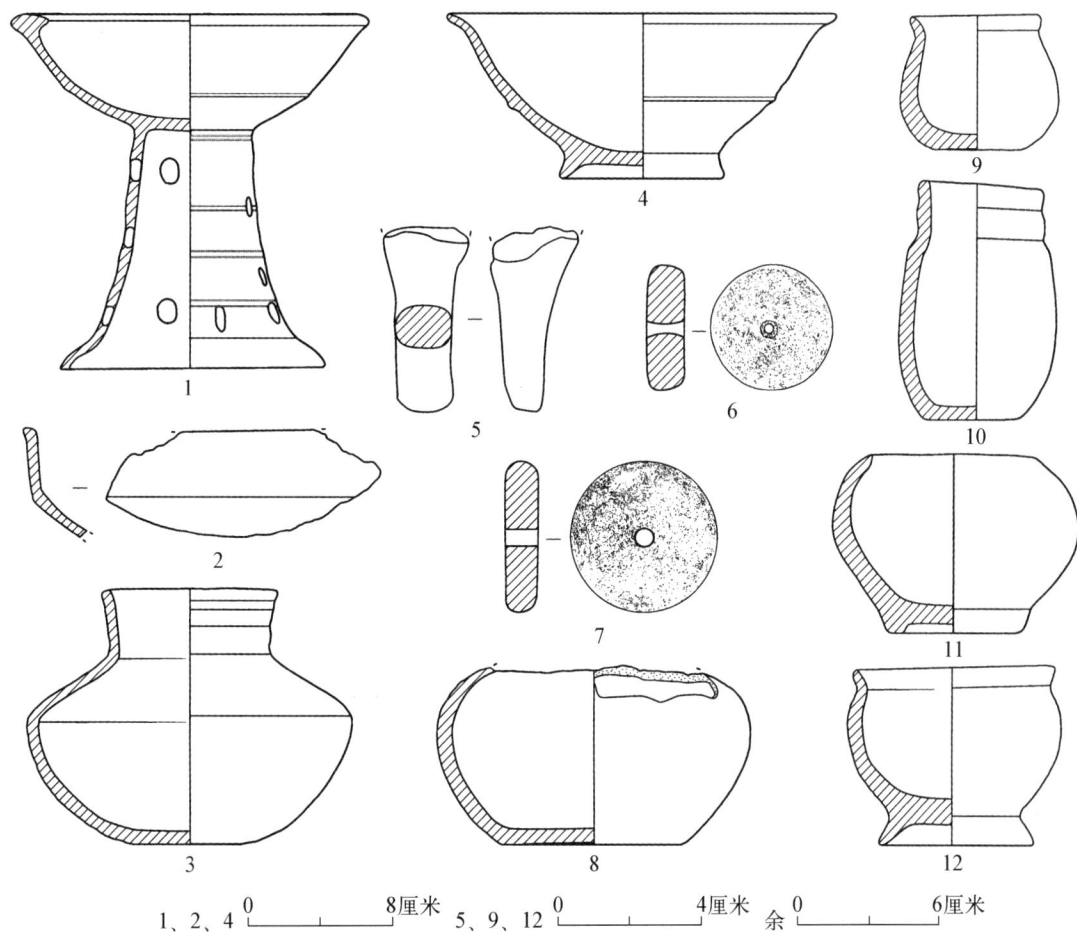

图一二　M4出土器物

1、2.陶豆（M4：10、M4：5）　3.陶壶（M4：6）　4.陶盆（M4：9）　5.陶鼎（M4：14）　6、7.陶纺轮（M4：13、M4：12）
8～11.陶罐（M4：1、M4：2、M4：7、M4：11）　12.陶杯（M4：8）

（五）M5

1. 墓葬形制

开口于第③层下，打破第④层，被唐墓M6打破。墓口长约1.8、宽约0.74米，墓底长约1.76、宽约0.7米，深约0.12米。方向133°。墓内填黄褐土，土质较致密，包含陶片、红烧土颗粒、炭屑、石块、植物根系等。随葬器物以生活用具为主，包括陶豆1件、陶壶1件、陶罐2件、陶杯1件、石锛1件（图一三）。

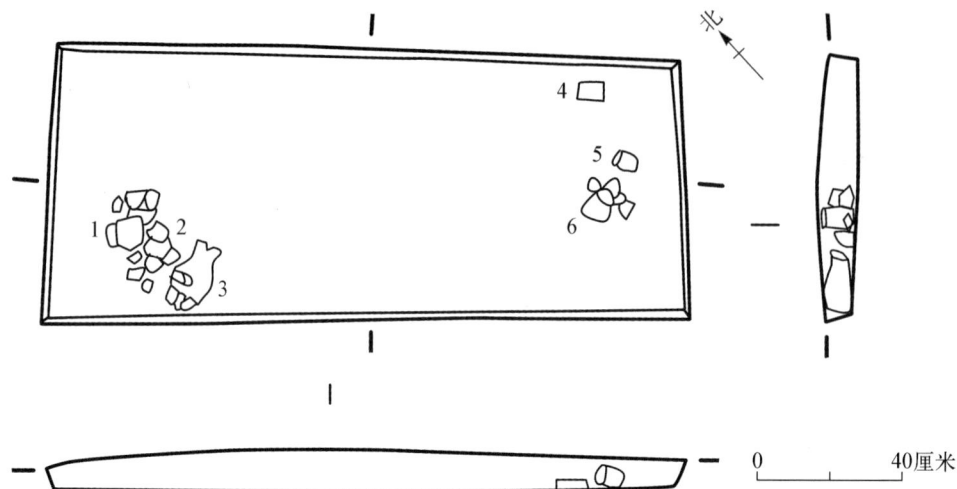

图一三　M5平、剖面图

1. 陶豆　2、6. 陶罐　3. 陶壶　4. 石锛　5. 陶杯

2. 随葬器物

（1）陶器

5件。部分陶器残损严重，无法修复。器形有豆、壶、罐、杯。

豆　1件。标本M5：1，泥质红陶。残存豆盘底和豆柄上部。残高6.6厘米（图一四，1；彩版一四，5）。

壶　1件。标本M5：3，泥质灰陶。敞口，圆唇，束颈，深筒形腹，腹下部折收，最大腹径偏下，平底，圈足。足底等距分布三处凹陷。口径6.8、最大腹径10.8、足径6.3、高14.2厘米（图一四，2；彩版一四，6）。

罐　2件。标本M5：6，泥质褐陶。小直口，尖圆唇，折腹，下腹弧收，小平底。口径5.5、最大腹径7.7、底径4、高6厘米（图一四，3；彩版一五，1）。

杯　1件。标本M5：5，泥质灰褐陶。残损严重，敞口，尖圆唇，直腹略外敞。残高5厘米（图一四，4；彩版一五，2）。

（2）石器

石锛　1件。标本M5：4，青灰色。平面呈长方形，上窄下宽，顶部不平，面略弧。单面刃，刃口锋利。长6.3、宽4.5、厚1.2厘米（图一四，6；彩版一五，3）。

（六）M7

1. 墓葬形制

墓口长约2.16、宽约0.8米，墓底长约2.1、宽约0.72米。方向38°。墓内填黄褐土，略有白色腐化痕迹，土质致密，包含陶片、红烧土块、植物根系等。随葬器物破碎严重，仅可辨识陶纺轮1件（图一五）。

2. 随葬器物

陶纺轮　1件。标本M7：1，泥质灰陶，火候较低，陶色不匀。圆饼形，两面平，中间有一孔，一面孔部周围磨损内凹，剖面近似梯形。上径4.8、下径6.1、厚2.1、孔径0.8厘米（图一四，5；彩版一五，4）。

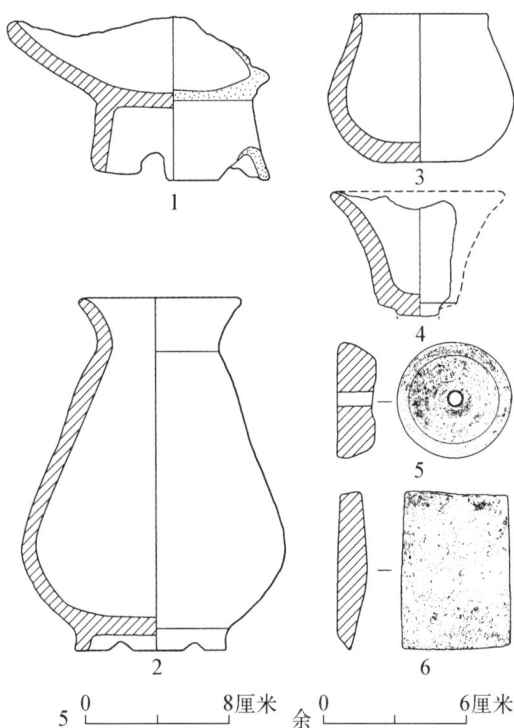

图一四　M5、M7出土器物

1. 陶豆（M5：1）　2. 陶壶（M5：3）　3. 陶罐（M5：6）
4. 陶杯（M5：5）　5. 陶纺轮（M7：1）　6. 石锛（M5：4）

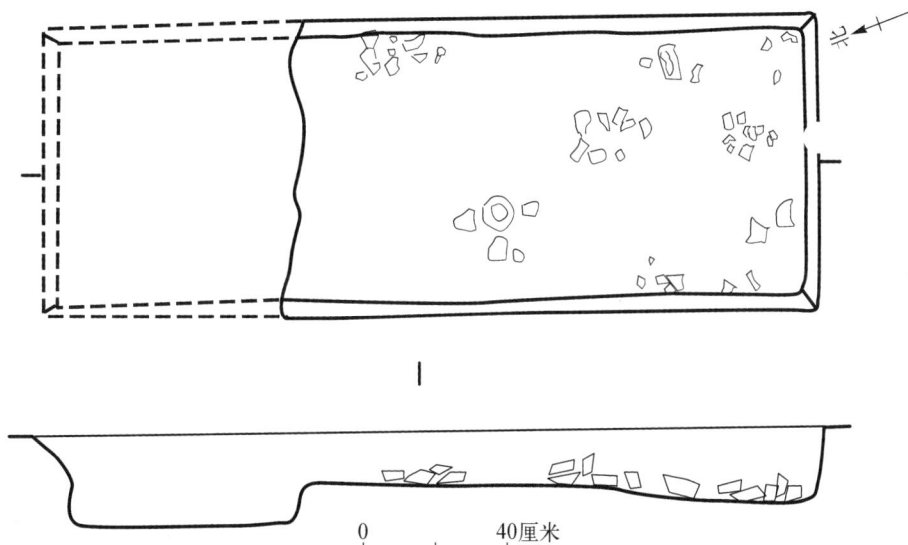

图一五　M7平、剖面图

（七）M8

1. 墓葬形制

墓口长约2.4、宽约0.86米，墓底长约2.3、宽约0.76米，深约0.28米。方向35°。东壁中部有一壁龛，龛口长约0.7、宽约0.28米，龛底长约0.64、宽约0.24米。墓内填黄褐土，略有白色腐化痕迹，土质致密，包含陶片、红烧土颗粒、植物根系等。随葬器物中可辨识器形的有陶罐2件、陶杯2件，其余均破碎难以辨认（图一六）。

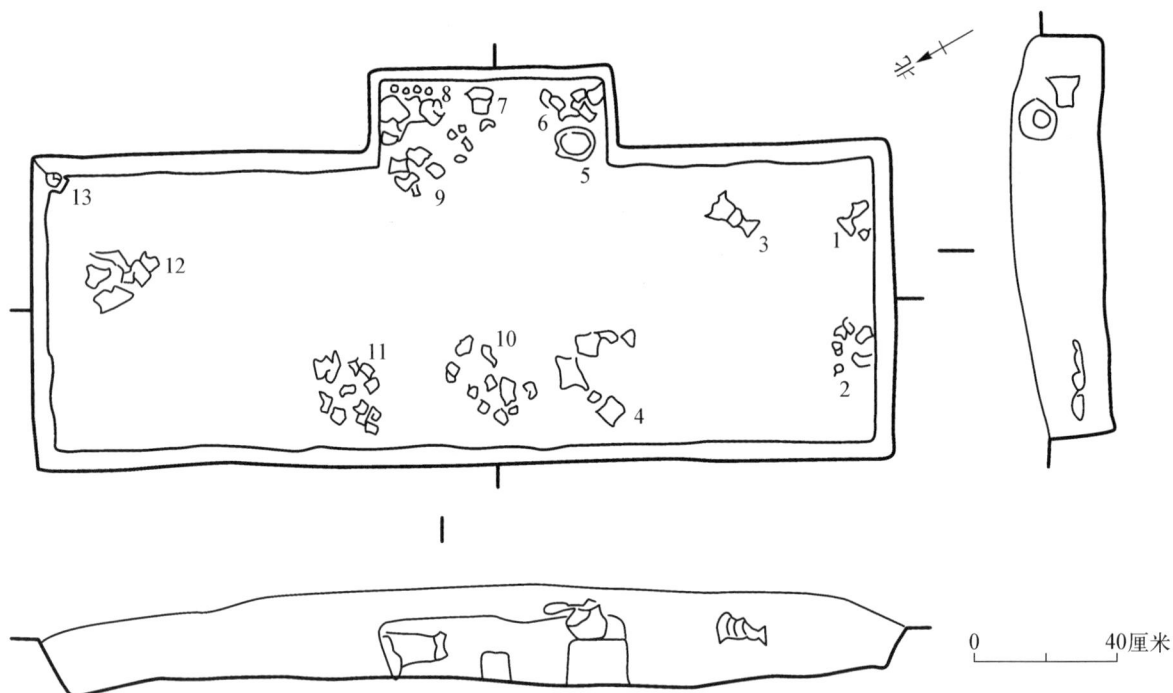

图一六　M8平、剖面图

1、4、6、8～13. 陶片　2、5. 陶罐　3、7. 陶杯

2. 随葬器物

随葬器物大多残损，难以辨认器形。可修复陶器4件，器形为罐和杯。

罐　2件。标本M8：2，泥质红陶。器形较小，直口，尖唇，收腹，圜底近平。腹上部饰三周凹弦纹。口径5.6、底径2、高4.8厘米（图一七，1；彩版一五，5）。M8：5，夹砂黑皮陶。侈口，方圆唇，束颈，溜肩，下腹部残缺。口径7.4、残高4.2厘米（图一七，4；彩版一五，6）。

杯　2件。标本M8：3，泥质红胎黑皮陶。器形较小，敞口，尖圆唇，直腹略外敞，高柄，喇叭形圈足。柄上部有一周凸棱，中部等距饰一周圆形和长条形镂孔。口径6.2、足径5.6、高9.6厘米（图一七，2；彩版一六，1）。标本M8：7，泥质灰陶。敞口，尖圆唇，直腹略外敞，柄残缺。口径7.1、残高4.3厘米（图一七，3；彩版一六，2）。

器底　1件。标本M8：4，泥质灰褐陶。残损严重，平底。残宽6、底径7.8、残高2厘米（图一七，5；彩版一六，3）。

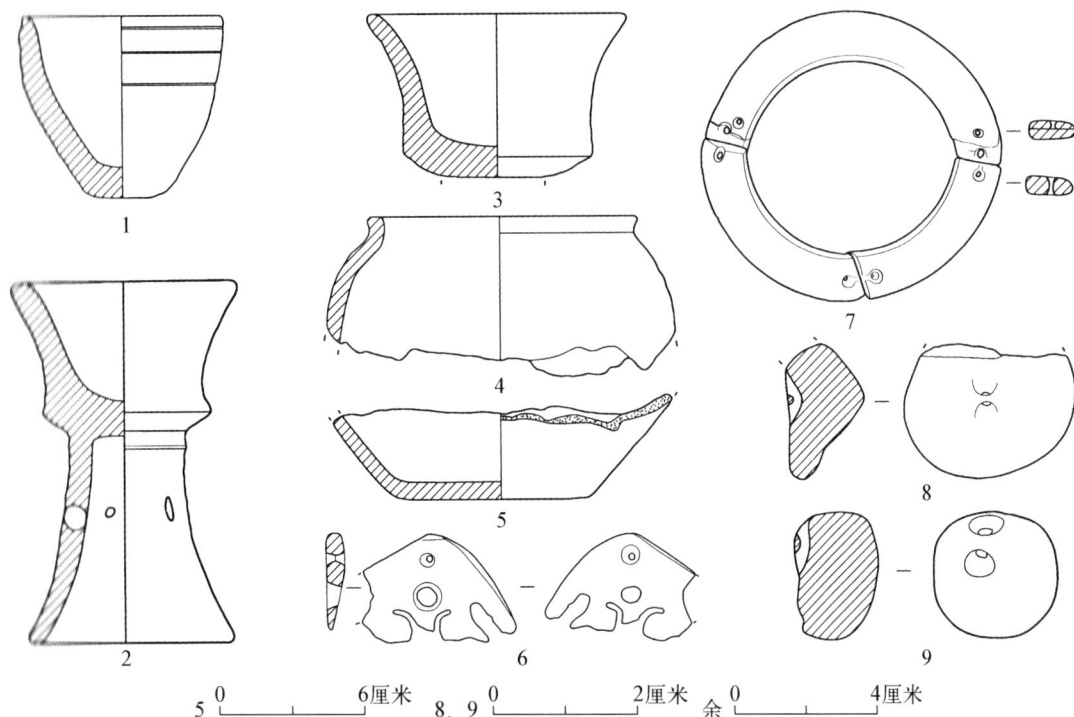

图一七　M8、M9出土器物

1、4.陶罐（M8：2、M8：5）　2、3.陶杯（M8：3、M8：7）　5.陶器底（M8：4）　6.玉璜（M9：1）
7.玉环（M9：4）　8、9.玉隧孔珠（M9：2、M9：3）

（八）M9

1.墓葬形制

墓口长约2、宽约0.74米，墓底长约1.92、宽约0.68米。方向35°。墓内填黄褐土，略有白花土，土质较疏松。随葬器物均为玉器，包括玉璜1件、玉环1件、玉隧孔珠2件（图一八）。

2.随葬器物

玉器　4件。器形有璜、环和隧孔珠。

璜　1件。标本M9：1，乳白色。磨制精细。器体扁平，平面近三角形，一角残。顶部对钻一小圆孔，中间单面钻一孔，内缘切割对称弧形花纹。残长4.3、高2.9、厚0.5、顶部孔径0.4、中间孔径0.8厘米（图一七，6；彩版一六，4）。

环　1件。标本M9：4，乳白色。表面琢磨光滑。断为三段，每段两端各有一圆对钻孔，孔径0.3厘米。三段可缀合成1件玉环，长径8.3、短径7.7厘米（图一七，7；彩版一六，5）。

隧孔珠　2件。乳白色。表面琢磨光滑。标本M9：2，半球形，一侧残，背面平，有一牛鼻

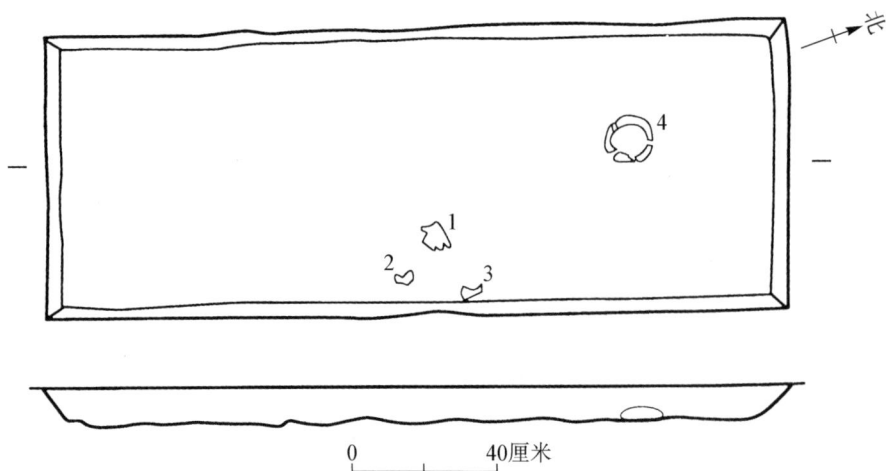

图一八　M9平、剖面图

1. 玉璜　2、3. 玉隧孔珠　4. 玉环

式孔眼。最大直径2.4、孔径0.3厘米（图一七，8；彩版一六，6）。M9：3，半球形，正面平，背面残，在一侧凸出部位斜向对钻一小圆孔，孔相通。最大直径1.7、孔径0.4厘米（图一七，9；彩版一六，7）。

三、结　　语

本次发掘的8座新石器时代墓葬，均为长方形竖穴土坑墓，规模相当，据墓葬规模及随葬器物推测为单人葬。除M5为东南—西北向外，其余7座均为东北—西南向，且平行分布，相互之间无打破关系。墓葬中人骨均已腐烂，偶见人骨腐烂痕。

随葬器物以鼎、豆、壶、碗等陶器为主，另有玉环、玉隧孔珠、石钺等，普遍随葬有陶纺轮或石锛。陶器普遍破碎严重，推测某些器物可能是打碎后随葬。M1～M4随葬器物均沿墓葬方向摆放，M2和M3的陶豆放置在陶盆或陶碗内，M1和M4的陶盆、陶碗存在倒扣放置的现象。墓葬中随葬的部分陶鼎、陶壶、陶罐等器物体形较小，其中陶罐M3：11和M4：2通高不足5厘米。宿松黄鳝嘴遗址中也发现有口径和高均不足10厘米的小鼎[①]，这些小型器物可能是专门用于随葬的明器。

魏庄遗址出土的陶豆M2：2、M3：7与潜山薛家岗遗址出土的陶豆M48：4、M56：1、M99：5[②]形制相近，均为敛口内折，弧腹，平底，高柄，喇叭形圈足，足沿陡折成台状。魏庄陶豆M1：1，豆盘上腹壁内收，下腹外弧，这种形制的陶豆也见于薛家岗文化中。魏庄遗址出土的陶盆M4：9和陶

① 安徽省文物考古研究所：《宿松黄鳝嘴新石器时代遗址》，《考古学报》1987年第4期。
② 安徽省文物考古研究所：《潜山薛家岗》，文物出版社，2004年，第145、158、225页。

碗M1：11、M3：8的特征与薛家岗文化五期的陶碗M29：6、M43：4[①]等相似，均为上腹向内微弧，下腹折收。但薛家岗文化的陶碗腹部大多带有一个半圆形錾，魏庄遗址则不见。此外，魏庄遗址出土的陶壶也与薛家岗文化陶壶有一定的相似性。

除陶器外，魏庄遗址出土玉石器也与薛家岗文化的玉石器有很多相似之处。魏庄M9出土的玉璜与薛家岗玉璜M49：4[②]形制相同。魏庄M9出土的玉环可以看作是由一组3件玉璜拼合而成，这种现象也见于薛家岗M59[③]。

薛家岗M56、M99属于薛家岗遗址四期，M29、M43、M48、M49、M59属于薛家岗遗址五期。薛家岗遗址四、五期属于薛家岗文化晚期（公元前3300～前2800年）[④]，魏庄遗址新石器时代墓葬的年代应该与之相当。薛家岗遗址四期出现的段脊偏上的有段锛，以及使用较为频繁的陶器镂孔装饰和玉器镂雕技术，在魏庄遗址也有发现。

同时，魏庄遗址新石器时代文化与薛家岗文化又有不同，显示出明显的地方特色。魏庄遗址出土的陶杯为细高柄，不同于薛家岗遗址的矮柄陶杯，且魏庄遗址的陶杯形制也未见于皖西南地区同时期的其他遗址。魏庄遗址中暂未发现薛家岗文化中较为特殊的陶球和多孔石刀。魏庄遗址出土的陶豆风格与崧泽文化早期的陶豆[⑤]具有相似性，如豆盘均为敛口，腹部有折棱，喇叭形柄上常相间装饰弦纹与竖向长方形或圆形镂孔。此外，魏庄遗址地层中出土的玉璜T104③：3[⑥]，与凌家滩玉璜98M28：3[⑦]形制相近，表明魏庄遗址与凌家滩文化可能也存在一定联系。

本次发掘确定的魏庄遗址是一处新石器时代的聚落遗址，填补了皖西南和皖中之间新石器时代考古的空白。魏庄遗址新石器文化特征鲜明，既与薛家岗文化相似，又有明显不同，为全面认识皖西南与淮河中游、宁镇等区域诸文化之间的关系提供了重要资料。

附记：

考古发掘证照为考执字（2019）第（388）号。发掘领队王晓琨，发掘人员主要有中国人民大学历史学院张文治、张之航、张开亮，艺术学院赵前，社会与人口学院孟向京，枣阳市博物馆姜波，山西大学刘爽、孙静怡、阚颖浩，桐城市博物馆的吕昭文、叶鑫，安徽建筑大学张锐、徐傲、谢伟、李平、张瑶，西班牙巴塞罗那自治大学鲁梦琦等。另外，中国人民大学考古学生社团"金石轩"的杨倩、成若曦、邓英棱、马仁娇、顾钒德、郭远哲、胡嘉奇、王书宇、王鼎、徐丹梅、余鑫以及"考古纪录片制作与欣赏"课堂的陈舒睿、曹越、韩滩遥等也参与了发掘。魏

---

① 安徽省文物考古研究所：《潜山薛家岗》，文物出版社，2004年，第103、129页。
② 安徽省文物考古研究所：《潜山薛家岗》，文物出版社，2004年，第147页。
③ 安徽省文物考古研究所：《潜山薛家岗》，文物出版社，2004年，第167页。
④ 安徽省文物考古研究所：《潜山薛家岗》，文物出版社，2004年，第411、414页。
⑤ 上海市文物管理委员会：《青浦福泉山遗址崧泽文化遗存》，《考古学报》1990年第3期。
⑥ 王晓琨等：《安徽桐城魏庄遗址出土新石器时代玉器工艺初探》，《文物》2022年第4期。
⑦ 安徽省文物考古研究所：《凌家滩——田野考古发掘报告之一》，文物出版社，2006年，第242页。

庄遗址的发掘得到安徽省文物局、桐城市博物馆、孔城镇政府、晴岚村委会等单位及社会各界友人的大力支持,在此一并致谢。

领　　队:王晓琨

执　　笔:王晓琨　宫希成　张　辉　刘　爽　孙静怡　张文静　张　锐

绘　　图:张文治　王登良　张之航

摄　　影:张文治　赵　前

肥西大包墩遗址发掘简报

山西大学考古文博学院　安徽省文物考古研究所

大包墩遗址位于安徽省合肥市高新区南岗镇城西桥村约2.5公里,与三岗村交界、大兴塘拐与余新庄的交界处,海拔约20米(图一)。2018年为配合安徽省政府引江济淮水利工程建设和安徽省引江济淮工程文物保护工作,受安徽省文物考古研究所委托,山西大学北方考古研究中心于2018年8月~2018年12月对大包墩遗址进行了抢救性发掘工作。

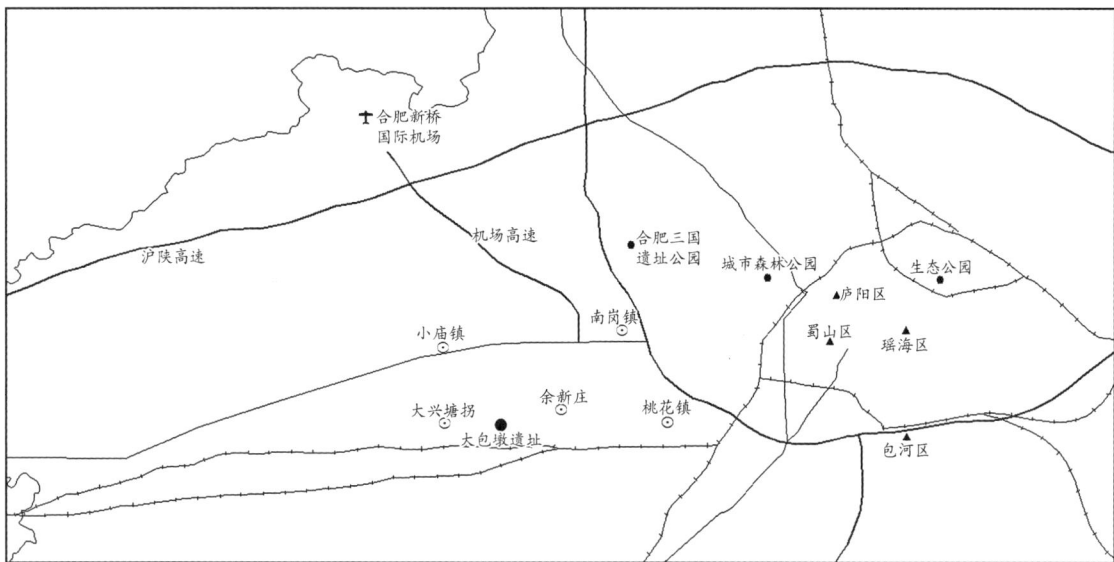

图一　大包墩遗址位置示意图

遗址西、南、北三面邻近派河,东部为苗圃,海拔294.6米。遗址包含有两个土墩,分别编号为1号墩(大包墩)和2号墩(木鱼墩)。1号墩平面呈圆角方形,面积约6 000平方米;2号墩平面呈圆形,面积约800平方米(2号墩遭到严重破坏,保存情况不佳,出土遗物较少),均属于江淮地区典型的台墩遗址。

本次发掘区域基点地理坐标为:北纬43°48′13.6″,东经130°56′15.9″。共布探方12个、探沟2

条,实际发掘面积1 000.5平方米。清理围堰2条、灰坑110个、柱洞35个、灰沟1条、墓葬1座。出土陶、石、角、铁、铜、骨等不同质地器物170余件,其中多为陶器,以陶片居多。现将本次遗址发掘情况简报如下。

一、层位堆积及分期

大包墩遗址紧邻派河,地势中间高,四周低。遗址堆积较厚,层位关系明确,可划分为7层。现仅以大包墩T1、TG1、T8～T12为例(图二),简要介绍地层堆积情况。

第①层:黑褐土为主,土质疏松,除T12外均有分布,东西向大致水平分布,厚5～30厘米,包含物有红烧土、瓷片、植物根茎等。该层下开口的遗迹有:H1、M1。

第②层:灰褐土,土质细腻,主要分布于T9～T12、TG1、T1,大致呈东西向水平分布,厚0.05～0.8米,包含物有瓷片。

第③层:黑灰褐土,土质稍硬,大致呈水平分布,厚0.05～0.4米,包含物有红烧土块、陶片、石块。

第④层:灰黄褐土,土质致密而坚硬,大致呈水平分布,厚0.15～0.8米,包含物有陶片和红烧土块、石块。

第⑤层:黄灰褐土,土质稍软,大致呈水平分布,厚0.1～0.9米,包含物有红烧土块、陶片。

第⑥层:黑灰褐土,土质较软,大致呈水平分布,厚0.2～1.25米,包含物有红烧土块、陶片。

第⑦层:红灰褐土,土质较软,大致呈波状分布,厚0.15～0.65米,未发现包含物。

第⑦层以下为生土。

以统一划分的层位为基础,通过对地层、灰坑等遗迹中出土遗物的全面分析和比较,可将本次发掘所获的文化遗存大致划分为四期。

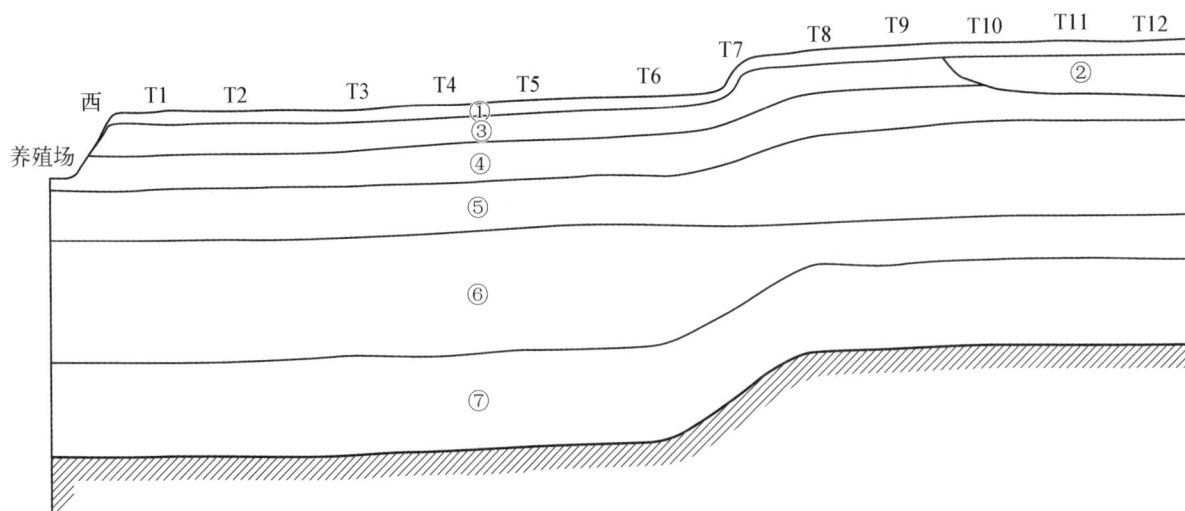

图二　大包墩遗址T1～T12北壁剖面图

第一期：未发现同时期遗迹，仅在个别晚期单位中发现早期遗物，以H32、H62等为代表，年代约为新石器时代。

第二期：发现同时期遗迹数量众多，以H11、围埝、H16等为代表，年代约为西周时期。

第三期：发现同时期遗迹较少，仅在H68中出现该期遗物，年代约为汉代。

第四期：未发现同时期遗迹，仅在探沟H1中出土该期遗物，年代约为明清时期。

此外还发现墓葬1座，编号M1。墓葬中仅出土2枚铁钉，且均残损，难以判断年代，故M1暂不纳入本文分期中。

二、第一期文化遗存

（一）遗迹

第一期文化遗存中未发现完整遗迹，仅在H16①、H20①、H32等遗迹中发现部分这一时期遗物。

（二）遗物

第一期文化遗存主要为陶片，以夹砂红褐陶和夹砂灰陶为主，其次为夹砂黄褐陶、泥质灰陶和夹砂黑陶，少量为泥质黑陶和夹砂灰黑陶。残高多在10厘米左右。器物由泥圈接合而成，多有轮修痕迹。器壁多素面，凹凸不平。纹饰以篮纹和方格纹为主，另有少量按窝纹和弦纹。可辨器形主要有鼎、鬶、杯、壶、鋬耳等，现仅将典型陶器介绍如下。

鼎　7件。主要残存口沿及鼎足部分，皆为夹砂红褐陶。

口沿　2件。H20②：标1，圆唇，折沿，沿内唇下方有一周凹槽，鼓腹，圜底，下接侧三角形足。腹部饰方格纹，足上部有连续按窝纹（图三，1）。

鼎足　5件。多为侧三角形鼎足，断面呈长方形或椭圆形，有按窝纹。H20②：标1，器壁素面，光滑平整。残高10.05厘米（图三，2）。H68：标6，弧腹。素面，器内外壁光滑平整。残高10.9厘米（图三，3）。

鬶　2件。H16①：标23，泥质红陶，器身局部为青灰色。残存颈、袋足、裆、流、足部（图三，4～6）。颈部饰四组等分的相同纹饰带，每组纹饰带皆为纵向刻划的三条直线纹，间距约1.2～1.5厘米，直线纹之间填平行短线纹。袋足饰横向刻划直线纹，其间填平行短线纹。裆部为三袋足相接，外部贴泥，经抹光，裆内分隔明确，袋足之间相接处尖锐。管状流，用泥片卷制而成。袋足接柱状足根，足根中空，与袋足腹腔相连，足根内壁可见纵向的凹槽，似乎为模制。H32：标1，夹砂红褐陶。方唇，侈口，高直颈微束。素面，器内壁颈部下方贴附一周泥条，泥条下部有一斜向的平整面，可能与器下部泥圈套接。残高6.6厘米（图三，7）。

器口　8件，数量较多，按照有无颈部，分为2型。

A型　5件。有颈。H16①：标7，夹砂红褐陶。方唇，斜折沿，敛口，束颈，鼓腹。饰纵向绳纹，沿、颈部绳纹经抹光（图三，8）。H16①：标15，夹砂黄褐陶。敛口，斜折沿，束颈，鼓腹。饰绳

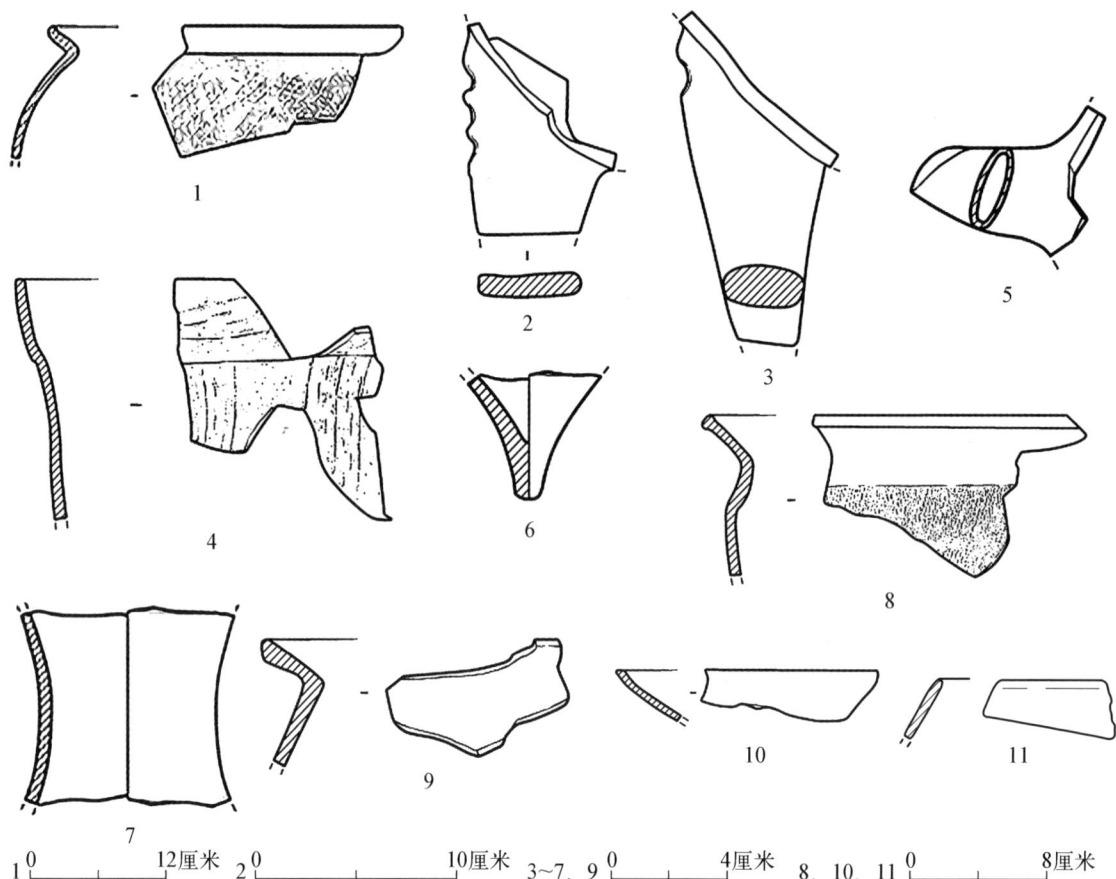

图三　第一期文化遗存出土陶器

1. 鼎口沿（H20②：标1）　2、3.鼎足（H20②：标1、H68：标6）　4~7.鬶（H16①：标23、H16①：标23、H16①：标23、H32：标1）
8、9.A型器口（H16①：标7、H16①：标15）　10、11.B型器口（H16①：标8、H16①：标17）

纹。残高3.8厘米（图三，9）。

　　B型　3件。无颈。H16①：标8，夹砂红褐陶。尖圆唇，敞口，斜弧腹。素面（图三，10）。H16①：标17，敛口，鼓腹，素面。口外侧有一周凸棱。残高3.45厘米（图三，11）。

　　杯　2件。H16②：标18，泥质黑陶。圆唇，侈口，直腹微束。腹上部饰一周弦纹。口径15.9、残高6厘米（图四，1）。

　　器底　1件。H16②：标16，泥质黑陶。斜直腹微弧，平底，底部中央内凹明显。器外壁饰篮纹。底径10.5、残高3厘米（图四，2）。

　　壶　1件。H20②：标3，夹砂黑陶。圆唇，侈口，高直颈，鼓腹。口外侧下方有一周凸棱，颈部下方可见多周平行的轮旋痕，系颈、腹分制相接而成，腹部饰篮纹。口径13.95厘米（图四，3）。

　　甗　1件。H16①：标19，夹砂红褐陶。束腰。器壁饰纵向绳纹，腰部中间有一周连续按窝纹，上部与下部系套接而成。残高8.25厘米（图四，4）。

　　豆　1件。H16①：标18，夹砂红褐陶。豆柄残片，喇叭状圈足，足外撇，足缘圆钝。足外侧

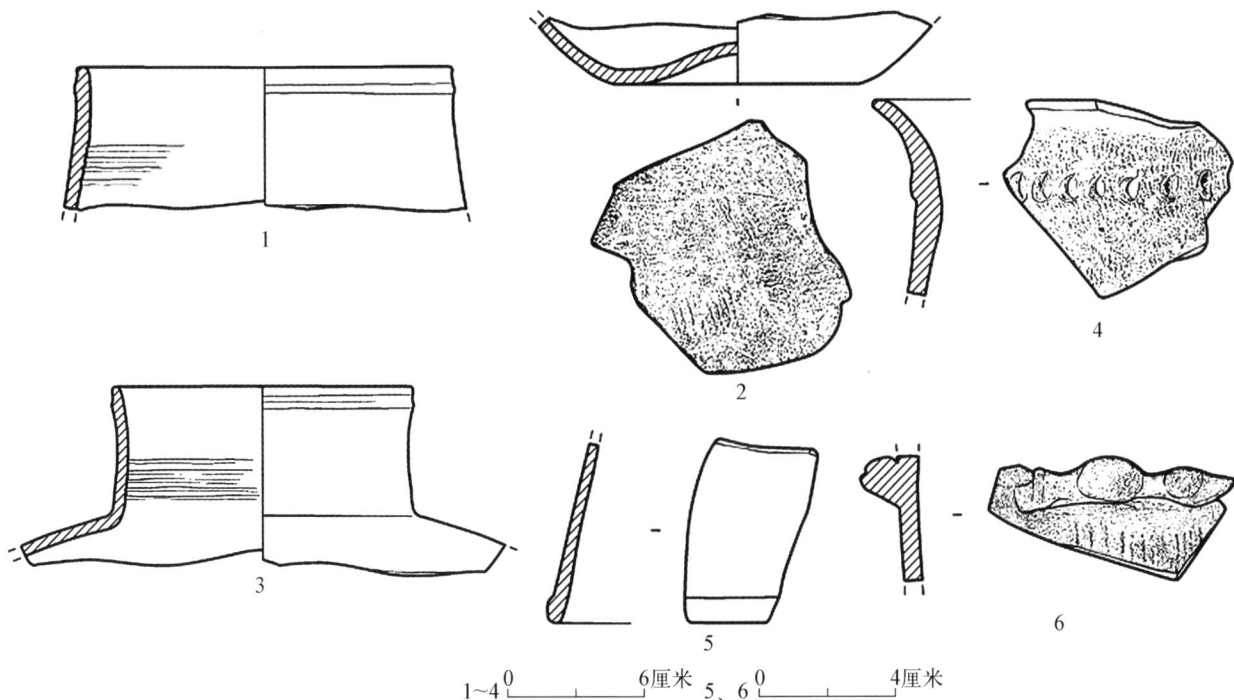

图四　第一期文化遗存出土陶器

1. 杯（H16②∶标18）　2. 器底（H16②∶标16）　3. 壶（H20②∶标3）　4. 甗（H16①∶标19）
5. 豆（H16①∶标18）　6. 鋬耳（H62∶标1）

有一周凸棱。残高5厘米（图四,5）。

鋬耳　1件。H62∶标1,夹砂黑灰陶。鸡冠形鋬耳。残高3.4厘米（图四,6）。

三、第二期文化遗存

（一）遗迹

第二期文化遗存中遗迹发现数量较多,主要有灰坑、围埂等。

灰坑　109个。平面形状有圆形、椭圆形、长方形、不规则形等,坑壁多为斜直壁,平底或底部凹凸不平,坑壁、坑底多未见人为加工痕迹,坑内堆积为灰褐色土,土质较硬。

H11　位于发掘区东部,开口于第①层下,打破第②层。被H2、H3、H4、H5、H6、H7、H8、H9、H10、H21、H22、H23及4个晚期坑打破。坑口平面应呈圆形,斜弧壁,长28.75米,宽10米。坑口距地表0.1～0.25米,距坑底0.5米,坑壁未见人为加工痕迹;坑底不平,两端稍高,中间略低。出土有大量陶片、兽骨、石块、红烧土块等（图五）。

围埂　2条,包括柱洞35个。整体平面为圆环状,剖面接近上窄下宽的梯形,围埂分为东围埂和西围埂两段。围埂开口于第①层下,打破生土,H11叠压围埂,H10、H100、H101、H102、H103打破围埂,M1打破围埂倒塌堆积（图六）。

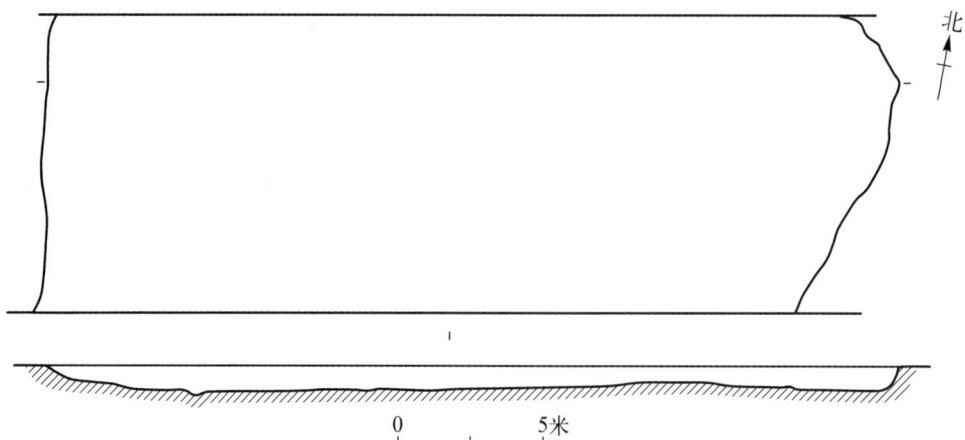

图五　H11平、剖面图

（二）遗物

主要有陶器、铜器、石器、骨器、砖、角器、铜器。遗物以陶器为多，多为残片，以夹砂灰陶和夹砂黑皮陶为主，多为底腹接合而成；可辨器形包括陶鬲、陶钵、陶罐、陶簋、陶杯等；器外壁多带有纹饰，以绳纹最多，其次为弦纹，少量素面，器壁可见轮修刮抹痕迹。铜器主要包括铜镞和铜刀。石器多呈青灰色，少数黑灰色；形状有不规则形、长方形和正方形，可辨器形有石磨盘、石磨棒、石刀、石镰、砍砸器、研磨器等。角器有鹿角和角锥。现仅将典型陶器介绍如下。

鬲　5件。据口沿形态可分为2型。

A型　4件。侈口。依照肩部形态可分为3亚型。

Aa型　1件。弧肩鬲。H1①：标78，夹砂黑皮陶，内灰。尖方唇，窄折沿，矮颈微束，颈下接三个深袋足，现仅存一，瘪裆，锥状足，矮足根，足尖较平。器壁饰纵向细绳纹，绳纹几不可见。口径18.8、通高19.8厘米（图七，1）。

Ab型　2件。圆肩鬲。方唇，窄折沿，矮颈微束，斜弧腹，腹下接三个深袋足。H11①：15，泥质红褐陶。腹与袋足分界不明显，瘪裆，锥状足，矮足根，足尖较平。口沿处有一周红黑分界线。颈下饰纵向绳纹，腹部、裆部经人为抹平，足尖经包泥再烧制。口径14、通高11.8厘米（图七，2；彩版一七，1）。H1①：标80，夹砂灰黑陶。尖圆唇。唇两侧各有一周凸棱，器外壁饰纵向绳纹，沿部、颈部抹光较好，绳纹几不可见，有黄褐色水锈斑痕。残高8.1厘米（图七，3）。

Ac型　1件。折肩鬲。H1①：标82，夹砂灰黑陶。尖圆唇，窄折沿，矮颈微束，溜肩，斜弧腹。唇两侧各有一周凸棱，器外壁饰纵向绳纹，绳纹部分抹光。残高5.3厘米（图七，4）。

B型　1件。小口。H11①：18，泥质灰陶。方唇，矮颈微束，颈下接三个深袋足，瘪裆，内瘪较明显，袋足与足根分界不明显，锥状矮足根，足尖较尖。颈部饰纵向绳纹，后经涂抹，颈、袋足交界处可见一周抹痕，下饰纵向绳纹。口径13.4、最大径26、通高27.2厘米（图七，5；彩版一七，2）。

钵　11件。据肩部形态，可分为3型。

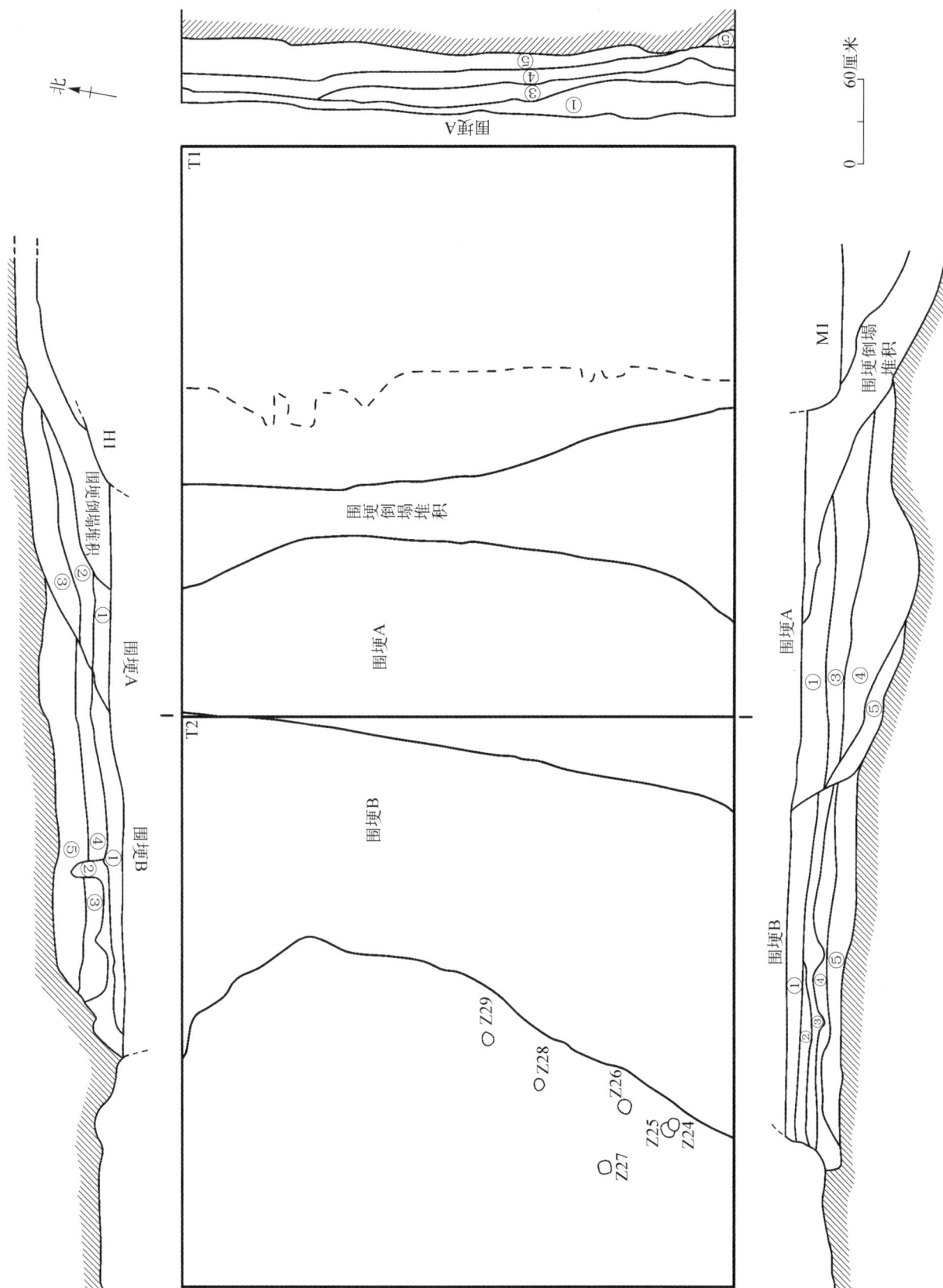

图六　围埂A、围埂B平、剖面图

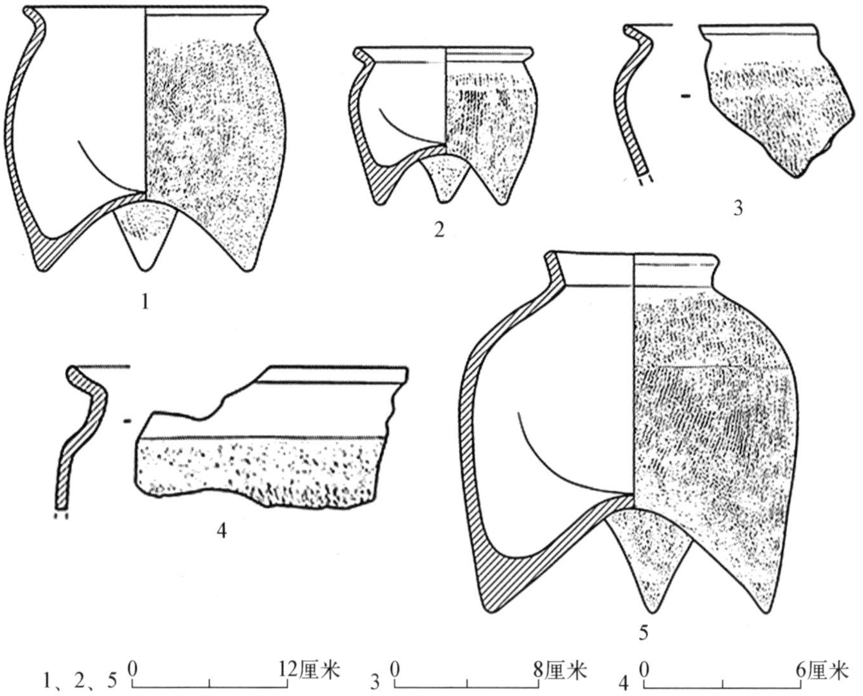

图七　第二期文化遗存出土陶鬲

1. Aa型（H1①：标78）　2、3. Ab型（H11①：15、H1①：标80）　4. Ac型（H1①：标82）　5. B型（H11①：18）

A型　3件。弧肩钵。H11②：11，泥质灰陶。方唇，敛口，腹中、下部斜弧收，腹底部分界不明显，平底，底部整体内凹。器壁凹凸不平，素面，有轮修刮抹痕迹。口径16.4、底径8.4、通高9厘米（图八，1；彩版一七，3）。

B型　5件。圆肩钵。H11③：19，泥质灰陶。方唇，敛口，腹下部斜弧收，腹底分界不明显，平底，底部中央内凹。器壁较光滑，整体以素面为主，局部见隐约绳纹。口径13.35、底径4.8、通高7.95厘米（图八，2；彩版一七，4）。

C型　3件。折肩钵。H11③：10，敛口，腹下部斜直内收，腹底分界不明显，平底微内凹。器外壁光滑，素面。口径15.2、底径6.8、通高8.8厘米（图八，3；彩版一七，5）。

罐　3件。按照腹部形态可分为2型。

A型　2件。弧腹罐。圆唇，侈口，矮颈微束，溜肩，肩腹交界处硬折，腹部斜弧内收，腹底分界不明显，底部整体内凹。H11①：16，泥质黑陶。腹底部饰交错中绳纹，局部抹光，模糊不清。口径12、腹径18.6、底径8.2、通高12.4厘米。H11③：16，泥质灰黑陶。肩腹相接处以下饰纵向中绳纹，底部中央绳纹较明显，周缘经人为抹平，绳纹模糊不清。口径18.4、腹径29.6、底径11.6、通高22.4厘米（图八，4；彩版一八，1）。

B型　1件。鼓腹罐。H11④：8，泥质灰陶。方唇，侈口，矮颈微束，溜肩，肩腹交界处硬折，腹底分界不明显，底部整体内凹。器外壁肩部自上而下有三周近平行弦纹，腹部满饰交错中绳纹，局部抹光，模糊不清，腹中下部可见一周弦纹，底部饰中绳纹，局部有刮抹痕迹。口径14、腹径

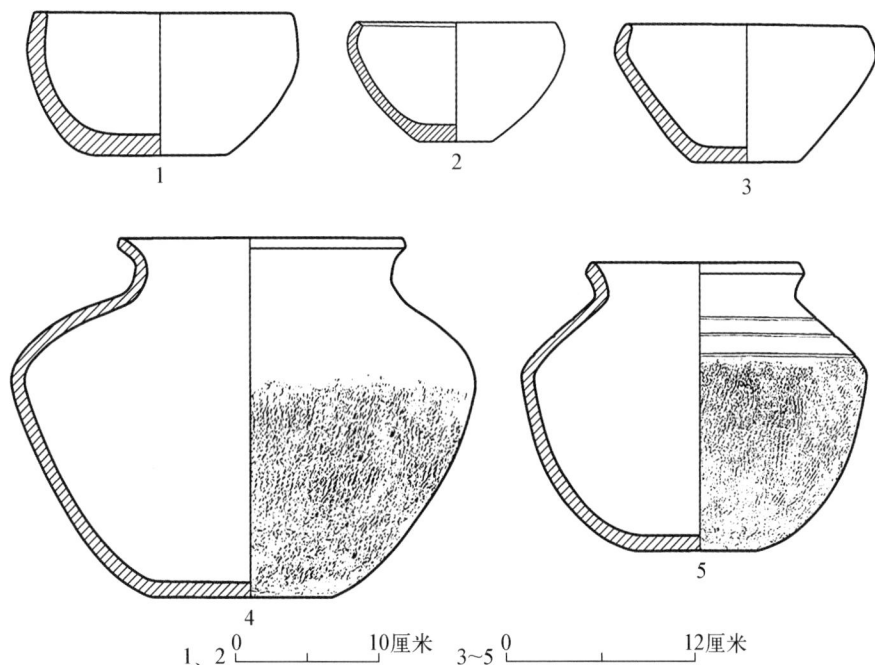

图八　第二期文化遗存出土陶器

1. A型钵（H11②：11）　2. B型钵（H11③：19）　3. C型钵（H11③：10）　4. A型罐（H11③：16）　5. B型罐（H11④：8）

22、底径7.6、通高17.8厘米（图八,5；彩版一八,2）。

　　杯　4件,依照口部形态可分为2型。

　　A型　3件。直口。据腹部形态可分2亚型。

　　Aa型　2件。弧腹杯。H11①：标147,夹砂黄褐陶。圆底。素面,器壁凹凸不平。口径9、底径4、通高3.8厘米（图九,1）。

　　Ab型　1件。直腹杯。H11①：19,夹砂黄褐陶。圆唇,平底。素面,器壁凹凸不平。口径5.4、底径2.7、通高5厘米（图九,2）。

　　B型　1件。侈口。H20②：7,泥质黑陶。筒形杯,尖唇,筒腹内束,平底,底部中央微内凹,

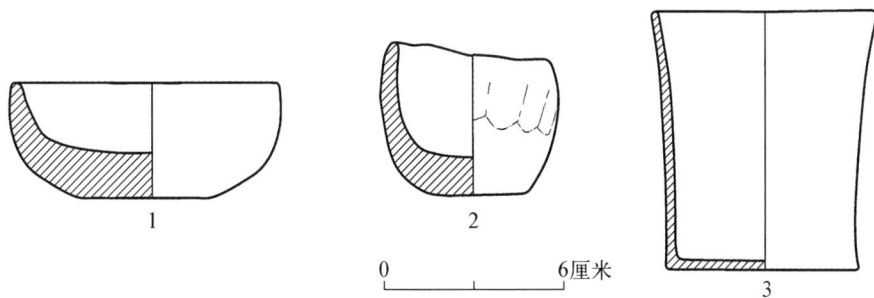

图九　第二期文化遗存出土陶杯

1. Aa型（H11①：标147）　2. Ab型（H11①：19）　3. B型（H20②：7）

可能为腹底分制相接。器壁有轮修刮抹痕迹。口径7.8、底径6.7、通高8.6厘米（图九,3）。

　　豆　1件。H1①:3,泥质黑灰陶。浅豆盘,方唇,斜直腹,豆底圈底近平,下接豆柄,矮柄微束,整体喇叭状,足缘尖圆。素面,分体制作相接而成,豆底外壁可见交错绳纹。口径19.4、底径14.6、通高12.4厘米（图一〇,1;彩版一八,3）。

　　簋　1件。H11⑤:15,泥质灰陶。方唇,侈口,宽折沿,腹上部直,腹中、下部斜直内收,腹足分界不明显,喇叭状高圈足,足中部内收,底部外撇明显。腹中部有两周弦纹,凹凸不平。口径26.4、底径14.8、通高21.6厘米（图一〇,2;彩版一八,4）。

　　碗　1件。H11④:3,泥质灰陶。敛口,方唇,斜弧腹,腹中部微束,腹底分界不明显,平底。各部分分制,相接而成。口径12.45、底径4.5、通高6厘米（图一〇,3）。

　　印纹硬陶　5件。以夹砂灰陶为主,少量夹砂黑皮陶。内壁凹凸不平,见有轮修刮抹痕迹,器外壁带有纹饰。依照纹饰不同可分为4型。

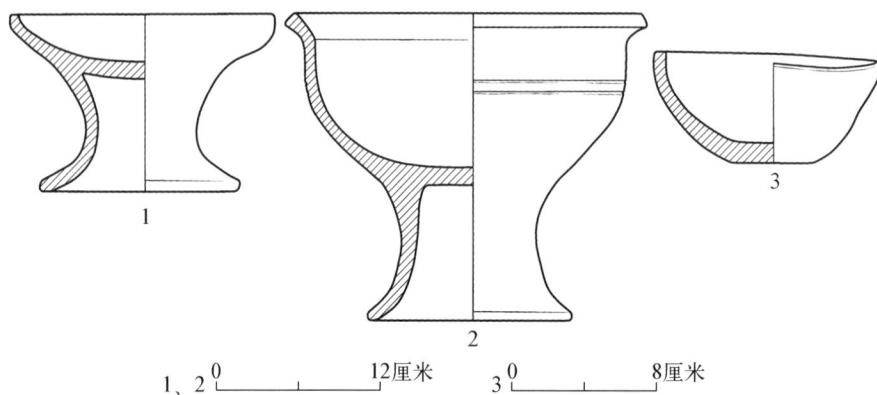

图一〇　第二期文化遗存出土陶器
1.豆（H1①:3）　2.簋（H11⑤:15）　3.碗（H11④:3）

　　A型　1件。H20①:标10,方格内填平行短线纹,局部纹样有交错（图一一,1）。
　　B型　1件。H1:标31,方格填线纹和三角形内填平行线纹（图一一,2）。
　　C型　2件。TG1⑥:标10,方格填线纹（图一一,3）。H1:标32（图一一,4）。
　　D型　1件。T10④:标1,席纹和云雷纹（图一一,5）。

图一一　第二期文化遗存出土印纹硬陶
1.A型（H20①:标10）　2.B型（H1:标31）　3、4.C型（TG1⑥:标10、H1:标32）　5.D型（T10④:标1）

四、第三期文化遗存

（一）遗迹

第三期遗存中遗迹发现较少，仅发现灰坑1座。灰坑平面呈椭圆形，口大底小，斜直壁，平底。坑内堆积为灰褐土，土质稍软。

（二）遗物

主要是陶器。陶器多为残片，以夹砂灰陶为多，少量为夹砂红褐陶。器内外壁多光滑平整，素面，有轮修痕迹，部分器外壁饰粗绳纹。可辨器形有盆、罐、陶片。现仅将典型陶器介绍如下。

口沿　1件。T6①：标3，夹砂灰陶。方唇，斜折沿，直腹。素面。残高4.2厘米（图一二，1）。

盆　2件。口沿。H68：标1，夹砂灰陶。圆方唇，窄折沿，沿面下凹，斜弧腹。器内沿与腹部交界处有一周凸棱。残高7.05厘米（图一二，2）。T6①：标2，夹砂灰陶。卷沿，敞口，斜直腹。残高5.4厘米（图一二，3）。

罐　1件。口沿。H68：标4，夹砂红褐陶。圆方唇，窄折沿，沿面下凹，溜肩。器内沿与腹部交界处有一周硬折，器壁光滑平整。残高3.5厘米（图一二，4）。

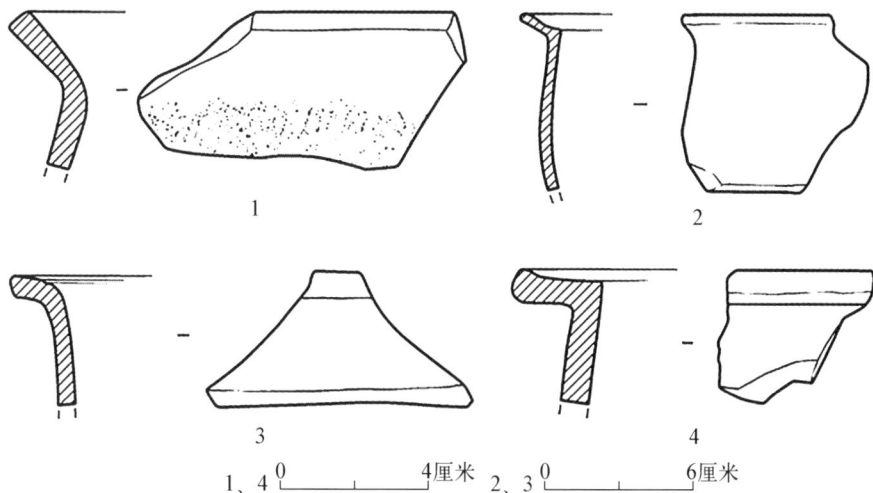

图一二　第三期文化遗存出土陶器
1.口沿（T6①：标3）　2、3.盆（H68：标1、T6①：标2）　4.罐（H68：标4）

五、第四期文化遗存

（一）遗迹

未发现这一时期的遗迹，仅布设1条探沟，编号TG1。探沟内发现灰坑1座。灰坑平面呈不规则形,斜弧壁,底部凹凸不平,未见人为加工痕迹。坑内堆积为灰褐色土,土质稍硬。

　　另发现墓葬M1。M1位于T1南部,开口于第①层下,打破围埂倒塌堆积,被H1打破。长方形竖穴土坑墓,直壁,平底,东、西部各有一座熟土二层台,无墓道,墓向75°。墓口距地表0.2米,东西长2.3米,东部宽0.7米,西部宽0.77米,深1.5米。墓内填土为黄褐五花土,夹杂少量陶片和红烧土颗粒,质地较硬。墓底发现木棺一具,长1.95米,西部宽0.45米,东部宽0.35米,高0.3米。棺内有一具人骨架,保存一般,仰身直肢葬。未发现随葬品。出土铁棺钉2枚,分别收集自木棺东北角和人骨右胫骨处(图一三)。

　　铁钉　2枚。皆为细长条形,钉尖残,锈蚀严重。推测为棺钉。M1∶1,通长21.4厘米(图一四,1)。M1∶2,残长16.4厘米(图一四,2)。

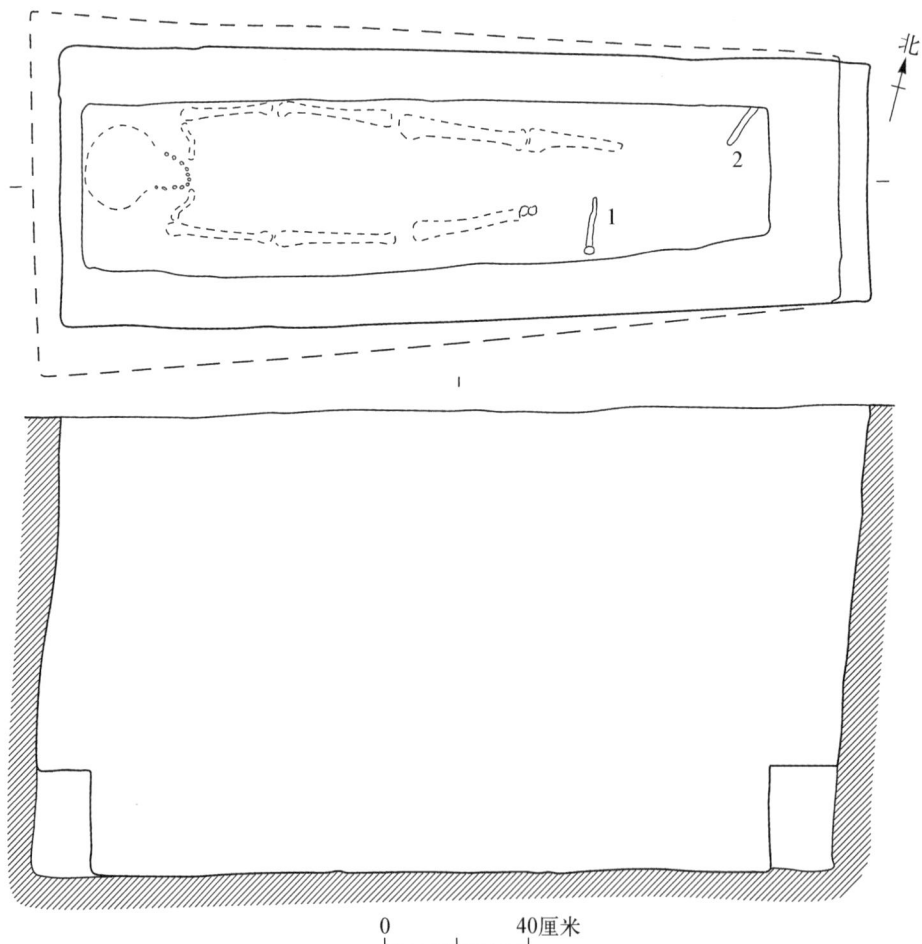

0　　　　　40厘米

图一三　M1平、剖面图

1、2.铁钉

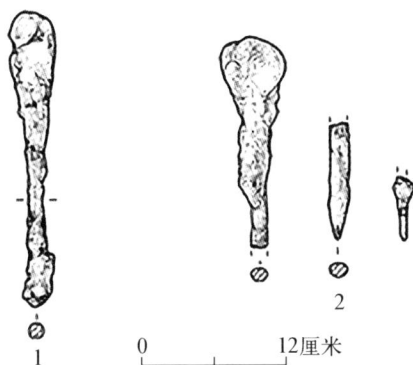

图一四　M1出土铁钉

1. M1：1　2. M1：2

（二）遗物

出土遗物为瓷器口沿和底部残片。胎以灰白胎为主，另见少量红褐胎；釉色以青白釉为主，另有少量酱釉。底部多内削，残高3～5厘米不等。器内壁多素面，少量饰有平行弦纹。介绍如下。

口沿　4件。H1：标17，灰白胎，内壁青白釉，外壁青花。圆唇，侈口，斜弧腹。器内壁口部、腹下部各有两周平行弦纹。残高5厘米（图一五，1）。T9③：标1，方唇，侈口，斜直腹。器内腹中部有两周弦纹，器内腹与内底相接处有一周弦纹。残高7.65厘米（图一五，2）。

器底　9件。H1：标19，灰白胎，内壁青白釉，外壁青花。斜弧腹，底部向下微凸，底部内削，圈足。器内腹下部饰两周平行弦纹，圈足上部有一周弦纹。残高3.6厘米（图一五，3）。T9③：标2，灰白胎，内壁青白釉，外壁青花。弧腹，腹底分界明显，底较平，底部内削，圈足。腹底交界处有两周弦纹。底径4.5、残高2.8厘米（图一五，4）。

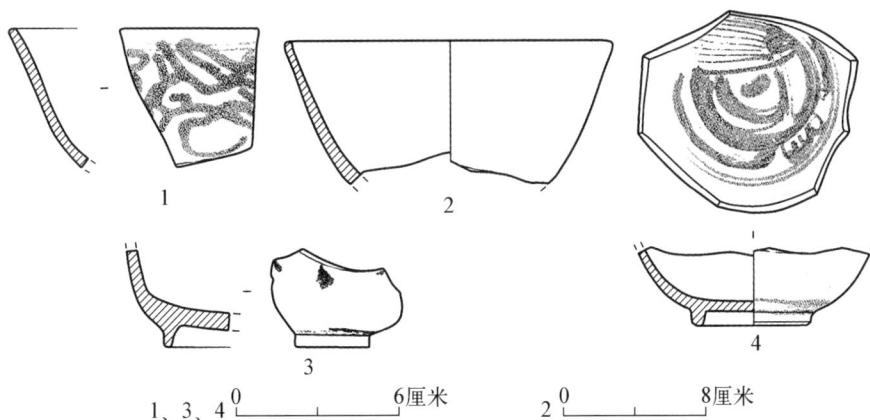

图一五　第四期文化遗存出土瓷器

1、2. 口沿（H1：标17、T9③：标1）　3、4. 底（H1：标19、T9③：标2）

六、结　语

　　大包墩遗址堆积较厚,层位分明,年代清楚,内涵多样,不仅丰富和充实了以往对江淮流域考古学文化的认识,还为今后该地区考古研究工作的开展提供了新的思路和线索。根据遗物特征,可将大包墩遗址新石器时代至明清时期遗存的认识归纳如下。

　　第一期遗存的典型陶器多为红褐陶和灰陶,陶胎较厚,烧成温度较高,普遍采用泥片贴塑法和捏塑法,装饰简单。陶鼎多折沿,鼓腹,接侧三角形足,见于栗山岗遗址罐型鼎Ⅰ式 T5⑤C：93,年代属于石家河文化早期[1];三角形鼎足,断面呈长方形或椭圆形,足上有按窝纹,见于平寨古城遗址 A 型鼎足 T1⑳：17、T1⑯：15、大城墩遗址第四次发掘第二期遗存T17⑩：133[2],年代为新石器晚期[3];鼎足上多饰按窝纹,见于金寨遗址 G6⑤：91、G6⑤：92,年代为大汶口文化晚期[4];器底多平底,中心内凹,见于梅家墩遗址标本 T2⑦：17、H13：9,年代为新石器晚期[5];陶鬹见于薛家岗遗址 T47④：16、T47④：17[6]、梅家墩遗址 T4⑥：20、T15⑥：23[7]、栗山岗遗址 T4⑤A：45、金寨遗址 G6⑦：142[8],年代为新石器时代,又见于邹县野店大汶口文化,可断定年代为大汶口文化晚期;陶鬹为管状流,空袋足,有沟槽,陶豆喇叭状圈足,圈足中部有一条凸棱,分别见于邹县野店大汶口文化遗址陶鬹Ⅴ式 M51：32 和Ⅲ式盘形豆 M84：1,属于大汶口文化第五期,与中原地区仰韶文化至庙底沟二期文化阶段大致相当[9];陶壶侈口,高颈,鼓腹,腹部饰篮纹见于栗山岗遗址 T20③：8,具有屈家岭文化、石家河文化特征[10]。综上所述,第一期文化遗存年代约为大汶口文化晚期。

　　第二期文化遗存中出土陶器数量众多,具体如下:陶鬲,折沿,鼓腹,瘪裆,锥状足,饰绳纹,绳纹部分被抹断,与平寨古城遗址 H21：5、H21：6[11]等器物接近,又见于霍邱堰台 T0714⑫：2、T0710⑦：1、T0712⑤：2[12]、大城墩遗址陶鬲Ⅰ式 T17⑤A：231[13],年代属于西周中期;还与戴家

① 李龙章：《湖北麻城栗山岗新石器时代遗址》,《考古学报》1990 年第 4 期。
② 张敬国：《安徽含山大城墩遗址第四次发掘报告》,《考古》1989 年第 2 期。
③ 李维明等：《河南固始平寨古城遗址发掘报告》,《考古学报》2000 年第 3 期。
④ 安徽省文物考古研究所、萧县博物馆：《安徽萧县金寨新石器时代遗址西区 2016 年发掘简报》,《东南文化》2020 年第 3 期。
⑤ 丁晓玲等：《湖北麻城梅家墩遗址新石器时代遗存发掘简报》,《江汉考古》2019 年第 1 期。
⑥ 唐杰平：《安徽潜山薛家岗遗址第六次发掘简报》,《江汉考古》2020 年第 2 期。
⑦ 丁晓玲等：《湖北麻城梅家墩遗址新石器时代遗存发掘简报》,《江汉考古》2019 年第 1 期。
⑧ 安徽省文物考古研究所、萧县博物馆：《安徽萧县金寨新石器时代遗址西区 2016 年发掘简报》,《东南文化》2020 年第 3 期。
⑨ 董新林：《略论邹县野店大汶口文化墓葬分期》,《北方文物》1999 年第 2 期。
⑩ 李龙章：《湖北麻城栗山岗新石器时代遗址》,《考古学报》1990 年第 4 期。
⑪ 李维明等：《河南固始平寨古城遗址发掘报告》,《考古学报》2000 年第 3 期。
⑫ 邓坚等：《安徽霍邱堰台周代遗址发掘简报》,《中国历史文物》2010 年第 6 期。
⑬ 张敬国：《安徽含山大城墩遗址第四次发掘报告》,《考古》1989 年第 2 期。

院周代遗址 A 型陶鬲 TW2N1⑦：1①相似，年代为西周晚期至春秋早期。综上所述，可将第二期文化遗存中陶鬲年代定为西周早期至春秋早期。陶钵多敛口，上腹部外鼓，下腹部斜弧，平底，见刮抹痕迹，与霍邱堰台 T0912④：9②形态相似，年代为西周中期至春秋中期。陶罐器形较大，底部内凹，器表饰间断绳纹，见于霍邱堰台 M31：1、T0810④：5③，年代为春秋中期，堰墩遗址 T707②：38、T907⑩：51④，年代为西周时期。陶簋，折沿，鼓腹，喇叭状圈足，见于戴家院遗址 TW4S1⑨：1、TW3S12：1⑤，年代为西周晚期。陶碗，敛口，腹中部微束，腹部及底部分制而成，见于堰墩遗址 T1006⑧：10⑥，年代为西周时期。陶豆，多平底，喇叭状圈足，盘、底、柄分制而成，见于戴家院遗址 TW3N1④：1、TW5S2③：1⑦，年代相当于西周晚期至春秋早期。出土的少量印纹硬陶，皆为残片，纹饰有平行短线纹、方格纹、云雷纹、席纹等，见于霍邱堰台遗址⑧，其中席纹见于戴家院遗址 TW2N1③：4Cd 型陶罐，方格纹见于戴家院遗址 TW4S1⑤：1 Ⅲ 式陶盆，年代相当于两周之际至春秋早期，受到南方吴百越文化影响⑨。综上所述，此期文化年代范围跨度较大，大致为西周早期至春秋中期。

第三期文化遗存出土遗物较少，仅有陶片。盆为残件，折沿，弧腹，沿面下凹，见于象河乡遗址 G1④：54、G1③：1⑩，年代为东汉中期至东汉后期；沿面内凹、沿下有凸棱见于马良寨遗址 Ba 型盆 H83①：7、Bb 型盆 Y4：10⑪，年代为西汉中晚期至东汉时期。陶罐，折沿，弧腹，沿面下凹，肩部外鼓，素面，见于象河乡遗址 G1④：32、G1②：6⑫，年代为东汉早期；亦见于萧县张村汉墓 A 型罐 99XZM21：1、99XZM16：9⑬，年代为西汉早期。综上所述，可推测第三期遗存年代为西汉早期至东汉晚期。

第四期遗存出土遗物较少，仅出土瓷片，多为灰白胎，青白釉。宋代，青白釉瓷成为南方窑业生产的主流产品，以景德镇湖田窑为代表，除景德镇外，安徽也发现青白釉瓷，一直延续至明清时期⑭。内壁青白釉、外壁青花，内腹下部饰弦纹，见于落马桥红光瓷厂窑址出土瓷器 T18③b：300、T19③c：319⑮等，年代延续至清道光年间；又见于江西景德镇观音阁窑址出土青

① 张小雷、朔知：《安徽霍山戴家院周代遗址发掘报告》，《考古学报》2016 年第 1 期。
② 邓坚等：《安徽霍邱堰台周代遗址发掘简报》，《中国历史文物》2010 年第 6 期。
③ 邓坚等：《安徽霍邱堰台周代遗址发掘简报》，《中国历史文物》2010 年第 6 期。
④ 王峰等：《安徽六安市堰墩西周遗址发掘简报》，《考古》2002 年第 2 期。
⑤ 张小雷、朔知：《安徽霍山戴家院周代遗址发掘报告》，《考古学报》2016 年第 1 期。
⑥ 王峰等：《安徽六安市堰墩西周遗址发掘简报》，《考古》2002 年第 2 期。
⑦ 王峰等：《安徽六安市堰墩西周遗址发掘简报》，《考古》2002 年第 2 期。
⑧ 邓坚等：《安徽霍邱堰台周代遗址发掘简报》，《中国历史文物》2010 年第 6 期。
⑨ 张小雷、朔知：《安徽霍山戴家院周代遗址发掘报告》，《考古学报》2016 年第 1 期。
⑩ 胡赵建、张凤：《河南泌阳县象河乡汉代遗址发掘简报》，《华夏考古》2018 年第 3 期。
⑪ 杨树刚等：《河南郑州马良寨遗址汉代陶窑发掘简报》，《华夏考古》2018 年第 1 期。
⑫ 胡赵建、张凤：《河南泌阳县象河乡汉代遗址发掘简报》，《华夏考古》2018 年第 3 期。
⑬ 贾庆元等：《安徽萧县张村汉墓发掘简报》，《江汉考古》2000 年第 3 期。
⑭ 陈扬：《明代纪年墓出土青白釉瓷器初步研究》，《中国国家博物馆馆刊》2020 年第 7 期。
⑮ 江建新等：《江西景德镇落马桥红光瓷厂窑址明清遗存发掘简报》，《文物》2020 年第 11 期。

花瓷YT02①：81①，年代为明万历早中期；内壁青白釉、外壁青花，底部未施釉，饰两周弦纹，见于景德镇明清御窑遗址04JY Ⅱ T2305⑤：81②，年代为明朝晚期至清朝初期。综上所述，第四期文化遗存年代为明洪武至清道光年间。

大包墩遗址地势中间高、四周低，根据T1～T12的地层剖面可知，围埝应建在一处高地上，平面呈圆环状。围埝用土主要取自高地周边，后又经过人为有意识垫土，使高地与周边地势落差加大。围埝内发现柱洞，且部分柱洞打破围埝，但围埝下并未发现柱洞，可判断当时建有杆栏式建筑。遗址中发现有灶，出土少量红烧土块，推测围埝上可能建有房址。

大包墩遗址以及同期引江济淮文物保护工程相关遗址的发掘，面积大、成果丰富，为深入研究该地区新石器时代至明清时期的考古学填补了系统、丰富的资料。对相关遗址所包含多种文化内涵的揭示，构建和完善了江淮流域考古学文化堆积的编年序列，为复原古代居民社会生活，还原当时的历史文化面貌，全面系统地把握历史源流和变迁特点，以及开展该区域历史、人文、经济的综合研究起到了重要的推动作用。

执　　笔：牟芳娟（山西大学考古文博学院）　王飞虎（青海省文物考古研究院）
　　　　　马子俊（山西大学考古文博学院）　田　鑫（山西大学考古文博学院）
　　　　　霍东峰（山西大学考古文博学院）

---

① 刘新园等：《江西景德镇观音阁明代窑址发掘简报》，《文物》2009年第12期。
② 刘新园等：《江西景德镇明清御窑遗址发掘简报》，《文物》2007年第5期。

合肥枣树棵城墩遗址发掘简报

甘肃省文物考古研究所　　安徽省文物考古研究所

2018年10月，为配合安徽省一号工程——引江济淮工程建设，甘肃省文物考古研究所考古工作队受安徽省文物考古研究所委托对枣树棵城墩遗址进行了抢救性发掘。清理发现商周时期遗迹43处，包括23个灰坑、19座墓葬、1条灰沟，出土遗物400余件，完整器物或较完整器物30余件，包括陶器、石器、铜器、鹿角器等。现简报如下：

一、遗 址 概 况

枣树棵城墩遗址位于安徽省合肥市高新区长宁社区城西桥村枣树棵村民小组东北约435米、派河南岸弯道内的台地之上，相对周边地面高约4.5米，属典型的台墩型遗址。遗址中心点坐标：东经117°04′44.29″、北纬31°47′47.887″（图一），即引江济淮工程初步设计阶段桩号J（30+507.9）处，河道红线占压遗址范围的北半部，南半部处于堆渣场范围内。

城墩平面呈不规则椭圆形，南北长约312米，东西宽约140米，面积约20 800平方米。东、西、南三面均有派河围绕，唯有东北部可出入。台墩上部现被平整为农田，种植杨树，遗址北端立有文物保护碑。总体地势北高南低，西高东低，高低不平，形成多道断坎，台墩周边有明显取土痕迹，北部最为严重，地表可见商周时期器物残片（图二）。

二、布方及地层堆积

发掘区位于遗址的东部及东北部，采用象限法布方，所布设探方分别在同一坐标系内第一、二、四象限内（下文分别简称Ⅰ、Ⅱ、Ⅳ区），共布10米×10米探方30个，其中Ⅰ区14个，Ⅱ区8个，Ⅳ区8个，总发掘面积3 000平方米。清理商周时期遗迹43处，包括灰坑23座，墓葬19座，灰沟1条（图三）。

发掘区域属枣树棵城墩遗址的边缘或近边缘部位，文化层较薄，各层大体上呈水平状堆积，包含物较为丰富。从文化层堆积情况来看，发掘区的南部和东部边缘地层堆积较为简单，文化层

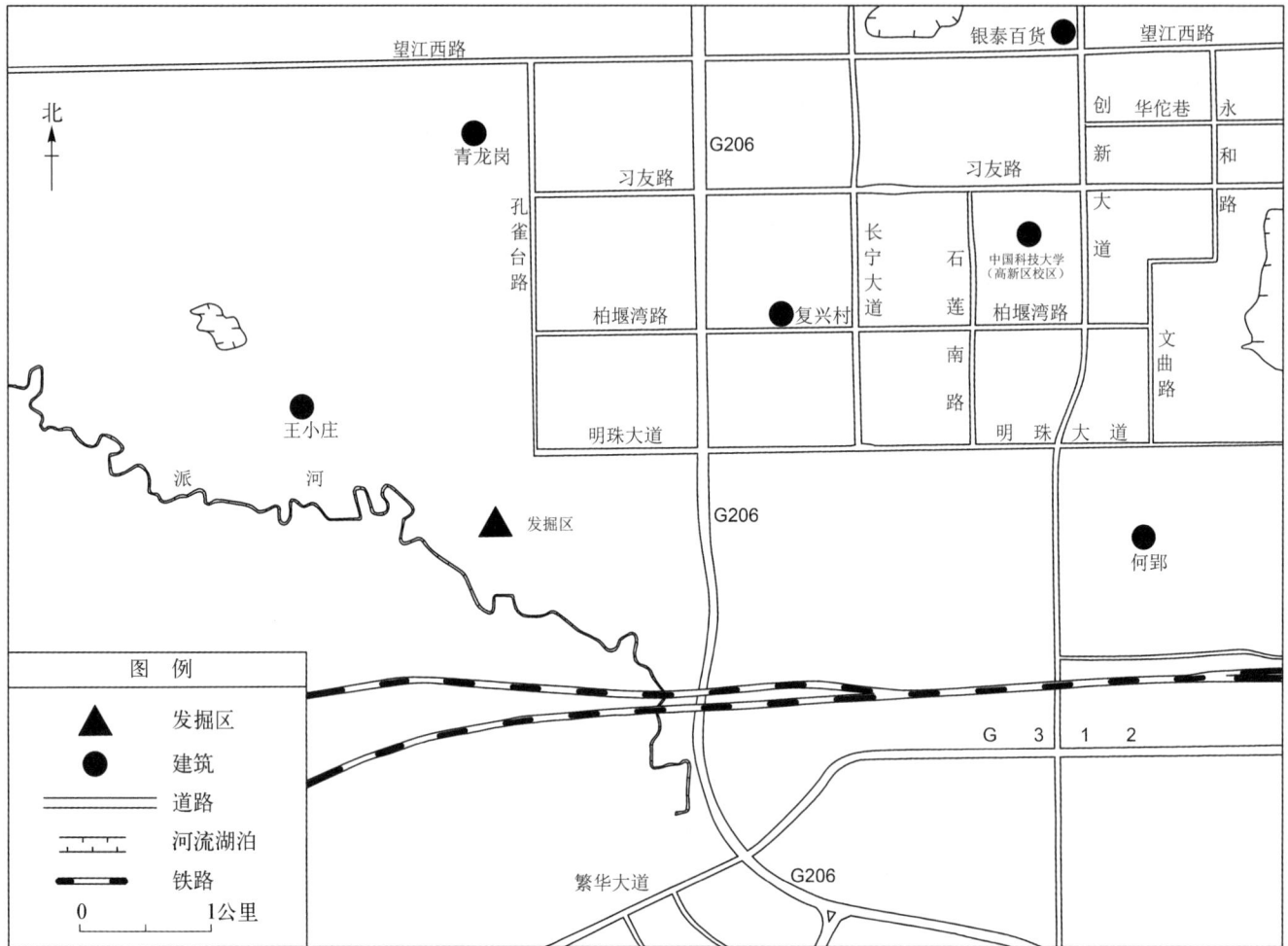

图一　枣树棵遗址地理位置示意图

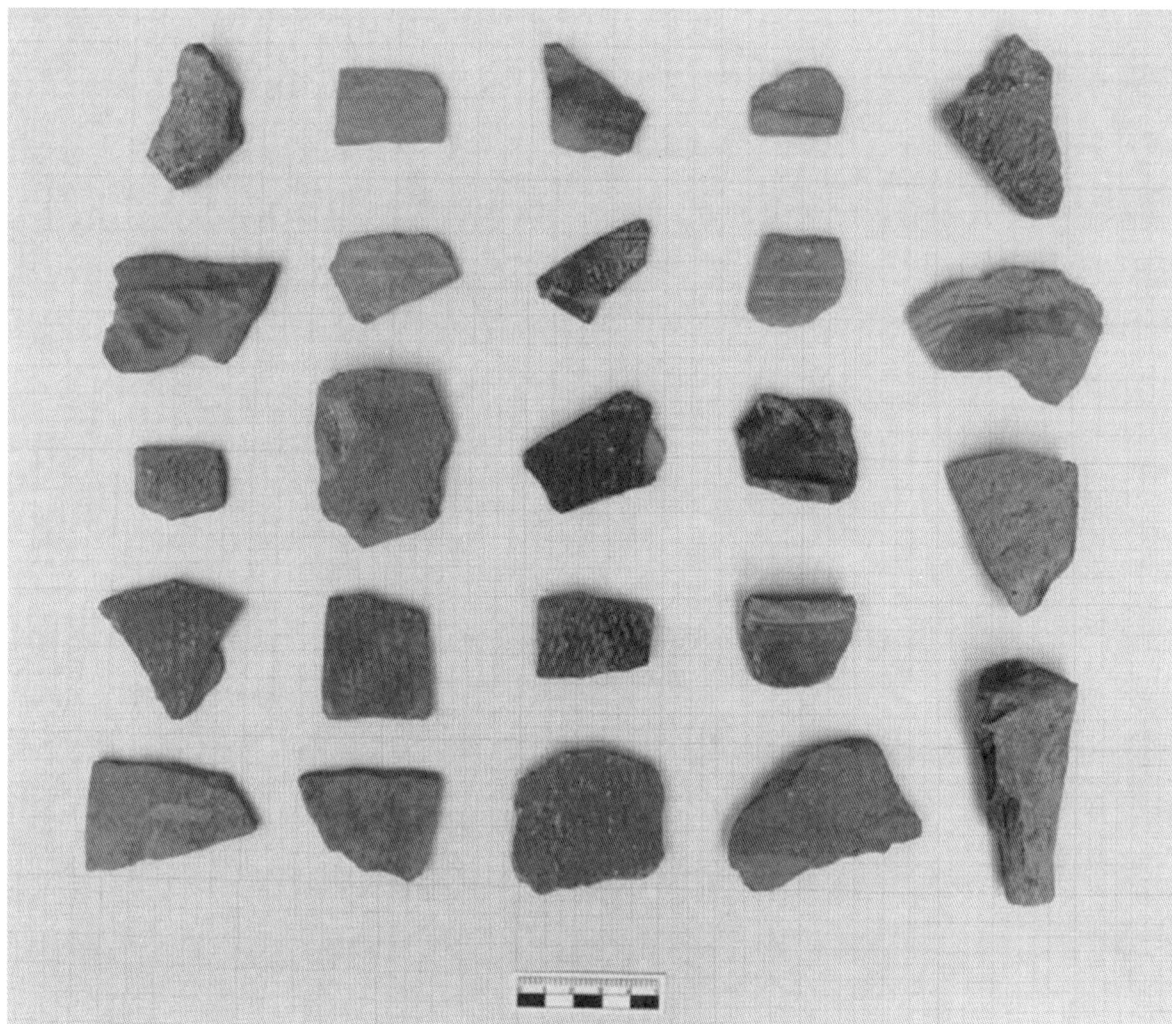

图二 地表采集器物陶片

基本上可划分为2层或3层,中部和北部地层堆积较为丰富,基本上属于第⑤层下见到生土层,第④层和第②a层分布区域很小,第④层仅见于Ⅰ区北部ⅠT0109、ⅠT0110两个探方的东北部,第②a层只见于Ⅰ区的ⅠT0202内。现以东部ⅣT0201~ⅠT0204南北向西壁剖面、ⅠT0109北壁剖面为例介绍如下。

（一）ⅣT0201~ⅠT0204南北向西壁

地层堆积可分为5层（图四）:

第①层:厚约0.2~0.25米,各方均有分布,土质疏松,土色呈灰褐色,内含大量植物根茎和少量现代垃圾。此层下叠压5个灰坑(H1、H19、H21~H23),7座墓葬(M1~M3、M10、M17~M19)。

第②a层:厚约0~0.5米,仅探方西南部有分布,土质较疏松,土色呈黑灰色,内含有少许植物根茎、草木灰和较多蚌壳,出土少量陶片。

北

I T0111　　I T0110　　I T0109　　I T0108

II T0211　　II T0210　　II T0209　　II T0208

I T0206
I T0205
I T0204
I T0203
I T0202
I T0201
IV T0201
IV T0202
IV T0203
IV T0204
IV T0205
IV T0206

I T0106
I T0105
I T0104
I T0103

II区 I区
III区 IV区

IV T0106

IV T0107

0　　　　20米

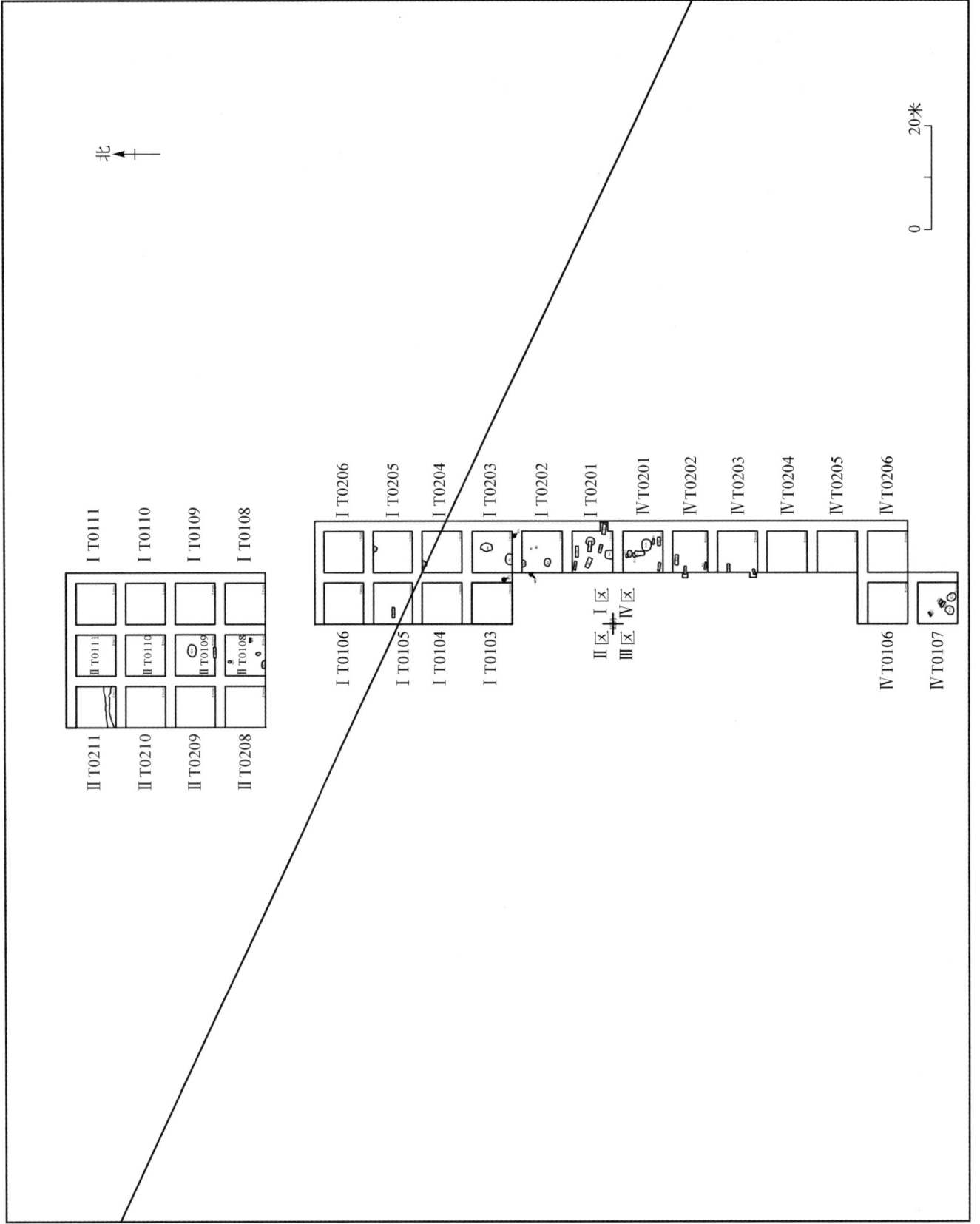

图三　枣树棵遗址探方及遗迹分布平面图

第②b层：厚约2.1米，深0.2～0.25米，整方均有分布，土质疏松，土色为灰黑色，夹杂少量草木灰、红烧土颗粒和黄灰泛白土，有青色土的小夹层，含大量田螺壳和少量植物根茎，出土陶片2袋、小件3件；此层下叠压13个灰坑（H2～H6、H11～H15、H17、H18、H20），12座墓葬（M4～M9、M11～M16）。

第③a层：厚约0.1～0.3米，深2.1～2.4米，整方均有分布，土质略硬，土色为浅灰色，夹杂少量草木灰和红烧土颗粒，含有少量植物根茎和水锈，出土陶片一袋。此层下叠压1条灰沟（G1）。

第③b层：此层下叠压1个灰坑（H7）。

第④层：厚约0.3米，土质疏松，呈浅灰色，稍黏，夹杂有黑褐色土层，包含少量夹砂灰陶片，该层分布于整个探方。此层下叠压2个灰坑（H9、H10）。

第⑤层：厚约0.15～0.5米，深2～2.7米，土质坚硬，土色为黄褐色泛白，夹杂少量红烧土颗粒，含大量水锈，全方分布，出土陶片一袋，小件1件。此层下叠压2个灰坑（H8、H16）。

第⑤层下为生土层，土质硬，土色呈黄灰色，浸有少量的黄色水锈，分布全方。

（二） I T0109北壁剖面

该探方地层堆积可分5层（图五）：

第①层：厚约0.1～0.2米，土质疏松，土色呈灰褐色，内含有大量植物根茎和少量现代垃圾，整方均有分布，无出土遗物。

第②b层：厚约0～0.95米，深0.1～0.2米，土质疏松，土色为灰黑色，夹杂少量草木灰、红烧土颗粒和黄灰泛白土，有青色土的小夹层，含大量田螺壳和少量植物根茎，分布于探方除东部外其他区域，出土陶片1袋。

第③a层：厚约0～1.15米，深0.15～1.1米，土质略硬，土色为灰色，夹杂少量草木灰和红烧土颗粒，含有少量植物根茎和水锈，分布于探方除东部外其他区域，出土陶片2袋、小件2件。

第③b层：厚约0～1.6米，深0.15～1.5米，土质略硬，土色为黄土，含有大量水锈和少量植物根茎，分布于探方除西部和东北角外其他区域，出土陶片1袋。

第④层：厚约0～1.7米，深0.15～2.05米，土质略硬，土色为灰色，夹杂少量红烧土颗粒，内含大量水锈，分布于探方东北角，无出土遗物。

第⑤层：厚约0.1～0.85米，深1.5～2.1米，土质坚硬，土色为黄褐泛白，夹杂少量红烧土颗粒，含大量水锈，全方分布，无出土遗物。

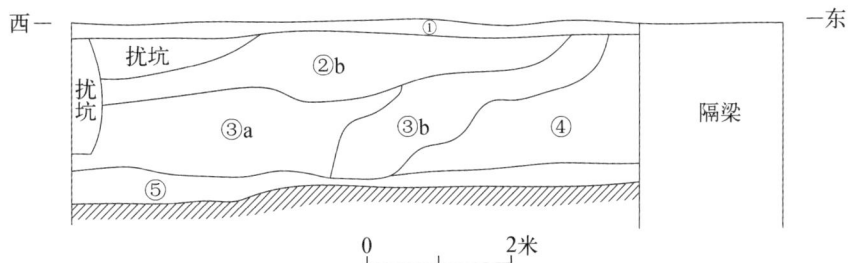

图五　I T0109北壁剖面

第⑤层下为生土层,土质硬,土色呈黄灰色,浸有少量的黄色水锈,分布全方。

三、遗　　迹

发掘共清理古文化遗迹43处,其中,灰坑23座、墓葬19座、灰沟1条。开口于第①层下的遗迹有灰坑5座、墓葬7座;开口于第②b层下的遗迹有灰坑13座、墓葬12座;开口于第③a层下的遗迹有灰沟1条;开口于第③b层下的有灰坑1座;开口于第④层下的遗迹有灰坑2座;开口于第⑤层下的遗迹有灰坑2座。这些遗迹单位中有6座灰坑存在局部被压于探方壁或隔梁之下的情况,完全揭露或发掘的灰坑有17座,遗迹间存在打破关系的有4处。下面对各类遗迹分别予以介绍:

（一）墓葬

共清理墓葬19座,分布较为集中,主要分布于Ⅰ区(6座)和Ⅳ区(11座),Ⅱ区仅有2座。开口于第①层下的有7座,开口于第②b层下的有12座,均系竖穴土圹单室墓,直壁平底,平面皆呈长方形,墓室长多为1.7～1.9米,宽度一般为0.6～0.8米。墓室大小差异很大,有些较大,长达2米以上,宽1米以上;有些甚小,长不足1米,宽仅0.35米。现分述如下:

M1　位于ⅠT0201中东部,开口于第①层下,开口距地表0.32米,向下打破第②b层。竖穴直壁土圹单室墓,方向107°,墓室平面呈长方形,长1.94米,宽约0.64米,直壁,平底,残深0.3～0.4米。墓主为成年男性,骨架残长约1.52米,仰身直肢、头向东,由于头骨以及右上肢缺失,面向不详,疑似有木棺,但迹象不明无法判定,无随葬品。墓内填黑灰色花土,土质疏松,内含大量田螺壳及草木灰烬、木炭颗粒。该墓葬西北部约1.6米处为M2,开口于同层位下,且方向一致,初步推断与其属同一家族墓(图六)。

M2　位于ⅠT0201西北部,开口于第①层下,向下打破第②b层,开口距地表深0.3米。竖穴直壁土圹单室墓,方向97°,墓室平面呈长方形,长1.96米,宽约0.48～0.52米,平底,残深0.36～0.42米。墓主仰身直肢、头向东,骨架残长约1.56米,左上肢弯曲,手指置于盆骨处,头骨被杨树

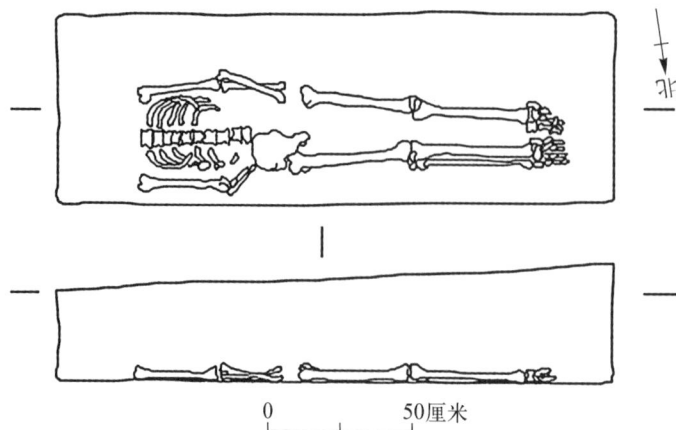

图六　M1平、剖面图

根系打破,性别男性,年龄待定,头骨碎裂,左下肢缺失,无葬具迹象及随葬品。墓内填黑灰色花土,土质疏松,内含大量田螺壳及草木灰烬、木炭颗粒。该墓葬东南部约1.6米处为M1,开口于同层位下,且方向一致,初步推断与其属同一家族墓(图七)。

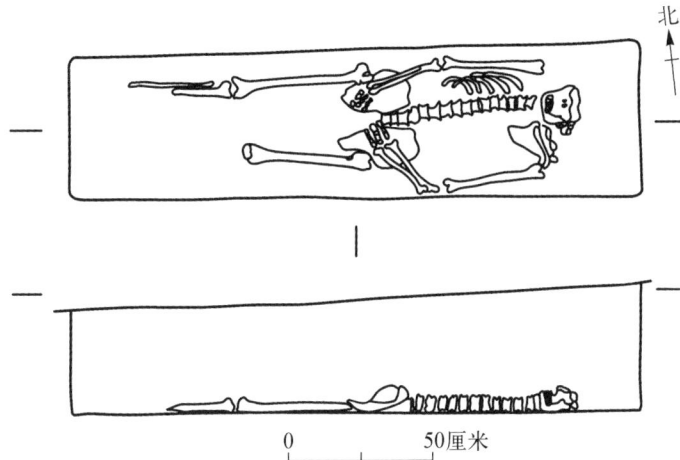

图七　M2平、剖面图

M3　位于 I T0201东南角,开口于第①层下,向下打破第②b层,开口距地表0.26米。竖穴直壁土圹单室墓,方向95°,墓室平面呈长方形,长2.2米,宽约0.68米,直壁,平底,残深0.38米。墓主为成年男性,人骨上肢缺失,且人骨上部凌乱,保存较差,骨架残长约1.74米,仰身直肢、头向东,疑似有木棺,但迹象不明显无法判定,无随葬品。墓内填黄褐色五花土,土质疏松,内含大量植物根系、少量草木灰、木炭颗粒。该墓葬西北部约1.7米处为M1,开口于同层位下,且方向大致一样,墓葬形制及葬俗都相似。两者时代接近,排列整齐,初步推断属同一家族墓(图八)。

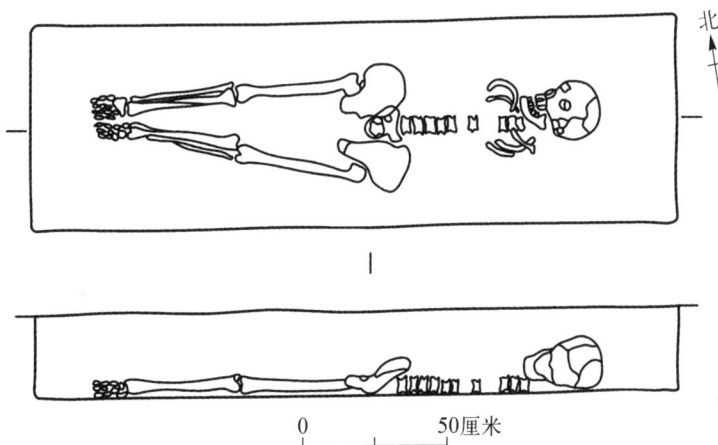

图八　M3平、剖面图

M4　位于 I T0201西北处,开口于第②b层下,距地表0.3米,向下打破第③a层。竖穴直壁土圹单室墓,方向97°,墓室平面呈长方形,墓圹长1.74米,宽约0.4米,直壁,平底,残深0.08～0.26

米。墓主俯身直肢、头向东,无葬具迹象及随葬品。人骨上肢缺失,保存较差,骨架残长约1.52米,性别女性,年龄待定。墓内填灰褐色五花土,土质疏松,内含少量草木灰、木炭颗粒。该墓葬南部约1.7米处为M5,开口于同层位下,且方向大致一样,墓葬形制及葬俗都相似。两者时代接近,排列整齐,初步推断属同一家族墓(图九)。

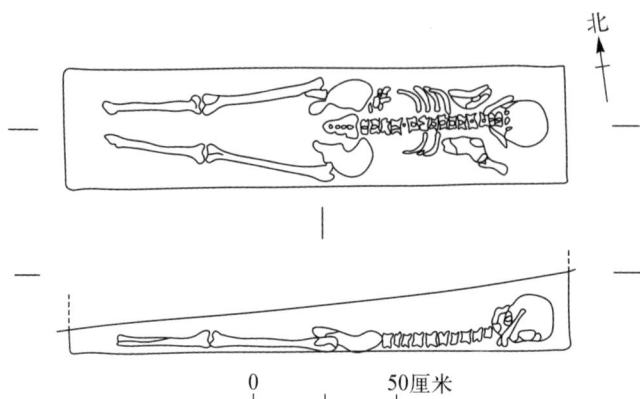

图九　M4平、剖面图

M5 位于ⅠT0201中西部,开口于第②b层下,距地表0.3米,向下打破第③a层。竖穴直壁土圹单室墓,方向110°,墓室平面呈长方形,墓圹长1.9米,宽约0.6～0.7米,直壁,平底,圆弧角,残深0.44～0.7米。墓主仰身直肢、头向东,棺木腐朽严重,偶见棺木朽痕,无法判定棺木形制。人骨较为凌乱,椎骨脱节,保存较差,骨架残长约1.6米,性别男性,年龄待定。墓内填灰褐色五花土,土质疏松,内含少量草木灰、木炭颗粒,出土少量陶器残片。该墓葬北部约1.7米处为M4,开口于同层位下,且方向大致一样,墓葬形制及葬俗都相似。两者时代接近,排列整齐,初步推断属同一家族墓(图一〇)。

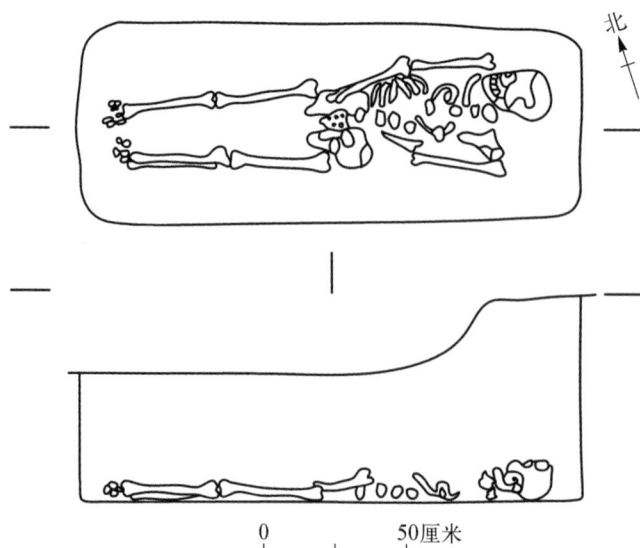

图一〇　M5平、剖面图

M6　位于Ⅰ T0201中南部,开口于第②b层下,距地表0.3米,向下打破第③a层。竖穴直壁土圹单室墓,方向110°,墓室平面呈长方形,长1.82米,宽约0.44~0.52米,直壁,平底,残深0.16~0.22米。墓主仰身直肢、头向东,疑似有木棺,但迹象不明无法判定,无随葬品。头骨被杨树根系打破,导致头骨碎裂,部分残缺,保存较差,骨架残长约1.28米,性别男性,年龄待定。墓内填灰褐色五花土,土质疏松,内含少量植物根系。该墓葬西北部约0.75米处为M5,开口于同层位下,且方向大致一样,墓葬形制及葬俗都相似。两者时代接近,排列整齐,初步推断属同一家族墓(图一一)。

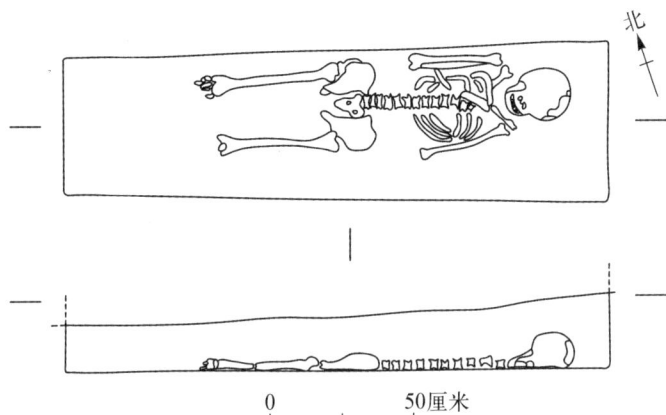

图一一　M6平、剖面图

M7　位于Ⅳ T0201西南部,开口于第②b层下,距地表0.9米,向下打破第③a层。竖穴直壁土圹单室墓,方向102°,墓室平面呈长方形,长1.34米,宽约0.46米,直壁,平底,残深0.1米。墓主仰身直肢、头向东,无葬具迹象及随葬品。头骨保存较差,面向不详,骨架残长约1米,性别及年龄不详。墓内填浅灰色花土,土质疏松,含大量田螺壳及草木灰烬、木炭颗粒(图一二)。

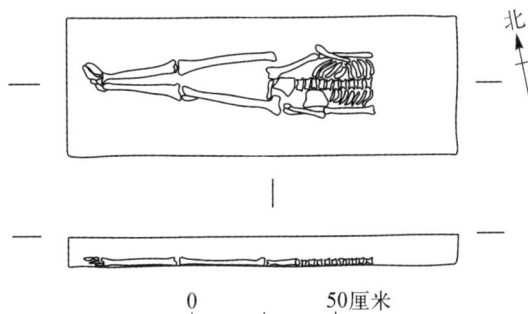

图一二　M7平、剖面图

M8　位于Ⅳ T0201东南部,开口于第②b层下,开口距地表0.65米,向下打破第③a层。竖穴直壁土圹单室墓,方向92°,墓室平面呈长方形,长1.92米,宽约0.6米,直壁,平底,残深0.22~0.52米。墓主仰身直肢、头向东,面向上,骨架残长约1.82米,性别男,年龄不详,无随葬品,周身及墓室底和四壁皆有灰黑色腐朽树皮痕迹,未见棺椁痕迹。墓主第一至三节颈椎处有疑似铜镞(腐朽严重)嵌入,该处骨骼被沁为铜绿色。墓葬四壁、底部及墓主人身上残留的黑色物质为竖状植物纤维,部分有层次痕迹,疑似为树皮。墓内填浅灰色花土,土质疏松,含大量田螺壳及草木灰烬、木炭颗粒(图一三)。

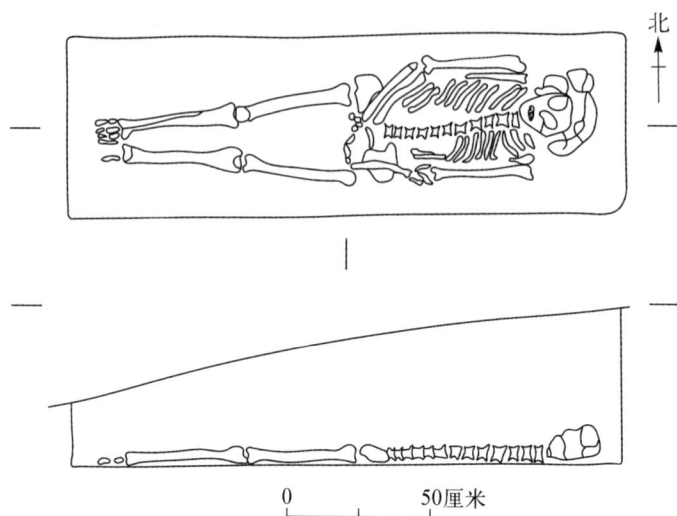

图一三　M8平、剖面图

　　M9　位于Ⅳ T0201东南部,开口于第②b层下,距地表0.65米,向下打破第③a层。竖穴直壁土圹单室墓,方向105°,墓室平面呈长方形,长0.94米,宽约0.36米,直壁,平底,残深0.4～0.58米。墓主仰身直肢、头向东、面向上,骨架残长约0.66米,性别及年龄不详,无葬具迹象及随葬品。墓内填灰褐色花土,土质疏松,含大量田螺壳及草木灰烬、木炭颗粒(图一四)。

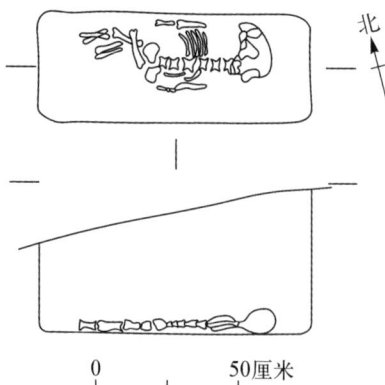

图一四　M9平、剖面图

　　M10　位于Ⅳ T0202西北部,开口于第①层下,距地表0.2米,向下打破第②b层。竖穴直壁土圹单室墓,方向92°,墓室平面呈长方形,长2.14米,宽约0.64米,斜直壁,坡底,东高西低,深

0.1～0.24 米。墓主俯身直肢、头向东，由于头骨碎裂较严重，面向不详，人骨保存较差，骨架残长约1.7 米，性别及年龄不详。无葬具迹象，墓室西南角出土1件残损小口折肩灰陶罐（M10：1；彩版一九，1）。墓内填灰褐色花土，土质疏松，含少许草木灰、较多蚌壳，出土零星陶片（图一五）。

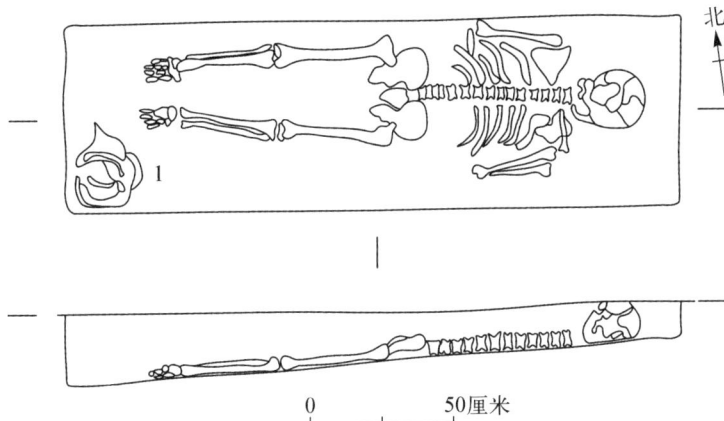

图一五　M10平、剖面图
1.陶罐

M11　位于Ⅳ T0202西南部，开口于第②b层下，距地表0.4米，向下打破第③a层。竖穴直壁土圹单室墓，方向94°，墓室平面呈长方形，长1.5米，宽约0.4～0.52米，直壁，缓坡底，东高西低，深0.08～0.32米。墓主仰身直肢、头向东，由于头骨碎裂较严重，面向不详，人骨保存较差，骨架残长约1米，性别及年龄不详。无葬具迹象及随葬品。墓内填灰褐色花土，土质疏松，含少许草木灰、植物根茎、零星烧土颗粒（图一六）。

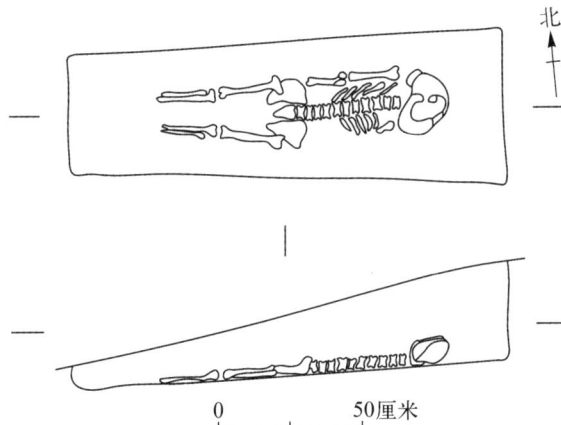

图一六　M11平、剖面图

M12　位于Ⅳ T0202西部，开口于第②b层下，距地表0.5米，向下打破第③a层。竖穴直壁土圹单室墓，方向94°，墓室平面呈长方形，长1.56米，宽约0.4米，直壁，缓坡底，东高西低，深0.5～0.54米。墓主仰身直肢、头向东、面向北，人骨保存较差，头骨碎裂较严重，骨架残长约1.18

米,性别及年龄不详。无葬具迹象,墓室东南角出土1件灰陶豆(M12:1;彩版一九,2)。墓内填灰褐色花土,土质疏松,含少许植物根茎、草木灰、较多蚌壳,出土零星陶片(图一七)。

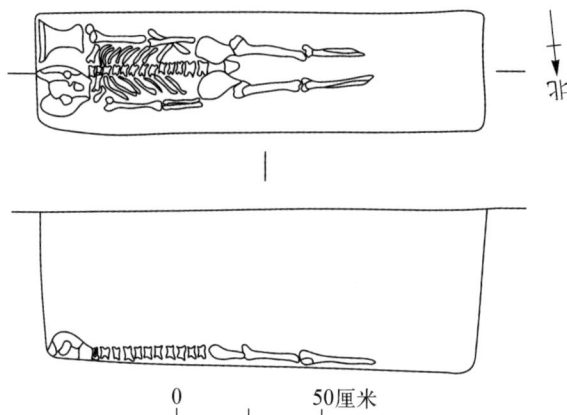

图一七　M12平、剖面图

M13　位于Ⅳ T0203西南处,开口于第②b层下,距地表0.45米,向下打破第③a层。竖穴直壁土圹单室墓,方向90°,墓室平面呈长方形,长1.05米,宽约0.32~0.36米,直壁,平底,残深0.25~0.3米。墓主仰身直肢、头向东、面向上,人骨上肢缺失,保存较差,骨架残长约0.94米,性别待定,年龄待定。无葬具迹象及随葬品。墓内填灰褐色五花土,土质疏松,含少量草木灰、木炭颗粒。该墓葬北部为H19,开口于同层位下,两者时代接近,初步推断属同一时期(图一八)。

M14　位于Ⅳ T0107东南部,开口于第②b层下,距地表0.5米,向下打破第③a层。竖穴直壁土圹单室墓,方向318°,墓室平面呈长方形,长1.1米,宽约0.45米,直壁,底近平,残深0.14~0.3米。墓主为儿童,仰身直肢、头向西北、面向上,骨架残长约0.9米,性别及年龄不详。无葬具迹象及随葬品。墓内填灰褐色花土,土质疏松,含大量田螺壳及草木灰烬、木炭颗粒(图一九)。

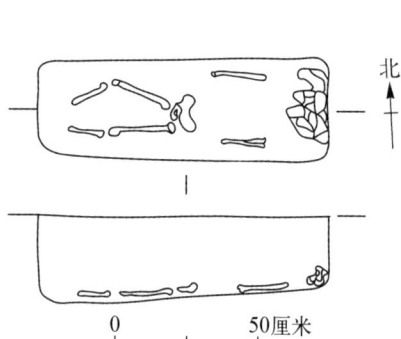

图一八　M13平、剖面图

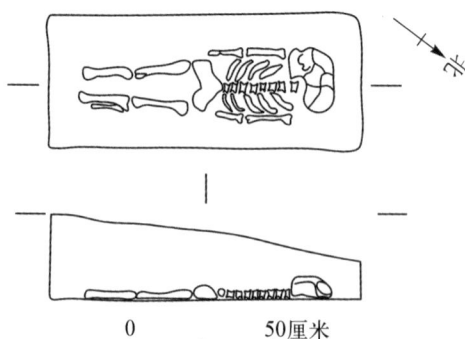

图一九　M14平、剖面图

M15　位于Ⅳ T0107西北部,开口于第②b层下,向下打破③a层。竖穴直壁土圹单室墓,方向60°,墓室平面呈长方形,长0.95米,宽约0.36米,直壁,底不平,残深0.1~0.27米。墓主为儿童,仰身直肢、头向东北、面向东南,骨架残长约0.8米,性别及年龄不详。无葬具迹象及随葬品。墓内填灰褐色花土,土质疏松,含大量田螺壳及草木灰烬、木炭颗粒(图二〇)。

M16　位于Ⅳ T0107南半部,开口于第②b层下,距地表0.5米,向下打破第③a层。竖穴直壁土圹单室墓,方向308°,墓室平面呈长方形,长1.4米,宽约0.5米,直壁,底不平,残深0.18～0.3米。墓主为儿童,仰身直肢、头向西北、面向不详,骨架残长约1.16米,保存较差,性别及年龄不详。无葬具迹象及随葬品。墓内填灰褐色花土,土质疏松,含大量田螺壳及草木灰烬、木炭颗粒(图二一)。

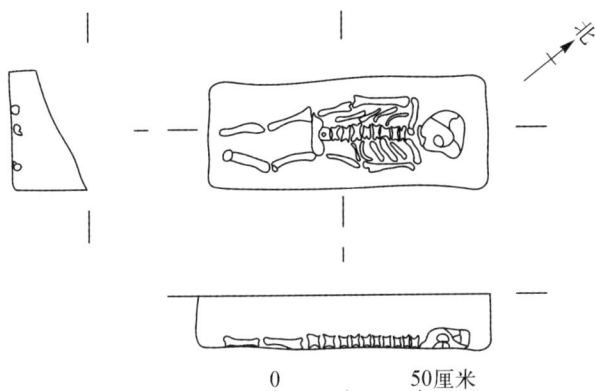

图二〇　M15平、剖面图

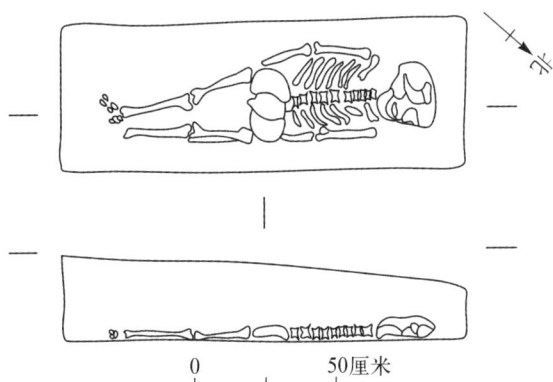

图二一　M16平、剖面图

M17　位于Ⅳ T0105西部,开口于第①层下,距地表0.45米,向下打破第②b层。竖穴直壁土圹单室墓,方向92°,墓室平面呈长方形,长1.98米,宽约0.54米,直壁,底不平,残深0.18～0.4米。墓主仰身直肢、头向东、面向上,骨架残长约1.78米,性别及年龄不详。无葬具迹象,随葬陶罐(M17:1;彩版一九,3)、陶鬲(M17:2;彩版一九,4)各一件。墓内填灰褐色花土,土质疏松,内含大量田螺壳及草木灰烬、木炭颗粒(图二二)。

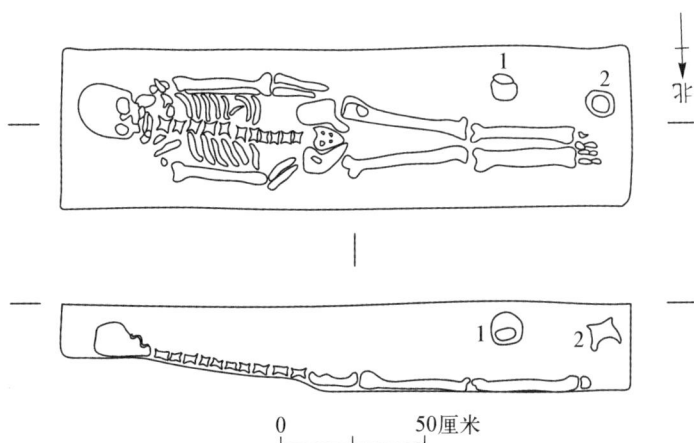

图二二　M17平、剖面图

1.陶罐　2.陶鬲

M18　位于ⅡT0207北隔梁下,开口于第①层下,距地表0.45米,向下打破第②b层。竖穴直壁土圹单室墓,方向95°,墓室平面呈长方形,长1.84米,宽约0.44米,直壁,底不平,残深0.11～0.28米。墓主仰身直肢、头向东、面向北,无葬具迹象,骨架残长约1.6米,性别及年龄不详,遗骨保存差,随葬陶罐1件(M18：1;彩版一九,5)。墓内填灰褐色花土,土质疏松,内含少量田螺壳及草木灰烬、木炭颗粒(图二三)。

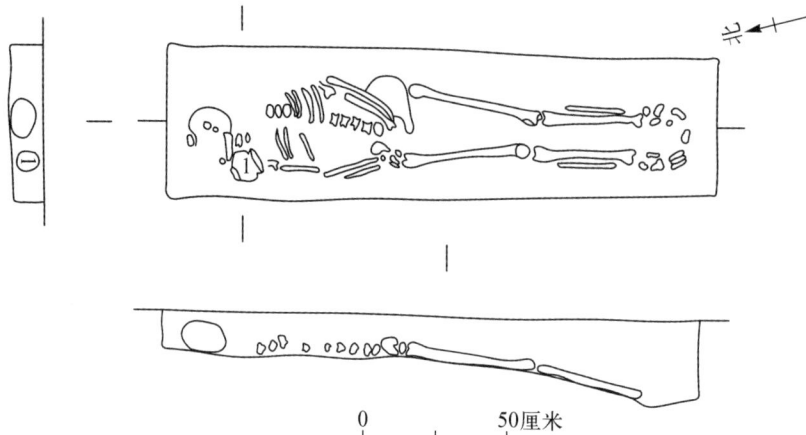

图二三　M18平、剖面图
1.陶罐

M19　位于ⅡT0207东南部,开口于第①层下,距地表0.4米,向下打破第②b层。竖穴直壁土圹单室墓,方向260°,墓室平面呈长方形,长0.92米,宽约0.24～0.3米,直壁,平底,深0.06米。墓主为儿童,仰身直肢、头向东、面向不详,骨架残长约0.82米,保存较差,性别及年龄不详。无葬具迹象,无随葬品。墓内填灰褐色花土,土质疏松,内含少量田螺壳及草木灰烬、木炭颗粒(图二四)。

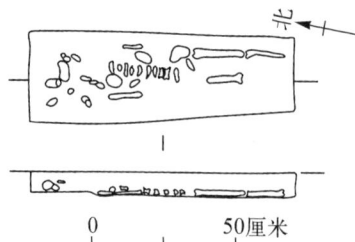

图二四　M19平、剖面图

(二)灰坑

共23个,依坑口形状可分为近圆形、近椭圆形、近方形、长方形和不规则形5类。灰坑大小差异很大,其直径(长宽)多1.5～3米,深一般0.3～0.6米。有些灰坑较大,其直径(长宽)多达7米以上,深0.9米以上,有些灰坑甚小,其直径(长宽)不足0.5米,深仅0.15米,开口处距地表深0.2~2.4米不等。灰坑剖面形状,主要有筒状和袋状2类;灰坑底部形态,主要有斜坡状、平底2类。灰坑内堆积情况,多为一次堆积不分层,少数堆积分层,如H7坑内堆积分3层,H9坑内堆积分2层。灰坑出土遗物情况,大多数出土有陶器残片,极少数不见出土遗物。现分述如下:

H1　位于ⅠT0202北部,开口于第②b层下,距地表约0.3米,打破南部同层下开口的H2,向下打破第③a层。平面呈椭圆形,开口直径0.75~0.95米,底部直径0.73~0.94米,斜直壁,深0.2米。底部较平整,剖面呈筒状。H1为一次堆积形成,内填灰褐色土,土质较疏松,内含少许植物根茎、草木灰。出土物为零星陶器残片(图二五)。

H2　位于探方ⅠT0202中北部,开口于第②b层下,距地表约0.3米,被北部同层下开口的H1打破,向下打破第③a层。平面呈椭圆形,开口直径1.4~1.64米,直壁,口底同大,深0.5米。底部较平整,底部呈椭圆形,剖面呈筒状。堆积未分层,内填灰褐色土,土质疏松,内含少许植物根茎、草木灰。出土物为少许陶器残片(图二六)。

H3　位于探方ⅠT0203南壁下西部,部分压于南壁下,开口于第②b层下,距地表约0.52~0.7米,东部被第①a层下开口的扰坑打破,其向下打破第③a、③b、④层。平面呈半椭圆形,东西最长2.2米,南北最长1.25米,直壁,口底同大,深0.64米。底部较平整,剖面呈筒状。堆积未分层,内填灰褐色土,土质疏松,夹杂有少许黄锈斑点及零星红烧土颗粒。出土少许陶器残片(图二七)。

H4　位于探方ⅠT0202西南部,开口于第②b层下,距地表约0.4米,向下打破第③a、③b层。平面呈椭圆形,开口直径1.06~1.4米,直壁,口底同大,深0.3米。底部较平整,底部呈椭圆形,剖面呈筒状。堆积未分层,内填黑灰色土,土质疏松,内含少许烧土颗粒、较多草木灰。未见出土遗物(图二八)。

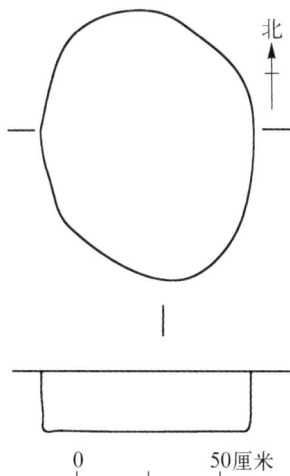

图二五　H1平、剖面图

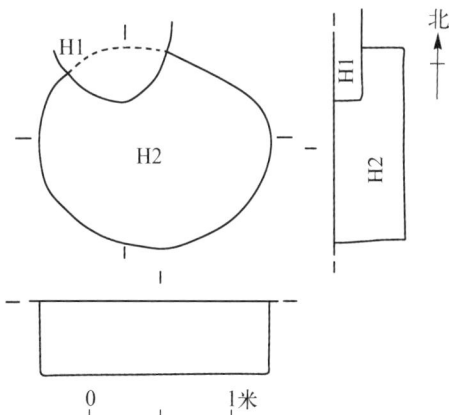

图二六　H2平、剖面图

H5　位于探方ⅠT0201中东部,开口于第②b层下,距地表约0.4米,向下打破第③b层。平面略呈圆形,口部直径1.56米,底部直径约1.7米,外斜壁,深0.4～0.6米。底部较平整,剖面呈袋状。H5为同时期一次堆积形成,内填黑灰色土,土质较疏松,内含少许植物根茎、草木灰。出土少许陶器残片(图二九)。

H6　位于探方ⅠT0201中南端,南部叠压于探方南壁下,开口于第②b层下,距地表约1.02～1.08米,向下打破第③a层。平面近方形,开口平面露出部分南北长1.5米,东西宽1.7米,外斜壁,底部南北长1.54米,东西宽1.78米,深1.1米。底部较平整,平面呈圆角方形,剖面呈袋状。H6为同时期两次堆积形成,由土质土色的区别可分为两层:①层:土色呈黑灰色,土质疏松,内含大量草木灰,厚约0～0.2米;②层:土色呈灰褐色,土质较疏松,内含大量黄褐色土块、红烧土颗粒,厚约0.76～1.06米。出土少量陶器残片(图三〇)。

H7　位于探方ⅠT0202北壁下西部,部分压于北隔梁下,开口于第③b层下,距地表约0.8～1米,向下打破第④层。平面呈半圆形,开口东西长1.3米,南北宽0.65米,弧形壁,底部东

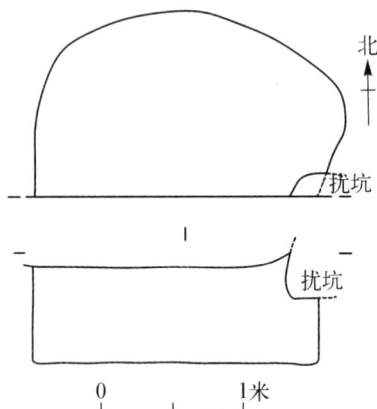

图二七　H3平、剖面图

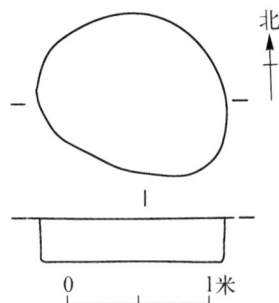

图二八　H4平、剖面图

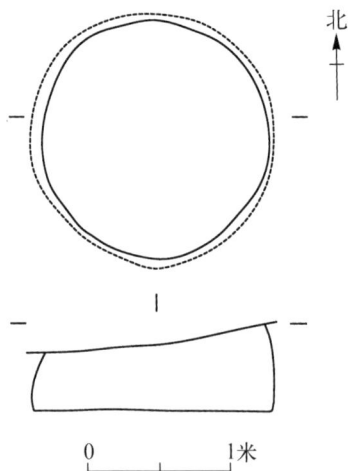

图二九　H5平、剖面图

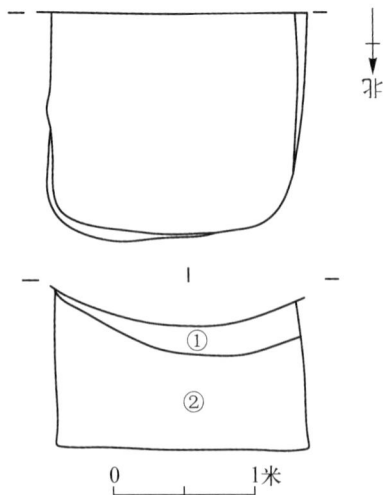

图三〇　H6平、剖面图

西长1.66米，南北宽0.75米，深0.38～0.64米。底部不平，平面呈半圆形，剖面呈袋状。堆积分三层，①层：土色呈灰褐色，土质较疏松，内含零星烧土颗粒、木炭颗粒、少许草木灰，西高东低波状堆积，厚约0.2～0.5米；②层：土色呈浅灰色，土质较疏松，内含零星木炭颗粒，波状堆积，厚约0～0.16米；③层：土色呈黄褐色，土质较致密，内含零星烧土颗粒，呈凹状堆积，厚约0.08～0.2米。①、②层出土少量陶器残片，③层无遗物（图三一）。

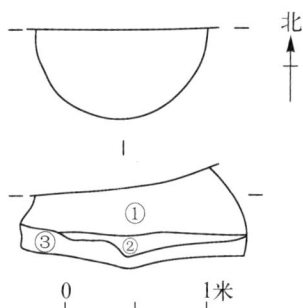

图三一　H7平、剖面图

H8　位于探方ⅡT0210东北角，开口于第⑤层下，距地表约2.3米，打破生土。平面呈1/4圆形，开口东西长2.5米，南北宽2.06米，斜壁，深0.9～1米。底部平整。坑内堆积为一次性堆积，厚0.9～1米，填土呈浅灰泛白色，土质疏松，含少量草木灰、红烧土颗粒、炭屑和植物根茎。无出土遗物（图三二）。

H9　位于探方ⅠT0203中东部，开口于第④层下，距地表约0.7米，向下打破第⑤、⑥及生土层。平面近椭圆形，开口南北长径2.4米，东西短径1.75米，直壁，口底同大，深0.8米。底部较平整，底部呈椭圆形，剖面呈筒状。堆积分两层，①层：土色呈灰褐色，土质较疏松，内含少许蚌壳、草木灰、烧土颗粒，南高北低坡状堆积，厚约0.15～0.65米；②层：土色呈浅灰褐色，土质较疏松，内含零星烧土颗粒、木炭颗粒，水平状堆积，北薄南厚，厚约0.76～1.06米。①层出土少量陶器残片，②层出土少许陶器残片，另于其内西南部出土陶鬲一件，残，编号H9②：1（图三三）。

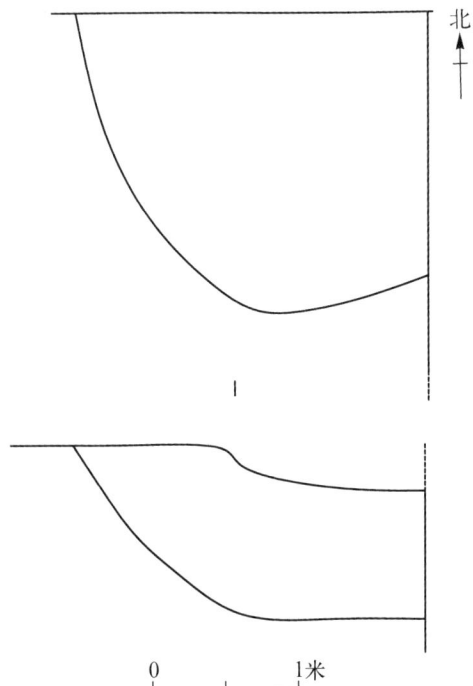

图三二　H8平、剖面图

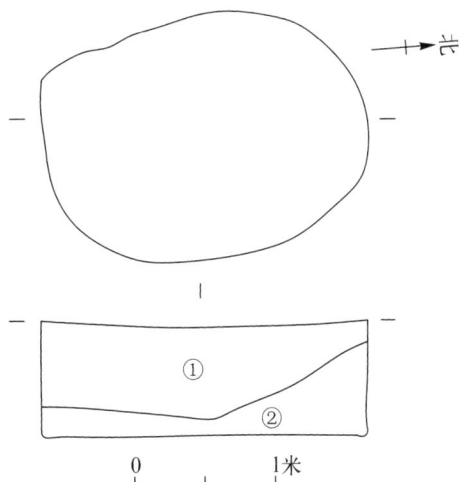

图三三　H9平、剖面图

H10　位于探方Ⅰ T0204北壁下西部，部分压于北壁下，开口于第④层下，向下打破第⑤层。平面呈椭圆形，东西长径1.24米，口部南北短径0.5米，斜壁，口大底小，底部东西长径0.86米，南北短径0.3米，深0.32~0.46米。底部较平整，剖面呈筒状。堆积未分层，内填褐色土，夹杂少许黄锈斑点，土质较疏松，内含零星烧土颗粒。无出土遗物。

H11　位于探方Ⅳ T0201西北角处，开口于第②b层下，距地表约1.1米，被H12打破，打破第③b层。平面略呈椭圆形，发掘部分南北最长0.68米，东西最长0.44米，内斜壁，深0.2米。底部较平整，剖面呈筒状。堆积未分层，内填深灰褐色土，夹杂少许草木灰、红烧土颗粒、螺壳，土质疏松，内含零星烧土颗粒。无出土遗物（图三四）。

H12　位于探方Ⅳ T0201西北角处，开口于第②b层下，距地表约1.1米，打破第③b层。平面略呈椭圆形，发掘部分开口长径1.36米，短径0.98米，内斜壁，深0.2~0.52米。底部呈斜坡状，西高东低，剖面呈不规则形。堆积分两层，①层：土色呈灰褐色，土质较疏松，内含大量草木灰、少许蚌壳、烧土颗粒等，厚约0~0.18米；②层：土色呈深灰褐色，土质较疏松，内含少量烧土颗粒、草木灰，厚约0.2~0.52米。出土物为大量陶器残片（图三五）。

H13　位于探方Ⅳ T0201中北部，开口于第②b层下，距地表约1.1米，被H14打破，打破第③b层。平面略呈椭圆形，发掘部分开口南北最长0.54米，东西最长0.8米，内斜壁，深0.26米。底部呈弧形，剖面呈筒状。堆积未分层，厚0.26米，内填深灰褐色土，土质疏松，夹杂有少许草木灰、红烧土颗粒、螺壳等。出土少许陶器残片（图三六）。

H14　位于探方Ⅳ T0201中部，开口于第②b层下，距地表约1.1米，打破第③b层。平面略呈长方形，发掘部分南北最长0.6~1.04米，东西最长1.86米，内斜壁，深0.56米。底部较平整，剖面呈筒状。堆积未分层，厚0.56米，内填灰褐色土，土质疏松，包含有大量草木灰、少量红烧土颗粒、

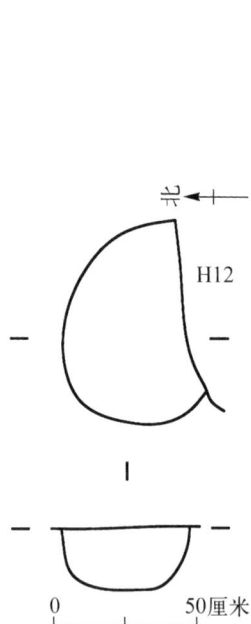

图三四　H11平、剖面图　　　　　图三五　H12平、剖面图　　　　　图三六　H13平、剖面图

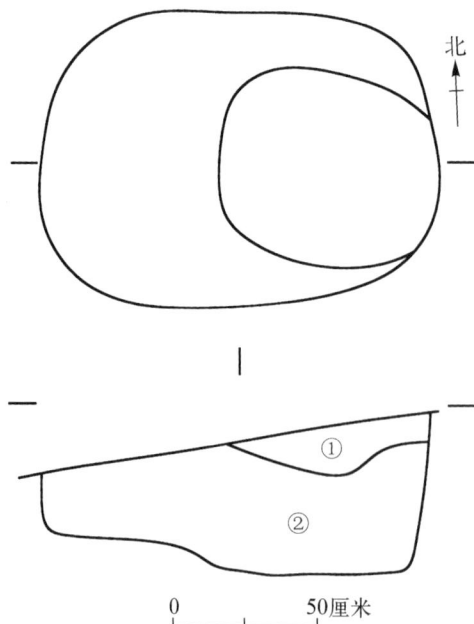

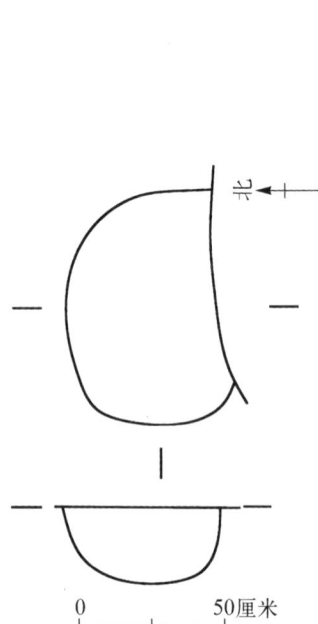

螺壳等。出土少许陶器残片（图三七）。

H15 位于探方Ⅳ T0201 中东部，开口于第②b层下，距地表约 0.65 米，打破第③b层。平面略呈长方形，发掘部分开口南北最长 1.88 米，东西最长 2.22 米，内斜壁，深 1.08～1.76 米。底部较平整。堆积分两层，①层：厚 0～0.26 米，填土呈灰褐色，土质疏松，含少量草木灰、田螺壳、植物根茎和红烧土颗粒，无出土遗物；②层：厚 1.14～1.42 米，填土呈深灰褐色，土质疏松，含少量草木灰、田螺壳和红烧土颗粒，出土少量陶片（图三八）。

H16 位于探方Ⅱ T0208 东北部，开口于第⑤层下，距地表约 2.6 米，打破生土。平面近椭圆形，开口长径 2.4 米，短径 1.62 米，直壁，深 1.42 米。底部平整。坑内堆积为两次堆积，①层：厚 0.36～0.56 米，填土呈黄褐泛白色，土质疏松，含少量草木灰和红烧土颗粒，出土少量陶片；②层：厚 0.84～1.02 米，填土呈青灰泛白色，土质疏松，含少量草木灰和红烧土颗粒，出土少量陶片和小件 1 件（图三九）。

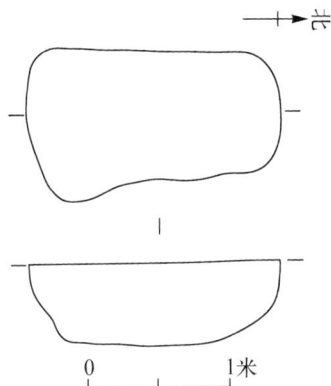

图三七　H14平、剖面图

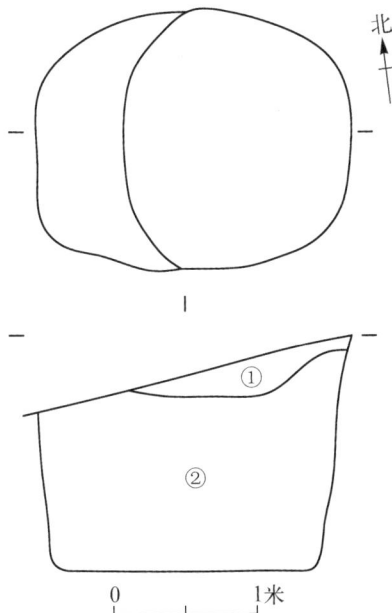

图三八　H15平、剖面图

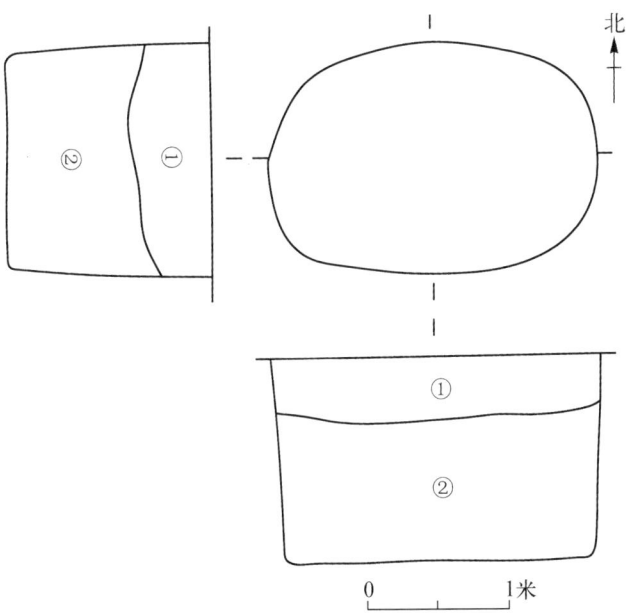

图三九　H16平、剖面图

H17 位于探方Ⅳ T0107 东南部，开口于第②b层下，距地表约 0.48 米，打破第③层。平面近椭圆形，发掘部分开口长径 1.9 米，短径 1.46 米，内斜壁，深 0.36 米。圜底，剖面呈坑状。堆积未分层，厚 0.36 米，填土呈浅灰褐色，土质疏松，含少量草木灰、田螺壳、植物根茎和红烧土颗粒。出土少量陶片（图四〇）。

H18 位于探方Ⅳ T0107 西南部，开口于第②b层下，距地表约 0.48～0.56 米，打破第③层。平面近圆形，开口直径 1.68～1.89 米，直壁，深 0.32～0.4 米。底部较平整，剖面呈筒状。堆积未分层,厚0.32~0.4米,填土呈灰褐色,土质较疏松,含少量草木灰、田螺壳、植物根茎和红烧土颗粒,出土少量陶片(图四一)。

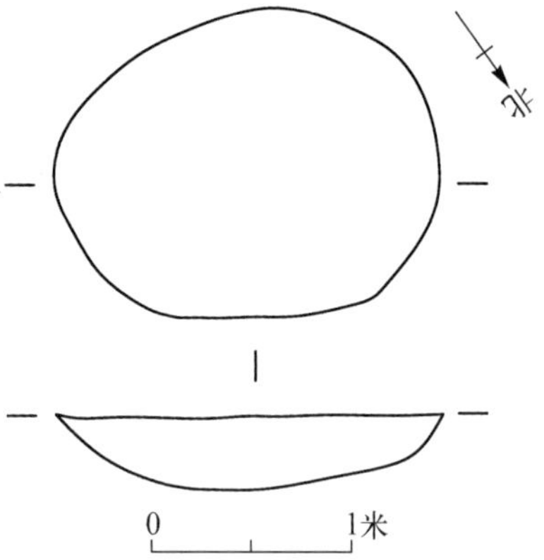

图四〇　H17平、剖面图

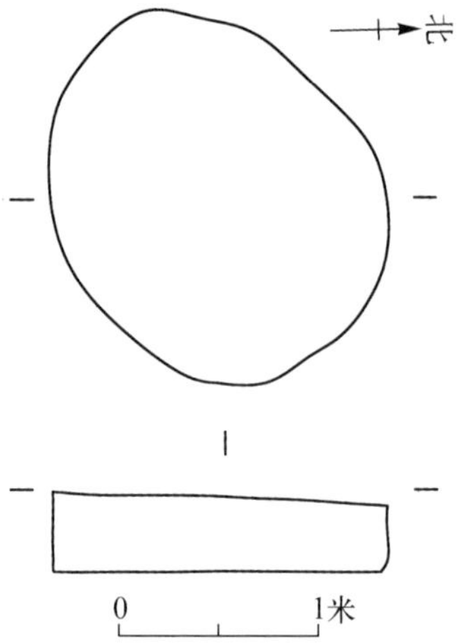

图四一　H18平、剖面图

H19　位于探方Ⅳ T0203西北端,西部叠压于探方西壁下,开口于第①层下,距地表约0.2~0.25米,向下打破第②b层。平面近方形,边长约0.7米,外斜壁,壁面规整,底部平面呈圆角长方形,东西长1.7米,南北长0.58米,深0.72米。底部较平整,剖面呈筒状。堆积未分层,内填黑灰色土,土质疏松,内含大量草木灰、红烧土颗粒。出土少许陶器残片(图四二)。

H20　位于探方Ⅰ T0205西北部,开口于第②b层下,距地表约0.85米,打破第③a层。平面近椭圆形,开口南北长1.02米,东西宽0.66米,壁内斜,深0.2~0.42米。底部较平整,剖面呈筒状。堆积未分层,厚0.2~0.44米,填土呈深灰色,土质疏松,含少量草木灰、田螺壳、植物根茎和红烧土颗粒。出土少量陶片(图四三)。

H21　位于探方Ⅱ T0207西北部,开口于第①层下,距地表约0.2米,打破第②层。平面呈椭圆形,开口长径0.64米,短径0.46米,弧形内壁,深0.18米。底部较平整,剖面呈坡状。堆积未分层,厚0.18米,填土呈黑褐色,土质疏松,夹杂有少许草木灰、红烧土颗粒。无出土遗物(图四四)。

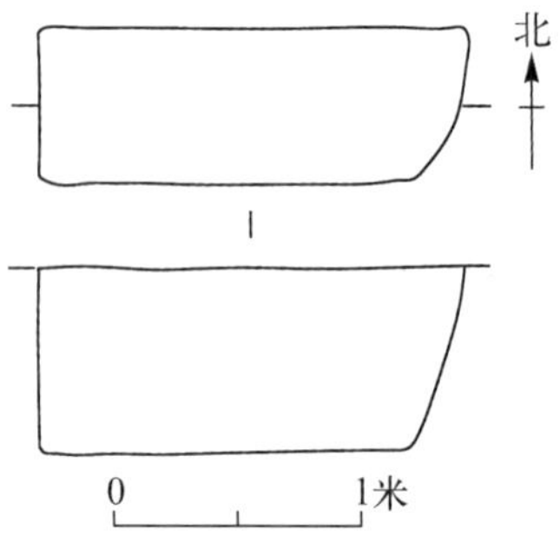

图四二　H19平、剖面图

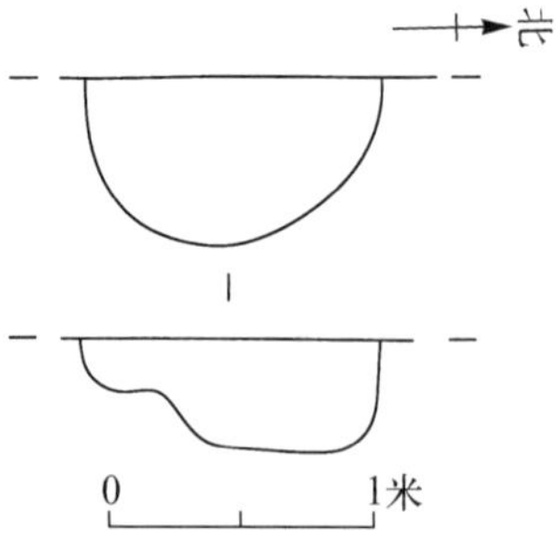

图四三　H20平、剖面图

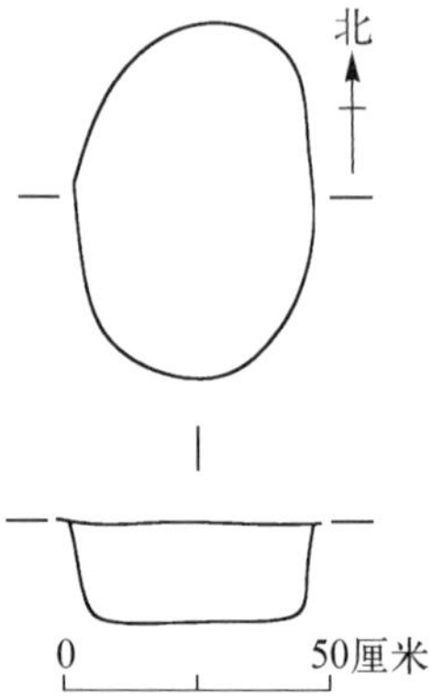

图四四　H21平、剖面图

H22 位于探方ⅡT0207西南部，开口于第①层下，距地表约0.2米，打破第②层。平面呈不规则形，开口东西长1.2～1.44米，南北宽0.86米，斜壁，深0.18～0.3米。底部不平，剖面呈坡状。堆积未分层，厚0.18～0.3米，填土呈黄灰色，土质疏松，含少量草木灰和植物根茎。无出土遗物（图四五）。

H23 位于探方ⅡT0207中南部，开口于第①层下，距地表约0.2米，打破第②层。平面呈椭圆形，开口长径0.84米，短径0.52米，直壁，深0.18米。底部较平整，剖面呈筒状。堆积未分层，厚0.18米，填土呈灰褐色，土质疏松，含少量草木灰、红烧土颗粒、炭屑和植物根茎。无出土遗物（图四六）。

（三）灰沟

G1 位于探方ⅡT0110南部，开口于第③a层下，打破生土。平面呈不规则长带形，壁内斜，底不平。发掘部分东西最长7米，宽0.7～1.6米，开口距地表约1.85～2.05米，沟深0.5～0.85米。沟内堆积为两次堆积，①层：厚0.25～0.55米，填土呈灰褐色，土质较松，包含少量烧土颗粒、草木灰、炭屑和田螺壳等，出土少量陶片；②层：厚0～0.45米，填土呈浅青灰色，土质疏松，含少量炭屑和红烧土颗粒，出土少量陶片（图四七）。

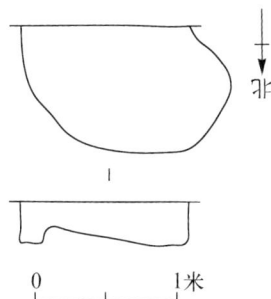

图四五 H22平、剖面图

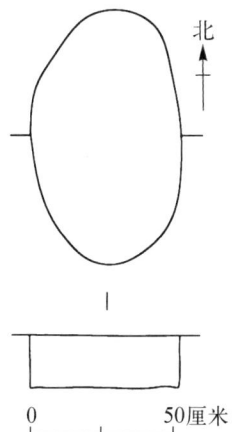

图四六 H23平、剖面图

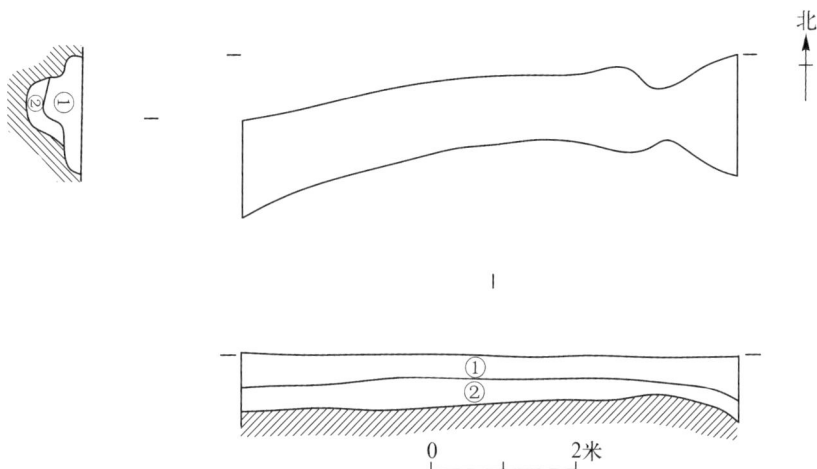

图四七 G1平、剖面图

四、出土遗物

出土遗物以陶器残片为主，石器次之，兼有少量兽骨、铜器等。完整器较少，共计30余件。

现分类介绍如下：

（一）陶器

出土陶器碎片200余袋，质地分夹砂陶和泥质陶两种，夹砂陶数量约占95%，泥质陶数量约占5%。夹砂陶中以夹砂灰陶为主，约占58%，其次为夹砂红褐陶和夹砂黑陶，分别约占21%和16%；泥质陶分红褐、黑、灰三种，另发现有少量白陶片。纹饰有绳纹、弦纹、附加堆纹、菱形纹、刻划纹、指窝纹、回纹、席纹等，其中以绳纹为主，约占75%，素面陶次之，约占20%。器形有鬲、鼎、罐、豆、瓮、壶、杯、钵等，以鬲、罐数量最多，豆、钵次之。现分述如下：

鬲　多残，完整者甚少。依据口沿特征的不同，分为4型。

A型　斜折沿。又依据口沿宽窄的不同，划分为3个亚型。

Aa型　窄折沿，鼓腹。分4式。

Ⅰ式：标本ⅡT0111⑤：1，夹砂灰陶，侈口，圆唇，口沿饰两道凹弦纹，肩部饰一道凸弦纹，腹部饰横向绳纹。口径22厘米，残高8.71厘米，唇厚0.65厘米，壁厚0.69厘米（图四八，1）。

Ⅱ式：标本ⅠT0203④：1，夹砂灰陶，侈口，方唇，口沿下素面，肩部贴敷一周附加堆纹，见绳纹并交叉按压，呈菱形，竖向贴敷一条附加堆纹，见绳纹并交叉按压，呈菱形，腹部饰绳纹。口径34厘米，残高14.55厘米，唇厚1.53厘米，壁厚0.75厘米（图四八，9）。标本ⅠT0203④：2，泥质灰陶，方唇，侈口，立领，颈部饰两道凸弦纹，口沿下素面抹光，肩部饰两道凹弦纹，以下为竖向绳纹。口径26厘米，残高9.05厘米，唇厚1.18厘米，壁厚0.49厘米（图四八，10）。标本ⅠT0203④：3，夹砂灰陶，方唇，侈口，口沿下素面抹光，肩部及以下饰竖向绳纹。口径26厘米，残高9.14厘米，唇厚1.15厘米，壁厚0.69厘米（图四八，11）。

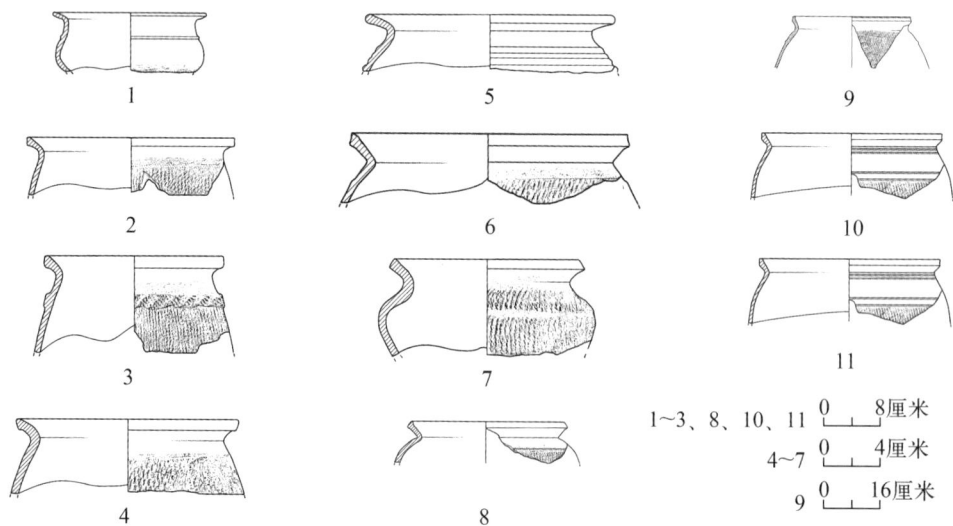

图四八　Aa型陶鬲

1. ⅡT0111⑤：1　2. ⅡT0111③a：1　3. ⅡT0111③a：6　4. ⅡT0111③a：17　5. ⅡT0208②b：10　6. ⅡT0208②b：20　7. ⅡT0209②b：8　8. ⅡT0209②b：10　9. ⅠT0203④：1　10. ⅠT0203④：2　11. ⅠT0203④：3

Ⅲ式：标本ⅡT0111③a：1，夹砂红陶，方唇，侈口，口沿下素面抹光，肩部饰两道凹弦纹，以下饰竖向绳纹。口径30厘米，残高7.33厘米，唇厚1.06厘米，壁厚0.65厘米（图四八，2）。标本ⅡT0111③a：6，夹砂黑陶，方唇，敞口，立领，口沿下绳纹抹平，肩部贴敷一周附加堆纹，以下饰竖向绳纹。口径26厘米，残高12.18厘米，唇厚1.36厘米，壁厚0.78厘米（图四八，3）。标本ⅡT0111③a：17，夹砂黑陶，方唇，侈口，口沿下素面抹光，肩部饰一道凹弦纹，以下饰竖向绳纹。口径16厘米，残高5.18厘米，唇厚0.86厘米，壁厚0.76厘米（图四八，4）。

Ⅳ式：标本ⅡT0208②b：10，夹砂黑陶，圆唇，敞口，鼓肩，肩部饰三道凹弦纹，其余部分素面。口径18厘米，残高3.57厘米，唇厚0.51厘米，壁厚0.52厘米（图四八，5）。标本ⅡT0208②b：20，夹砂灰陶，叠唇，敞口，口沿下绳纹抹平，肩部及以下饰竖向绳纹。口径20厘米，残高4.91厘米，唇厚0.82厘米，壁厚0.69厘米（图四八，6）。标本ⅡT0209②b：8，夹砂黑陶，方唇，侈口，微鼓肩，口沿下绳纹抹平，肩部及以下饰竖向绳纹，另肩部饰一道浅凹弦纹。口径14厘米，残高6.14厘米，唇厚0.62厘米，壁厚0.48厘米（图四八，7）。标本ⅡT0209②b：10，夹砂灰陶，方唇，侈口，微鼓肩，口沿下饰一道浅凹弦纹，肩部饰一道凹弦纹，以下饰竖向绳纹。口径22厘米，残高5.62厘米，唇厚0.86厘米，壁厚0.68厘米（图四八，8）。

Ab型 宽折沿，弧腹微鼓。分4式。

Ⅰ式：标本ⅡT0210⑤：2，夹砂灰陶，圆唇，侈口，微鼓肩，口沿下素面抹光，肩部饰一道凸弦纹，以下为素面。口径22厘米，残高9.29厘米，唇厚1.39厘米，壁厚0.76厘米（图四九，1）。标本ⅡT0109⑤：6，夹砂红陶，圆唇，敞口，口沿下饰多道凹弦纹，鼓肩，肩部及以下饰多道粗弦纹。口径30厘米，残高9.47厘米，唇厚1.65厘米，壁厚0.96厘米（图四九，3）。标本ⅡT0110⑤：1，夹砂灰陶，圆唇，侈口，口沿下素面抹光，肩部及以下饰一道凸弦纹。口径22厘米，残高7.69厘米，唇厚1.12厘米，壁厚0.75厘米（图四九，4）。标本ⅡT0110⑤：2，夹砂红陶，圆唇，侈口，口沿下饰一道浅凹弦纹，肩部饰一道凸弦纹，以下为素面抹光。口径34厘米，残高8.45厘米，唇厚1.33厘米，壁厚0.74厘米（图四九，5）。

Ⅱ式：标本ⅠT0203④：4，夹砂灰陶，敞口，圆唇，立领，折肩，颈部有一道凹弦纹，肩部下见两道凹弦纹，腹部纹饰不详。口径16厘米，残高5.92厘米，唇厚0.68厘米，壁厚0.71厘米（图四九，7）。

Ⅲ式：标本ⅡT0110③a：14，泥质黑陶，圆唇，敛口，立领，口沿下绳纹抹平，肩部贴敷一周附加堆纹，肩部以下饰斜绳纹。口径14厘米，残高3.48厘米，唇厚1.28厘米，壁厚0.59厘米（图四九，11）。标本ⅡT0110③a：16，夹砂红陶，叠唇，侈口，口沿下绳纹抹平，微鼓肩，肩部及以下饰竖向细绳纹。口径20厘米，残高6.23厘米，唇厚1.56厘米，壁厚0.68厘米（图四九，12）。标本ⅠT0109③a：2，夹砂黑陶，侈口，方唇，口沿下素面，肩部饰三道凹弦纹，肩部以下饰竖向粗绳纹。残宽8.48厘米，残高7.27厘米，唇厚1.1厘米，壁厚0.61厘米（图四九，13）。标本ⅠT0109③a：7，夹砂灰陶，侈口，方唇，口沿下素面，肩部贴敷一周附加堆纹，绳纹并交叉按压，呈菱形，腹部饰交叉斜绳纹，呈菱形。残宽15.53厘米，残高8.4厘米，唇厚1.7厘米，壁厚0.81厘米（图四九，15）。标本ⅠT0202③a：2，夹砂灰陶，方唇，侈口，口沿下素面抹光，肩部饰一凹弦纹,肩部及以下为竖向绳纹。口径20厘米,残高7.69厘米,唇厚1.11厘米,壁厚0.69厘米(图四九,14)。

Ⅳ式:标本ⅡT0111②b:1,夹砂红陶,叠唇,侈口,口沿下绳纹抹平,肩部见两道细凹弦纹,以下饰竖向绳纹。口径26厘米,残高8.31厘米,唇厚2.41厘米,壁厚0.63厘米(图四九,2)。标本ⅡT0210②b:2,夹砂红陶,侈口,圆唇,口沿下绳纹抹平,肩部及以下饰竖向绳纹。口径24厘米,残高10.48厘米,唇厚0.74厘米,壁厚0.63厘米(图四九,6)。标本ⅡT0108②b:1,夹砂灰陶,方唇,侈口,口沿下素面抹光,颈部饰两道凹弦纹,肩部及以下饰竖向绳纹。口径18厘米,残高6.5厘米,唇厚0.91厘米,壁厚0.58厘米(图四九,8)。标本ⅡT0109②b:10,夹砂灰陶,圆唇,敞口,口沿下素面抹光,鼓肩,肩部及以下为素面抹光。口径14厘米,残高3.09厘米,唇厚0.51厘米,壁厚0.82厘米(图四九,9)。标本ⅡT0109②b:16,夹砂黑陶,方唇,侈口,口沿下素面抹光,肩部及以下饰竖向绳纹。口径14厘米,残高5.15厘米,唇厚0.73厘米,壁厚0.51厘米(图四九,10)。

Ac型　叠唇。分3式。

Ⅰ式:标本ⅡT0211⑤:1,夹砂红陶,方唇,侈口,口沿饰一道凹弦纹,颈部有多道浅凹弦纹,

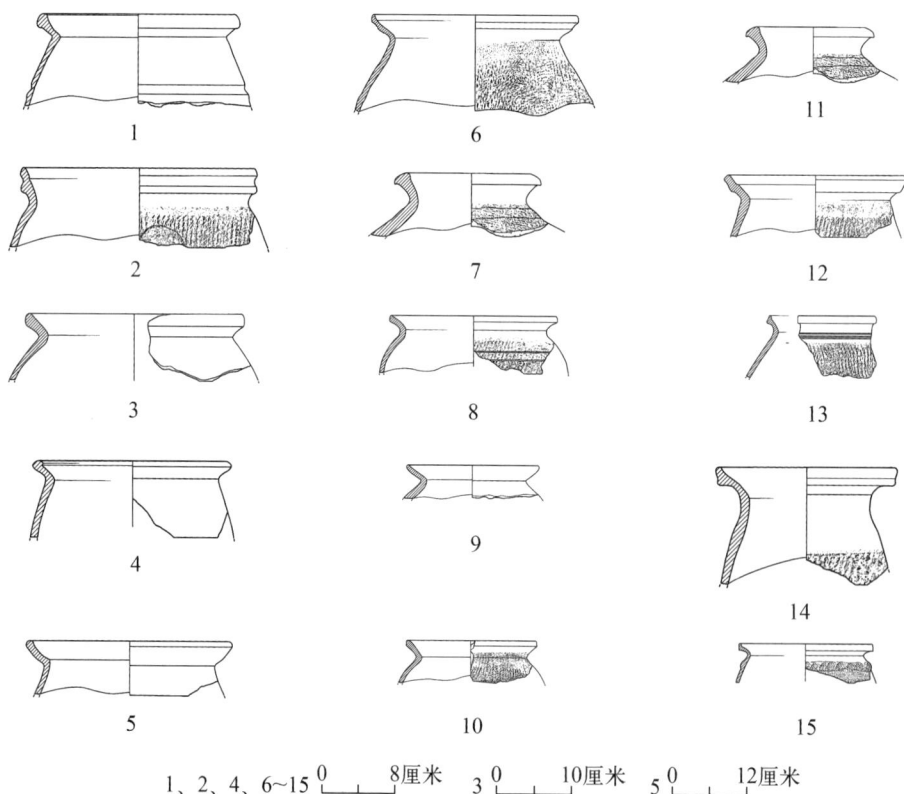

图四九　Ab型陶鬲

1. ⅡT0210⑤:2　2. ⅡT0111②b:1　3. ⅡT0109⑤:6　4. ⅡT0110⑤:1　5. ⅡT0110⑤:2　6. ⅡT0210②b:2
7. ⅠT0203④:4　8. ⅡT0108②b:1　9. ⅡT0109②b:10　10. ⅡT0109②b:16　11. ⅡT0110③a:14
12. ⅡT0110③a:16　13. ⅠT0109③a:2　14. ⅠT0202③a:2　15. ⅠT0109③a:7

以下饰竖向绳纹。口径26厘米,残高7.39厘米,唇厚2.18厘米,壁厚0.74厘米(图五〇,14)。标本Ⅰ T0204⑤:2,夹砂灰陶,方唇,侈口,口沿下素面抹光,颈部饰三道凹弦纹,以下为素面。口径30厘米,残高6.68厘米,唇厚1.34厘米,壁厚0.52厘米(图五〇,11)。

　　Ⅱ式:标本Ⅰ T0203④H9:3,夹砂黑陶,方唇,侈口,口沿下素面抹光,颈部饰两道凹弦纹,肩部及以下饰竖向绳纹。残高6.5厘米,唇厚0.91厘米,壁厚0.58厘米(图五〇,1)。

　　Ⅲ式:标本Ⅱ T0111③a:43,夹砂红陶,方唇,侈口,口沿饰一道凹弦纹,以下素面抹光。口径18厘米,残高5.02厘米,唇厚1.56厘米,壁厚0.82厘米(图五〇,2)。

　　B型　侈口高领。分3式。

　　Ⅰ式:标本Ⅱ T0111⑤:2,夹砂灰陶,圆唇,敞口,折沿,口沿饰两道凹弦纹,颈部饰一道凹弦

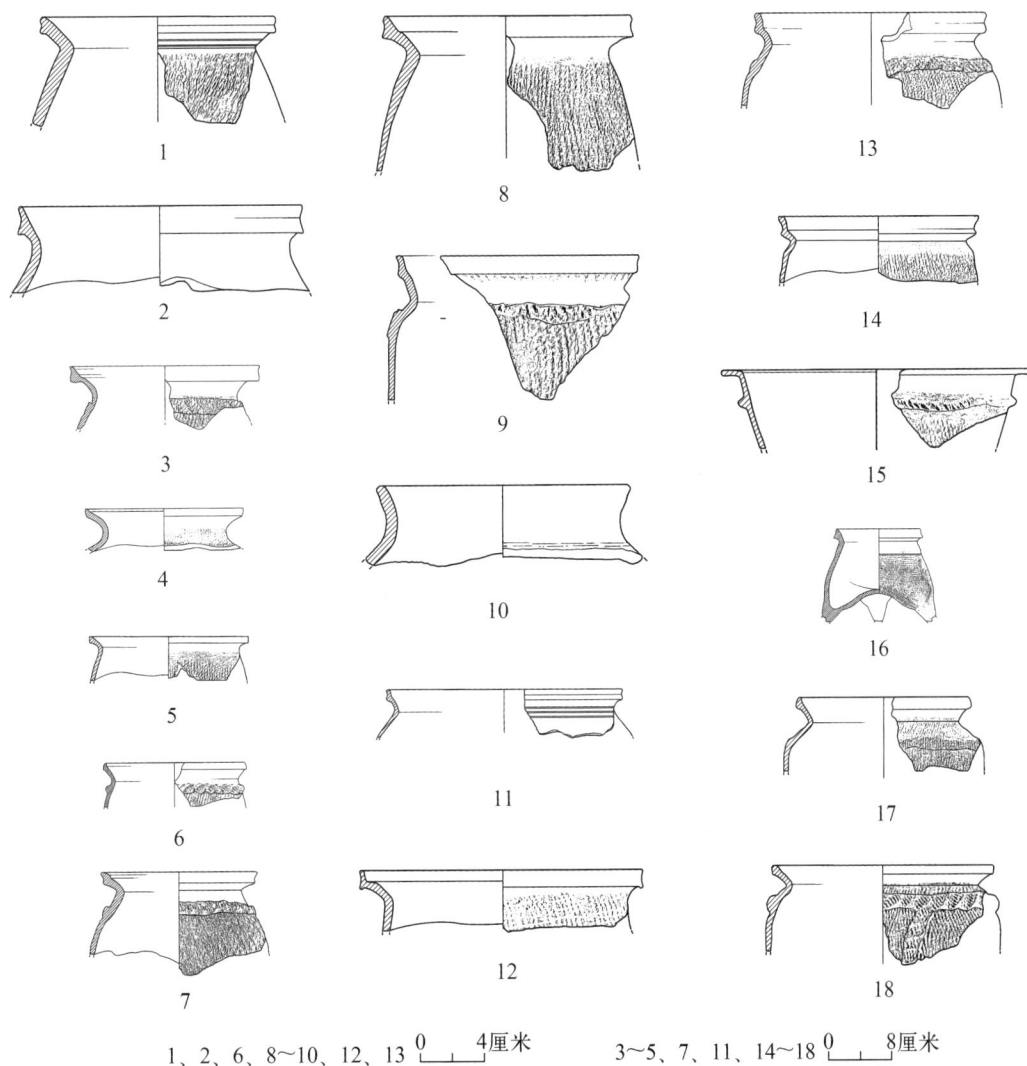

1、2、6、8~10、12、13 0——4厘米　　　3~5、7、11、14~18 0——8厘米

图五〇　Ac、B、C、D型陶鬲

1. Ⅰ T0203④H9:3　2. Ⅱ T0111③a:43　3. Ⅱ T0209⑤:1　4. Ⅱ T0211⑤:2　5. Ⅱ T0109②b:4　6. Ⅱ T0111②b:4　7. Ⅱ T0210②b:1　8. Ⅱ T0210②b:4　9. Ⅰ T0108⑤:2　10. Ⅱ T0111③a:12　11. Ⅱ T0204⑤:2　12. Ⅰ T0204⑤:1　13. Ⅰ T0110③a:6　14. Ⅱ T0211⑤:1　15. Ⅱ T0111⑤:2　16. Ⅱ T0111③a:1　17. Ⅱ T0111③a:5　18. Ⅰ T0109⑤:1

纹,肩部贴敷一段附加堆纹,腹部饰竖向绳纹。残高9.57厘米,唇厚0.67厘米,壁厚0.69厘米(图五〇,15)。标本ⅡT0209⑤:1,夹砂灰陶,敞口,方唇,立领,口沿下绳纹抹平,肩部贴敷一周附加堆纹,以下饰竖向绳纹。口径24厘米,残高7.49厘米,唇厚1.67厘米,壁厚0.65厘米(图五〇,3)。标本ⅡT0211⑤:2,夹砂黑陶,方唇,侈口,折沿,立领,口沿下绳纹抹平,以下饰竖向绳纹。口径20厘米,残高4.89厘米,唇厚0.87厘米,壁厚0.94厘米(图五〇,4)。标本ⅠT0204⑤:1,夹砂灰陶,方唇,侈口,口沿下素面抹光,颈部饰两道凹弦纹,肩部及以下饰竖向绳纹。口径18厘米,残高6.5厘米,唇厚0.91厘米,壁厚0.58厘米(图五〇,12)。

Ⅱ式:标本ⅠT0110③a:6,夹砂灰陶,侈口,方唇,折沿,口沿下素面,肩部饰一道凹弦纹,以下为竖向绳纹。口径18厘米,残高5.92厘米,唇厚0.56厘米,壁厚0.56厘米(图五〇,13)。

Ⅲ式:标本ⅡT0210②b:1,夹砂灰陶,侈口,叠唇,卷沿,鼓肩,口沿下素面抹光,肩部贴敷一周附加堆纹,以下饰竖向绳纹。口径20厘米,残高10.11厘米,唇厚1.3厘米,壁厚0.67厘米(图五〇,7)。标本ⅡT0210②b:4,夹砂黑陶,侈口,方唇,折沿,口沿饰一道凹弦纹,口沿下绳纹抹平,肩部及以下饰竖向绳纹。口径16厘米,残高8.77厘米,唇厚1.23厘米,壁厚0.45厘米(图五〇,8)。标本ⅡT0109②b:4,夹砂灰陶,方唇,侈口,折沿,立领,口沿下素面抹光,肩部以下饰竖向绳纹。口径20厘米,残高5.8厘米,唇厚0.54厘米,壁厚0.51厘米(图五〇,5)。标本ⅡT0111②b:4,夹砂灰陶,侈口,方唇,折沿,口沿下素面,肩部及以下为斜绳纹,肩部饰一道凹弦纹。口径9厘米,残高6.68厘米,唇厚0.96厘米,壁厚0.52厘米(图五〇,6)。

C型　折沿折肩。分2式。

Ⅰ式:标本ⅠT0108⑤:2,夹砂红陶,侈口,方唇,折沿,口沿下绳纹抹光,肩部贴敷一周附加堆纹,见绳纹并交叉按压,呈菱形,腹部饰竖向绳纹。残宽15.99厘米,残高9.79厘米,唇厚1.64厘米,壁厚0.69厘米(图五〇,9)。标本ⅠT0109⑤:1,夹砂红陶,侈口,圆唇,折沿,口沿下素面,肩部贴敷一周附加堆纹,见绳纹并交叉按压,呈菱形,竖向贴敷一条附加堆纹,见绳纹并交叉按压,呈菱形,腹部饰交叉斜绳纹,呈菱形。残宽15.04厘米,残高12.46厘米,唇厚1厘米,壁厚0.86厘米(图五〇,18)。

Ⅱ式:标本ⅡT0111③a:5,夹砂灰陶,方唇,敞口,折沿,口沿下绳纹抹平,肩部贴敷一周附加堆纹,以下饰竖向绳纹。口径22厘米,残高9.4厘米,唇厚1.23厘米,壁厚0.68厘米(图五〇,17)。标本ⅡT0111③a:12,泥质灰陶,方唇,侈口,立领,颈部素面抹光,肩部饰三道凹弦纹。口径16厘米,残高4.15厘米,唇厚0.83厘米,壁厚0.6厘米(图五〇,10)。

D型　单把,束颈,圆鼓腹。

标本ⅡT0111③a:1,夹砂黑陶,素面,弧腹,弧裆,腹部饰竖向绳纹,圆锥状矮实足,另贴敷一扁平状环耳把。残高11.56厘米,足径0.82～2.21厘米,足高3.45厘米(图五〇,16)。

高足　依据足身、足端不同划分为3型。

A型　锥状尖底足。分4式。

Ⅰ式:标本ⅠT0109⑤:2,夹砂灰陶,圆锥状实足,素面抹光,足以上为斜绳纹。残高12.57厘米,足径0.33～4.16厘米(图五一,16)。标本ⅠT0109⑤:3,夹砂灰陶,圆锥状实足,素面。残高 13.55 厘米,足径 0.96～5.66 厘米(图五一,17)。

Ⅱ式:标本 Ⅰ T0203④:6,夹砂灰陶,圆锥状矮实足,素面抹光,弧裆,裆部绳纹抹平,腰部至足部饰竖向绳纹。残高 9.9 厘米,足径 0.75～2.48 厘米,足高 2.76 厘米(图五一,5)。

Ⅲ式:标本 Ⅱ T0111③a:49,夹砂灰陶,圆锥状实足,足身贴敷三条附加堆纹,鼓裆,裆部饰竖向绳纹。残高 9.67 厘米,足径 0.81～3.67 厘米,足高 4.83 厘米(图五一,1)。标本 Ⅱ T0111③a:50,夹砂红陶,圆锥状空心足,足身上端饰一周窝纹,其他为素面。残高 12.04 厘米,足径 1.44～6.94 厘米(图五一,2)。标本 Ⅰ T0109③a:5,夹砂黑陶,柱状矮实足,弧裆,裆部饰斜粗绳纹。残高 6.89 厘米,足径 1.25～6.27 厘米(图五一,12)。标本 Ⅰ T0109③a:6,夹砂红陶,圆锥状实足,素面抹平。残高 8.51 厘米,足径 1.38～5.28 厘米(图五一,13)。标本 Ⅰ T0110③a:3,夹砂黑陶,圆锥状实足,足素面抹光,足以上为竖向绳纹。残高 11.72 厘米,足径 0.42～4.27 厘米,足高 5.09 厘米(图五一,19)。

Ⅳ式:标本 Ⅱ T0208②b:5,夹砂灰陶,圆锥状实足,足身饰四条均匀分布的按压窝纹,上端饰绳纹并见附加堆纹。残高 14.66 厘米,足径 1.06～6.74 厘米,足高 9.75 厘米(图五一,3)。标本 Ⅰ T0109②b:3,夹砂红陶,圆锥柱实足,素面抹光。残高 6.42 厘米,足径 1.04～4.39 厘米(图五一,10)。标本 Ⅰ T0109②b:6,夹砂灰陶,柱状矮实足,弧裆,裆部饰斜绳纹。残高 8.73 厘米,足径 1.62～7.85 厘米(图五一,11)。标本 Ⅰ T0202①H7:5,夹砂灰陶,圆锥状实足,足素面抹光。残高 10.08 厘米,足径 0.94～3.96 厘米,足高 6.64 厘米(图五一,21)。

B型 锥状,足端面平。分 3 式。

Ⅰ式:标本 Ⅰ T0108⑤:4,夹砂灰陶,圆锥柱实足,素面抹光。高 7.7 厘米,足径 1.51～5.41 厘米(图五一,9)。

Ⅱ式:标本 Ⅰ T0108③a:5,夹砂灰陶,圆锥柱实足,素面抹光。高 7.97 厘米,足径 1.51～4.25 厘米(图五一,8)。标本 Ⅰ T0109③a:9,夹砂黑陶,圆锥状矮实足,素面抹光。残高 8.51 厘米,足径 1.38～5.28 厘米(图五一,14)。标本 Ⅰ T0109③a:10,夹砂黑陶,圆锥状矮实足,素面抹光,足以上为竖向绳纹。残高 6.78 厘米(图五一,15)。标本 Ⅰ T0110③a:2,夹砂灰陶,圆锥状实足,素面抹光,足以上为竖向绳纹。残高 15.24 厘米,足径 0.69～5.51 厘米,足高 7.95 厘米(图五一,18)。

Ⅲ式:标本 Ⅱ T0208②b:23,夹砂红陶,圆锥状实足,足身饰竖向绳纹。残高 9.54 厘米,足径 1.67～4.45 厘米,足高 7.14 厘米(图五一,4)。标本 Ⅳ T0106②a:13,夹砂灰陶,圆锥状实足,足身饰竖向细绳纹。残高 10.05 厘米,足径 1.52～5.13 厘米,足高 6.76 厘米(图五一,20)。

C型 柱状平底足。

标本 Ⅱ T0209②b:13,夹砂黑陶,圆柱状矮实足,足身饰竖向细绳纹。残高 7.45 厘米,足径 3.45 厘米(图五一,6)。标本 Ⅱ T0209②b:15,夹砂红陶,圆锥状矮实足,足身饰竖向细绳纹。残高 8.23 厘米,足高 7.98 厘米,足径 2.75～6.45 厘米(图五一,7)。

鼎足 根据足部形态,分为 2 型。

A型 锥状,根据足上缘接于鼎腹位置的不同,分为 3 亚型。

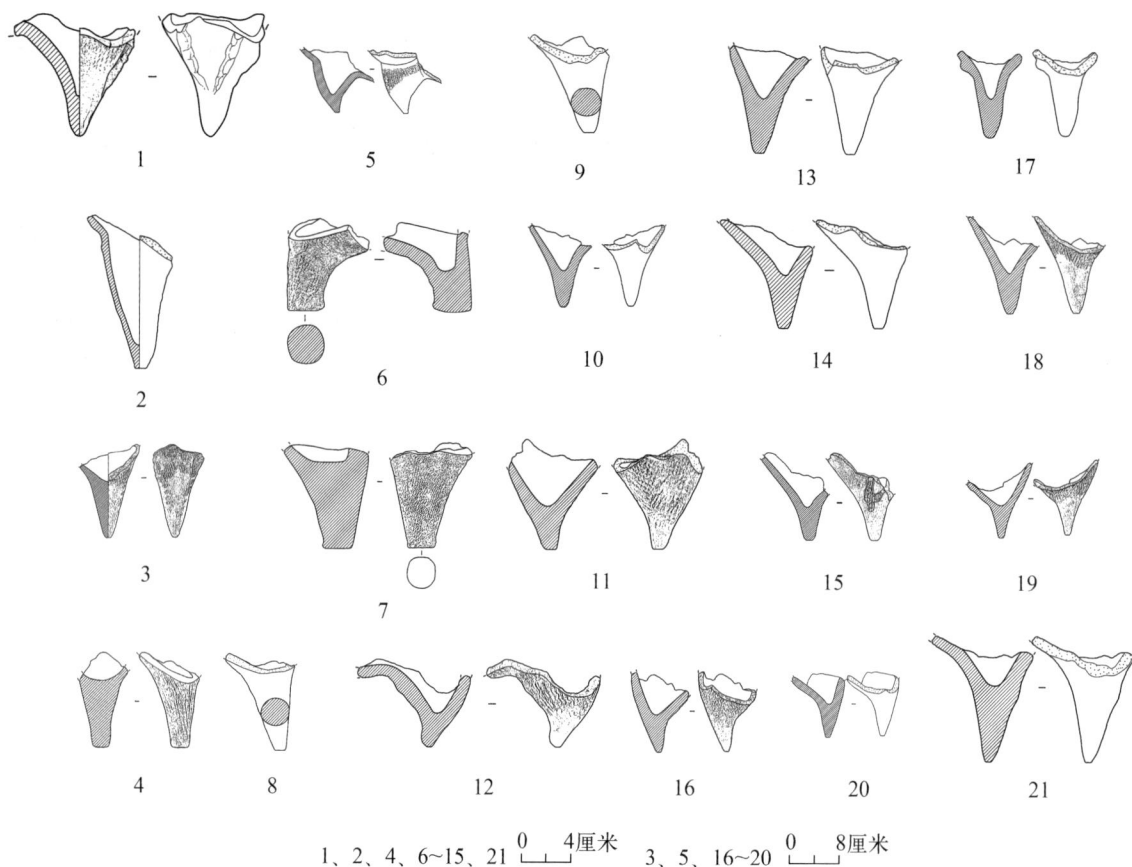

图五一　陶鬲足

1. Ⅱ T0111③a：49　2. Ⅱ T0111③a：50　3. Ⅱ T0208②b：5　4. Ⅱ T0208②b：23　5. Ⅰ T0203④：6　6. Ⅱ T0209②b：13　7. Ⅱ T0209②b：15　8. Ⅰ T0108③a：5　9. Ⅰ T0108⑤：4　10. Ⅰ T0109②b：3　11. Ⅰ T0109②b：6　12. Ⅰ T0109③a：5　13. Ⅰ T0109③a：6　14. Ⅰ T0109③a：9　15. Ⅰ T0109③a：10　16. Ⅰ T0109⑤：2　17. Ⅰ T0109⑤：3　18. Ⅰ T0110③a：2　19. Ⅰ T0110③a：3　20. Ⅳ T0106②a：13　21. Ⅰ T0202①H7：5

Aa型　足上缘接于鼎腹上部。

标本Ⅱ T0208②b：9，夹砂红陶，扁柱状实足，足身内外两侧各饰两条凹条纹。残高12.63厘米，足厚2.14厘米，足宽6.5厘米（图五二，5）。标本Ⅱ T0208②b：16，夹砂灰陶，圆锥状实足，足身饰竖向绳纹。残高13.88厘米，足径2.03～5.32厘米，足高8.54厘米（图五二，6）。标本Ⅰ T0205②b：8，夹砂红陶，扁柱状实足，足身见一道深条纹。残高11.05厘米，足宽4.13厘米（图五二，18）。标本Ⅳ T0203②b：5，夹砂红陶，扁柱状实足，足身上端外侧可见三处按压窝纹。残高8.45厘米，厚1.07厘米（图五二，19）。

Ab型　足上缘接于鼎腹中部。分3式。

Ⅰ式：标本Ⅱ T0110⑤：6，夹砂红陶，扁柱状实足，素面抹光。残高11.87厘米，宽2.21～5.35厘米，厚1.71厘米（图五二，1）。标本Ⅱ T0111⑤：8，泥质灰陶，扁柱状实足，足身上端外侧见两处按压窝纹。残高13.28厘米，宽1.74～6.72厘米，厚1.46厘米（图五二，3）。标本Ⅱ T0111⑤：9，夹砂红陶,扁柱状实足,足身上端外侧见两处按压窝纹。残高12.64厘米,宽2.34～6.51厘米,厚1.67厘米(图五二,4)。

Ⅱ式:标本ⅡT0110③a:18,泥质灰陶,扁柱状实足,素面。残高13.06厘米,宽2.34～5.59厘米,厚1.68厘米(图五二,10)。标本ⅡT0110③a:20,夹砂红陶,扁柱状实足,素面。残高15.27厘米,宽2.91～8.42厘米,厚2.01厘米(图五二,12)。

Ⅲ式:标本ⅠT0203②a:1,夹砂灰陶,扁柱状实足,足上部外侧有一深凹纹,其余素面抹光。高13.27厘米,宽1.82～5.12厘米,厚0.88～1.68厘米(图五二,17)。标本ⅣT0203②b:6,夹砂红陶,近圆锥状实足,足身素面。残高7厘米,足高5.62厘米,足径1～2.56厘米(图五二,20)。

Ac型 足上缘接于鼎腹下部。

标本ⅡT0210③:5,夹砂红陶,扁柱状实足,足身素面。残高11.11厘米,足高8.66厘米,足宽2.42～6.03厘米,厚2.58厘米(图五二,7)。标本ⅡT0210③:6,夹砂红陶,扁柱状实足,足身素面。残高13.04厘米,足高9.7厘米,足宽3.14～5.81厘米,厚2.13厘米(图五二,8)。标本ⅡT0110③a:19,夹砂红陶,扁柱状实足,素面,足上部见两处按压窝纹。残高12.66厘米,宽1.37～4.36厘米,厚1.75厘米(图五二,11)。标本ⅠT0106③a:1,夹砂红陶,扁柱状实足,素面抹光。高12.45厘米,宽2.26～4.72厘米,厚1.48～2.39厘米(图五二,13)。标本ⅠT0106③a:2,夹砂灰陶,扁柱状实足,素面凹竖条纹。高8.71厘米,宽1.73～3.63厘米,厚1.38～1.95厘米(图五二,14)。标本ⅠT0106③a:3,夹砂红陶,扁柱状实足,素面抹光。高8.56厘米,宽1.6～4.23厘米,厚0.88～1.72厘米(图五二,15)。标本ⅠT0110③a:8,夹砂灰陶,扁柱状实足,素面抹光。高10.75厘米,宽1.68～3.52厘米,厚1.29～2.53厘米(图五二,16)。

B型 扁平状。分2式。

Ⅰ式:标本ⅡT0111③a:44,夹砂红陶,扁柱状实足,足身两条竖向深凹条纹。残高12.22厘米,宽4.81厘米,厚1.15～2.56厘米(图五二,2)。

Ⅱ式:标本ⅡT0109②b:14,夹砂红陶,扁柱状实足,足身饰三条竖向深条纹。高15.76厘米,宽8.61厘米,厚1.22～3.97厘米(图五二,9)。

罐 分4型。

A型 折肩罐。

标本ⅠT0203④H9:2,夹砂黑陶,仅剩部分颈部及肩部,折沿,立领,颈部有四道凹弦纹,颈部至肩部为素面,肩部饰一道凹弦纹,肩部以下饰席纹。残高6.78厘米,壁厚0.52厘米。

B型 卷沿鼓腹罐。

标本ⅠT0109②b:5,泥质灰陶,侈口,方唇,束颈,鼓肩,素面抹光。残高6.94厘米,残宽19.42厘米,唇厚1.03厘米,壁厚0.86厘米。标本ⅣT0205②b:1,夹砂灰陶,圆唇,侈口,口沿下饰多道细凹弦纹,其余部分素面。口径16厘米,残高4.96厘米,唇厚0.71厘米,壁厚0.89厘米。标本ⅣT0106①a:2,夹砂灰陶,圆唇,侈口,素面。口径18厘米,残高4.77厘米,唇厚0.81厘米,壁厚0.78厘米。标本ⅣT0106①a:1,夹砂灰陶,方唇,侈口,颈部饰两道凹弦纹,肩部贴敷一周附加堆纹,以下饰竖向绳纹。口径42厘米,残高12.54厘米,唇厚0.67厘米,壁厚0.76厘米。

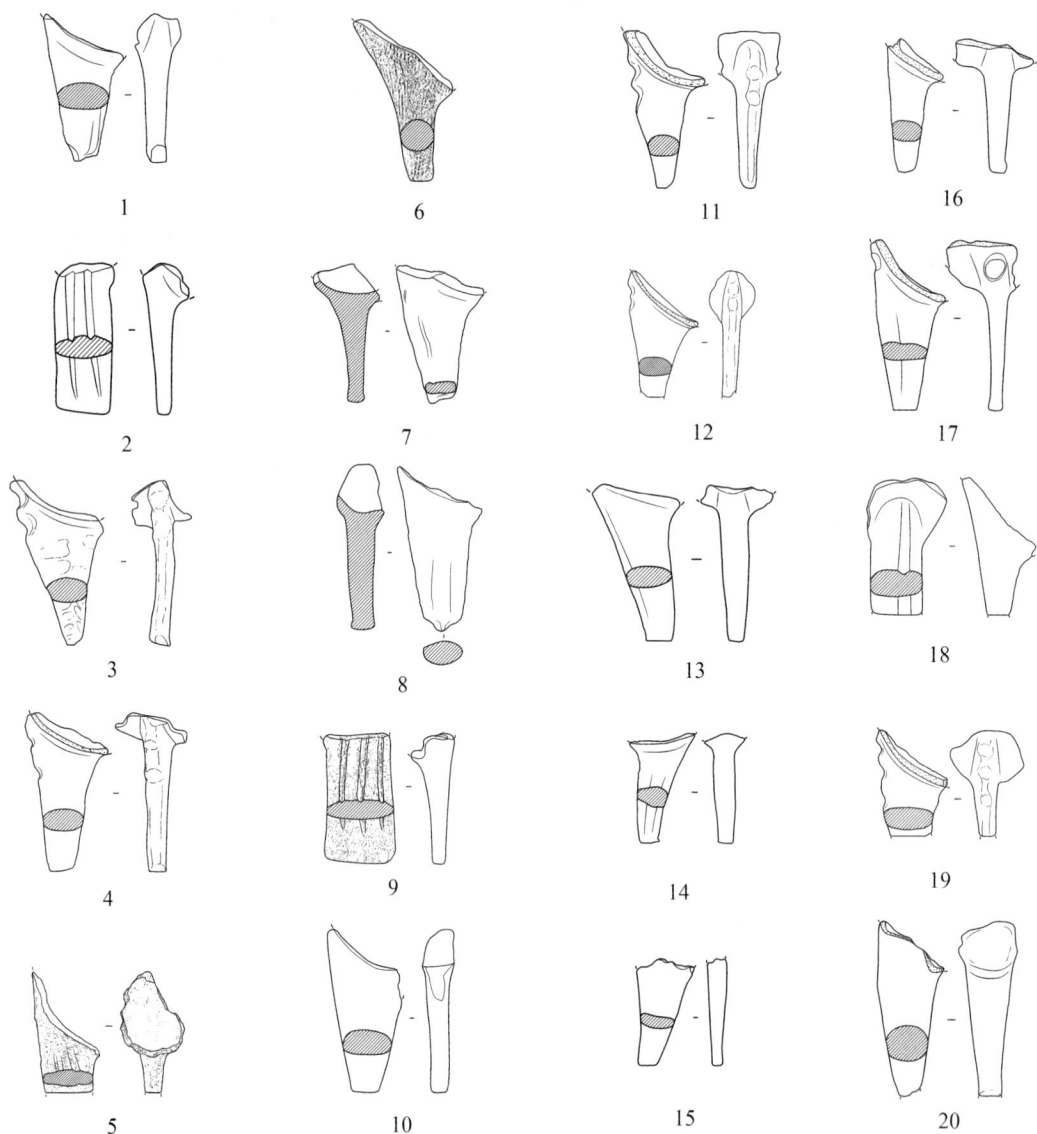

1~4、6~8、10、11、13~19 ⌊0___4厘米⌋　　5、9、12 ⌊0___6厘米⌋　20 ⌊0__2厘米⌋

图五二　陶鼎足

1. Ⅱ T0110⑤：6　2. Ⅱ T0111③a：44　3. Ⅱ T0111⑤：8　4. Ⅱ T0111⑤：9　5. Ⅱ T0208②b：9　6. Ⅱ T0208②b：16
7. Ⅱ T0210③：5　8. Ⅱ T0210③：6　9. Ⅱ T0109②b：14　10. Ⅱ T0110③a：18　11. Ⅱ T0110③a：19　12. Ⅱ T0110③a：20
13. Ⅰ T0106③a：1　14. Ⅰ T0106③a：2　15. Ⅰ T0106③a：3　16. Ⅰ T0110③a：8　17. Ⅰ T0203②a：1　18. Ⅰ T0205②b：8
19. Ⅳ T0203②b：5　20. Ⅳ T0203②b：6

C型 折沿深腹筒形罐。

标本 I T0205②b：3，夹砂黑陶，侈口，圆唇，鼓肩，口沿下素面抹光，肩部饰三道凹弦纹，以下饰竖向绳纹。口径16厘米，残高10.9厘米，唇厚0.94厘米，壁厚0.64厘米。标本 I T0205②b：5，夹砂红陶，圆唇，侈口，微鼓肩，素面。口径18厘米，残高5.18厘米，唇厚0.98厘米，壁厚0.51厘米。标本 I T0202①H7：4，夹砂灰陶，侈口，方唇，口沿下素面，肩部贴敷一周附加堆纹，见绳纹并交叉按压，呈菱形，竖向贴敷一条附加堆纹，腹部饰交叉斜绳纹，呈菱形。口径26厘米，残高15.57厘米，唇厚0.8厘米，壁厚0.72厘米。

D型 带耳罐。

标本 I T0201②b：4，夹砂黄陶，侈口，方唇，折沿，口沿下绳纹抹平，肩部饰两道凹弦纹，肩部及以下饰不规则席纹，颈部附带陶柄。残高10.52厘米，残宽11.9厘米，唇厚0.65厘米，壁厚0.67厘米。标本 I T0203④H9：1，夹砂灰陶，仅剩部分肩部，折沿，立领，颈部有一处堆纹，其他为不规则弦纹。口径16.22厘米，残宽9.7厘米，残高13.38厘米，壁厚0.9厘米。标本 I T0203④H9：2，夹砂黑陶，仅剩部分颈部及肩部，折沿，立领，颈部饰四道凹弦纹，颈部至肩部为素面，肩部饰一道凹弦纹，肩部以下饰席纹。残高6.78厘米，壁厚0.52厘米。

豆 分3型。

A型 敛口弧腹豆。

标本 IV T0205②b：4，豆盘，夹砂黑陶，圆唇，敛口，素面。口径14厘米，残高6.06厘米，唇厚0.41厘米，壁厚0.58厘米（图五三，10）。标本 II T0108②：2，豆盘，泥质黑陶，方唇，敛口，鼓腹，豆盘较浅，素面。口径14.32厘米，残高5.92厘米，唇厚1.26厘米。

B型 折腹豆。分2式。

I式：标本 II T0111③a：23，豆盘，夹砂黑陶，圆唇，敛口，折沿较宽，浅盘。口径14厘米，残高2.95厘米（图五三，2）。标本 II T0111③a：42，豆盘，夹砂灰陶，方唇，敛口，口沿下饰两道深凹弦纹，盘底饰不规则绳纹。口径18厘米，残高3.84厘米（图五三，3）。

II式：标本 II T0110②b：1，豆盘，泥质灰陶，方唇，敛口，柄及圈足残，盘底为圜底，肩部素面抹平。口径22厘米，残高9.17厘米，唇厚1.47厘米（图五三，7）。标本 I T0106②b：4，豆盘，泥质灰陶，方唇，底残，素面抹光，豆盘较浅，口沿下饰两条凹弦纹。口径15.58厘米，残高7.38厘米（图五三，8）。标本 II T0208②b：17，豆盘，泥质灰陶，圆唇，敛口，豆盘较浅，器表素面。口径15.1厘米，残高8.88厘米，唇厚0.46厘米（图五三，4）。

C型 豆盘外壁斜直内收。依据柄部特征分2亚型。

Ca型 高柄。分4式。

I式：标本 II T0209⑤：2，豆盘，泥质灰陶，敞口，圆唇，豆盘较浅，口沿下饰两道凹弦纹。口径14.96厘米，残高3.06厘米（图五三，6）。标本 II T0209⑤：1，陶豆，泥质灰陶，敛口，圆唇，豆盘较浅，器身素面，喇叭形圈足，柄及圈足略高，豆柄中部见两个对称的圆形镂孔。口径18.26厘米，底径10.95厘米，高10.91厘米，唇厚0.65厘米，足高6.19厘米。

II式：标本 I T0204④：2，豆盘，夹砂灰陶，方唇，斜折沿，口微敛，柄及圈足残，盘底为圜底，肩部饰数道弦纹。口径14厘米,残高4.65厘米,唇厚1.59厘米(图五三,9)。

Ⅲ式:标本Ⅱ T0111③a:22,豆盘,泥质灰陶,圆唇,侈口,折沿,口沿下饰数道凹弦纹,豆盘内侧饰一刻划纹。口径16厘米,残高3.48厘米(图五三,1)。

Ⅳ式:标本Ⅱ T0110②b:1,陶豆,泥质黑陶,侈口,方唇,折沿,器身素面,喇叭形矮圈足。口径23.45厘米,底径14.29厘米,高14.86厘米,唇厚1.25厘米。标本Ⅱ T0108②:4,豆盘,泥质红陶,方唇,侈口,折沿,口沿下绳纹抹平,鼓肩,肩部饰三道凹弦纹,豆盘较深,其余部分素面。口径20厘米,残高11.89厘米,唇厚0.59厘米。

Cb型　矮柄。

标本Ⅱ T0108①:1,陶豆,泥质黑陶,敛口,圆唇,器身素面,豆柄较短,喇叭形矮圈足。口径13.6厘米,底径9厘米,高5.97厘米,唇厚0.76厘米,足高2.23厘米。标本Ⅱ T0108①:2,陶豆,夹砂灰陶,敛口,方唇,折肩,豆盘较浅,器身素面,喇叭形矮圈足。口径15.26厘米,底径9.75厘米,高8.45厘米,唇厚0.63厘米。标本Ⅱ T0109②b:1,陶豆,泥质黑陶,敛口,圆唇,折沿,豆盘较深,器身素面,喇叭形矮圈足。口径14.85厘米,底径10.6厘米,高9.77厘米,唇厚0.55厘米。标本Ⅱ T0110①a:1,陶豆,泥质灰陶,敛口,方唇,鼓腹,器身素面,喇叭形矮圈足,豆柄较高,圈足表面饰竖向绳纹。口径22.82厘米,底径14.97厘米,高17.94厘米,唇厚0.82厘米。

另有豆底残片1件。标本Ⅱ T0209②b:23,夹砂红陶,喇叭状高圈足,素面。底径16厘米,残高11.88厘米,足高9.79厘米(图五三,5)。

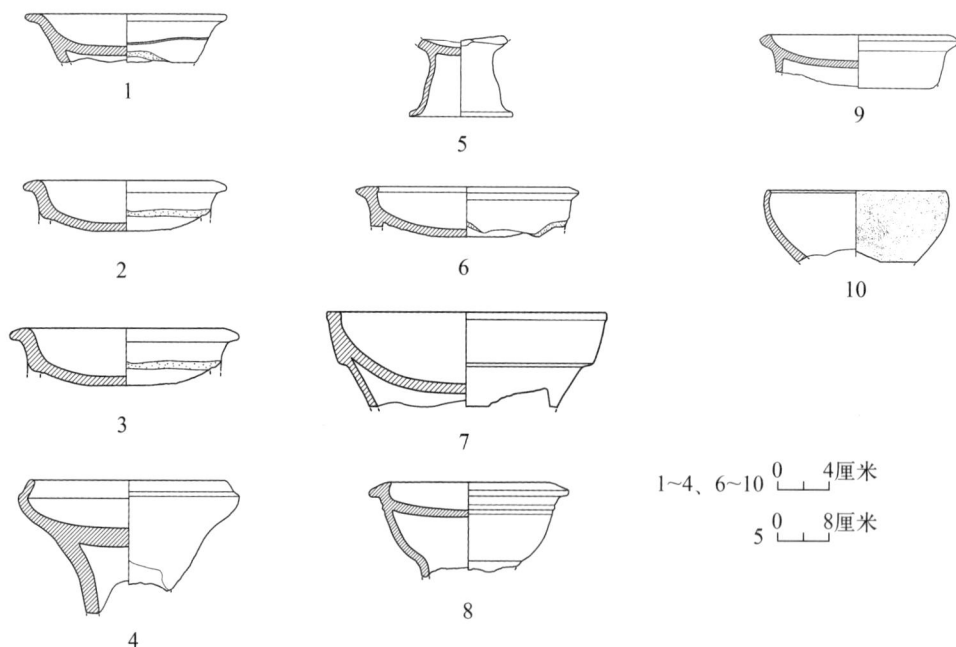

图五三　陶豆

1. Ⅱ T0111③a:22　2. Ⅱ T0111③a:23　3. Ⅱ T0111③a:42　4. Ⅱ T0208②b:17　5. Ⅱ T0209②b:23　6. Ⅱ T0209⑤:2　7. Ⅱ T0110②b:1　8. Ⅰ T0106②b:4　9. Ⅰ T0204④:2　10. Ⅳ T0205②b:4

器盖、器柄、器底

标本ⅡT0111②b：17，器盖，夹砂红陶，器身见多道不规则粗绳纹。柄径6.2厘米，柄高1.98厘米（图五四，1）。标本ⅡT0111③a：48，器盖，夹砂灰陶，盖身见一道凹弦纹，盖柄呈圆锥状，素面抹光。柄径3.84厘米，柄高2.97厘米，残高5.12厘米（图五四，2）。标本ⅠT0201②b：2，器盖，夹砂红陶，盖身饰不规则粗绳纹。柄径4.98厘米，柄高1.69厘米，残高3.34厘米，厚1.31厘米（图五四，3）。标本ⅠT0109②b：8，器盖，夹砂红陶，盖身饰不规则凸弦纹。柄径5.72厘米，柄高1.8厘米，残高6.73厘米，厚1.3厘米（图五四，4）。标本ⅠT0109②b：1，盖柄，夹砂红陶，表面饰不规则粗绳纹。柄径6.34厘米，柄高2.58厘米（图五四，5）。标本ⅡT0208②b：22，罐柄，夹砂红陶。环耳残长8.05厘米（图五四，6）。标本ⅡT0111③a：2，罐底，夹砂灰陶，平底，器身饰竖向绳纹。底径13.3厘米，残高6.98厘米（图五四，7）。标本ⅡT0208②b：1，罐底，夹砂灰陶，矮圈足底。底径16.63厘米，足高3.23厘米，残高5.04厘米（图五四，8）。标本ⅡT0208②b：2，罐底，泥质灰陶，器表饰绳纹，小凹底。底径7厘米，残高6.09厘米（图五四，9）。标本ⅡT0208②b：4，罐底，夹砂灰陶，平底。底径10.3厘米，残高2.28厘米（图五四，10）。标本ⅡT0208②b：7，罐底，泥质红陶，器表饰绳纹，小凹底。底径8.03厘米，残高1.4厘米（图五四，11）。标本ⅡT0209②b：5，罐底，夹砂灰陶，小凹底，表面饰不规则绳纹。底径9.26厘米，残高3.76厘米（图五四，12）。标本ⅡT0209②b：11，罐底，夹砂灰陶，小凹底。底径6.46厘米，残高2.72厘米（图五四，13）。标本ⅡT0209②b：24，器底，夹砂红陶，喇叭形矮圈足，素面。底径22厘米，残高6.62厘米，足高3.1厘米（图五四，14）。标本ⅡT0210⑤：3，器底，泥质灰陶，平底，素面。底径4.73厘米，残高2.5厘米

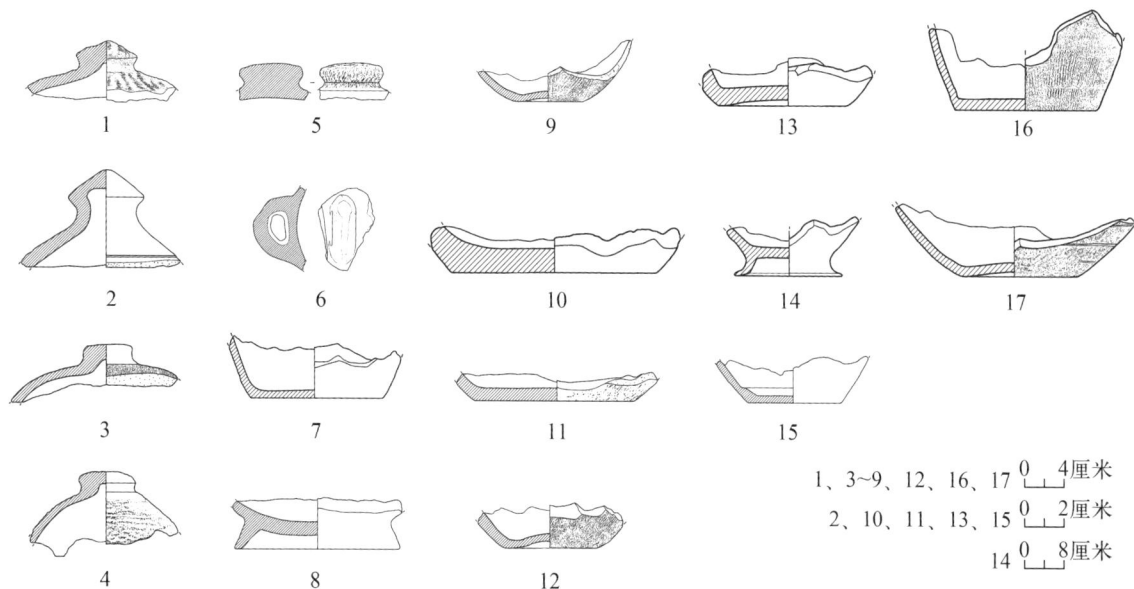

图五四　陶器底、陶器盖

1. ⅡT0111②b：17　2. ⅡT0111③a：48　3. ⅠT0201②b：2　4. ⅠT0109②b：8　5. ⅠT0109②b：1　6. ⅡT0208②b：22
7. ⅡT0111③a：2　8. ⅡT0208②b：1　9. ⅡT0208②b：2　10. ⅡT0208②b：4　11. ⅡT0208②b：7　12. ⅡT0209②b：5
13. ⅡT0209②b：11　14. ⅡT0209②b：24　15. ⅡT0210⑤：3　16. ⅡT0211②b：8　17. ⅡT0211③：1

（图五四,15）。标本Ⅱ T0211②b:8,器底,夹砂红陶,器身饰竖向绳纹,底部见规律分布8个小穿孔。底径14.5厘米,残高10.19厘米（图五四,16）。标本Ⅱ T0211③:1,器底,夹砂灰陶,小凹底,器身饰四道浅凹弦纹。底径11.74厘米,残高7.77厘米（图五四,17）。标本Ⅱ T0108②b:16,器底,夹砂黑陶,小凹底。底径8厘米,底厚1厘米（图五五,1）。标本Ⅱ T0108②b:17,器底,夹砂红陶,平底。底径10.32厘米,足高1.8厘米（图五五,2）。标本Ⅱ T0109②b:18,罐底,夹砂黑陶,小凹底。底厚1.05厘米,向中间渐厚。残高2.33厘米,底径9.59厘米,壁厚0.97厘米（图五五,3）。标本Ⅰ T0108⑤:1,罐底,夹砂灰陶,内红陶,圈足,近器底饰斜绳纹,底部饰不规则绳纹。底径11.11厘米,足径1.51厘米（图五五,4）。标本Ⅱ T0110③a:7,三足器底,夹砂灰陶,方唇,侈口,折沿,口沿下绳纹抹平,颈部饰三道凹弦纹,微鼓肩,以下饰竖向粗绳纹。残高11.17厘米,唇厚1.23厘米,壁厚0.81厘米（图五五,5）。标本Ⅰ T0201③b:5,器底,泥质灰陶,喇叭形矮圈足,圜底,腰部饰两道凹弦纹。底径8.68厘米,足高2厘米,残高3.87厘米,壁厚0.54厘米（图五五,6）。标本Ⅰ T0202③a:1,罐底,夹砂黑陶,素面,小凹底。底径6.18厘米,残高4.06厘米（图五五,7）。

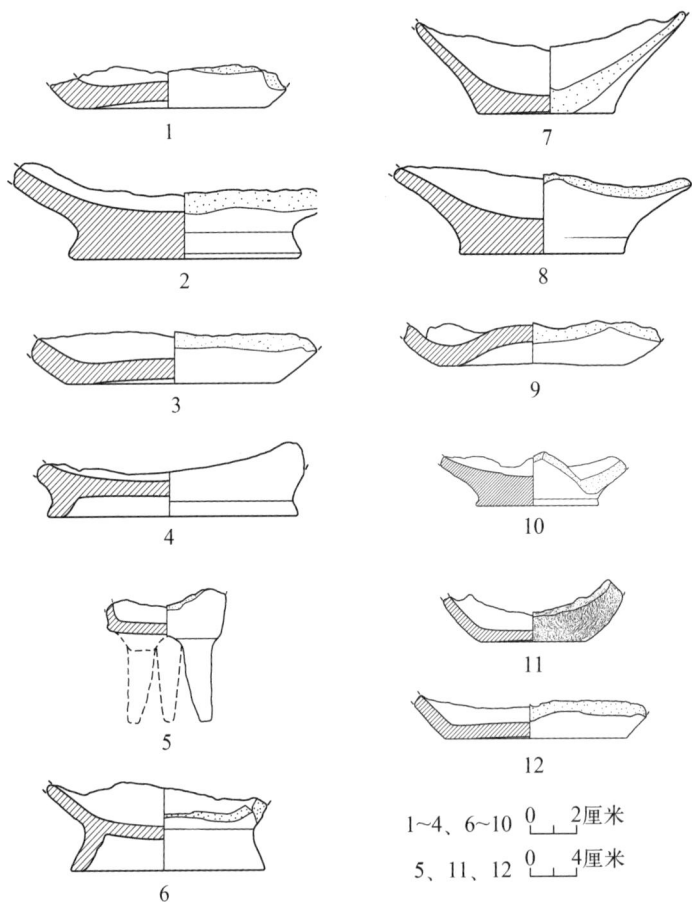

图五五　陶器底

1. Ⅰ T0108②b:16　2. Ⅰ T0108②b:17　3. Ⅱ T0109②b:18　4. Ⅰ T0108⑤:1　5. Ⅰ T0110③a:7　6. Ⅰ T0201③b:5
7. Ⅰ T0202③a:1　8. Ⅰ T0202③a:5　9. Ⅰ T0205②b:2　10. Ⅰ T0205②b:6　11. Ⅳ T0107②b:3　12. Ⅱ T0108②b:19

标本ⅠT0202③a：5，罐底，夹砂红陶，素面，小凹底。底径7.13厘米，残高3.94厘米（图五五，8）。标本ⅠT0205②b：2，罐底，夹砂红陶，小凹底，局部可见不规则绳纹。底径8.18厘米，残高2.33厘米（图五五，9）。标本ⅠT0205②b：6，器底，夹砂红陶，平底。底径5.26厘米，残高2.11厘米（图五五，10）。标本ⅣT0107②b：3，罐底，夹砂灰陶，平底，表面饰绳纹。底径9.23厘米，残高5.76厘米（图五五，11）。标本ⅡT0108②b：19，器底，泥质灰陶，底部微凹。底径15.95厘米，残高4.3厘米（图五五，12）。

瓮、壶、陶片等

标本ⅡT0111②b：10，瓮，夹砂灰陶，方唇，侈口，折沿，口沿下饰多道细凹弦纹，肩部及以下饰竖向绳纹。口径14厘米，残高10.26厘米，唇厚0.54厘米，壁厚0.71厘米（图五六，1）。标本ⅡT0111③a：10，瓮，泥质灰陶，方唇，敛口，立领，口沿下素面抹光，肩部以下饰竖向绳纹。口径14厘米，残高5.21厘米，唇厚0.52厘米，壁厚0.78厘米（图五六，2）。标本ⅡT0109②b：7，瓮，泥质灰陶，方唇，敛口，口沿下素面抹光，折肩，颈部以下饰不规则弦纹。口径16厘米，残高5.5厘米，唇厚0.73厘米，壁厚0.46厘米（图五六，3）。标本ⅣT0206①c：2，瓮，泥质红陶，圆唇，侈口，卷沿，鼓肩，口沿下绳纹抹平，肩部及以下饰竖向绳纹。口径10厘米，残高2.25厘米，唇厚0.74厘米，壁厚0.66厘米（图五六，4）。标本ⅣT0206①c：4，瓮，夹砂灰陶，圆唇，敞口，卷沿，口沿下绳纹抹平。口径24厘米，残高8厘米，唇厚0.78厘米，壁厚0.62厘米（图五六，5）。标本ⅠT0205②b：9，壶，夹砂黑陶，侈口，长颈，折腹，平底。残高13.31厘米，唇厚0.52厘米，壁厚0.78厘米（图五六，6）。标本ⅡT0111③a：4，瓮，泥质灰陶，叠唇，侈口，立领，折沿，口沿下饰五道凹弦纹，折肩，肩部饰一道凹弦纹及曲折纹，以下饰斜绳纹。口径18厘米，残高7.06厘米，唇厚0.65厘米，壁厚0.63厘米（图五六，7）。标本ⅡT0111③a：14，瓮，夹砂灰陶，方唇，侈口，卷沿，口沿下素面抹光，肩部及以下饰竖向细绳纹。口径30厘米，残高9.98厘米，唇厚0.97厘米，壁厚0.34厘米（图五六，8）。标本ⅡT0108②b：15，瓮，夹砂灰陶，方唇，侈口，折沿，立领，口沿下素面抹光，肩部及以下饰斜绳纹。口径16厘米，残高6.55厘米，唇厚1.36厘米，壁厚0.63厘米（图五六，9）。标本ⅡT0208②b：6，瓮，夹砂红陶，圆唇，侈口，折沿，口沿下素面抹光，肩部贴敷一周附加堆纹，以下饰竖向绳纹。残高9.96厘米，唇厚0.74厘米，壁厚0.67厘米（图五六，10）。标本ⅡT0209②b：1，瓮，夹砂灰陶，圆唇，侈口，卷沿，口沿下绳纹抹平，颈部以下饰竖向绳纹，肩部饰四道凹弦纹。口径20厘米，残高10.99厘米，唇厚1.01厘米，壁厚0.79厘米（图五六，11）。标本ⅡT0210③：3，瓮，夹砂红陶，侈口，圆唇，立领，折沿，口沿下饰三道凹弦纹，折肩，肩部饰一道凹弦纹，以下饰竖向绳纹。口径16厘米，残高9.43厘米，唇厚0.68厘米，壁厚0.86厘米（图五六，12）。标本ⅠT0204⑤：5，陶片，夹砂灰陶，饰交叉绳纹，并附两道凹弦纹。残长7.11厘米（图五六，13）。标本ⅣT0106①a：3，陶片，上部素面抹光，下饰竖向绳纹。残高8.28厘米，壁厚0.69厘米（图五六，14）。标本ⅣT0204②b：1，陶片，夹砂红陶，器表饰回纹。残长11.81厘米（图五六，15）。标本ⅣT0201②b：1，陶片，夹砂灰陶，外表面素面，内表面饰菱形席纹。残高8.04厘米（图五六，16）。标本ⅠT0111②b：5，陶片，夹砂灰陶，肩部贴敷两道附加堆纹。残长6.78厘米，残宽5.37厘米，壁厚0.58厘米（图五六，17）。标本ⅠT0108③a：3，夹砂红陶，外壁饰回纹。残高6.32厘米，残宽

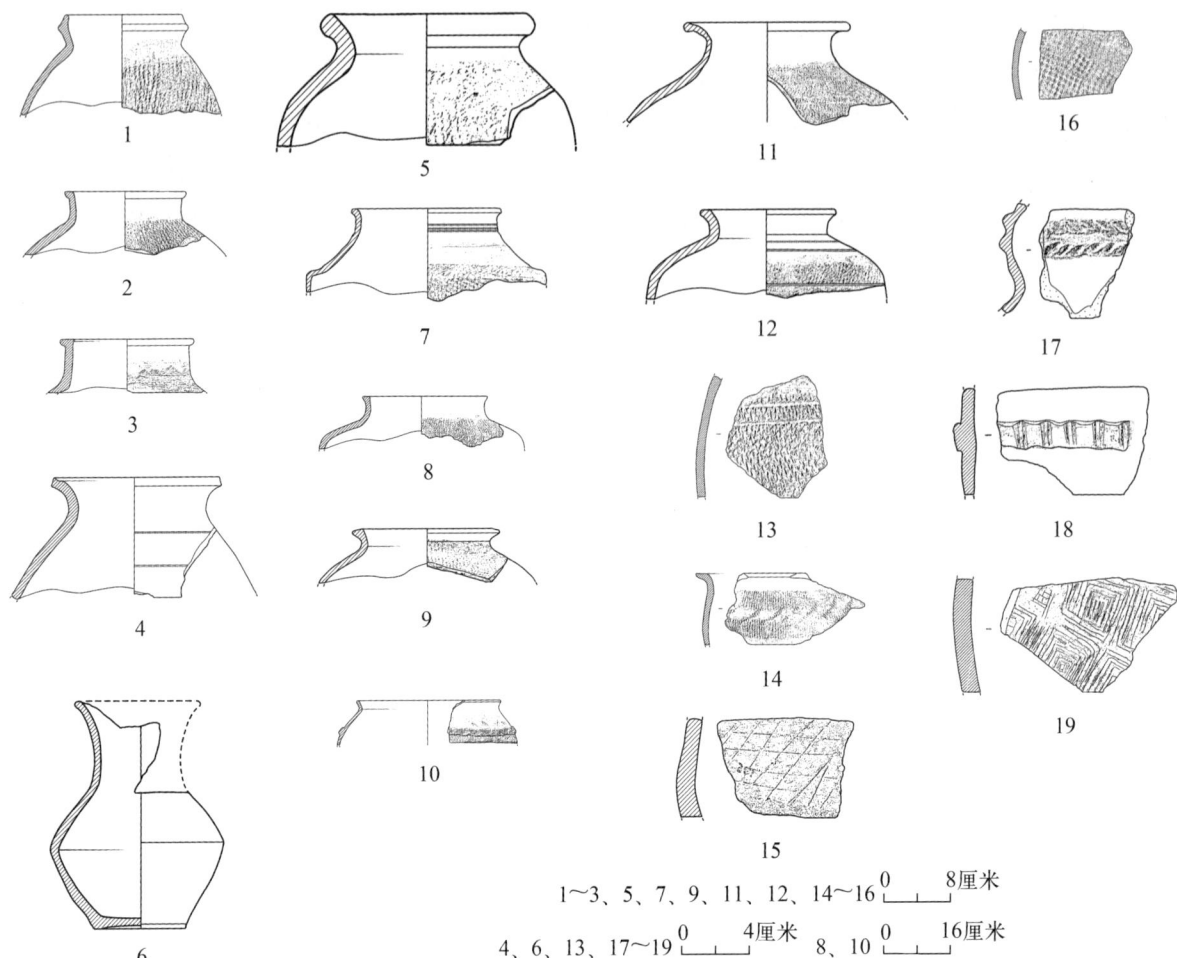

图五六　陶瓮、陶壶、陶片

1. Ⅱ T0111②b∶10　2. Ⅱ T0111③a∶10　3. Ⅱ T0109②b∶7　4. Ⅳ T0206①c∶2　5. Ⅳ T0206①c∶4　6. Ⅰ T0205②b∶9
7. Ⅱ T0111③a∶4　8. Ⅱ T0111③a∶14　9. Ⅱ T0108②b∶15　10. Ⅱ T0208②b∶6　11. Ⅱ T0209②b∶1　12. Ⅱ T0210③∶3
13. Ⅰ T0204⑤∶5　14. Ⅳ T0106①a∶3　15. Ⅳ T0204②b∶1　16. Ⅳ T0201②b∶1　17. Ⅰ T0111②b∶5　18. Ⅰ T0108③a∶3
19. Ⅳ T0201①a∶2

10.44厘米，壁厚0.66厘米（图五六，18）。标本Ⅳ T0201①a∶2陶片，夹砂灰陶，表面饰回纹。残高6.63厘米（图五六，19）。

标本Ⅱ T0111③a∶15，夹砂黑陶，其上贴敷两道附加堆纹，以下见两条竖向条纹。残长10厘米（图五七，1）。标本Ⅱ T0111③a∶16，其表面饰回字形纹。残长9.32厘米（图五七，2）。标本Ⅱ T0111⑤∶4，表面饰不规则绳纹，另贴敷三道附加堆纹。残长9.91厘米（图五七，3）。标本Ⅱ T0111⑤∶6，表面贴敷两道附加堆纹，下部饰多道浅凹弦纹。残高12.19厘米（图五七，4）。标本Ⅱ T0208①a∶2，夹砂红陶，器表面饰竖向细绳纹，另贴敷一周附加堆纹。残长12.93厘米（图五七，5）。标本Ⅱ T0208②b∶11，夹砂红陶，表面饰竖向绳纹，且贴敷一道附加堆纹。残长8.39厘米（图五七，6）。标本Ⅱ T0208②b∶15，夹砂黑陶，上部两道凹弦纹间饰大锯齿纹，下部饰竖向绳纹，另见一道凹弦纹。残长19.75厘米（图五七，7）。标本Ⅱ T0208③∶2，夹砂红陶，表面饰波浪纹。残长9.43厘米(图五七,8)。标本ⅡT0209①:1,夹砂红陶,中部贴敷一道附加堆纹,附加堆纹呈菱形席纹状,余饰绳纹。残长8.28厘米(图五七,9)。标本ⅡT0210③:1,夹砂灰陶,上部素面,下饰绳纹。残长7.04厘米(图五七,10)。标本ⅡT0209③:2,泥质红陶,表面饰斜绳纹,并按压五道凹弦纹。残长11.97厘米(图五七,11)。标本ⅡT0211②b:2,夹砂灰陶,上部绳纹抹平,中间一周附加堆纹,以下饰竖向绳纹并贴敷一条竖向附加堆纹。残长10.49厘米(图五七,12)。标本ⅡT0211②b:7,夹砂灰陶,表面饰叶脉纹。残长10.56厘米(图五七,13)。标本ⅠT0204⑤:3,夹砂灰陶,曲折纹。残长12.63厘米。标本ⅡT0211③:3,夹砂红陶,上部饰凹弦纹,中间饰一道凸弦纹,以下饰竖向绳纹。残长13.11厘米(图五七,14)。标本ⅡT0109⑤:1,夹

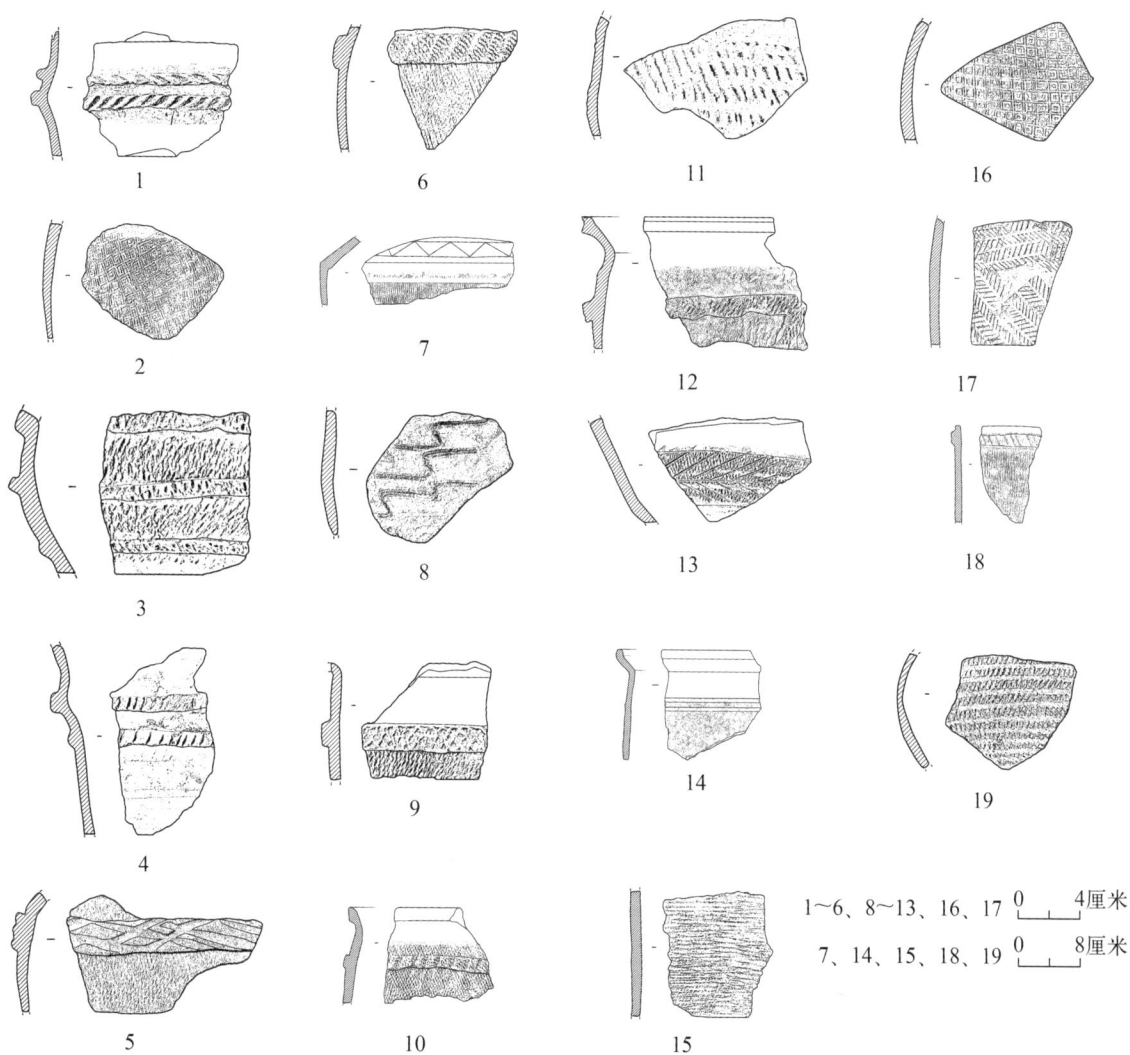

图五七　带纹陶片

1. ⅡT0111③a:15　2. ⅡT0111③a:16　3. ⅡT0111⑤:4　4. ⅡT0111⑤:6　5. ⅡT0208①a:2　6. ⅡT0208②b:11
7. ⅡT0208②b:15　8. ⅡT0208③:2　9. ⅡT0209①:1　10. ⅡT0209③:1　11. ⅡT0209③:2　12. ⅡT0211②b:2
13. ⅡT0211②b:7　14. ⅡT0211③:3　15. ⅡT0109⑤:1　16. ⅡT0109②b:15　17. ⅡT0111③a:47
18. ⅡT0109②b:5　19. ⅡT0210③:4

砂红陶，数道粗弦纹。残长14.4厘米（图五七，15）。标本ⅡT0109②b：15，夹砂灰陶，回字形纹饰。残长10.16厘米（图五七，16）。标本ⅡT0111③a：47，泥质灰陶，表面饰戳印纹（树叶纹）。残长6.49厘米（图五七，17）。标本ⅡT0109②b：5，夹砂红陶，饰竖向粗绳纹，并见多道浅凹弦纹。残高12.15厘米，残宽8.74厘米，厚0.92厘米（图五七，18）。标本ⅡT0210③：4，夹砂灰陶，表面饰斜绳纹，并规律按压多道浅凹弦纹。残长17.4厘米（图五七，19）。

其他陶器标本　18件。包括杯、钵、簋、盆、盘、纺轮、网坠、器流、壶把。

杯　2件。标本ⅡT0208⑤：3，夹砂红陶，圆柱状，平底，素面。底径5.66厘米，残高7.43厘米（图五八，7）。标本ⅡT0210②b：1，泥质灰陶，圆柱状，圆唇，直口，平底。口径4.07厘米，腹径6.65厘米，高5.49厘米，唇厚1.18厘米。

钵　1件。标本ⅡT0208②b：2，夹砂黑陶，方唇，敛口微内折，器表饰绳纹，口沿下绳纹抹平，平底微凹。口径12.38厘米，底径6.33厘米，高7.09厘米。

簋　2件。标本ⅡT0110③a：3，泥质灰陶，浅腹，折沿微外卷，圈足较高，圆唇，素面，圈足饰一道凹弦纹。口径14.64厘米，底径11.69厘米，高14.91厘米。标本ⅡT0109②b：1，泥质灰陶，方唇，柄及圈足残，肩部饰两道较宽凹弦纹，腹部饰斜绳纹，交叉按压呈菱纹状，柄表面竖向绳纹局部抹平。口径20厘米，残高14.8厘米。

盆　5件。标本ⅠT0205②b：1，泥质黑陶，圆唇，敞口，卷沿，素面。口径48厘米，残高10.9厘米，唇厚1.01厘米，壁厚0.76厘米。标本ⅡT0109②b：5，夹砂灰陶，侈口，方唇，口沿下素面，肩部贴敷一周附加堆纹，腹部饰竖向绳纹。残高16.51厘米，唇厚0.75厘米，壁厚1.1厘米。标本ⅡT0109⑤：5，夹砂红陶，圆唇，侈口，折沿，立领，肩部饰两道凸弦纹。口径32厘米，残高7.86厘米，唇厚1.26厘米，壁厚1.09厘米。标本ⅡT0110⑤：4，夹砂红陶，圆唇，侈口，口沿下素面抹平，肩部两道凸弦纹间饰波浪纹。残高14.5厘米，唇厚0.62厘米，壁厚0.91厘米。标本ⅣT0107②b：1，夹砂黑陶，圆唇，侈口，卷沿，口沿下绳纹抹平，肩部贴敷两周附加堆纹，以下为竖向绳纹。残高13.14厘米，唇厚1.75厘米，壁厚1.03厘米。

三足盘　1件。标本ⅠT0110③a：7，夹砂灰陶，盘呈直筒状，直壁，平底，素面，足成圆锥状实足。盘径6.76厘米，足径0.65～1.8厘米，足高4.39厘米，通高6.96厘米，壁厚0.5厘米。

纺轮　4件。均系圆饼状，上下平直，中部为一圆形穿孔，器表光滑，素面。标本ⅠT0110③a：21，泥质灰陶。直径5.83厘米，孔径1.24厘米，厚1.35厘米（图五八，6）。标本ⅡT0109②b：4，泥质灰陶。直径5.85厘米，孔径1.14厘米，厚1.34厘米。标本ⅡT0110②b：2，泥质灰陶，直径4.08厘米，孔径0.68厘米，厚1.71厘米。标本ⅡT0110③a：4，泥质黑陶，直径5.96厘米，厚1.35厘米。

网坠　1件。标本ⅡT0111③a：2，泥质红陶，圆球状，两侧均有凹槽（两道横槽，一道竖槽），素面。直径2.66厘米。

器流　1件。标本ⅠT0203④：7，泥质黑陶，素面，圆柱状，空心。外径3.11厘米，内径1.52厘米，残长11.37厘米。

壶把　1件。标本ⅡT0111②b：16，夹砂红陶，扁宽把。柄宽2.92厘米，残高8.23厘米。

（二）骨角器、蚌器

鹿角　6件。灰色，表面光滑，上部稍弧。标本ⅡT0108②：1，长26.18厘米，宽径2.67厘米。标本ⅡT0108②：3，残长19.28厘米，宽径3.46厘米。标本ⅡT0109②b：2，残长9.06厘米。标本ⅡT0109②b：3，长15.99厘米。标本ⅡT0110③a：1，长40.57厘米。标本ⅡT0110③a：2，长19.5厘米。

蚌器　1件。标本ⅠT0109②b：4，呈白色，螺旋纹，内光泽鲜亮。长8.9厘米，宽5.46厘米，厚0.91厘米。

（三）石器

包括石锛、石钺、石铲、石凿、石镞等。

石锛　3件。标本ⅠT0204⑤：6，灰色花岗岩磨制而成，长条形，形制规整，单刃平面，上端斜平。残长6.31厘米，宽4.93厘米（图五八，2）。标本ⅣT0106①a：6，灰色花岗岩磨制而成，长条形，双面弧刃。残长7.18厘米，厚3.47厘米，刃宽3.51厘米（图五八，5）。标本ⅡT0208⑤：1，青灰色花岗岩，扁平状，平面呈长方形，顶磨平，双面直刃，刃略残，通体较平整。长7.19厘米，宽2.91厘米，厚2.85厘米。

石钺　1件。标本ⅡT0211③：1，青灰色花岗岩，扁平状，平面呈长方形，顶磨平，双面弧刃，刃略残，通体较平整，中部有一穿孔，两侧孔径不一致。长10.45厘米，宽7.49厘米，厚1.16厘米，孔径1.15～1.65厘米。

石铲　1件。标本ⅡT0108③：1，浅灰色，磨制而成，扁平状，平面呈长方形，双面直刃，通体较平整。长8.5厘米，宽5.8厘米，厚2.33厘米。

石凿　1件。标本ⅡT0111③a：3，青灰色花岗岩磨制而成，长条形，平顶，中部偏上有段，双面直刃，通体磨光，前端残，局部可见疤痕，顶略残。长8.92厘米，宽4.37厘米，厚2.76厘米。

石镞　2件。标本ⅡT0111③a：4，灰色花岗岩磨制而成，尖端呈三角锥状，略残，截面略呈菱形，两侧直刃较锋利，器表磨制平整、光滑，尾端残。残长5.58厘米，宽约1.98厘米，厚约0.69厘米。标本ⅡT0208②b：3，青灰色花岗岩磨制而成，尖端呈三角锥状，残，截面略呈菱形，三侧直刃较锋利，器表磨制平整、光滑，尾端呈圆柱状。残长8.79厘米，宽约1.33厘米，厚约0.82厘米。

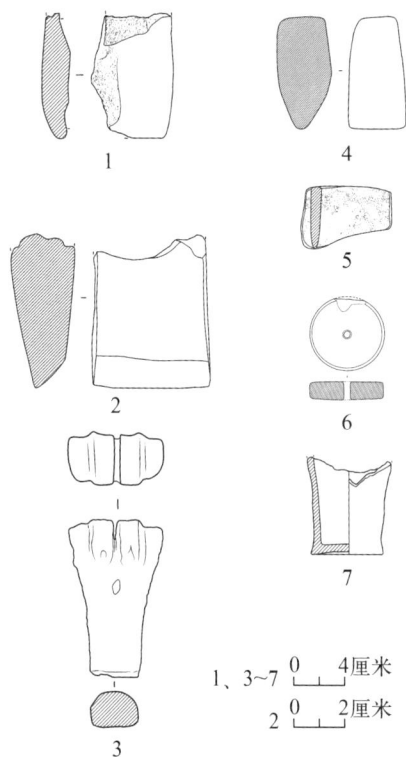

图五八　其他标本

1、4. 石器（ⅠT0109⑤：4、ⅣT0204②b：4）
2、5. 石锛（ⅠT0204⑤：6、ⅣT0106①a：6）
3. 骨化石（ⅡT0208②b：24）　6. 陶纺轮
（ⅠT0110③a：21）　7. 陶杯（ⅡT0208⑤：3）

石范 1件。标本ⅡT0209②b：1，青灰色花岗岩磨制而成，平面呈梯形，一角残，侧面平整，内表面有斜向凹槽。长16.35厘米，宽7.45厘米（凹槽深0.71～1.65厘米）。

其他石器 2件。标本ⅠT0109⑤：4，人工打磨，素面。残长9.49厘米，残宽6.37厘米，残厚2.22厘米（图五八，1）。标本ⅣT0204②b：4，灰色花岗岩磨制而成。残长8.53厘米（图五八，4）。

骨化石 1件。标本ⅡT0208②b：24，呈灰色。残长12.03厘米（图五八，3）。

（四）铜器

铜爵 1件。标本ⅡT0211②b：1，口呈椭圆形，残，窄流高翘，长流，束腰，鼓腹，腰部饰两道凸弦纹，腰腹部见一扁平状环耳把，三锥足，短尖足外撇，圜底。高13.31厘米，流长6.17厘米，流宽1.05～1.84厘米，足高5.53厘米（彩版一九，6）。

五、文化特征与文化因素分析

根据地层关系、地层与遗迹单位中出土遗物的特点，大体上可将本次发掘的文化遗存分为两期。

第一期包括第④、⑤层，主要遗迹单位有灰坑4个（H9、H10、H24、H25）、灰沟1处（G1），出土遗物多见于地层中，且数量不多，灰坑内未见出土完整遗物，多为陶器残片、红烧土颗粒及炭屑。一期以陶器为大宗，陶质以夹砂灰陶为主，夹砂红陶略少于夹砂灰陶；纹饰有绳纹、弦纹、附加堆纹、菱形纹、刻划纹、指窝纹等，以绳纹为主，素面陶次之；器形有鼎、鬲、罐、盆、豆、瓮等，以鬲数量居多。陶器以鼓腹鼎、斜折沿高裆鬲、高领深腹鬲、斜腹折肩瓮、双耳盆、高柄豆等为代表。该期出土的鼎足ⅡT0110⑤：6、ⅡT0111⑤：8、ⅡT0111⑤：9，扁柱状实足、足身上端外侧见按压窝纹等特点，多见于中原地区夏商文化遗存。该期陶鬲ⅡT0209⑤：1、ⅡT0211⑤：2，侈口、高领、方唇、粗绳纹，多见于中原地区商文化遗址中，且与枞阳汤家墩遗址出土的陶鬲AⅡ式T5⑥：10相近；陶鬲ⅡT0110⑤：5、ⅡT0111⑤：7，短斜折沿、微有颈的特点与枞阳汤家墩遗址出土的陶鬲AⅣ式T7④：31相似，简报称该遗址为商代遗址。由此，推断第一期的年代为商代晚期或西周早期。

第二期包括第①～③层，主要遗迹单位有墓葬19座、灰坑19个。墓葬中出土有陶豆、陶罐等完整或可修复完整的陶器，但数量很少。地层和灰坑中仍多为陶器残片、红烧土颗粒及炭屑，但数量和器类大大增多。二期夹砂红陶略多于黑陶。纹饰方面，绳纹所占比例更大，素面陶比例减少，印纹陶数量明显增加。典型器物有短折沿鬲、素面折肩鬲、卷沿鼓腹折肩罐、宽平沿敛口豆、高柄深腹簋、敛口弧腹钵等，出现了极具江淮地区西周时期典型风格的单把、束颈、圆鼓腹陶鬲（如ⅡT0111③a：1、ⅡT0210③a：2），以及群舒文化典型陶器甗形盉的羊角状把手，宽扁形盉把上卷翘起，与庐江大神墩西周晚期文化遗址同类器T332③：1相似，且此类器形在江淮地区的许多古文化遗址中都有发现，如潜山薛家岗遗址、六安堰墩遗址、霍邱堰台遗址等。该期出土的粗柄陶豆在丰镐地区的墓葬中常见，属于周人传统文化因素。深弧腹、高圈足陶簋

（ⅡT0209②b：1），与1967年发掘的西周初年成康时期的张家坡M16、M72同类簋的圈足更为接近。墓葬中出土的器物小口折肩素面罐（M10：1、M17：1、M18：1）多见于中原地区张家坡西周墓葬1、2段的M190、M145中；器体近方、空锥足、弧裆陶鬲（M17：2），在丰镐地区的居址或墓葬中亦常见，为周文化典型器物之一。

　　另外，此期发现墓葬的结构、葬式等大致具有以下几个共同特点：集中出现于遗址东部区域，基本呈西北—东南方向排列；墓葬的时代为西周中晚期或西周晚期；墓葬形制均为竖穴直壁土圹单室墓，墓穴呈东西向，尸体多呈头东脚西仰身直肢式入葬，以死者面朝北方者居多；大部分无随葬品，仅有4座墓葬中随葬有包括陶罐、陶鬲、陶豆等在内的生活用品，贫富差距不明显；墓主以成年人为主，少见儿童（仅见4座，如位于ⅣT0107东南部、西北部和南部的M14、M15、M16及位于ⅡT0207东南部的M19）；葬者多系正常死亡，某些墓主存在颈椎处有疑似铜镞（腐朽严重）嵌入的现象（如位于ⅣT0201东南部的M8，墓主似为外力所伤而亡）；部分墓葬集中成片排列，时间跨度较长，推测其墓主应属于同一族群，墓地当属家族墓地，如位于ⅠT0201的M1～M6（图五九）。同时，这些墓葬皆为长方形竖穴土坑墓，多分布在台地边缘地带的特点，与六安市堰墩遗址、含山大城墩遗址等发现的墓葬有很大的相似：多数有人骨架保存；葬式多为仰身直肢，也有俯身直肢；墓主有成年人，也有未成年人；存在非正常死亡埋葬的现象；多数墓葬内没有发现随葬品，仅在M10、M12、M17和M18四座墓葬中发现有随葬品，且仅是陶豆、陶罐之类的常见器

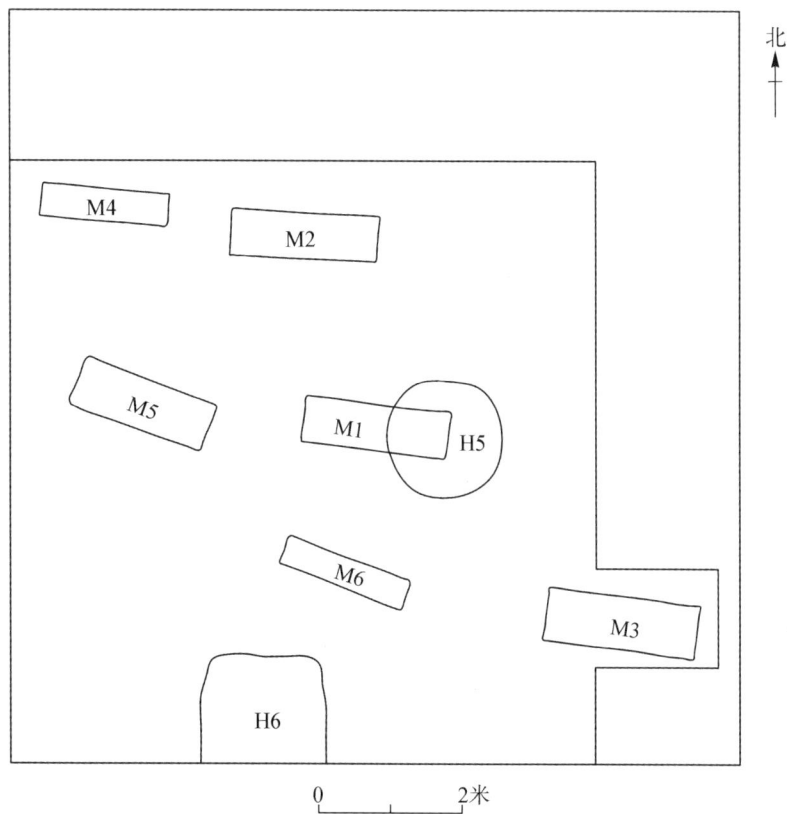

图五九　ⅠT0201M1～M6平面分布图

物,不存在等级上的差异。而且,墓主多头向东,也与六安堰墩遗址、霍邱堰台遗址等江淮地区周代遗址中墓主多头东脚西的现象一致。

从总体上观察,两期文化遗存之间虽存在一定区别,但仍有较多的共性,时代上应是紧密衔接、连续发展的,初步判断其年代从商代晚期延续到西周晚期。从文化面貌看,遗址出土的陶器构成因素较为复杂,如折沿、鼓腹、绳纹鬲具有中原文化风格,这类因素所占比例较多;而折肩鬲、红褐陶鬲以及带把器与霍邱堰台等江淮地区遗址出土陶器风格一致;此外还有少量以印纹陶为代表的东南文化系统遗物。该遗址文化面貌以中原文化因素为主,具有本地特征的江淮地区文化特色属于次要文化因素。

六、结　　语

枣树棵遗址文化堆积较为简单,但出土遗物比较丰富,属于安徽江淮地区一处面积不大、延续时间较长的墩台类古代聚落遗址。此次发掘所发现的遗迹和出土遗物,可以从侧面反映出安徽江淮南部地区多数西周文化遗址并非属于淮夷文化。这为安徽江淮地区众多墩台类遗址的文化特征、年代及性质研究,提供了十分重要的实物资料,具有较为重要的学术研究价值。同时,此次发掘的19座墓葬揭示出西周中晚期该地区出现了明显的墓葬集中分布区(抑或是家族墓葬区),对于研究该地区西周时期墓葬文化提供了难得的资料。

附记:

本次发掘领队为王山,参加发掘的人员有张义中、吕亚歌、张景卫、李瑞等;整理工作由届红国、李秋展、杨茜完成;关红锋绘制了大部分插图;照片由祝志锋拍摄。张义中从遗址发掘到资料整理工作的各个方面给予了指导。

执　　笔:王　山

参考资料:

[1] 中国社会科学院考古研究所编著,张长寿、殷玮璋主编:《中国考古学·夏商卷》,中国社会科学出版社,2004年。

[2] 中国社会科学院考古研究所编著,张长寿、殷玮璋主编:《中国考古学·两周卷》,中国社会科学出版社,2004年。

[3] 故宫博物院编,杨晶主编:《中国陶鬲谱系研究》,故宫出版社,2014年。

[4] 安徽省文物考古研究所编著:《霍邱堰台:淮河流域周代聚落发掘报告》,科学出版社,2013年。

[5] 安徽省文物考古研究所编著:《潜山薛家岗》,文物出版社,2004年。

[6] 安徽省地方志编纂委员会编:《安徽省志·文物志》,方志出版社,1998年。

[7] 唐宁:《安徽江淮地区西周考古学文化研究》,山东大学硕士学位论文,2011年。

[8] 王峰:《淮河流域周代文化遗存研究》,安徽大学博士学位论文,2011年。

[9] 王庆光:《群舒文化比较研究》,安徽大学硕士学位论文,2015年。

［10］ 程浩：《庐江大神墩遗址发掘简报》，《江汉考古》2006年第2期。

［11］ 黎海超：《安徽铜陵夏家墩、神墩遗址发掘简报》，《江汉考古》2015年第6期。

［12］ 周崇云：《安徽江淮地区商代遗存初步分析》，《江淮论坛》2012年第4期。

［13］ 宫希成：《夏商时期安徽江淮地区的考古学文化》，《东南文化》1991年第2期。

［14］ 宫希成：《安徽枞阳县汤家墩遗址发掘简报》，《中原文物》2004年第4期。

［15］ 朱辞：《江淮地区群舒陶器遗存初步研究》，安徽大学硕士学位论文，2013年。

［16］ 宫希成：《安徽淮河流域西周时期文化试析》，《东南文化》1999年第5期。

［17］ 刘宝爱、啸鸣：《宝鸡市博物馆收藏的陶鬲》，《文物》1989年第5期。

肥西瓦屋郢遗址发掘简报

吉林大学边疆考古研究中心　安徽省文物考古研究所

　　瓦屋郢遗址位于安徽省合肥市肥西县西北部的高店乡长镇村以北与长东村瓦屋郢自然村交界一带,由四个墩台类主体遗迹及一片遗物散布地组成(图一)。

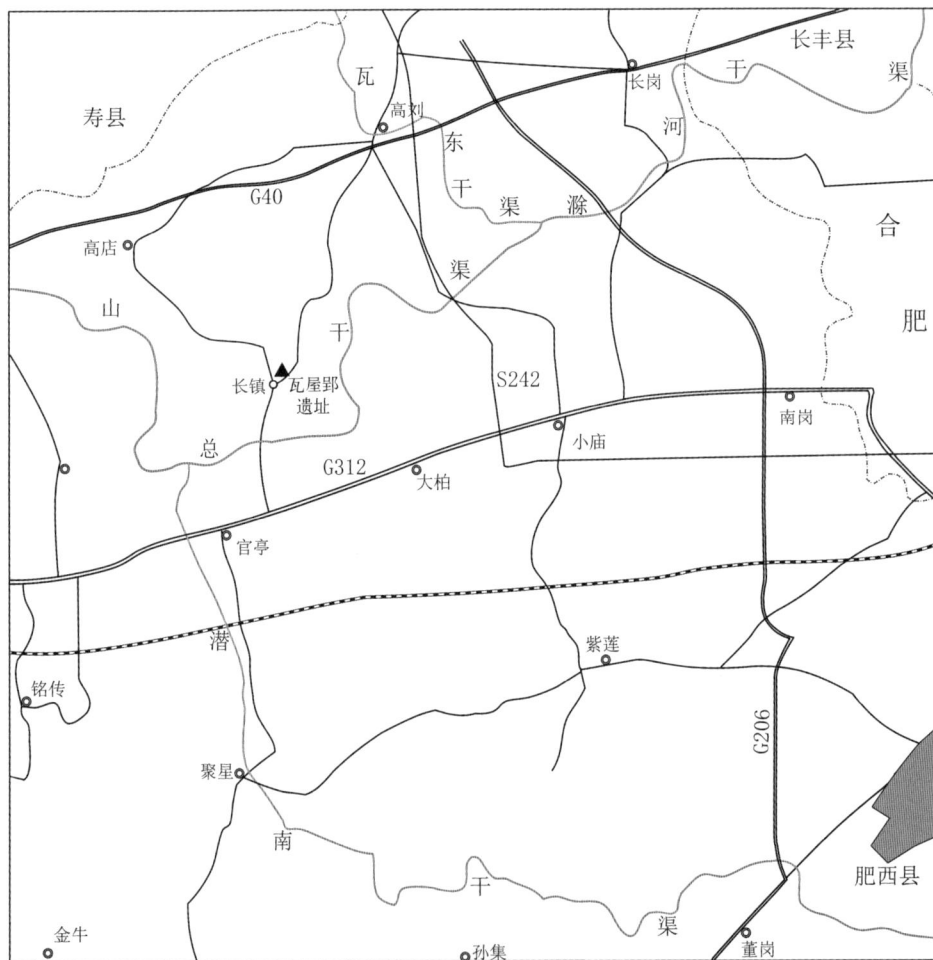

图一　瓦屋郢遗址地理位置示意图

从自然地理环境看,瓦屋郢遗址位于江淮分水岭北侧,沟通淮河两大支流淠河与滁河的山总干渠分叉小河流经遗址的3号墩、4号墩,遗址周边地势开阔,基本为平原到低矮丘陵过渡的地形,现主要种植水稻及其他一些经济作物。按照引江济淮水利工程的整体规划,新凿江淮沟通河道将由南向北穿过瓦屋郢遗址的3号墩与4号墩,并在1号墩、2号墩及周边区域堆土作业。

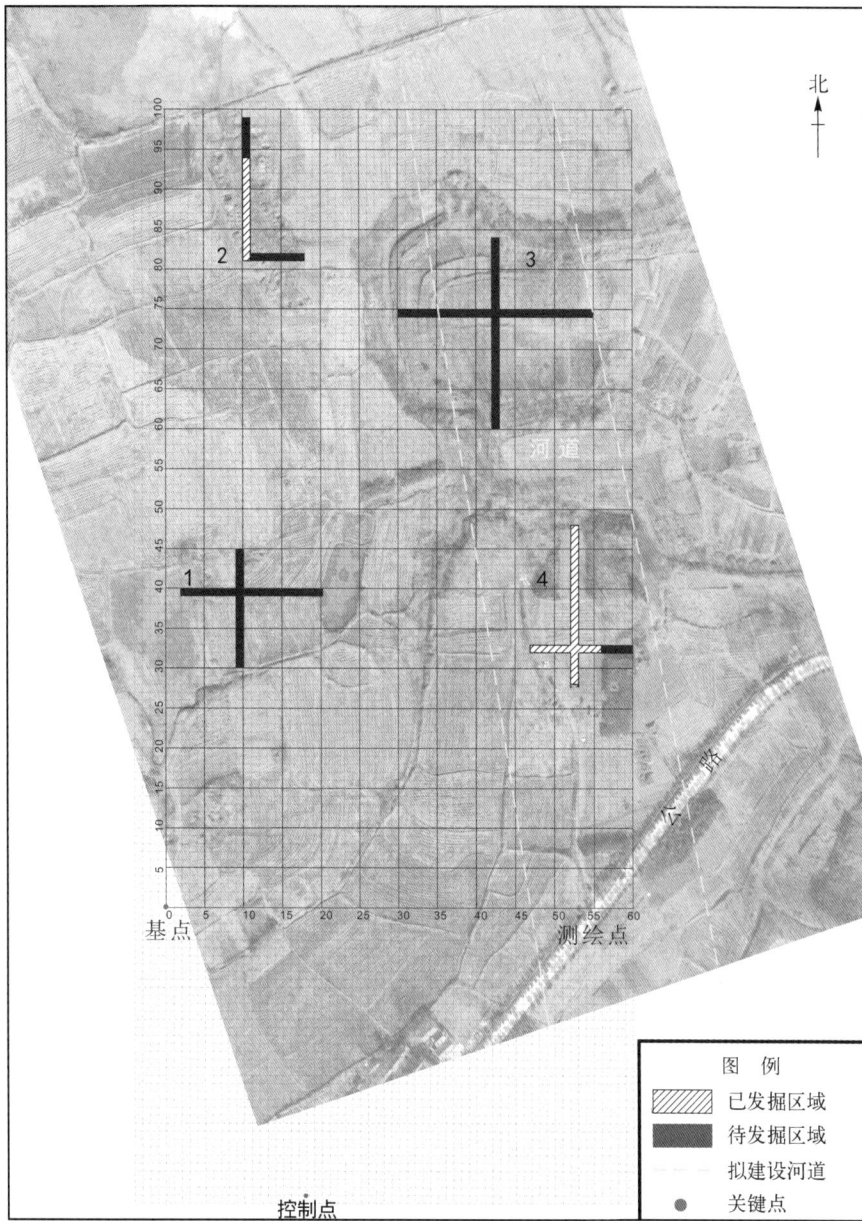

图二 瓦屋郢遗址布方示意图

2019年2月至7月,受安徽省文物考古研究所委托,吉林大学边疆考古研究中心联合安徽省肥西县文管所、中古文物保护集团有限公司等单位组成联合考古队,对该遗址(集中于2号墩、4号墩)进行了田野考古发掘,现将发掘情况简报如下:

一、布方发掘

参考委托方前期提供的勘探调查成果,该遗址东西宽约200米,南北长约400米,整体面积约为80 000平方米。联合考古队在遗址西南角设置布方基点,在不受水利工程影响的乡村道路一侧移站设置多处测绘控制点,并在布方基点以北、以东方向,对整个遗址按照5米×5米进行理论布方,共布设探方6 000个,总面积150 000平方米,覆盖前期勘探的遗址范围(图二)。

本次田野考古发掘严格遵守国家文物局颁布的《田野考古工作规程(2009年)》,并结合委托方的委托协议,选择遗迹相对丰富、地表散布遗物较多的2号墩与4号墩进行集中清理。其中2号墩选择"1"字形由南向北布设的13个探方,4号墩选择"十"字形交叉布设的28个探方进行田野考古发掘,另在4号墩因清理墓葬需要扩方1平方米,总计发掘面积为1 026平方米。两处墩台共确认灰坑144处、灰沟2条、疑似房基1处(含柱洞6处)、围埝1处、墓葬3座。出土陶器、石器、青铜器、骨角器以及大量陶片等,此外,遗址中出土的动物骨骼与植物遗存都已经系统采集,相关报告将另文发表。

二、主要收获

(一)地层堆积

瓦屋郢遗址2号墩与4号墩堆积情况略有差别,2号墩的堆积相对丰富一些,遗迹相对较少;4号墩的堆积相对简单,但遗迹种类与数量均很丰富。

2号墩共分8层(图三)。

第①层:灰褐色土层,土质疏松,含有大量的植物根系,层厚0.1~0.25米,为现代耕土层。

第②层:黄褐色土层,土质黏硬,出土零星陶片、石器等遗物,层表距地表0.15~0.75米,厚0.3~0.5米。

第③层:不连续分布,不同位置土质土色以及厚度略有区别,可分为三小层。第③a层:黄褐色土层,颗粒较大,土质较硬,包含物有砖块等,层表距地表0.1~0.2米,厚0.2~1.4米。第③b层:黑褐色土层,颗粒较大,土质黏硬,层表距地表0.3~0.95米,厚0.4~0.8米,分布于探方的

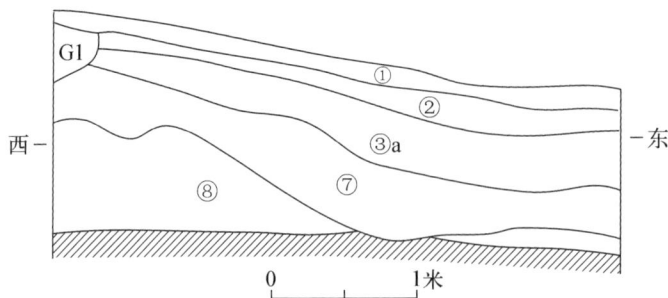

图三　2号墩局部剖面图

北部，未见包含物。第③c层：黄褐色土层，含水量较大，土质黏硬，层表距地表0.75～1.1米，厚0.4～0.8米，未见包含物。

第④层：棕褐色土层，含水量较大，土质黏硬，层表距地表0.5～1.8米，厚0.1～0.6米，出土陶片等零星遗物。

第⑤层：红褐色土层，土质稍硬，分布于全探方，层表距地表1.1～1.9米，厚0.15～0.5米，不见包含物，零星可见烧土粒。

第⑥层：黄褐色土层，土质软，层表距地表0.6～1.8米，厚0.1～0.4米，不见包含物。

第⑦层：红褐色土层，土质稍硬，层表距地表1～2米，厚0.15～1米，不见包含物。

第⑧层：黄褐色土层，土质较硬，相对较纯，层表距地表1.5～2.3米，厚0.15～1.2米，不见包含物。

第⑧层下为生土。

4号墩共分2层（图四）。

第①层：灰褐色土层，土质疏松，含有大量植物根系，厚0.1～0.25米，为现代耕土层。

第②层：黄褐色土层，土质黏硬，层表距地表0.15～0.45米，厚0.3～0.7米，出土有陶器、石器等。

第②层以下为生土。

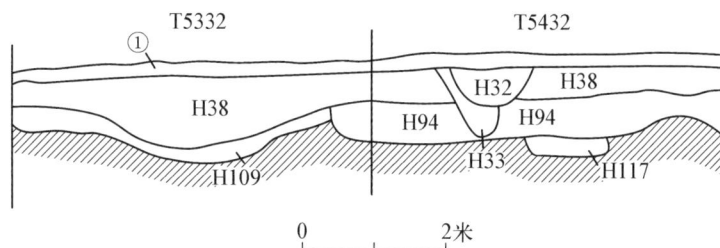

图四　4号墩局部剖面图

（二）主要遗迹

灰坑　144处。平面形态大部分为圆形或椭圆形，也有一些灰坑开口不规则，似为依地势形成的垃圾倾倒场所。

H10　圆形灰坑。位于4号墩中部，T5243西北部。开口于第①层下，打破H15。平面呈圆形，直壁略内倾，底部相对平坦，坑壁及坑底人工痕迹不明显。坑口距现地表0.1～0.15米，直径约0.8米，深0.4～0.42米。坑内堆积相对单纯，为灰褐色填土，土质较硬。出土有各类陶片，可见少量烧土块，并在该灰坑采集有草木灰等（图五）。

H12　推测可能为圆形灰坑。位于4号墩中部偏北为主，T5237北部。开口于第①层下，叠压在H15等灰坑之上，东西局部位于待发掘区域。受发掘区域所限，平面整体形态不明，从揭露的弧线推测，应为圆形灰坑。开口距地表深约0.1～0.15米，东西残宽5米，南北残长1.78米，深约

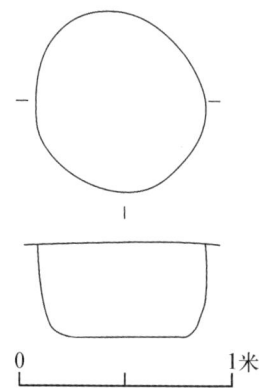

图五　H10平、剖面图

0.82～1.28米。填土灰褐色,较硬,出土有陶片、石器等,偶见烧土颗粒(图六)。

H32 椭圆形灰坑。位于4号墩东部,开口于第①层下,叠压在H33之上,北部局部位于待发掘区域。发掘部分坑口平面基本呈椭圆形,开口距地表0～0.15米,南北残长2.2米,东西宽1.2米,深约0.5～0.54米。填土为灰褐色,较黏软,出土有陶器,并可见大量烧土块(已提取)(图七)。

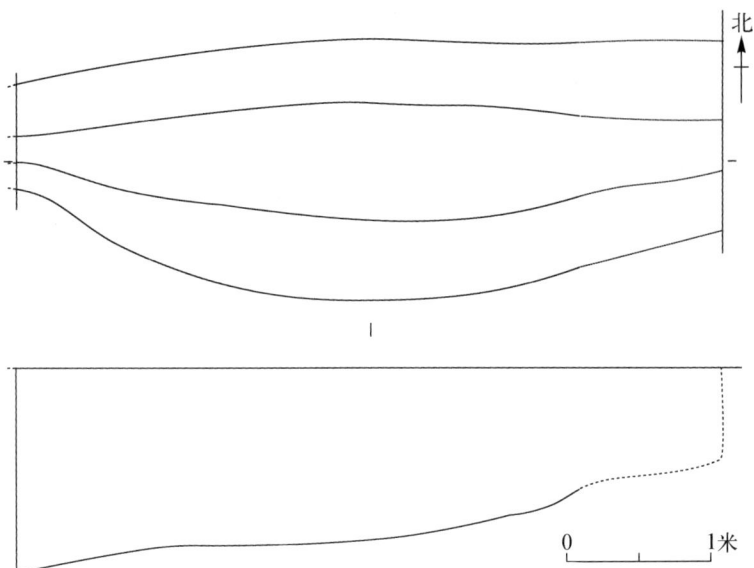

图六　H12平、剖面图

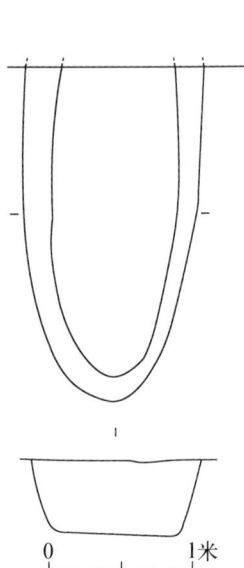

图七　H32平、剖面图

H55 椭圆形灰坑。位于4号墩北部,T5241东北部。开口于H15下,打破生土。平面呈椭圆形,直壁略内倾,至坑底为斜坡状。坑壁及坑底人工痕迹不明显。坑口距现地表1.04～1.07米,长径约3.9米,短径约2.5米,深0.3～0.34米。坑内堆积相对单纯,为灰褐色填土,土质较硬。出土有各类陶片,零星可见少量烧土块,并在该灰坑采集有草木灰等(图八)。

H80 圆形灰坑。位于4号墩北部,T5234东南部。开口于H15下,打破生土。平面基本呈圆形,坑壁基本平直,略内倾。坑底相对平坦。坑壁可见人工加工痕迹,相对规整。开口距地表1～1.4米,直径约1.15米,深2.4～2.5米。坑内填土单纯,基本为灰褐色,土质较硬。出土有大量陶片,并偶见红烧土块,夹杂有草木灰颗粒(图九)。

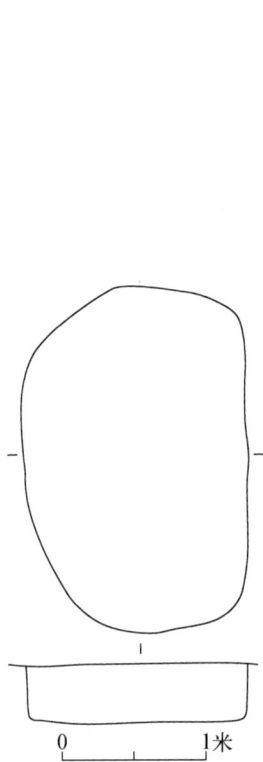

图八　H80平、剖面图

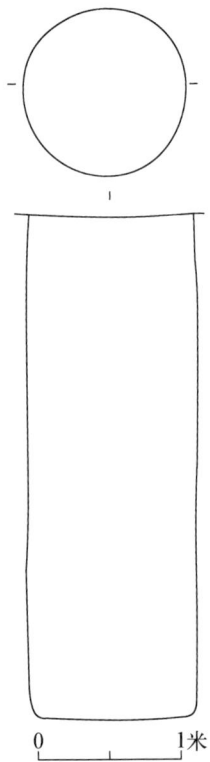

图九　H55平、剖面图

H15 特大型不规则灰坑。位于4号墩中部及北部,T5233～T5243均可见其分布。开口于第①层下,叠压H55、H80等。坑壁斜直不一,大部分区域平直,部分区域呈斜坡状,坑壁及坑底人工痕迹不明显。坑内堆积可分为5层。H15①层为黄褐土,土质较硬,该层含有陶器、烧土颗粒等;H15②层为花土,灰色为主,土质较硬,该层含有陶器、石器、青铜器等;H15③层为灰褐土,土质较硬,含有陶器、石器等;H15④层为黄褐色土,偏褐色,土质较硬,内含陶片、烧土颗粒等;H15⑤层为黄褐色土,逐渐发黄,相对较纯,土质较硬,含有零星陶片等。坑口距现地表0.1～0.15米,南北长58.15米,东西残宽5米(未到边,延伸到待发掘区),深约1～1.3米。

灰沟 1条。G1位于2号墩北部,开口于第①层下,西北—东南走向,开口距地表深0.13～0.2米,长约10米,宽约0.7～0.75米,深约0.53～0.55米。基本不见陶片,零星可见一些草木灰,并混杂有塑料布等现代垃圾,推测为近现代开凿的引流水渠。

房址(疑似) 1座。F1位于4号墩的中部偏南位置,开口于第①层下,西北部被H20、H28打破,东北部被H30、H31打破,南部被H27、H29打破,西部被H23、H26等打破,南北部还延伸到待发掘区域,所以,该房址的平面形态暂不可确认。推测该遗迹可能为房址是因为发现了6个成排分布的柱洞(Z1～Z6),相对规整,6个柱洞平面形态近圆形,直径0.36～0.54米不等,残深0.16～0.24米不等,洞底相对平整,较硬,洞内未见包含物,洞壁未见明显人工加工痕迹。但由于受发掘条件制约,该遗迹并未全部揭露,是否还有柱洞或其他设施暂不清楚,另考虑到该遗迹局部可见踩踏面,因此推测其可能为房址。该遗迹开口距地表深0.4～0.45米,底部距地表深0.6～0.85米,残长9.35米,残宽5米。房内堆积大致分两层,F1①层为灰褐花土,土质一般,偶见零星陶片,相对较薄;F1②层为黄褐花土,土质较硬,可见零星草木灰,未见包含物,相对较厚。②层下为生土(图一〇)。

墓葬 3座(2号墩M2,4号墩M1、M3)。均为附近村民所告知的近现代已迁墓葬,因其不在本次田野考古发掘范围内,只做一般性清理记录,不做详细报告。

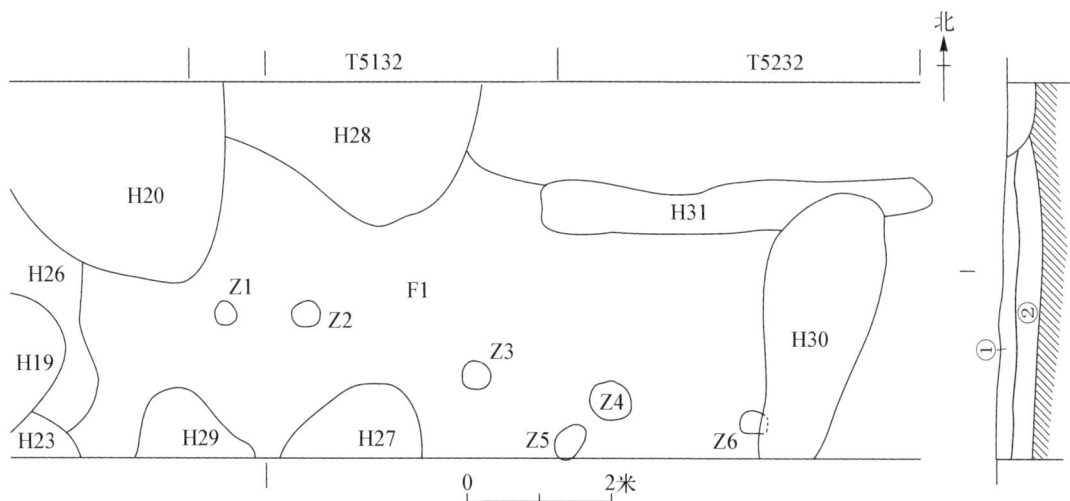

图一〇 F1平、剖面图

（三）出土遗物

瓦屋郢遗址出土遗物较多,但大多为陶片,可复原的陶器及标本并不多。我们采用重要遗迹的全部出土遗物与全部遗迹的重要出土遗物相结合的方法,力求简洁系统介绍瓦屋郢遗址出土的遗物。

1. H15出土遗物

H15是瓦屋郢遗址规模最大的灰坑,除第⑤层仅出土零星陶片外,其余四层均有大量遗物出土,其中绝大多数为陶器,另有少量的石器与青铜器。

（1）陶器

共计56件。

豆　19件,其中完整器4件、残器1件、豆盘2件、豆柄1件、豆座11件。依豆盘的形状,可大致分为盆形豆与钵形豆两大类。

盆形豆　1件。夹砂陶。方（圆）唇,平沿（或无沿）,敞口,深弧腹,矮粗柄,喇叭形足。H15①:1,腹部饰有一圈凹弦纹。口径20.8、足径15.2、高18.5厘米（图一一,1;彩版二〇,1）。

钵形豆　3件。夹砂陶。圆唇,敛口,浅弧腹,圆柱状柄,喇叭形足。H15①:2,口径13.7、足径9.7、高8.2厘米（图一一,2;彩版二〇,2）。H15①:5,口径15、足径8、高11.2厘米（图一一,3;彩版二〇,3）。H15②:3,口径14.6、足径8、高11.5厘米（图一一,4;彩版二〇,4）。

豆残器　1件。H15②:24,泥质褐陶。豆盘边缘残缺,具体形态不可辨。底径10.5、残高7厘米（图一一,5;彩版二〇,5）。

豆盘　2件。泥质褐陶,应为钵形豆。H15②:6,口径14.5、残高5厘米（图一一,6;彩版二〇,6）。H15②:7,口径20.7、残高2.6厘米（图一一,7;彩版二一,1）。

豆柄　1件。H15②:25,泥质褐陶。略呈柱状。残高14.6厘米（图一一,8;彩版二一,2）。

豆座　11件。H15①:12,足径13.2、残高8.3厘米（图一一,9;彩版二一,3）。H15②:4,足径14.8、残高5.5厘米（图一一,10;彩版二一,4）。H15②:5,足径14、残高6厘米（图一一,11;彩版二一,5）。H15②:13,足径23.6、残高8.8厘米（图一一,12;彩版二一,6）。H15②:21,足径6.3、残高4.2厘米（图一一,13;彩版二二,1）。H15②:22,足径10.6、残高9.2厘米（图一一,14;彩版二二,2）。H15②:26,足径12.8、残高12.7厘米（图一一,15;彩版二二,3）。H15③:7,足径18.6、残高10.9厘米（图一一,16;彩版二二,4）。H15③:11,残高18.8厘米（图一一,17;彩版二二,5）。H15③:12,足径11.6、残高5.4厘米（图一一,18;彩版二二,6）。H15③:13,足径17.8、残高11.4厘米（图一一,19;彩版二三,1）。

钵　5件。泥质陶,依其腹部形态可分为鼓腹钵与斜直腹钵两大类。

鼓腹钵　4件。泥质灰陶。圆唇,敛口,圆鼓腹,平底。H15①:6,近口沿处有三周凹弦纹,底部中央有一圆孔。口径12.5、底径6、孔径0.4、高8.2厘米（图一二,1;彩版二三,2）。H15①:7,口径8.8、底径5.5、高6.9厘米（图一二,2;彩版二三,3）。H15②:2,口径12、底径6.2、高7厘米（图

1、7、12、17、19 ⊢—⊣ 8厘米　　　余 ⊢—⊣ 4厘米

图一一　H15出土遗物

1. 盆形豆(H15①:1)　2~4. 钵形豆(H15①:2、H15①:5、H15②:3)　5. 豆残器(H15②:24)
6、7. 豆盘(H15②:6、H15②:7)　8. 豆柄(H15②:25)　9~19. 豆座(H15①:12、H15②:4、H15②:5、H15②:13、
H15②:21、H15②:22、H15②:26、H15③:7、H15③:11、H15③:12、H15③:13)

一二,3;彩版二三,4)。H15②:19,底部缺失。残口径15厘米(图一二,4;彩版二三,5)。

斜直腹钵　1件。泥质灰陶。圆唇,敛口,斜直腹,平底。H15②:9,口径11.5、底径5.5、高5
厘米(图一二,5;彩版二三,6)。

碗　2件。夹砂陶,依其足部形态可分为圈足碗与假圈足碗两大类。

圈足碗　1件。圆唇,直口,斜直腹,圈足。H15②:10,口径12.4、底径8、高4.3、圈足内高0.3
厘米(图一二,6;彩版二四,1)。

　　假圈足碗　1件。圆唇，敞口（口沿倾斜），斜腹，假圈足。H15①：8，口径11.4、足径5.5、高3.9厘米（图一二，7；彩版二四，2）。

　　罐　1件。泥质青灰陶。圆唇，敞口，束颈，溜肩，斜直腹，平底。腹部以下施有竖向绳纹。H15②：1，口径8.7、底径11.5、高11.5厘米（图一二，8；彩版二四，3）。

　　罐口沿　20件。夹砂陶居多。按照口沿部整体形态，大致区分为敞口平沿、敞口束颈两大类，圆唇、方唇、尖唇、斜唇等唇部形态差异暂且忽略。陶罐器表多施绳纹，竖向居多，稀疏有别，

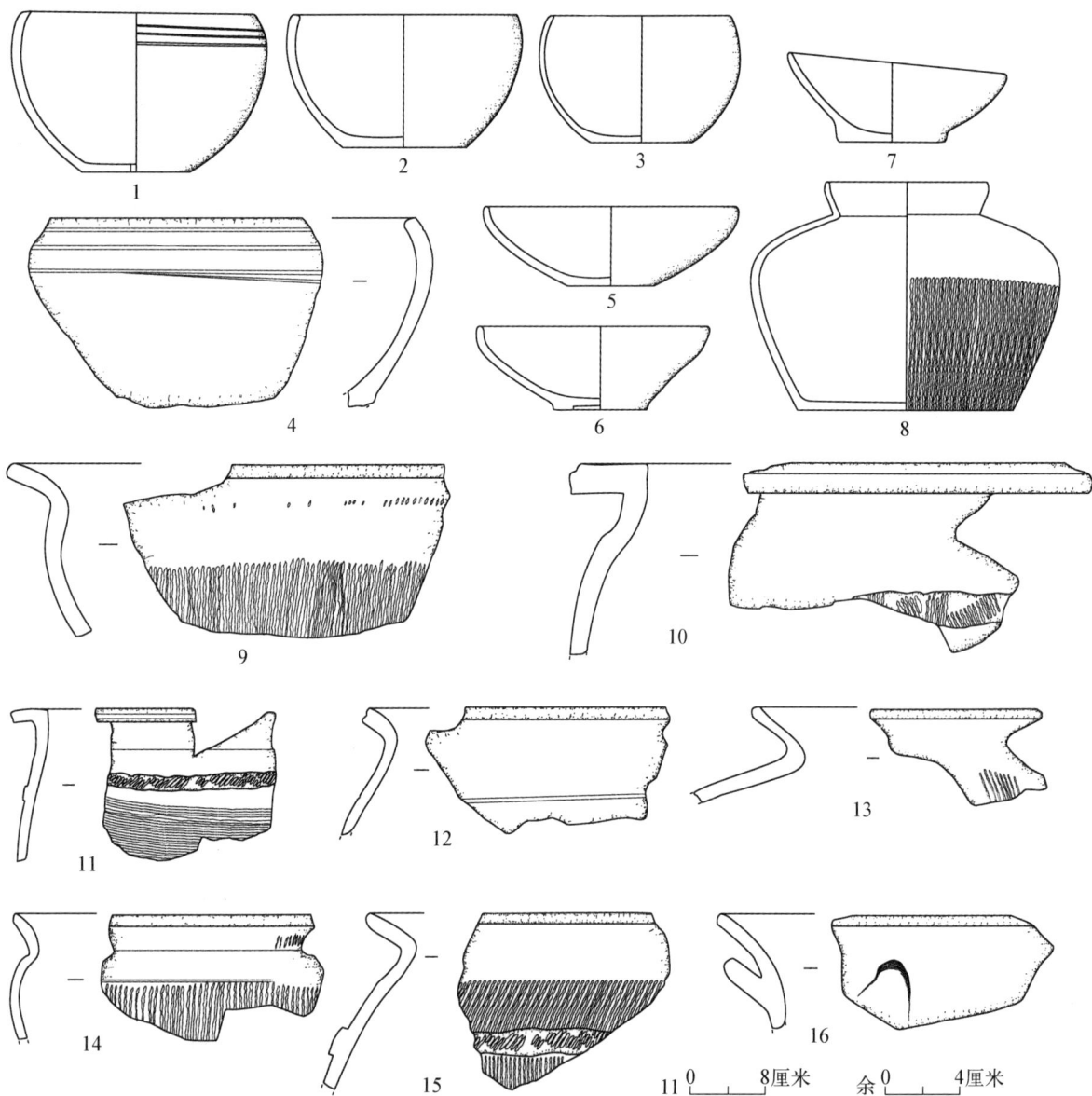

图一二　H15出土遗物

1～4.鼓腹钵（H15①：6、H15①：7、H15②：2、H15②：19）　5.斜直腹钵（H15②：9）　6.圈足碗（H15②：10）
7.假圈足碗（H15①：8）　8.罐（H15②：1）　9～16.罐口沿（H15①：11、H15①：13、H15①：14、H15②：15、
H15②：16、H15②：17、H15②：18、H15②：20）

也暂且忽略。

①层　3件。H15①：11，敞口束颈，残长11厘米（图一二，9；彩版二四，4）。H15①：13、H15①：14，敞口平沿，残长分别为17.5与18厘米（图一二，10、11；彩版二四，5、6）。H15①：14，除施绳纹外，腹部偏上位置还有一圈附加堆纹。

②层　5件。均为敞口束颈形态。纹饰新增弦纹、戳刺纹，部分陶罐出现鋬手、鋬耳等。H15②：15，腹部上方有一道凹弦纹。残长11厘米（图一二，12；彩版二五，1）。H15②：16，残长6厘米（图一二，13；彩版二五，2）。H15②：17，肩部略折。口径约11厘米（图一二，14；彩版二五，3）。H15②：18，腹部上方施有一周附加堆纹。残长9厘米（图一二，15；彩版二五，4）。H15②：20，颈肩部有鋬耳。残长9厘米（图一二，16；彩版二五，5）。

③层　9件。除H15③：2为敞口平沿外，其余均为敞口束颈。H15③：1，腹部竖向绳纹严密。残长8.5厘米（图一三，1；彩版二五，6）。H15③：2，腹部上方有鸡冠状鋬耳。残长3厘米（图一三，2；彩版二六，1）。H15③：3，肩颈部有附加堆纹，表面还施有指甲纹，腹部施有较为稀疏的篮纹。残长12厘米（图一三，3；彩版二六，2）。H15③：4，肩颈部施有稀疏的绳纹。残长6厘米（图一三，4；彩版二六，3）。H15③：5，肩部施有四道凸棱纹。残长11厘米（图一三，5；彩版二六，4）。H15③：6，方唇素面。口径约20厘米（图一三，6；彩版二六，5）。H15③：8，肩部施有凹弦纹。残长7.5厘米（图一三，7；彩版二六，6）。H15③：9，肩部施有一周凸棱纹，其下为绳纹。最大口径8厘米（图一三，8；彩版二七，1）。H15③：10，颈部施有两道凸棱纹，内外抹光。残长7厘米（图一三，9；彩版二七，2）。

④层　3件。H15④：3，颈部以下施绳纹，腹部绳纹被一周弦纹隔断。口径14.3厘米（图一三，10；彩版二七，3）。H15④：4，颈部施有一周附加堆纹，其上为指压纹。残长13厘米（图一三，11；彩版二七，4）。H15④：5肩部开始施纹，竖向绳纹，被横向弦纹区分成若干区域。口径16厘米（图一三，12；彩版二七，5）。

盆　1件。H15④：1，夹砂红灰陶。敛口，平沿，斜直浅腹，饼状底。器身底部施有两道凸弦纹。口径17、底径12、高5.6厘米（图一四，1；彩版二七，6）。

盆口沿　1件。H15②：14，夹砂灰陶。圆唇，斜沿，弧腹，腹部以下残缺，底部形态不明。腹部下方施有竖向绳纹。残长12厘米（图一四，2；彩版二八，1）。

釜　1件。H15②：8，夹砂灰陶。直口，平沿，方唇，深腹，圜底，口沿、腹部施有弦纹，腹部还施有短线纹及横向绳纹。口径37、高19.3厘米（图一四，3；彩版二八，2）。

鬲　1件。H15④：2，泥质红褐陶。敞口，圆唇，束颈，直腹，裆部残缺，似为联裆，锥状足，根部残。器身施有竖向绳纹以及弦纹。口径14、残高11.6厘米（图一四，4；彩版二八，3）。

台形器　1件。H15①：9，夹细砂灰陶。台呈圆盘状，平口，直腹，平底中内凹。圆盘中立一豆形器，豆平口沿，斜腹，粗矮，豆盘连为一体。口径12.3、底径18.2、高7.7、盘高3.5厘米（图一四，5；彩版二八，4）。

纺轮　1件。H15①：10，夹细砂黄灰陶。圆形，中间有一圆孔，两面向中间突起。直径4、最大厚度1厘米（图一四，6；彩版二八，5）。

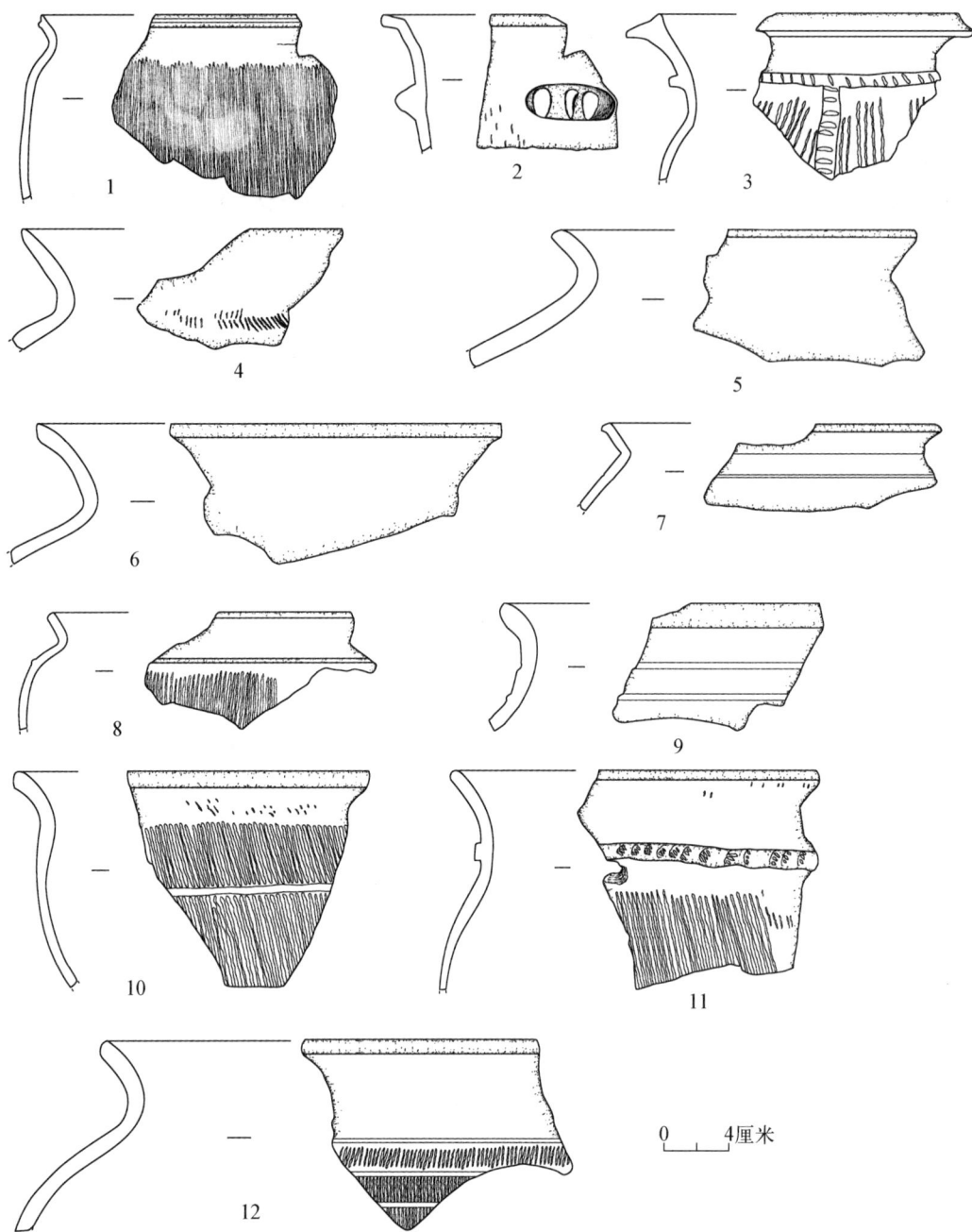

图一三　H15出土罐口沿

1. H15③:1　2. H15③:2　3. H15③:3　4. H15③:4　5. H15③:5　6. H15③:6　7. H15③:8　8. H15③:9
9. H15③:10　10. H15④:3　11. H15④:4　12. H15④:5

　　此外,H15④还出土有2件鬲足根与1件器把手。鬲足根,均为夹砂红灰陶。H15④:6,素面。残高10.8厘米(图一四,7;彩版二八,6)。H15④:8,施有叶脉纹。残高7厘米(图一四,8;彩版二九,1)。器把手,H15④:7,夹细砂青灰陶。竖桥耳,中空,捏附在器表。长6、宽约2厘米(图一四,9;彩版二九,2)。

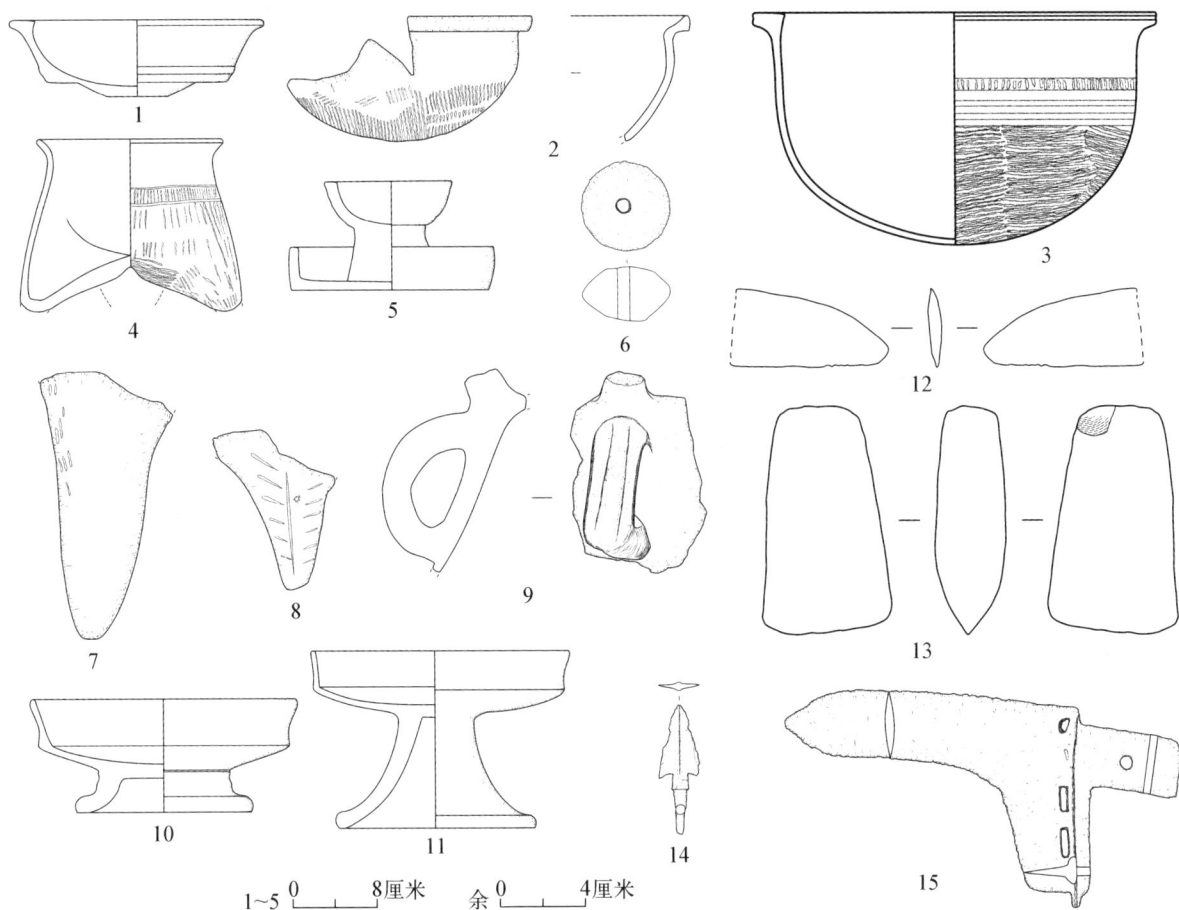

图一四　H15出土遗物

1. 盆（H15④：1）　2. 盆口沿（H15②：14）　3. 釜（H15②：8）　4. 鬲（H15④：2）　5. 台形器（H15①：9）　6. 纺轮（H15①：10）
7、8. 鬲足根（H15④：6、H15④：8）　9. 器把手（H15④：7）　10、11. 原始瓷盘形豆（H15①：3、H15①：4）
12. 石镰（H15②：27）　13. 石斧（H15③：14）　14. 铜镞（H15②：12）　15. 铜戈（H15②：11）

（2）原始瓷器

共计2件。

盘形豆　2件。夹砂陶，局部施青釉。圆唇，侈口微内凹，斜直腹，矮粗柄，喇叭形足。H15①：3，口径12.4、足径8、高4.7厘米（图一四，10；彩版二九，3）。H15①：4，口径12.5、足径9.3、高8厘米（图一四，11；彩版二九，4）。

（3）石器

共计2件。

石镰　1件。H15②：27，砂岩。可见打制与磨制痕迹，残存右半部分。平面呈不规则三边形，横剖面和纵剖面分别为不规则三边形、透镜体形。柄部和刃部平面形状分别为凸弧刃状、锯齿状，侧视形状均为直刃状。局部可见使用痕迹。残长3.8、宽7.8、厚0.8厘米，重29克。柄部、刃部的残弧长、弦长、矢长分别为8.5、7.9、0.8厘米和7.9、7.7、0.2厘米。两侧面、两侧边对称性难定，刃角为45°、45°（图一四，12；彩版二九，5）。

石斧　1件。H15③：14，闪长岩。平面形状为不规则梯形，保存完整。横剖面和纵剖面均为不规则四边形。柄部和刃部平面形状均为凸刃状，侧视形状均为直刃状。加工方式为打制和磨制，有使用痕迹。长10.5、宽6.3、厚3.5厘米，重444克。柄部、刃部的弧长、弦长、矢长分别为4.4、4.1、0.5厘米和6.6、6.2、0.5厘米。两侧面对称，两侧边对称，刃角为78°、80°、85°（图一四，13；彩版二九，6）。

（4）青铜器

共计2件。

铜镞　1件。H15②：12，两翼有茎镞，锋部呈三角形，两翼末端锐利，关部呈圆柱状，茎部最大径略小于关部，近似倒锥状。通长5.8厘米（图一四，14；彩版三〇，1）。

铜戈　1件。H15②：11，直援中胡方形直内。锋部呈三角形，上下援开刃，援上无脊，截面呈凸透镜状，援上一穿。呈梯形，胡上两穿，呈细长方形，内上一穿，呈圆形。上阑与上援平齐，下阑低于胡部而突出。通长18.3、阑高9.1厘米（图一四，15；彩版三〇，2）。

2. 其他遗迹出土代表性遗物

除H15以外，其他遗迹出土遗物相对较少，也缺乏丰富有效的层位关系对比，仅从器物种类与形态，选择38件遗物介绍如下。

（1）陶器

共计30件。

豆　3件。依前文对所有陶瓷器中豆类遗物的型式划分标准，为盘形豆2件、钵形豆1件。

盘形豆　2件。夹细砂灰陶。圆唇，敞口，浅盘，高柄，喇叭形足。H32：1，口径12.5、足径6.7、高10.5厘米（图一五，1；彩版三〇，3）。H32：2，口径12.5、足径7.4、高11厘米（图一五，2；彩版三〇，4）。

钵形豆　1件。H13①：1，夹细砂灰陶，施黑衣。圆唇，敛口，斜直腹，较深，粗短柄，喇叭形足。口径12.4、足径6.6、高8.7厘米（图一五，3；彩版三〇，5）。

罐　3件。依残存形态，分为有耳罐与无耳罐两类。

有耳罐　1件。H30：1，夹细砂青灰陶。敞口，圆唇，束颈，溜肩，鼓腹，腹部以下缺失不详。肩部有环形桥耳，肩部以下施有横向绳纹，最大腹径以下施有纵向绳纹。口径11、残高14、桥耳高3.4、宽约1.4厘米（图一五，4；彩版三〇，6）。

无耳罐　2件。夹细砂青灰陶。H32：7，直口，方唇，平沿，口沿上施有四道突棱，斜直颈，溜肩，鼓腹，腹部以下缺失不详。肩部以下施有短斜线纹，腹部以下施有横向绳纹。口径13.5、残高16厘米（图一五，5；彩版三一，2）。H108：1，敞口，方唇，束颈，折肩，斜直腹，平底内凹。颈部以下施三组密集的竖向绳纹，绳纹之间抹平一周，以示间隔。口径16.8、底径10、高29.5厘米（图一五，6；彩版三一，1）。

甑　1件。H62：1。夹细砂青灰陶。口微敛，方唇，平沿较宽，斜直腹，平底，虽有残缺，仍可见放射状细长形甑孔。腹部偏上位置有横冠状錾耳，腹部以下施有密集的绳纹。口径24.5、底径

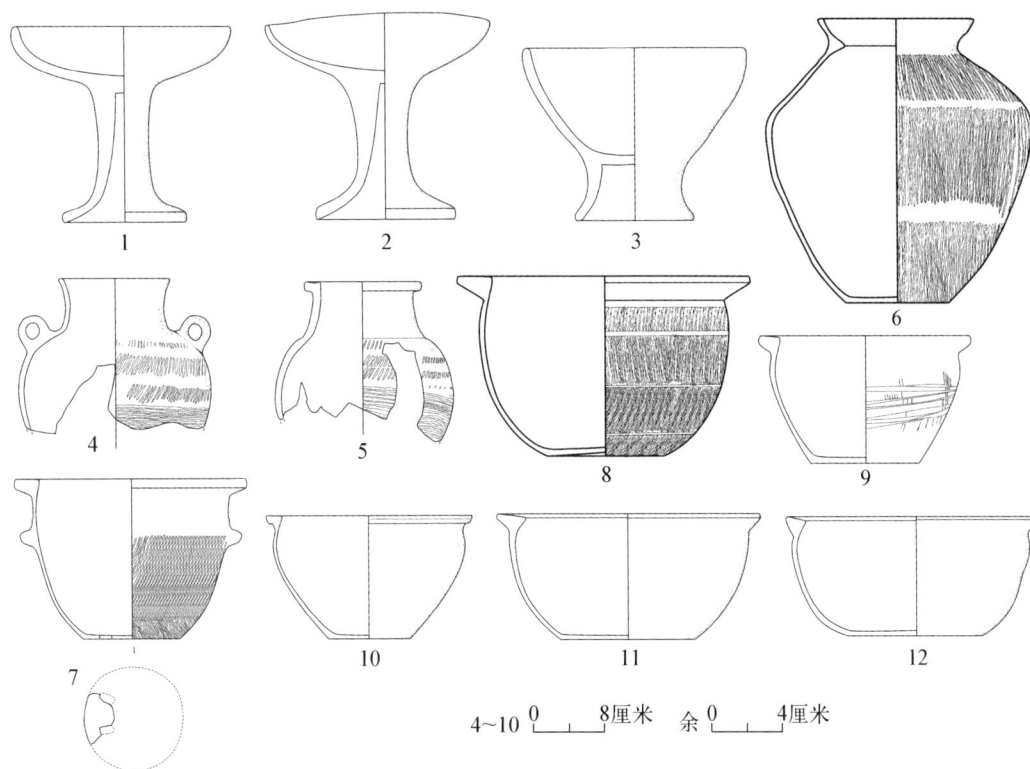

图一五　其他遗迹出土遗物

1、2.盘形豆(H32：1、H32：2)　3.钵形豆(H13①：1)　4.有耳罐(H30：1)　5、6.无耳罐(H32：7、H108：1)
7.甑(H62：1)　8、9.施纹盆(H42①：1、H42③：1)　10～12.素面盆(H38：4、T5231②：1、T5231②：2)

10、高20厘米(图一五,7；彩版三一,3)。

　　盆　5件。依器表纹饰有无可分为施纹盆与素面盆。

　　施纹盆　2件。夹细砂青灰陶。H42①：1,圆唇,平沿略宽,敞口,弧腹,底内凹。颈部以下饰四组密集的竖向绳纹,每组之间用一周凹弦纹相隔。口径32.5、底径12、高19.4厘米(图一五,8；彩版三一,4)。H42③：1,通体施黑衣。方唇,宽沿略斜,束颈,斜直腹,平底。腹部施有多组不规则的凹弦纹。口径23.6、底径11、高12.5厘米(图一五,9；彩版三一,5)。

　　素面盆　3件。侈口,平沿,斜直腹,平底,通体素面。H38：4,夹细砂青灰陶,施黑衣。圆唇。口径22、底径8.5、高12.7厘米(图一五,10；彩版三一,6)。T5231②：1,夹砂红陶。圆唇,口沿略斜。口径14.6、底径7.5、高7厘米(图一五,11；彩版三二,1)。T5231②：2,夹砂红陶。尖唇,口沿略斜。口径14.2、底径7.5、高6.2厘米(图一五,12；彩版三二,2)。

　　钵　5件。夹细砂。圆唇,敛口,鼓腹,平底。依最大腹径与高的比例关系,可大体分为深腹钵与浅腹钵。

　　深腹钵　2件。青灰陶。H32：3,腹部施有三道凹弦纹。口径11、底径7.5、高7.5厘米(图一六,1；彩版三二,3)。H34：1,素面。口径8.6、底径5.5、高6.2厘米(图一六,2；彩版三二,4)。

　　浅腹钵　3件。素面。H33：3,青灰陶。口径12、底径5.8、高3.5厘米(图一六,3；彩版三二,

5）。H38：3，红褐陶。口径7.8、底径6.5、高4.5厘米（图一六，4；彩版三二，6）。H40：1，青灰陶。口径11.6、底径6、高5.2厘米（图一六，5；彩版三三，1）。

盂　1件。H35：5，夹细砂红褐陶。圆唇，侈口，腹部较深，微鼓，平底。腹部施有六圈凸棱纹。口径8、底径4、高6.7厘米（图一六，6；彩版三三，2）。

碗　4件。夹细砂青灰陶。形制基本相同，圆唇，敞口或直口，斜直腹，假圈足或平底。H32：4，直口，平底。口径13.5、底径4、高4厘米（图一六，7；彩版三三，3）。H33：1，敞口，假圈足。口径12.7、底径5.8、高3.3厘米（图一六，8；彩版三三，4）。H33：2，敞口，假圈足。口径13、底径4、高3.8厘米（图一六，9；彩版三三，5）。H38：2，敞口，假圈足。口径12.2、底径4.8、高4.7厘米（图一六，10；彩版三三，6）。

鬲　1件。H108：2，夹砂黑褐陶。敞口，方唇，束颈，直腹，连裆，锥状足，一足残。颈部以下施有竖向绳纹以及横向弦纹。口径20、残高18厘米（图一六，11；彩版三四，1）。

三足盘　1件。H12②：1，夹细砂黄灰陶。圆唇，平沿较宽，浅腹，圜底较平，底部有三个扁状足。口径35.5、通高9.5厘米（图一六，12；彩版三四，2）。

器盖　2件。形态各异。H67：1，夹细砂青灰陶。整体呈草帽形，盖为圆饼状，上方中央有一塔形捉手，捉手上还有几道由上而下的凹槽，似为装饰。盖径8、高3.7厘米（图一六，13；彩版三四，3）。T5229②：1，泥质青灰陶。通体呈圆饼状，顶部中央微凸，通体周身略内凹，形成一周凹槽，底部相对平坦。最大直径4.6、高1.5厘米（图一六，14；彩版三四，4）。

纺轮　3件。红褐陶，泥质或夹细砂。形制基本相同，圆饼状，周缘略外鼓，中间有一圆孔。H12：1，边缘略残，最大径4.5、孔径0.7、厚1.7厘米（图一六，15；彩版三四，5）。H26：1，最大径4.7、孔径约0.5、厚1.3厘米（图一六，16；彩版三四，6）。H38：1，最大径4、孔径1.2、厚1.7厘米（图一六，17；彩版三五，1）。

陶权　1件。T1480采集：1，泥质青灰陶，较硬实，局部略有缺损。整体呈钟形，上部为弧状，中间有一圆孔，底部相对较平。最大底径7.4、孔径0.7、高8.8厘米（图一六，18；彩版三五，2）。

（2）瓷器

共计1件。

瓷碗　1件。H13②：1，敞口，圆唇，斜直腹，圈足。器表饰有褐色花草纹。口径13.5、足径6.2、高6.5厘米（图一六，19；彩版三五，3）。

（3）石器

共计6件。除H15外，瓦屋郢遗址还出土有15件石器，其中完整器6件，残器（多为石斧）9件（介绍从略）。

石斧　3件。T5243剖沟：100，砂岩质，保存完整。平面形状为不规则四边形，横剖面和纵剖面均为不规则四边形。柄部和刃部平面形状均为直刃状，侧视形状均为直刃状。加工方式为打制和磨制，有使用痕迹。通体长8、宽4.8、厚2.1厘米，重169克。柄部、刃部的弧长、弦长、矢长分别为4.7、4.5、0.1厘米和4.6、4.4、0.2厘米。两侧面不对称，两侧边对称，刃角为65°、67°、70°（图一六，20；彩版三五，4）。T5231②：1，砂岩质，刃缘略残。平面形状为不规则梯形，横剖面和纵

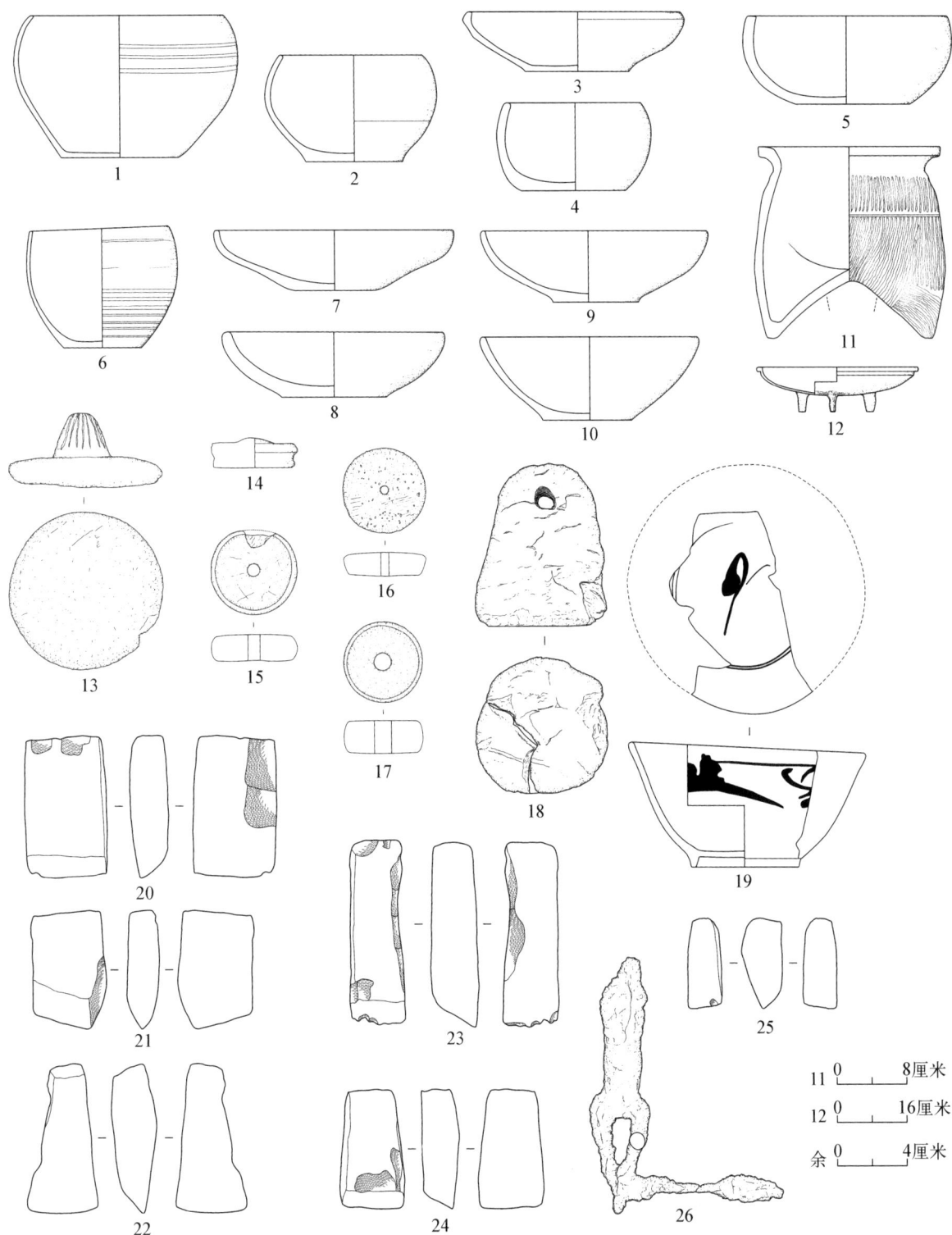

图一六　其他遗迹出土遗物

1、2.深腹钵（H32：3、H34：1）　3～5.浅腹钵（H33：3、H38：3、H40：1）　6.盂（H35：5）　7～10.碗（H32：4、H33：1、H33：2、H38：2）　11.鬲（H108：2）　12.三足盘（H12②：1）　13、14.器盖（H67：1、T5229②：1）　15～17.纺轮（H12：1、H26：1、H38：1）　18.陶权（T1480采集：1）　19.瓷碗（H13②：1）　20～22.石斧（T5243剖沟：100、T5231②：1、H110：1）　23.石凿（H38：19）　24.石凿（石楔）（H38：18）　25.石锛（H12②：2）　26.铁剪（H16：1）

剖面均为不规则四边形。柄部和刃部平面形状分别为直刃状、凸刃状,侧视形状均为直刃状。加工方式为打制和磨制,有使用痕迹。残长6.7、宽4.5、厚1.9厘米,重119克。柄部、刃部的弧长、弦长、矢长分别为4.3、4.1、0.2厘米和3.5、3.4、0.2厘米。两侧面、两侧边均不对称,刃角为61°、65°、64°(图一六,21;彩版三五,5)。H110∶1,砂岩质,残存右半部分。平面形状为不规则梯形,横剖面和纵剖面均为不规则四边形。柄部和刃部平面形状分别为直刃状、凸刃状,侧视形状均为直刃状。加工方式为打制和磨制,有使用痕迹。残长8.2、宽4.2、厚2.6厘米,重122克。柄部、刃部的残弧长、弦长、矢长分别为2.2、2.1、0.1厘米和4.3、4.1、0.1厘米。两侧面、两侧边均不对称,刃角为80°、73°、73°(图一六,22;彩版三五,6)。

石凿　1件。H38∶19,粉砂岩质,保存完整。平面形状为不规则梯形,横剖面和纵剖面均为不规则四边形。柄部和刃部平面形状分别为直刃状、凸刃状,侧视形状均为直刃状。加工方式为打制和磨制,有使用痕迹。通体长4.9、宽2.2、厚2.7厘米,重46克。柄部、刃部的弧长、弦长、矢长分别为1.6、1.4、0.1厘米和2.3、2.1、0.2厘米。两侧面不对称,两侧边对称,刃角为74°、73°、73°(图一六,23;彩版三六,1)。

石凿(石楔)　1件。H38∶18,细砂岩质,保存完整。平面形状为不规则长方形,横剖面和纵剖面均为不规则四边形。柄部和刃部平面形状均为凸刃状,侧视形状均为直刃状。加工方式为打制和磨制,有使用痕迹。通体长10.4、宽3.3、厚3厘米,重188克。柄部、刃部的弧长、弦长、矢长分别为3.2、3、0.2厘米和3.7、3.3、0.5厘米。两侧面不对称,两侧边略对称,刃角为77°、64°、65°(图一六,24;彩版三六,2)。

石锛　1件。H12②∶2,细砂岩质,保存完整。平面形状为不规则梯形,横剖面和纵剖面均为不规则四边形。柄部和刃部平面形状均为凸刃状,侧视形状均为直刃状。加工方式为打制和磨制,柄部有使用痕迹。通体长6.9、宽3.7、厚2.3厘米,重114克。柄部、刃部的弧长、弦长、矢长分别为2.9、2.7、0.2厘米和3.9、3.7、0.1厘米。两侧面不对称,两侧边对称,刃角为72°、72°、72°(图一六,25;彩版三六,3)。

(4)铁器

共计1件。

铁剪　1件。H16∶1,仅存铰部,刃部细长,锋部较锐利,双刃相扣交叉,锈蚀严重。残长14.3、最宽3.4厘米(图一六,26;彩版三六,4)。

三、初步认识

瓦屋郢遗址属于江淮地区典型的墩台类(也称台墩类)遗存,这类遗存的特点是堆积丰富、遗迹现象丰富多变,遗物类型相对集中,遗存性质多种兼具,存续年代长短不一。参考其他墩台类遗存的发掘成果,估计这类遗存的出现年代不晚于新石器时代[1],可能与当地特殊的地理环境

---

[1]　北京大学考古学系、安徽省文物考古研究所:《安徽安庆市张四墩遗址试掘简报》,《考古》2004年第1期。

有关。

从瓦屋郢遗址确认的遗迹来看，以灰坑为主，并且灰坑的形制、大小、深浅、包含物等千差万别，体现了当时社会生活的复杂程度。疑似房址及围埝遗迹，均遭到很大程度的破坏，不能完整体现同类遗存的特点，只可从局部残留把握遗存个性。

瓦屋郢遗址出土的遗物相对丰富，以陶器为大宗，另有石器、瓷器、金属器等。陶器的种类以生活用陶器——罐、豆、盆、钵、碗等居多，应是一处典型的生活类遗址。金属器中的铜戈、铜镞一般多为墓葬中出土，瓦屋郢遗址同类遗物出土在灰坑中，其埋藏背景值得深入研究。

关于瓦屋郢遗址的年代，除去近现代的墓葬、水沟之类的遗迹，大部分遗存属于商周时期应是无疑。该遗址确认的遗迹多为灰坑，时代及地域特征暂不明显，仅有房址可以做比较研究；而该遗址出土的遗物以陶器为大宗，器类有罐、豆、盆、钵、碗等，此外还有保存完整的铜戈，均可作对比材料。

我们选择同属江淮地区的周边其他相关遗址材料，从残存房址的规模及形态看，与安徽霍邱堰台遗址[①]的F3接近；从出土遗物的种类、数量、组合以及纹饰等多方面考察，初步认为瓦屋郢遗址的年代与安徽六安堰墩遗址[②]、安徽霍邱堰台遗址[③]、安徽安庆张四墩遗址[④]商周一期遗存等比较接近，尤其是豆柄相对粗矮的夹砂陶豆、陶器表面发达的竖向绳纹以及弦断竖向绳纹的施纹特点，均有很大程度的相似性；而该遗址出土的铜戈，内部单一圆穿的形制相对少见，除此之外整体形态则与楚文化区东周乙类C型Ⅱ式铜戈[⑤]接近，年代可到春秋中期[⑥]，如果考虑到存在单一圆穿的形制到内部横穿与圆穿同时存在的形制之间存在早晚演变，那该铜戈的年代也有可能稍早，或为春秋早期。所以，综合以上判断，整体来看，瓦屋郢遗址的年代大致在西周晚期到两周之际。

关于瓦屋郢遗址的分期，我们以出土遗物相对丰富的H15为例，大致可以分为早晚两期。依第②层出土铜戈，判断第①层与第②层应为春秋早期或之后较为可靠；第③层与第④层出土器物绳纹较为密集，参考已有的编年材料，其年代为西周晚期的可能性较大。

春秋时期，江淮地区大部分为群舒文化的分布范围[⑦]，而该遗址出土原始瓷器与内部单穿铜戈都不是群舒文化的原生文化因素，这些器物的出现，可能与该遗址与黄河流域以南豫南鄂北等地区的楚文化[⑧]以及长江下游的吴越文化[⑨]等交流有关。

---

① 安徽省文物考古研究所：《安徽霍邱堰台周代遗址发掘简报》，《中国历史文物》2010年第6期。
② 安徽省文物考古研究所、六安市文物管理所：《安徽六安堰墩西周遗址发掘简报》，《考古》2002年第2期。
③ 安徽省文物考古研究所：《安徽霍邱堰台周代遗址发掘简报》，《中国历史文物》2010年第6期。
④ 北京大学考古学系、安徽省文物考古研究所：《安徽安庆市张四墩遗址试掘简报》，《考古》2004年第1期。
⑤ 河南省文物考古研究所等：《淅川下寺春秋楚墓》，文物出版社，1991年。
⑥ 井中伟：《早期中国青铜戈·戟研究》，科学出版社，2011年。
⑦ 张爱冰：《群舒文化研究》，上海古籍出版社，2018年；朱辞：《江淮地区群舒陶器遗存初步研究》，安徽大学硕士学位论文，2013年。
⑧ 袁艳玲：《长江流域东周青铜器研究：以楚系青铜器为中心》，北京大学博士学位论文，2008年。
⑨ 郑小炉：《吴越和百越地区周代青铜器研究》，吉林大学博士学位论文，2004年。

　　本次发掘还采集了大量土样、动物骨骼等,相关的年代学分析、植物考古以及动物考古报告等,另文专发,届时有望综合考察瓦屋郢遗址的环境、生态以及社会等。

　　2020年春夏资料整理期间,辽宁省文物考古研究院徐韶钢远程协助编辑图版,谨致谢忱。

领　　队：成璟瑭(吉林大学)

发　　掘：成璟瑭(吉林大学)

　　　　　张义中(安徽省文物考古研究所)

　　　　　林朝阳　李忠宽　刘　珂　武月波　胡苏儿(吉林大学硕士研究生)

　　　　　张茂林(中国科学院大学硕士研究生)

　　　　　康家宏(安徽省肥西县高店乡文化站)

　　　　　余振河　侯文明　张　闯(中古文物保护集团有限公司)

整　　理：成璟瑭(吉林大学)

　　　　　潘来东　徐泽斌　李丁生(中古文物保护集团有限公司)

石器鉴定：冯小波(北京联合大学)

植物鉴定：孙永刚(赤峰学院)

　　　　　常经宇(安徽大学博士研究生)

动物鉴定：王春雪(吉林大学)

执　　笔：成璟瑭(吉林大学)

　　　　　谦　谦(中古文物保护集团有限公司)

庐江坝埂遗址周代遗存发掘简报

郑州大学历史文化遗产保护研究中心　安徽省文物考古研究所

坝埂遗址位于庐江县万山镇永桥村坝埂东南约370米的小港河北岸,由东、西两处墩台组成。东墩保存较好,面积较小;西墩保存较差,面积较大。墩台中心地理坐标:北纬31.295 38°,东经117.234 24°,整体地势北高南低,海拔22米(图一;彩版三七,1)。两墩总面积约6 800平方米。墩台上种植玉米和茶树,无建筑占压,四周皆为稻田。

图一　坝埂遗址位置示意图

该遗址处于引江济淮工程［设计桩号F625（K81+306）］施工范围内，依照《中华人民共和国文物保护法》相关规定，需要对其进行抢救性考古发掘。受安徽省文物局、安徽省引江济淮工程文物保护领导小组的委托，2018年7月底至8月初郑州大学历史文化遗产保护研究中心组织考古队对坝埆遗址进行复查，确认遗址与工程施工范围关系，于2018年8月至2019年1月进行考古发掘。

为照顾东墩走向，此次发掘按方位角9°布方，探方规格为10米×10米，保留北、东隔梁各1米。在遗址西南部设立测绘基点，按纵横坐标各两位数进行编号。探方发掘区域位于两座墩台之上，东部墩台布方8个，另外于东部墩台北侧布设14米×3米探沟1条，编号为T1，以解剖墩台外围勘探发现的沟状堆积，西部墩台布10米×10米探方3个、10米×5米探方2个（图二）。以上共完成发掘面积1 242平方米，平均深度约2.4米。

一、地　层　堆　积

（一）东墩

东墩地层堆积较厚，文化层丰富。尤其是发现三层红烧土堆积，分布范围广泛，明显可见由边缘向内侧呈倾斜状堆积。现以T1515南壁剖面（图三）、T1616西壁剖面（图四）为例予以说明。

T1515　（东墩遗址西南部）

第①层：灰色土，土质松散，内含少量现代瓷片等。分布全方，厚0.1～0.15米。此层下叠压G1、M1、H2、H3。为现代耕土层。

第②层：黄褐色土，土质较硬，结构疏松，内含少量青花瓷片等。除东北边缘局部未有分布，余皆有分布。距地表深0.1～0.15、厚0～0.55米。为近现代文化层。

第③层：褐黄色土，杂灰白斑块，土质较硬，结构致密，内含少量陶片等。分布于探方东南部，自北向南倾斜，距地表深0.15～0.3、厚0～0.35米。

第④层：黄褐色土，杂黄锈斑，土质紧密，结构易散，土质较为纯净，含少量陶片等。分布在探方南部，自北向南倾斜，距地表深0.25～0.5、厚0～0.6米。此层下叠压H7。

第⑤层：灰黑色土，局部杂黄或灰白，土质较软，结构疏松，含红烧土颗粒、木炭灰和陶片等。分布在探方南部，自北向南倾斜，距地表深0.1～0.8、厚0～0.75米。

第⑥层：浅灰色偏白土，土质较软，结构紧密，局部含有红烧土颗粒、草木灰和陶片等。分布在探方东北部，自北向南倾斜堆积，距地表深0.1～1.2、厚0～0.4米。此层下叠压L1。

第⑦层：依据土质致密度不同，分为第⑦a层、第⑦b层两层。

第⑦a层：红烧土废弃堆积层，内含大量红烧土颗粒、炭灰、少量灰褐土和陶片等。分布在东部，呈坡状自西北向东南倾斜，距地表深0.15～1.5、厚0～1米。

第⑦b层：红烧土废弃堆积层，土质致密、坚硬，内含红烧土颗粒和陶片等。分布在西部，呈坡状自西北向东南倾斜，距地表深0.1～1.5、厚0～0.7米。

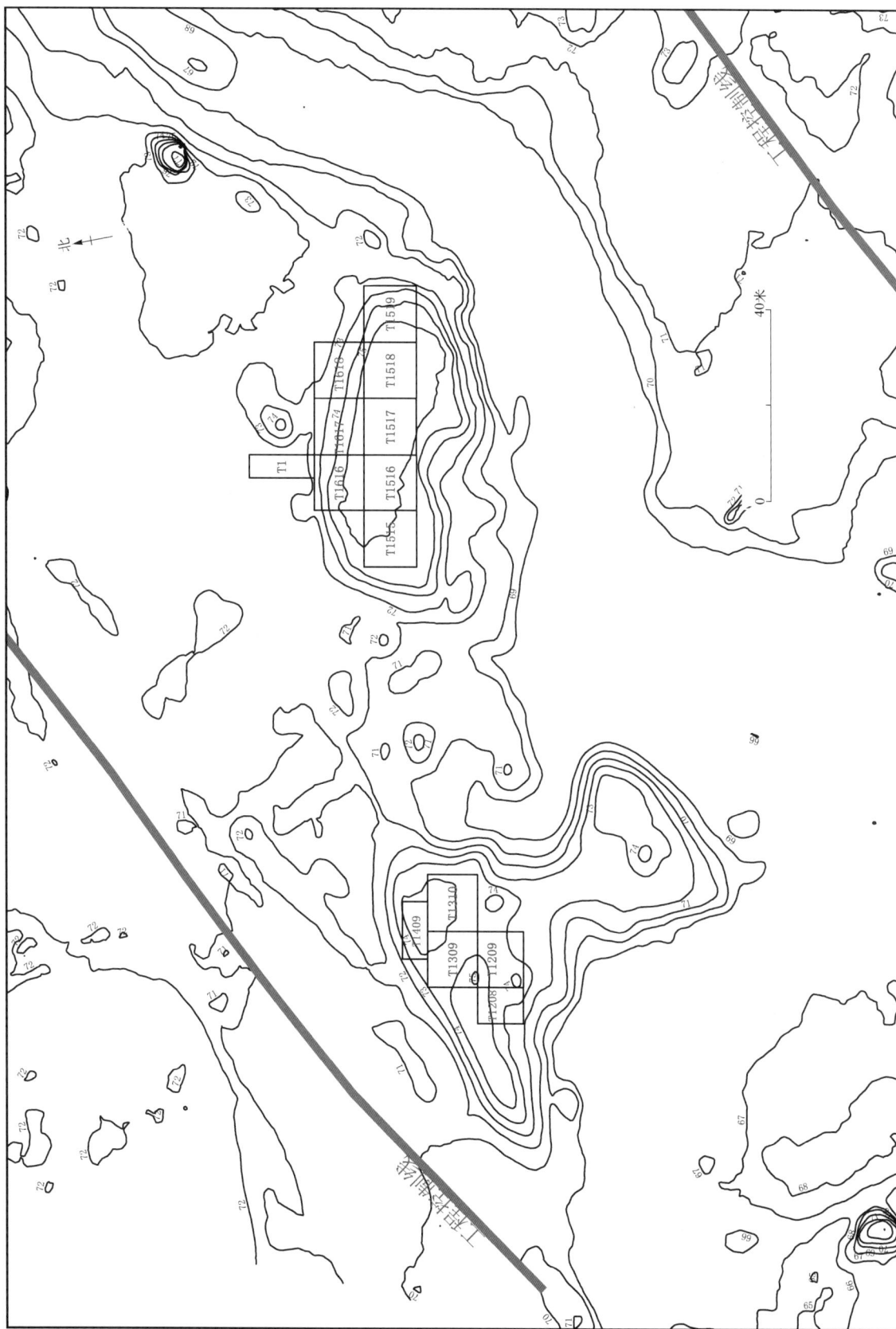

图二 坝埂遗址探方分布图

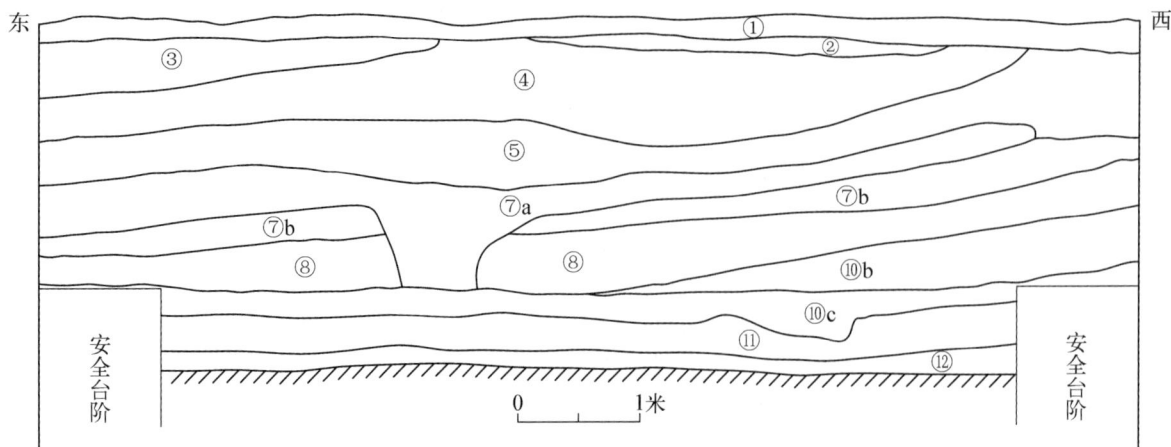

图三　T1515南壁剖面图

第⑧层：灰白土，土质致密、易散，局部含沙粒锈土和陶片等。除西北角外，余均有分布，呈坡状自北向南倾斜堆积，距地表深0.1～1.8、厚0～0.45米。

第⑨层：黄锈土，土质致密、易散，内含少量红烧土颗粒、木炭灰和陶片等。分布在探方北部，自北向南倾斜堆积，距地表深0.43～2.15、厚0～0.8米。

第⑩层：因两小层红烧土堆积之间夹有黄灰土，总体上可分为a、b、c三小层，即第⑩a层、第⑩b层、第⑩c层。

第⑩a层：红烧土废弃堆积层，土质致密、坚硬，内含大量红烧土颗粒、木炭灰、灰土和陶片等。分布在探方西北角，自西北向东南倾斜，面积较小，距地表深0.55～1.1、厚0～0.7米。

第⑩b层：黄灰土层，土质致密、较硬，内含较多红烧土块、红烧土颗粒、木炭灰和陶片等。分布在探方西部，自西北向东南倾斜堆积，距地表深0.65～2.2、厚0～0.8米。

第⑩c层：红烧土废弃堆积层，土质致密、坚硬，以风化红烧土块为主，内含大量红烧土颗粒、木炭灰、少量灰褐土和陶片等。全方分布，自西北向东南倾斜，距地表深1.2～2.3、厚0.1～0.56米。此层下叠压红烧土面遗迹。

第⑪层：黄灰土层，土质致密、较硬，内含铁锈沙粒、木炭灰、红烧土颗粒和陶片等。全方分布，距地表深1.75～2.5、厚0.25～1.05米。此层下叠压F4。

第⑫层：灰白杂黄土层，土质致密、较硬，内含粗砂粒、红烧土颗粒、木炭灰和陶片等。全方分布，距地表深2.3～2.8、厚0.08～0.25米。此层下叠压黄生土。

第③～⑫层皆为周代文化层。

T1616　（东墩遗址西北部）

第①层：灰褐土，土质松散，包含有植物根茎、近现代青花瓷片及布纹瓦片等。全方分布，厚0.05～0.5米。为现代耕土层。此层下叠压H1。

第②层：红烧土废弃堆积层，土质坚硬，结构致密，含陶片等。分布于探方南部约1/5范围，自北向南倾斜，距地表深0.1～0.26、厚0～0.65米。

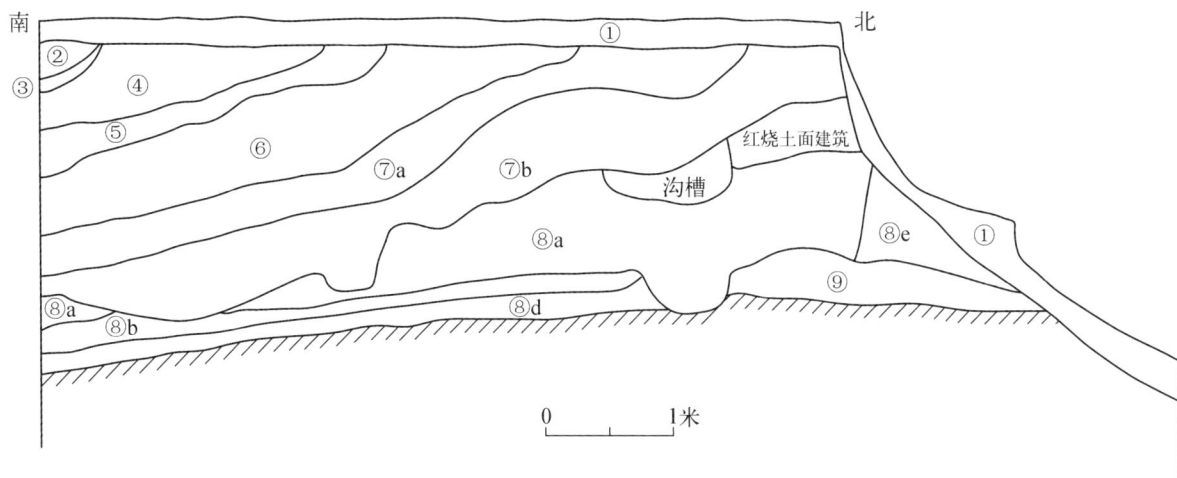

图四　T1616西壁剖面图

第③层：浅黑褐色土，土质松软，含有红烧土颗粒、草木灰和陶片等。只分布于探方南部少许地方，自北向南倾斜，幅度较大，距地表深0.18～8、厚0～0.22米。

第④层：褐黄色夹褐斑点土，土质较松软，纯净，含陶片等。只分布于探方南部少许地方，自北向南倾斜堆积，距地表深0.2～1、厚0～0.57米。

第⑤层：黑褐色土，土质较松软，内含有较多的木炭颗粒、草木灰、陶片等。分布于探方的西南部，自东北向西南倾斜，距地表深0.22～1.1、厚0～0.36米。

第⑥层：黄锈土，土质坚硬，结构致密，内含有少量的红烧土颗粒、木炭灰和陶片等。分布于探方的南部，自北向南倾斜，幅度较大，距地表深0.15～1.32、厚0～0.7米。

第⑦层：包含第⑦a层、第⑦b层两层。

第⑦a层：红烧土废弃堆积层，土质坚硬、结构致密，包含有大量的红烧土块、红烧土颗粒、木炭灰和陶片等。分布于探方南大半部分，距地表深0.16～1.65、厚0～0.62米。

第⑦b层：红烧土废弃堆积层，土质坚硬，结构致密，含大量红烧土颗粒、红烧土块、木炭灰、草木灰和陶片等，夹杂黄褐土。分布在探方南大半部，距地表深0.2～1.95、厚0～0.8米。此层下叠压红烧土面建筑及Z2～Z8。

第⑧层：包含第⑧a层、第⑧b层、第⑧c层、第⑧d层、第⑧e层五层。

第⑧a层：黄色土层，质地细腻，纯净，无包含物。分布于探方南大半部分，距地表深1.5～2.33、厚0～0.82米。

第⑧b层：黑灰土层，质地松软，夹较多草木灰、少量红烧土颗粒和陶片等。除局部外，分布在探方南大半部分，距地表深0.52～2.5、厚0～0.26米。

第⑧c层：黄色土层，质地细腻、松软，较纯净，无包含物。只分布于探方东南角，距地表深0.62～2.25、厚0～0.41米。

第⑧d层：褐灰色，土质结构松软，夹有红烧土颗粒。分布于探方南大半部分，距地表深

1.1～2.56、厚0～0.25米。

第⑧e层：深褐色夹黄斑点土，结构坚硬，较纯净，无包含物。东西向分布于探方中部，距地表深0.15～0.4、厚0～1.05米。

第⑨层：红烧土废弃堆积层，土质坚硬，结构致密，内含大量红烧土颗粒、少量木炭灰和陶片等。分布在探方北部，距地表深0.1～1.9、厚0～0.55米。本层下叠压黄生土。

第②～⑨层皆为周代文化层。

（二）西墩

西墩遗址地层堆积较东墩遗址薄，现以堆积较厚、层位关系最为完整的T1310东壁剖面（图五）为例予以说明：

T1310　（西墩遗址东部）

第①层：灰色土，土质较松软，包含有植物根茎、碎小石块及少量陶片等。全方分布，厚0.05～0.5米。为现代耕土层。

第②层：灰褐色土，土质较软、较疏松，含少量石块等。全方分布，距地表深0.3～0.7、厚0.05～0.35米。为近现代文化层。

第③层：白灰色土，土质较疏松，含少量的细沙和陶片等。分布于探方东北部，距地表深0.3～0.9、厚0～0.3米。

第④层：黄灰色土，土质较硬，无包含物。分布于探方南部及东部，距地表深0.3～2.05、厚0～1.6米。此层下叠压F1、H10、M4。

第⑤层：黑灰色土，土质较疏松，杂少量红烧土颗粒、炭灰和陶片等。除探方南部外，在探方内均有分布，距地表深0.7～2.2、厚0～0.4米。

第⑥层：灰白色土，土质较致密，包含有陶片等。分布于探方东部和北部，距地表深0.85～1.7、厚0～1米。此层下叠压黄生土。

第③～⑥层皆为周代文化层。

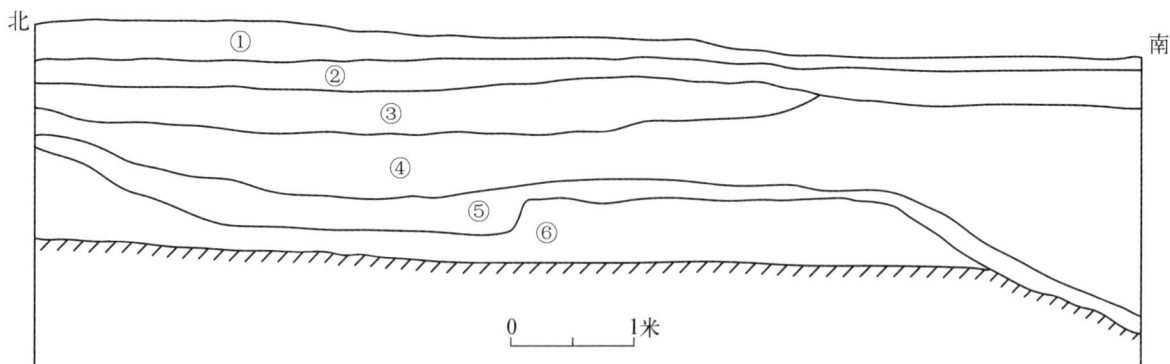

图五　T1310东壁剖面图

二、遗迹与遗物

（一）概况

本次发现两周时期遗迹共28处，包括房址4座、环带状红烧土面建筑1处、柱洞遗迹2处、灶9座、灰坑9个、壕沟1条、道路1条、墓葬1座。其中房址有地面立柱式房屋和基槽式排房两种。环带状红烧土面建筑集中分布于东墩。柱洞遗迹分布零散，平面形状均为圆形，立面多呈圆柱形或倒梯形。灶依据平面形状可分为近椭圆形和"8"字形两类，灶膛似口小底大的袋状，底近平或圜底。灰坑依据坑口形状分为近方形、近圆形、近椭圆形和不规则形四类，多为斜壁、底近平或平底。壕沟位于东墩墩台外侧，沟口南部边界已揭露，北侧延伸到T1外，揭露部分略呈东北—西南向。道路平面呈长条形，路面中间高，两边低，路土分为两层。墓葬平面为近长方形，竖穴土坑墓，直壁，平底。

两墩出土的遗物包括陶器、印纹硬陶、石器、铜器等，以陶器为大宗。陶器器形丰富且数量较多，主要有鬲、甗、鼎、罐、盆、盂、钵、器盖、盘、杯、豆、簋、盉等日用器；另有部分垫、纺轮、范、拍等工具。陶质以夹砂为主，泥质较少。陶色有黑、灰、灰褐、红褐、红等。纹饰以绳纹为主，另有弦断绳纹、附加堆纹、指窝纹、弦纹、戳印纹、刻划纹等。印纹硬陶纹饰以绳纹为主，另有方格纹、三角纹、瓦楞纹、菱格纹、叶脉纹等。石器有凿、刀、斧、钺、锛、镞、范、饼等。铜器有削刀等。环境样品主要为植物遗存，另有少量动物牙齿和贝壳等。

（二）遗迹

1. 东墩

东墩共发现两周时期房址3座、环带状红烧土面建筑1处、灶9座、散乱的柱洞类遗迹2处、壕沟1条、道路1条、灰坑8座。现选取典型遗迹进行介绍。

F4 位于T1515中部。开口于第⑪层下，打破第⑫层及生土。平面形状呈长方形。由火塘及26个柱洞构成。合围范围南北长5.7、东西宽4.1米。受后期扰动影响，未见室内活动面。

火塘位于F4北部，平面呈圆形，斜壁，平底。口径2.16、底径2.08、深0.26米。火塘内填土为黄灰土，土质致密，较软，夹杂有红烧土块、红烧土颗粒及大量炭灰等。底部保存的烧结面为灰褐色，质地较硬。

柱洞平面形状大多呈圆形，少数呈椭圆形。所有柱洞立面均呈倒梯形，即口大于底，平底。柱洞大小悬殊，口径0.1～0.6、底径0.08～0.4、洞深0.12～0.7米（图六）。洞壁整齐光滑，有人工挖凿痕迹。洞内填土多为灰黄土和灰白淤土，多夹炭灰、红烧土颗粒及少量绳纹陶片等。

环带状红烧土面建筑 分布于T1519的西南部，T1616、T1617、T1618的中南部，环抱墩台东、西、北三面的外围，向南延伸至发掘区外，发掘区内大体形成一个在T1518内有缺口的弧形包围圈（图七；彩版三七，2）。从层位关系来看，该烧土带叠压于T1519第④层下（相当于T1616第⑦b层，T1617第⑤b层，T1618第⑤层）。平面宽窄不一，厚度也有差别，揭露部分周长约68.7

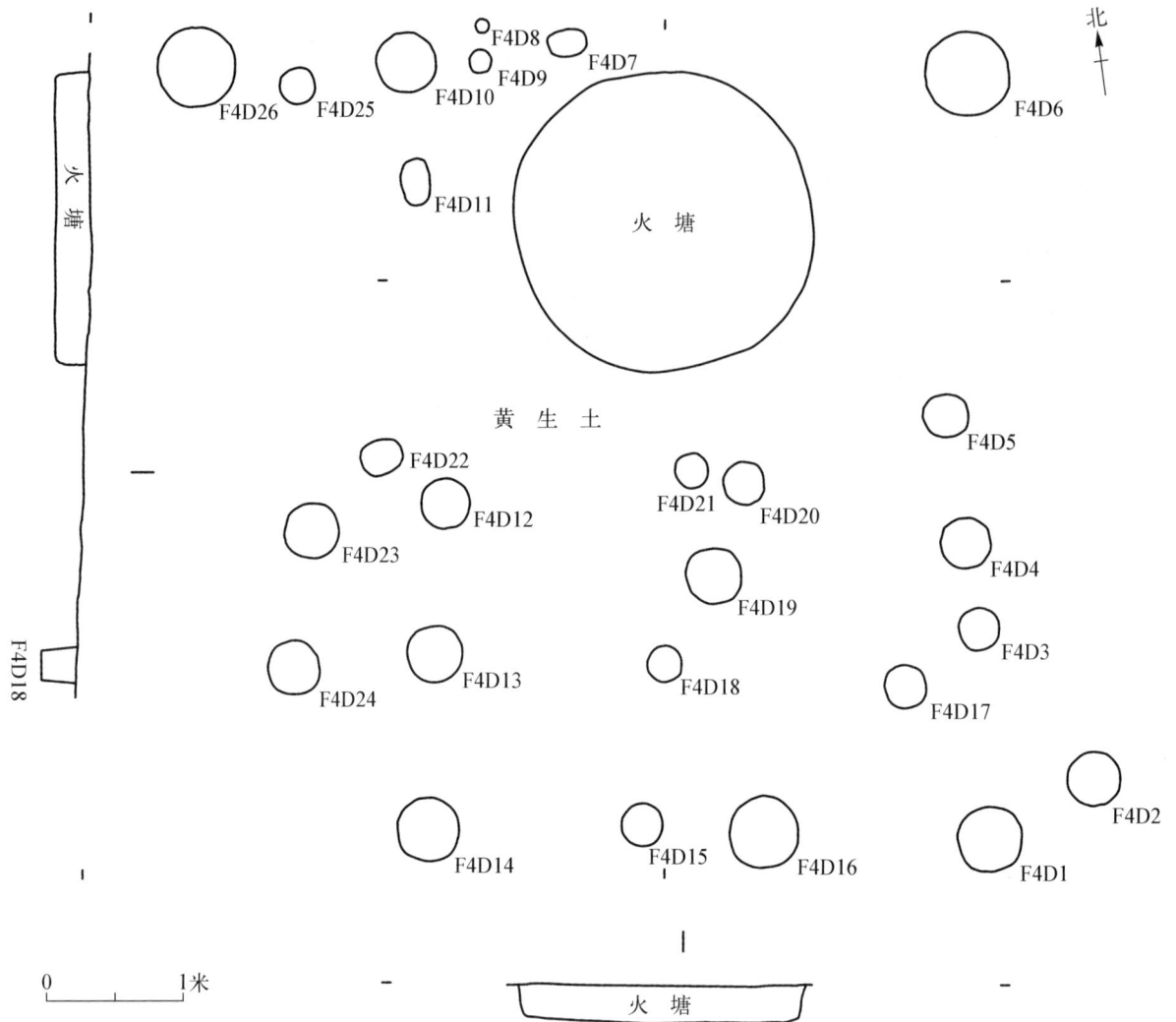

图六　F4平、剖面图

米，厚0.04～0.26米。红烧土面整体为分段铺垫，在T1519、T1616、T1618内多数地方为一层，在T1617内多数为两层，局部可达三至四层。以T1617内为例，红烧土面西部仅残存一层，厚0.03～0.1米；中部多为两层，偏东处有四层，自上而下分别为：第一层厚0.06～0.1米，第二层厚0.03～0.14米，第三层厚0.02～0.06米，第四层厚0.04米；东部残存两层，上层厚0.1、下层厚0.08米，平整叠压而成（图八）。从烧土面断面结构看，是用草拌泥多次铺垫后，经火烧成硬结面。其上为红烧土倒塌堆积。从烧土火候及硬结度看，有的地方火候很高，色泽鲜亮，硬度强，有的地方火候低，色淡，硬度弱，说明烧制时存在火候不匀的情况。最下层底部还发现一层较薄的炭灰，局部分布有水平状近圆形孔洞。这表明在铺垫草拌泥前，通过铺垫一层薪柴并经焚烧，对地基进行过预热处理，或者是从底部点火烧制烧土带。

　　带状烧土面南北两侧均有沟槽，形状不甚规整，大致呈长条形，南侧沟槽宽0.4～0.98、深0.32～0.72米，北侧沟槽宽0.32～0.68、深0～0.2米。环带状烧土面上覆盖有大量倒塌的烧土堆

北

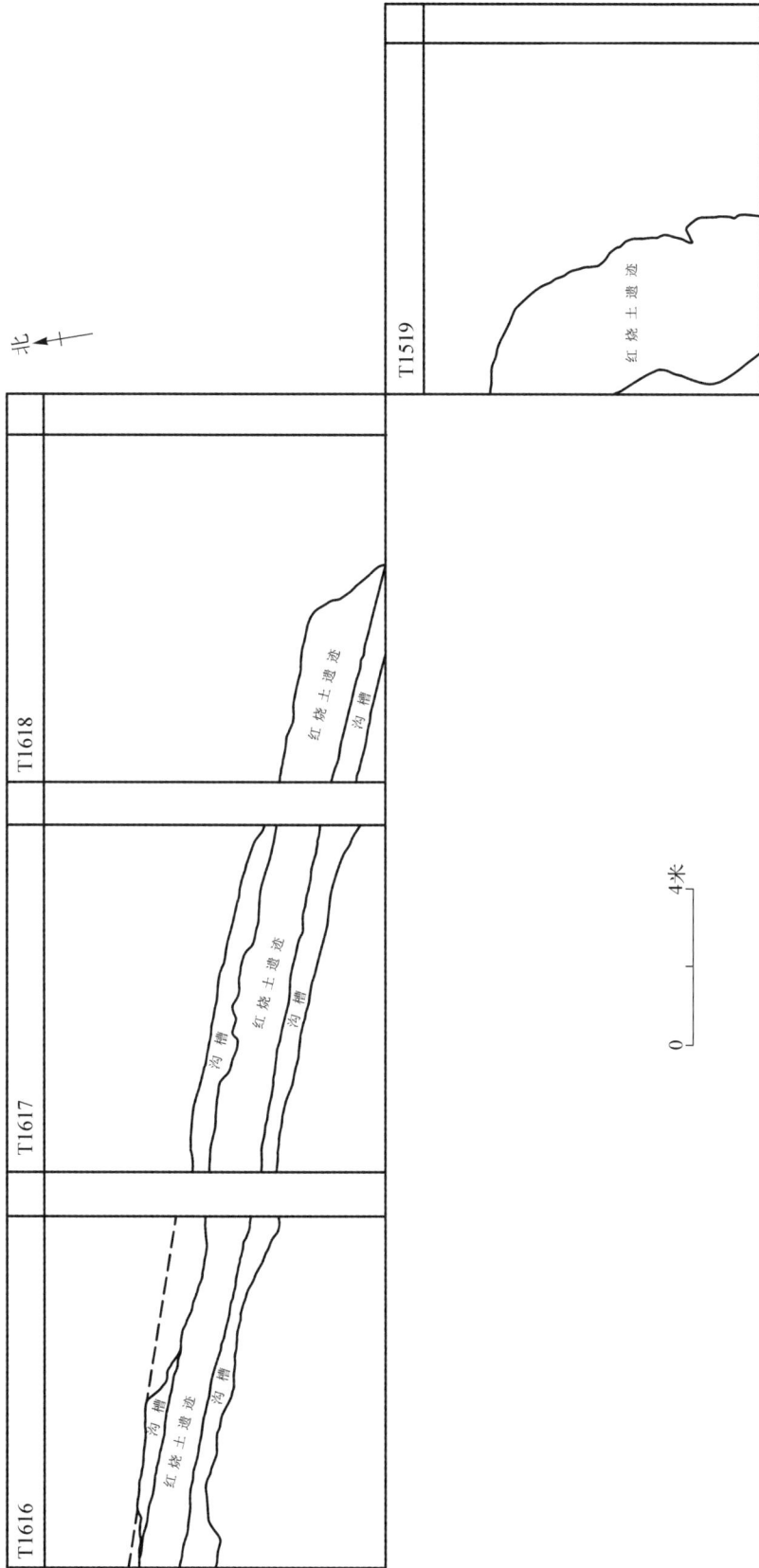

T1519

T1618

红烧土遗迹

沟槽

沟槽

红烧土遗迹

沟槽

T1617

沟槽

红烧土遗迹

沟槽

T1616

红烧土遗迹

红烧土遗迹

0 4米

图七 环带状红烧土堆积平面图

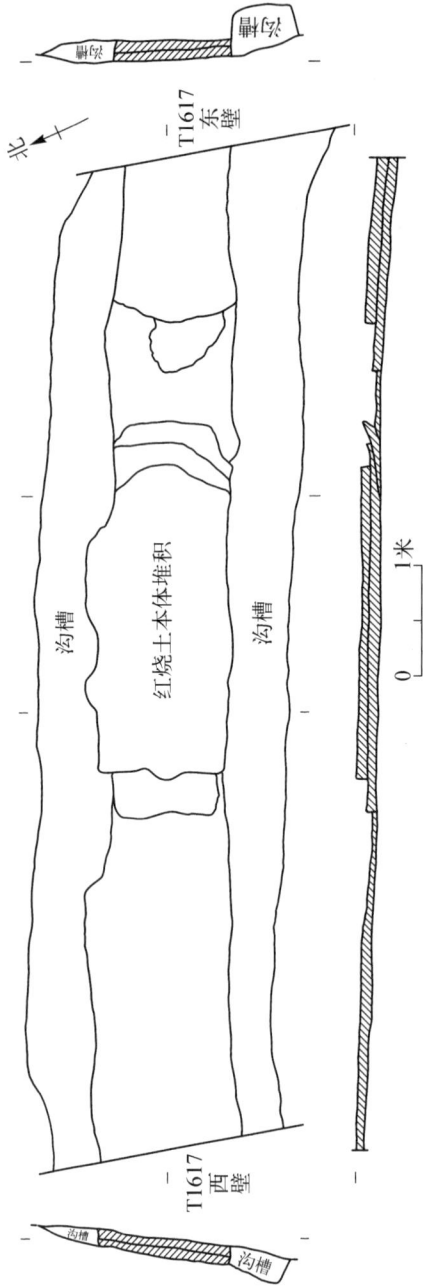

图八　T1617红烧土本体堆积

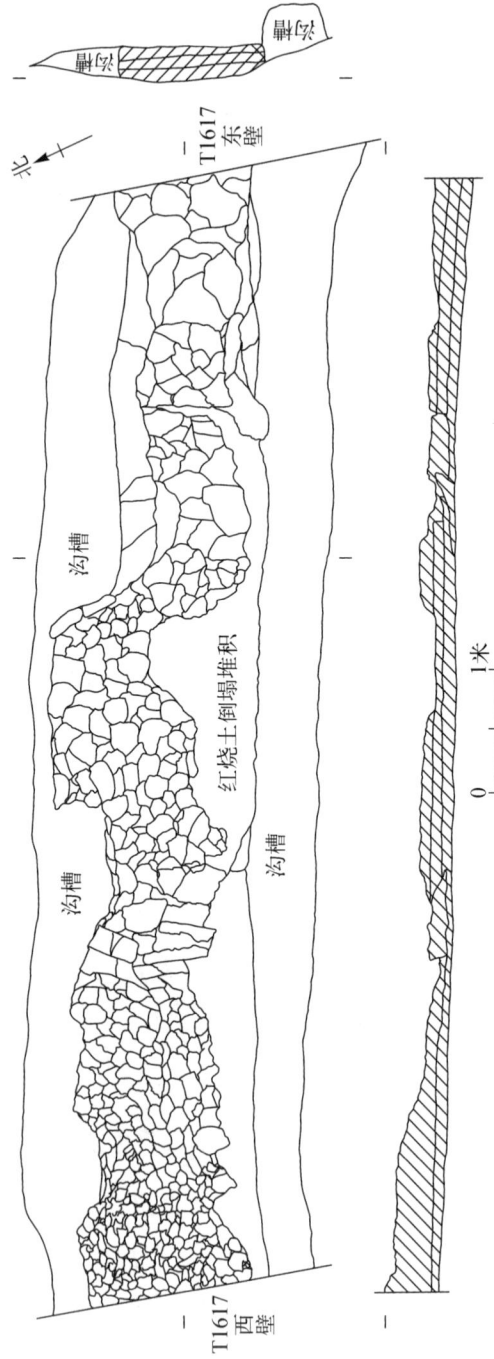

图九　T1617红烧土倒塌堆积

积，宽0.8～1.3、厚0.1～0.4米，从整个烧土倒塌堆积
看，与红烧土堆积相似，表现为分段的特征，在T1519、
T1616、T1618内多数地方为一层，在T1617内西部为两
层，东部为三层，中部最多处可达四层。部分烧土块体
量较大，有的两侧皆保存有较平直的壁面，最厚者可达
0.35米左右。这些烧土块应属于墙壁倒塌堆积，两面皆
经烘烤，基本上是由外向内倾倒堆积而成（图九）。

Z5　位于T1616的南部略偏东。开口于第⑦层
下。平面呈"8"字形，南北通长1.18、东西宽0.04～0.52
米。保存较为完好，整体北高南低，呈倾斜状，走势幅
度不大。灶门位于南部，平面呈月牙形，东西长0.39、
南北宽0.23米。分南北两灶膛，北灶膛南北长0.44、东
西宽0.4、深0.17～0.24米；南灶膛南北长0.69、宽0.52、
深0.05～0.1米；中有通孔，中通孔内长0.15、高0.08米。
两灶膛略似口小底大的袋状，周壁微弧外张，截面呈梯
形，底呈锅状，连接两灶膛中的通孔为椭圆形。灶膛周
壁及底部的烧结面呈青红色硬壳状，厚薄不一，灶壁烧
结面一般厚约0.04～0.12米，底烧结面厚约0.04～0.07
米（图一〇；彩版三八，1）。灶内填土为浅灰黑色，质较
松软，夹杂较多红烧土及木炭颗粒，底部烧结面上残留
许多的草木灰，无出土遗物。

Z9　位于T1617的南部略偏西。开口于第⑤层下。
Z9平面呈不规则椭圆形，南北通长0.59、宽0.29～0.33、
深0.13米，四周封闭，保存较好，整体呈北高南略低走
势，幅度不大。中部有一前尖后圆的凹坑，应为灶膛，
灶壁斜直，灶膛口底略同，底近平。灶膛周壁及底部
有红烧土结面，烧制火候不均匀。灶壁烧结面厚约
0.05～0.17米，底烧结面厚度0.03～0.05米（图一一）。
灶内填土为浅灰黑色，质较软，含少量烧土颗粒、较多的
木炭灰烬，无出土遗物。

H6　位于T1518西部。开口于第③层下。平面呈
近圆形，斜壁，略外弧，平底。坑口直径2.6、坑口至底深
0.48米（图一二）。填土为灰黑土，夹杂草木灰、白斑，
土质松软。出土陶片较多，以夹砂红褐陶、夹砂黑陶为
主，纹饰有绳纹、弦断绳纹等，可辨器形有鬲、罐、甗等。

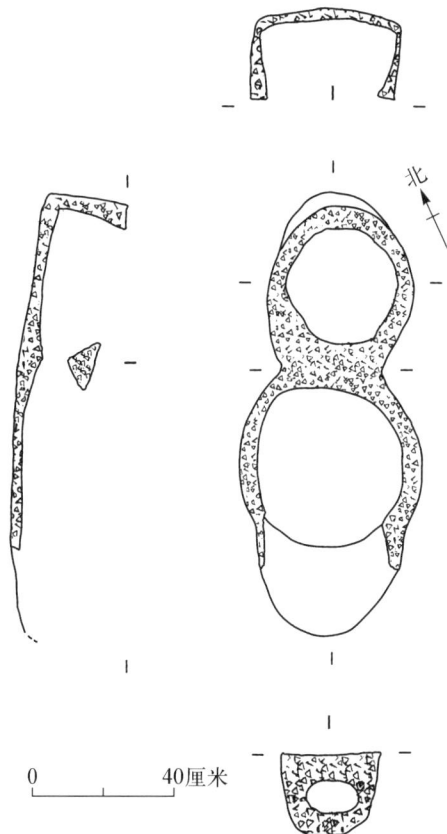

0　　　　　　40厘米

图一〇　Z5平、剖面图

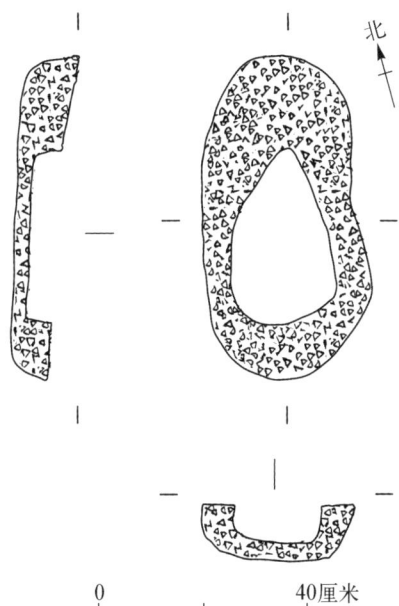

0　　　　　　40厘米

图一一　Z9平、剖面图

H7　位于 T1515 中北部。开口于第④层下。平面近方形,斜直壁,平底,北部坑壁光滑,南部较为粗糙。坑口长 2.58、宽 2.3、坑底长 2.2、宽 2.14、坑口至底深 0.3~0.6 米(图一三)。坑内填土呈灰黄色,土质黏,结构紧密,包含有少量草木灰和红烧土颗粒。出土陶片多为夹砂红褐陶、夹砂黑陶,纹饰以绳纹为主,可辨器形有鬲、罐、钵、甗等。

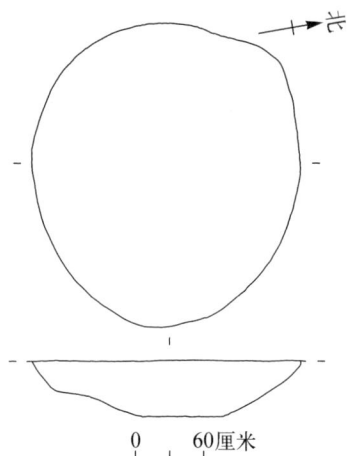

图一二　H6平、剖面图

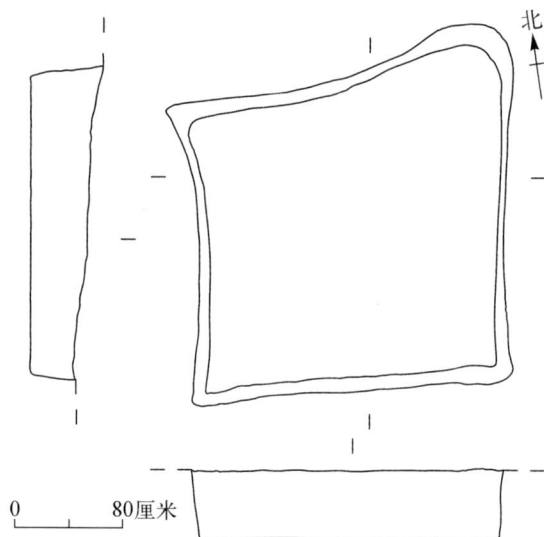

图一三　H7平、剖面图

2. 西墩

本次发掘中所见到的遗迹种类较少,包括两周时期房址 1 座、灰坑 1 座、墓葬 1 座。

F1　为由单间房址构成的排房,依次分布于 T1409 南部、T1309 东北部、T1310 西北部、T1209 西北部、T1208 东北部。开口于第④层下,打破第⑤层。房址面朝东南,整体为长方形,呈东北—西南走向,现存部分整体长约 27 米(图一四;彩版三八,2)。

F1 破坏较为严重,现存有部分基槽、室内红烧土硬面和灶。东北部与中部残存基槽宽约 0.2~0.3 米,填土为灰白土,土质较硬,结构致密,无包含物;西南部未发现基槽,只残存部分红烧土面与灶的底部,后墙基槽基本破坏殆尽,残存基槽深约 0.5 米。根据残存基槽,由东向西将 F1 分为四间,进深均为 2.5 米,但面阔不一。第一间宽约 5.05 米,第二间宽约 2.5 米,第三间宽约 5 米,第四间宽约 8 米。南部基槽发现三个缺口,均朝向东南,宽约 0.55~0.8 米,为门道所在。F1 第一间与第四间残存部分居住面,为黑褐色烧结面,质地坚硬,表面光滑,略有凹凸不平;第二间与第三间室内均不见烧土硬面,只剩室内垫土,呈黄灰褐色,土质坚硬,结构致密,无包含物。垫土在四间室内均有分布,厚约 0.5 米。

F1 内发现灶 4 座。Z1 位于第一间,Z2 位于第二间,Z3、Z4 位于第四间,4 个灶的位置均靠近后墙,均仅剩灶底并保留有烧结面,残存平面除 Z3 近椭圆形外,其他均呈近圆形,长径 0.45~0.75 米,且灶底中部均残存一个直径约 0.15~0.25 米的圆形凹坑。烧结面厚约 0.05~0.1 米。

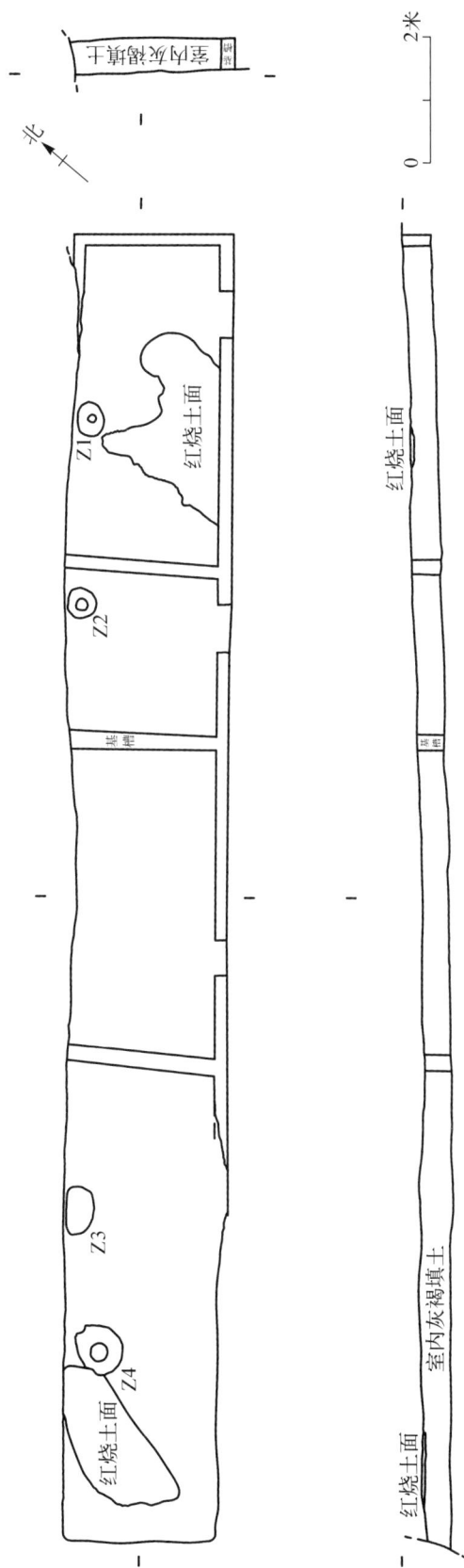

图一四 F1平、剖面图

H10　位于T1310东南部。开口于第④层下。平面呈圆形,弧壁,圜底。坑口长径0.75、短径0.65、坑口至底深0.28米(图一五)。坑内填土呈黑灰色,夹杂有炭灰,土质较软,结构疏松。出土陶片甚少,以夹砂红褐陶数量最多,纹饰以绳纹为主,可辨器形有罐、鬲等。

(三)遗物

结合东墩的堆积结构及形成过程,将代表性单位的典型器物介绍如下:

1.陶器

(1) T1515第⑪层

鬲　标本T1515⑪:1,夹砂红褐陶。侈口,圆唇,束颈,折肩,弧裆,袋状足,足尖处残。肩饰一周凹弦纹,肩部以下饰粗斜绳纹。口径14.8、残高12.6厘米(图一六,1)。

盆　标本T1515⑪:3,夹砂红褐胎黑皮陶。侈口,圆唇,束颈,弧腹,下腹及底残。口沿以下饰弦断绳纹。口径34、残高10.4厘米(图一六,5)。

盉　标本T1515⑪:2,夹砂灰陶。浅钵形,敛口,方唇,圆肩,斜直壁,底部有5个十字交叉圆形箅孔,盉下部残。素面。盉底与外壁交接处有明显接缝。口径12、残高5.6厘米(图一六,12)。

罐　标本T1515⑪:8,夹砂红陶。侈口,方唇,束颈,折肩,中腹以下残。饰弦断绳纹。残高7.6厘米(图一六,7)。

(2) T1516第⑪层

罐　标本T1516⑪:1,夹砂红陶。侈口,尖圆唇,束颈,折肩,中腹以下残。肩部饰两周凹弦纹。口径15.8、残高9厘米(图一六,8)。

甗　标本T1516⑪:3,夹砂黑陶。下腹斜直,仅存部分甗腰及下腹部。甗腰处附加一周泥条,泥条上饰指窝纹,下腹部饰粗竖绳纹。残高6.8厘米(图一六,13)。

鬲足　标本T1516⑪:4,夹砂灰陶。截锥状足。足身饰中竖绳纹,足底截面素面。残高7.4厘米(图一六,14)。

(3) T1519第⑧层

鬲　标本T1519⑧:1,夹砂灰陶。敞口,圆唇,束颈,圆肩,弧裆,袋状足。肩部饰两周凹弦纹,颈部以下饰粗竖绳纹,腹部饰一周凹弦纹。口径15.2、高13.4厘米(图一六,2;彩版三九,1)。

盆　标本T1519⑧:4,夹砂黑陶。侈口,方唇,唇上缘有一凸起,束颈,折腹,下腹及底部残。肩部以上饰两周凹弦纹,肩部以下饰一周附加堆纹,腹部饰中斜绳纹。口径24.8、残高15厘米(图一六,6)。

钵　标本T1519⑧:2,夹砂灰陶。敛口,方唇,斜直壁,平底。肩部以下饰粗竖绳纹。底部有手指按压痕迹。口径13.6、底径9.6、高5.2厘米(图一六,9;彩版三九,2)。

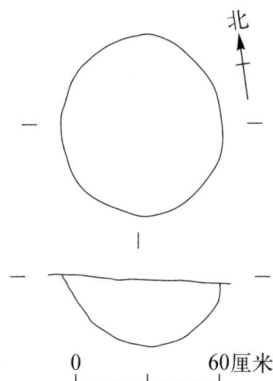

图一五　H10平、剖面图

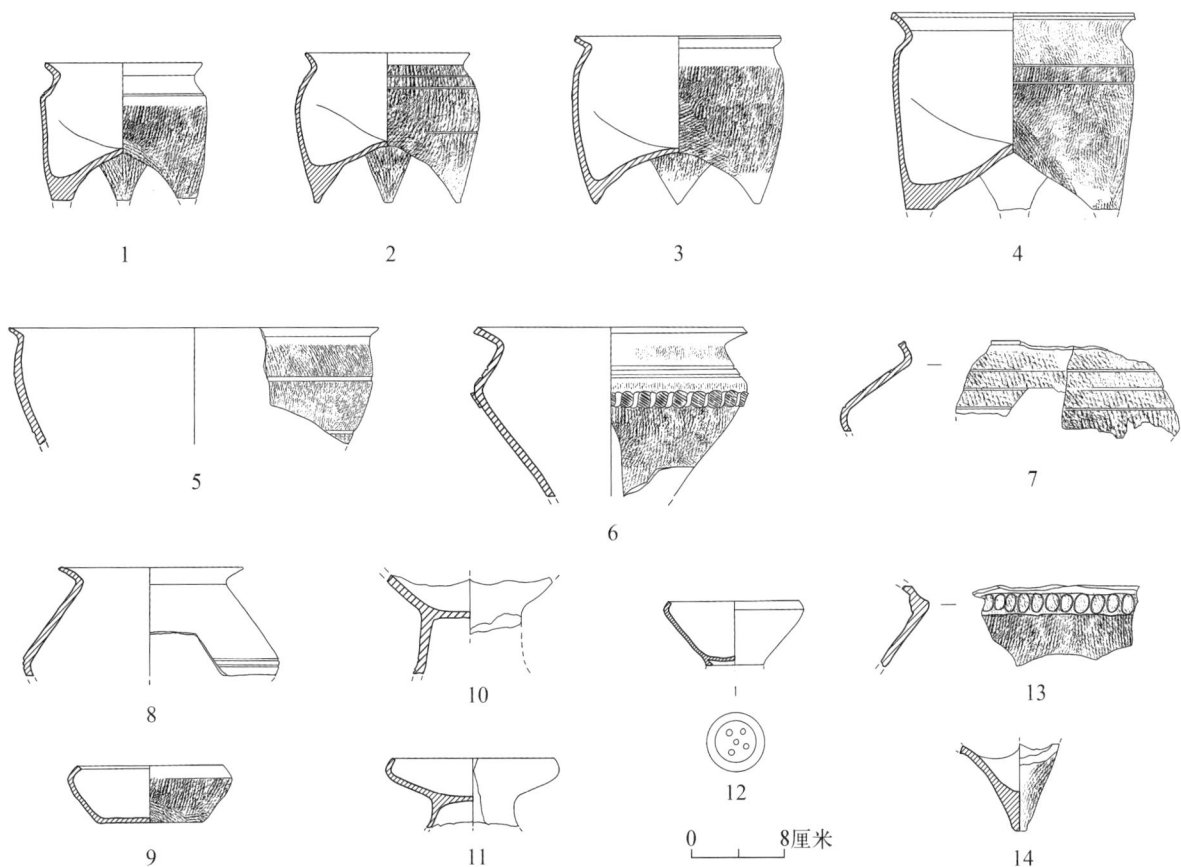

图一六　典型单位出土器物

1～4. 陶鬲（T1515⑪：1、T1519⑧：1、T1616⑧：1、T1616⑧：2）　5、6. 陶盆（T1515⑪：3、T1519⑧：4）
7、8. 陶罐（T1515⑪：8、T1516⑪：1）　9. 陶钵（T1519⑧：2）　10. 陶簋（T1519⑧：5）　11. 陶豆（T1617⑥：3）
12. 陶盉（T1515⑪：2）　13. 陶甗（T1516⑪：3）　14. 陶鬲足（T1516⑪：4）

　　簋　标本T1519⑧：5，泥质灰陶。下腹斜直，高圈足，下腹以上残。圈足饰两周凹弦纹。残高9.4厘米（图一六，10）。

　　（4）T1616第⑧层

　　鬲　标本T1616⑧：1，夹砂黑陶。侈口，沿面内侧下凹，方唇，束颈，圆肩，弧裆微瘪，袋状足。颈部以下饰粗竖绳纹。口径19.6、高15.6厘米（图一六，3）。标本T1616⑧：2，夹砂红褐胎黑皮陶。侈口，方唇，内沿面形成一周凹弦纹，束颈，圆肩，瘪裆，足尖处残。肩部饰两周凹弦纹，口沿、颈部及肩部以下饰粗竖绳纹。口径21.4、残高17.6厘米（图一六，4）。

　　（5）T1617第⑥层

　　豆　标本T1617⑥：3，泥质灰陶。敛口，圆唇，弧壁，深盘，近柄部以下残。素面。豆盘与豆柄接口处有明显接痕。口径14、残高5.8厘米（图一六，11）。

　　（6）T1515第⑧层

　　鬲　标本T1515⑧：5，夹砂红褐陶。敞口，方唇，折肩，弧裆较高，袋状足，足尖处残。素面。

口径16.4、残高9.8厘米(图一七,1)。

罐　标本T1515⑧∶14,印纹硬陶。侈口,方唇,束颈,鼓腹,中腹以下残。颈部以下饰抹断绳纹。口径16.2、残高14.4厘米(图一七,4)。

豆　标本T1515⑧∶4,泥质灰陶。方唇,细高柄,中空至盘底,喇叭口底座。素面。豆盘内有明显按压痕迹。口径10.8、底径9.2、高8.2厘米(图一七,13)。

钵　标本T1515⑧∶1,泥质红褐陶。敛口,圆唇,口沿下近肩部有一凸起,腹壁斜收,平底。腹部饰细竖绳纹。口径10.4、底径7.8、高9.8厘米(图一七,10)。

(7)T1516第⑧层

豆　标本T1516⑧∶13,泥质灰陶。直口,方唇,浅盘,近柄部以下残。素面。口径14、残高4.5厘米(图一七,14)。

(8)T1517第⑥层

鬲　标本T1517⑥∶5,夹砂红褐胎黑皮陶。侈口,尖圆唇,沿面下凹形成一周凹弦纹,束颈,弧裆较高,袋状足。颈部以下饰粗竖绳纹。口径16.8、高10.4厘米(图一七,2)。

盉　标本T1517⑥∶6,夹砂红褐胎黑皮陶。浅钵形,敛口,方唇,斜直腹,底部有两周柳叶形箅孔,盉下部残。素面。盉底有明显接痕。口径10.4、残高5厘米(图一七,12;彩版三九,3)。

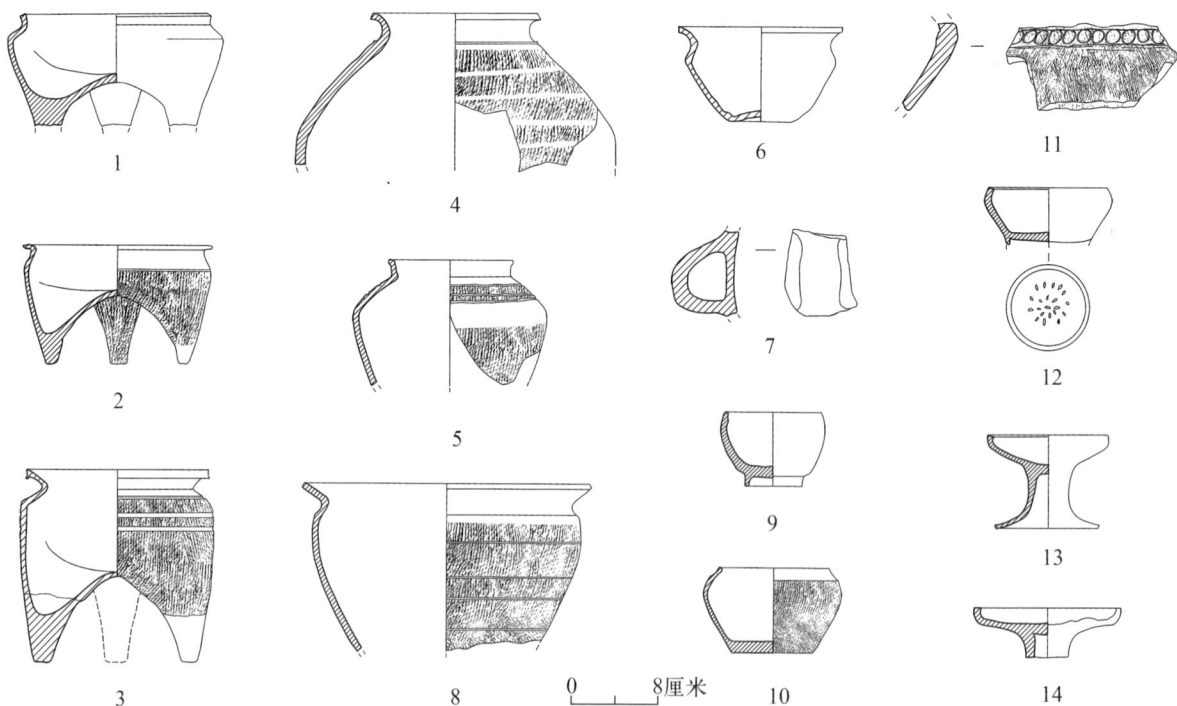

图一七　典型单位出土器物

1～3.陶鬲(T1515⑧∶5、T1517⑥∶5、T1518⑥∶2)　4、5.陶罐(T1515⑧∶14、T1616⑥∶7)　6.陶盂(T1616⑤∶1)
7.陶罐耳(T1616⑦∶7)　8.陶盆(T1617③∶3)　9.陶杯(T1517⑥∶2)　10.陶钵(T1515⑧∶1)　11.陶甗(T1617③∶5)
12.陶盉(T1517⑥∶6)　13、14.陶豆(T1515⑧∶4、T1516⑧∶13)

杯　标本T1517⑥：2，夹砂灰陶。制作粗糙，口微敛，圆唇，弧腹，矮圈足。素面。器身有明显手捏痕迹，圈足与杯身粘结痕迹明显，且不规整。口径9、底径5.3、高6.7厘米（图一七，9）。

（9）T1518第⑥层

鬲　标本T1518⑥：2，夹砂黄褐陶。侈口，方唇，唇面内凹，束颈，折肩，瘪裆，袋状足，足尖处残。颈部饰一周凹弦纹，肩部饰抹断绳纹，其下饰中竖绳纹。口径16.8、残高17厘米（图一七，3；彩版三九，4）。

（10）T1616第⑦层

罐耳　标本T1616⑦：7，夹砂红褐胎黑皮陶。肩部附一牛鼻形耳。素面。残高8厘米（图一七，7）。

（11）T1616第⑥层

罐　标本T1616⑥：7，夹砂灰陶。敞口，方唇，束颈，折肩，中腹以下残。颈与肩之间饰不规整的弦断绳纹，肩部以下饰中斜绳纹。口径12、残高11.6厘米（图一七，5）。

（12）T1616第⑤层

盂　标本T1616⑤：1，泥质灰胎黑皮陶。侈口，内沿面凸起一棱，方唇，束颈，折肩，斜直腹，凹圜底。素面。口径15.2、底径5.6、高8.6厘米（图一七，6）。

（13）T1617第③层

盆　标本T1617③：3，泥质红褐陶。侈口，方唇，束颈，弧腹，下腹部及底残。口沿下饰弦断绳纹。口径28、残高15.6厘米（图一七，8）。

甗　标本T1617③：5，夹砂红褐陶。下腹斜直，仅存部分甗腰及下腹部。甗腰处有抹泥痕迹，上饰指窝纹，下腹饰中竖绳纹。残高7.6厘米（图一七，11）。

（14）T1515第⑥层

鬲　标本T1515⑥：2，夹砂红褐胎灰皮陶。敞口，圆唇，束颈，弧裆，袋状足，足尖处残。颈部以下饰粗竖绳纹。口径12、残高8.8厘米（图一八，1；彩版四〇，1）。

罐　标本T1515⑥：17，泥质黑陶。敞口，束颈，方唇，唇面内凹，圆肩，肩部以下残。颈部以下饰抹断绳纹，肩部饰附加堆纹。口径27.4、残高16.8厘米（图一八，9）。

盆　标本T1515⑥：9，泥质红陶。敞口，方唇，圆肩，下腹部及底残。颈部以下饰中斜绳纹。口径30、高13厘米（图一八，11）。

盂　标本T1515⑥：1，夹砂红陶。敞口，圆唇，折肩，肩部对称分布两组乳钉钮，两个一组，下腹斜直，平底。肩部以下饰粗竖绳纹。口径21.6、底径8.4、高7.4厘米（图一八，2；彩版四〇，2）。

盉把　标本T1515⑥：14，夹砂灰陶。近尾端上翘内勾。盉把接口有明显抹泥、粘结痕迹。高10.2厘米（图一八，4）。

（15）T1516第⑥层

盂　标本T1516⑥：2，夹砂黄褐陶。侈口，圆唇，微束颈，弧腹，平底微内凹。颈部以下饰粗竖绳纹。器身手捏痕迹明显。口径9.2、底径18.4、高11厘米（图一八，3）。

（16）T1515 第⑤层

鬲足　标本T1515⑤：18，夹砂红陶。柱状足。鬲足内侧饰有较深的粗斜绳纹，外侧及鬲足底素面。残高9.4厘米（图一八，14）。

（17）T1516 第⑤层

钵　标本T1516⑤：2，夹砂黄陶。敛口，圆唇，斜直壁，底内凹。素面。口径10.4、底径5.6、高5.4厘米（图一八，7）。

（18）H7

罐　标本H7：2，夹砂红褐胎灰皮陶。侈口，圆唇，束颈，圆肩，下腹部及底残。近颈部饰数周凹弦纹，肩部以下饰弦断绳纹。口径13.2、残高21.4厘米（图一八，10；彩版四〇，3）。

钵　标本H7：1，夹砂红褐陶。敛口，圆唇，腹壁斜收，平底。残存部分饰中竖绳纹。口径11.4、底径8、高8厘米（图一八，6）。

（19）T1517 第③层

盘　标本T1517③：1，泥质红褐陶。敛口，方唇，弧壁，折盘，盘底附三扁方形足。素面。足与器身交接处有明显接痕，足上有刮削痕迹。口径18、高4.6厘米（图一八，12）。

钵　标本T1517③：3，夹砂红褐胎黑皮陶。敛口，方唇，斜直壁，平底。素面。口径12、底径6.4、高4.4厘米（图一八，8）。

杯　标本T1517③：4，泥质黄褐陶。直口，圆唇，圜底。制作粗糙，器表凹凸不平，有明显手捏痕迹。口径5.2、底径4、高4.2厘米（图一八，5）。

器盖　标本T1517③：2，夹砂红褐陶。敞口，圆唇，斜直壁。素面。器盖内侧盖顶部分有两周明显按压痕迹，捉手与器盖交接处有接痕，捉手有明显手捏痕迹，欠规整。口径7.6、底径17.2、高6.2厘米（图一八，13）。

（20）T1519 第④层

鬲足　标本T1519④：1，夹砂红陶。柱状足。饰细竖绳纹，足底截面素面。残高8.5厘米（图一八，15）。

2. 石器

（1）T1518 第⑨层

斧　标本T1518⑨：3，青灰色石材，上窄下宽，上部为圆角舌状，横截面呈椭圆形。表面较光滑，双面刃，刃缘锋利，刃部有使用疤痕。长8.4、宽5.6、厚1.7厘米（图一八，16）。

（2）T1516 第⑩层

范　标本T1516⑩：1，残，灰褐色石材，表面较粗糙。平面近方形，剖面为长条形。范内有倒梯形凹陷，中部近上端有一三角形凸起。长8.5、宽7.8、厚2.8厘米（图一八，17）。

（3）T1515 第⑨层

凿　标本T1515⑨：3，灰色石材。表面较粗糙。整体形态细长，平面呈长条形，横截面为方形。单面刃，刃部有打击疤痕。长11.2、宽1.9、厚2.5厘米（图一八，18）。

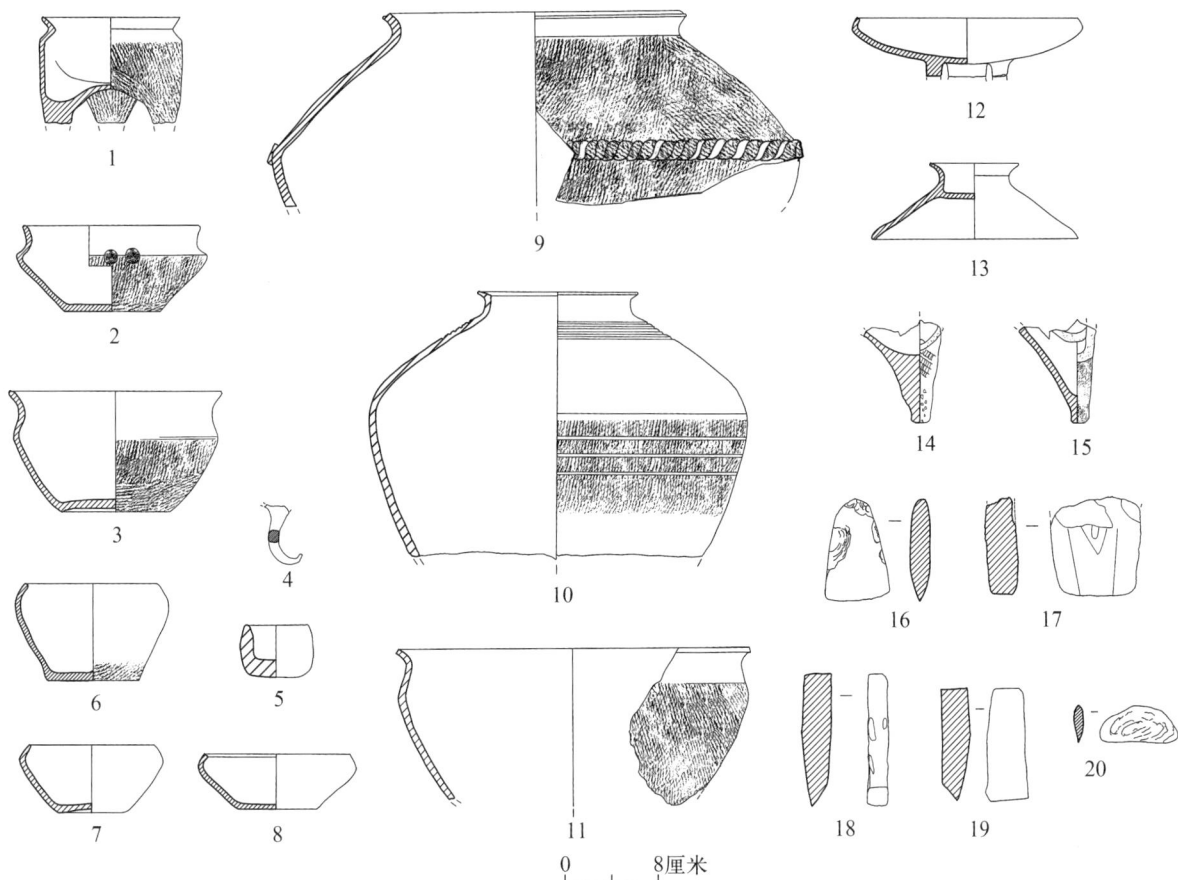

图一八　典型单位出土器物

1. 陶鬲(T1515⑥:2)　2、3. 陶盂(T1515⑥:1、T1516⑥:2)　4. 陶盂把(T1515⑥:14)　5. 陶杯(T1517③:4)
6~8. 陶钵(H7:1、T1516⑤:2、T1517③:3)　9、10. 陶罐(T1515⑥:17、H7:2)　11. 盆(T1515⑥:9)　12. 陶盘(T1517③:1)
13. 陶器盖(T1517③:2)　14、15. 陶鬲足(T1515⑤:18、T1519④:1)　16. 石斧(T1518⑨:3)　17. 石范(T1516⑩:1)
18. 石凿(T1515⑨:3)　19. 石锛(T1515⑧:6)　20. 石刀(T1515④:3)

（4）T1515第⑧层

锛　标本T1515⑧:6,灰色石材。平面形状呈长条形,横截面呈长方形。单面刃。背面中部有一棱。长9.4、宽3.6、厚2.5厘米(图一八,19)。

（5）T1515第④层

刀　标本T1515④:3,深灰色石材。平面呈半椭圆形,剖面形状近菱形。双面刃,弧背直刃。长6.4、宽3、厚1.2厘米(图一八,20)。

三、结　　语

依据墩台堆积结构及器物特征,将坝埂遗址发现的遗存分为三期。

第一期典型单位以F4、T1515第⑪层等为代表。陶器包括鬲、甗、盆、罐、盂、簋等。其中鬲多折沿上仰、裆部较低。盆为高折沿。甗腰处有明显抹泥痕迹,皆按压指窝纹。罐多为敞口、折沿、折肩。簋仅在第一期出现,其后不见。上述器物形态与庐江大神墩①、霍邱堰台遗址②第二期等出土器物相似,推断年代约为西周晚期。

第二期典型单位以环带状红烧土面建筑、Z5等为代表。新见器类有陶杯,鬲、罐等仍在陶器中占比较大,此外还有豆、甗、盉、盂等。杯有直口、敛口两种形态。鬲多在束颈、折肩的程度上有所加深。附耳的罐较第一期增多。豆较早期豆盘渐浅。甗与第一期在甗腰处按压指窝纹的做法一致,变化为指窝纹的密度增大。盉多为联体,上部为钵形,且均有箅孔。以上器物风格与霍邱堰台③第三期、丁家畈遗址④第四期、繁昌板子矶⑤等出土器物风格相近,大致属于春秋早期。

第三期典型单位以H7、T1517第③层等为代表。新见器类有三足盘,陶器组合以鬲、罐、盆、钵、器盖、杯等。鬲足延续第二期,由锥足向柱足的方向发展。出现了肩部对称分布两组乳钉钮的盂。盆较多呈现出肩部逐渐明显、腹内收程度变大的特点。钵腹多趋浅宽。陶杯向小型化发展。上述器物特征与霍邱堰台⑥第四期、桐城双墩⑦遗址出土器物相似,年代大致为春秋中期。

坝埂遗址中出土的器物受多种文化因素影响。其中折肩鬲带有明显的"淮式鬲"风格,鬲足多见刮削痕迹,且刮削位置不同,与铜陵师姑墩遗址的刮削鬲⑧相似。曲柄盉也是该地区典型器物,坝埂遗址中虽未出土完整的盉,但其残存的管状流、盉把以及盉上部为钵状、有箅孔的特点也符合江淮地区带把甗形盉的特征。以上均带有明显的江淮文化因素。沣西地区西周晚期墓葬中常见的"疙瘩鬲",与遗址中三袋足、裆部较高、后加足尖被捏成柱状、足尖微内敛等特征的陶鬲有一定的渊源。侈口、卷沿、折肩、肩部多饰数周弦纹的陶罐在张家坡墓地⑨等周代遗址或墓葬中多有发现。陶盉与张家坡墓地流行的Ⅲ式陶盉⑩特征相近。以上特征体现了周文化因素。饰有回纹、方形交叉纹、叶脉纹等的印纹硬陶,可能是受宁镇地区同时期吴越文化影响的结果。

广泛分布于东墩外围的环带状红烧土面建筑,其性质有两种可能:一是该遗迹沿着墩台的周边筑建,可能与防御设施有关;二是遗址上发现有少量炉缸壁、鼓风管和石范等,可能是冶炼或铸造场地的工作台基址。结合遗址周缘地层堆积较厚,并由周缘向中间变薄、变深的地层特征及遗迹的分布,说明人类活动多集中于墩台边缘。G2位于台地北部,可能有两方面的作用:一是起

① 安徽省文物考古研究所、庐江县文物管理所:《庐江大神墩遗址发掘简报》,《江汉考古》2006年第2期。
② 安徽省文物考古研究所:《霍邱堰台:淮河流域周代聚落发掘报告》,科学出版社,2010年,第253、280页。
③ 安徽省文物考古研究所:《霍邱堰台:淮河流域周代聚落发掘报告》,科学出版社,2010年,第264、300页。
④ 宋志瑞:《丁家畈遗址研究》,河南大学硕士学位论文,2020年,第36、37页。
⑤ 安徽省文物考古研究所:《安徽繁昌板子矶周代遗址发掘简报》,《文物》2013年第10期。
⑥ 安徽省文物考古研究所:《霍邱堰台:淮河流域周代聚落发掘报告》,科学出版社,2010年,第314页。
⑦ 安徽省文物考古研究所:《安徽桐城双墩遗址发掘报告》,《黄河·黄土·黄种人》2019年第24期。
⑧ 安徽省文物考古研究所:《安徽铜陵县师姑墩遗址发掘简报》,《考古》2013年第6期。
⑨ 中国社会科学院考古研究所:《张家坡西周墓地》,中国大百科全书出版社,1999年,第357页。
⑩ 中国社会科学院考古研究所:《张家坡西周墓地》,中国大百科全书出版社,1999年,第115页。

防御功能；二是连接河道（G2东南为小港河河道），方便墩台用水。结合东、西墩遗迹的分布及出土器类判断，坝埂遗址应为一处以生产、居住为主要功能的村落遗址。

江淮地区作为商周时期"金道锡行"的主要原料产地，有着重要的政治、军事意义。坝埂遗址的发现为研究本地区古人的选址、布局、聚落的功能与性质以及复原"金道锡行"背景下聚落的文化面貌等提供了实物资料。

附记：

参与发掘的有郑州大学历史文化遗产保护研究中心教师张继华、陈博，研究生王苛、李春燕、陈鑫远、王百川，外聘人员申文、杜峰、韩楚文、罗正松、万贤才、石蒲华和周向民等。参与整理的有教师张继华、陶大卫，研究生夏孝言、刘琪、谢书琴、屈璐璐、周佳雯、高靖尧，外聘人员韩楚文、鲍友贵、万贤才、文必华等。发掘工作得到安徽省文物考古研究所宫希成、张辉、赵卫东，武汉大学徐承泰、李龙俊等先生的大力支持和帮助，南京大学、厦门大学、河南大学考古队等兄弟单位也给予了宝贵意见，在此一并致以诚挚谢意！

领　　队：张继华
执　　笔：张继华　刘　琪　高靖尧
绘　　图：文必华　谢书琴　屈璐璐　周佳雯　王　苛　李春燕
照　　相：李云陆

庐江杨家墩周代遗址发掘简报

南京师范大学文物与博物馆学系　安徽省文物考古研究所

　　杨家墩遗址位于安徽省合肥市所辖庐江县庐城镇杨家墩村，东南距庐江县城约7公里，北距巢湖约22公里（图一；彩版四一，1）。中心地理坐标：东经117°15′59.97″、北纬31°19′49.97″。遗址为江淮中西部常见的台墩形遗址，地势高出周围农田2～3米，西北部约35米处有河流流经。其平面大致呈刀形，北窄南宽，南北长约100米，东西宽55～75米，面积约6 700平方米，北部破坏严重，中南部保存较好。

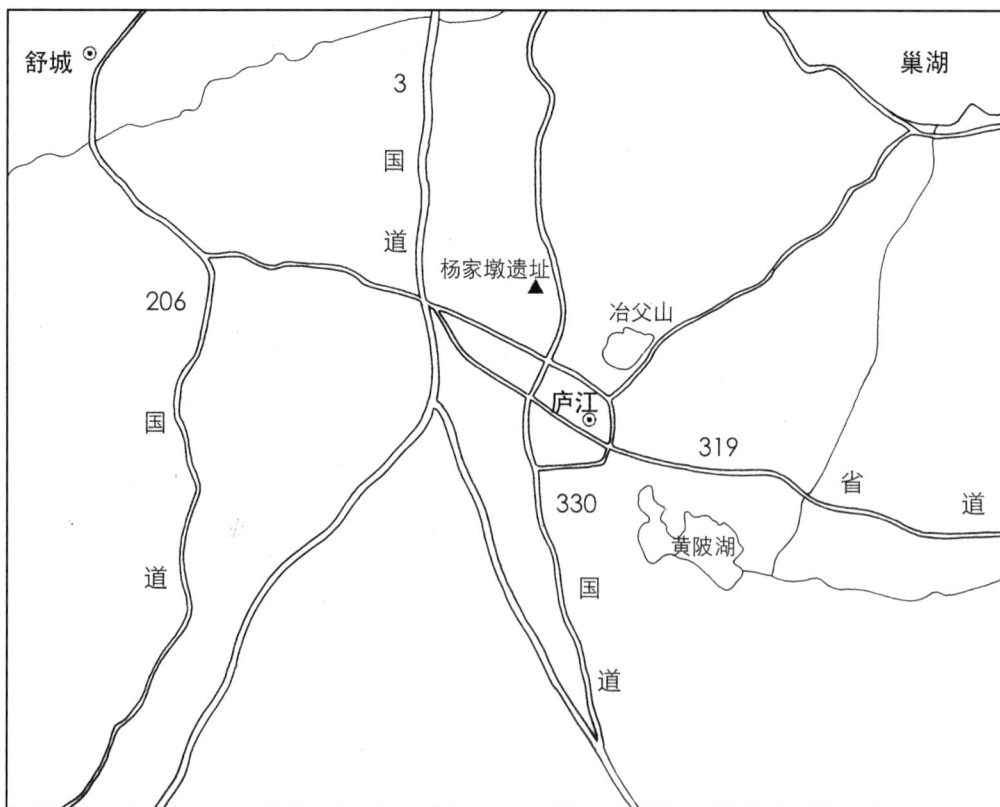

图一　杨家墩遗址位置示意图

　　因配合引江济淮工程建设,2018年9月～2019年1月,在安徽省文物考古研究所的组织下,南京师范大学文物与博物馆学系对杨家墩遗址进行了抢救性考古发掘。此次发掘选择在遗址中南部的平缓地区布设10米×10米探方10个,揭露面积1 000平方米,清理红烧土遗迹1处、灰坑20座、灰沟9条,出土陶器、原始瓷器、石器、玉器和铜器等共计119件(图二)。现将此次发掘的主要收获报告如下。

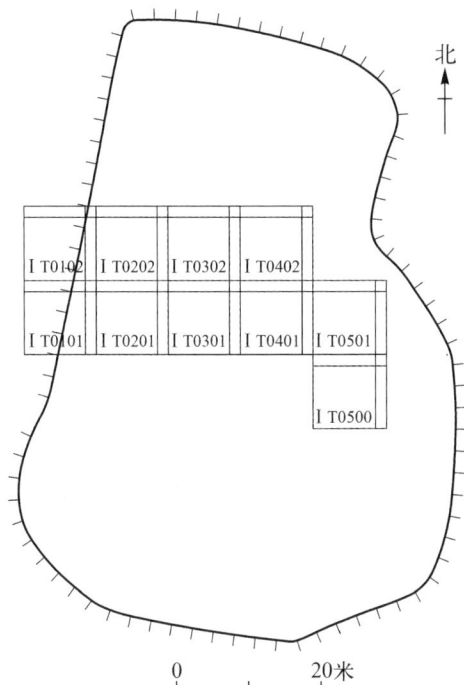

图二　遗址平面及探方分布图

一、地层堆积

　　发掘表明,该遗址文化层堆积大致相同,厚1.5～1.9米。现以ⅠT0501南壁剖面(图三)、ⅠT0401南壁剖面(图四)为例,将地层堆积情况介绍如下。

(一)ⅠT0501南壁剖面

　　第①层:耕土层,浅灰色土,厚0.08～0.35米。土质疏松,分布于整个探方,由南向北呈坡状堆积。内含较多植物根茎,未出土遗物。

　　第②层:淡黄色土,深0.08～0.35、厚0.06～0.4米。土质较松软,分布于探方的绝大部分,由北向南呈坡状堆积。出土少量夹砂红陶片。

　　第③层:灰白色土,深0.38～0.5、厚0.15～0.28米。土质坚硬,分布于探方西南部。出土少量陶片,以夹砂陶为主,可辨器形有鬲、罐、钵、甗等。

　　第④层:黄褐色花土,深0.24～0.6、厚0.17～1.18米。土质较硬,分布于整个探方。出土有少量陶片，以夹砂陶为主，可辨器形有鬲、罐。该层下发现红烧土遗迹HST1，位于探方西南角。

第⑤层：浅黄色土，深0.82～1.48、厚0～0.8米。土质较硬，夹杂大量类似水锈的斑点，分布于探方的南部，面积约占本探方的三分之二。出土少量陶片，以灰陶为主，可辨器形有鬲、罐等。

第⑥层：灰色土，深1.2～1.55、厚0.05～0.15米。土质较硬，基本分布全方。未出土遗物。

第⑥层下为生土。

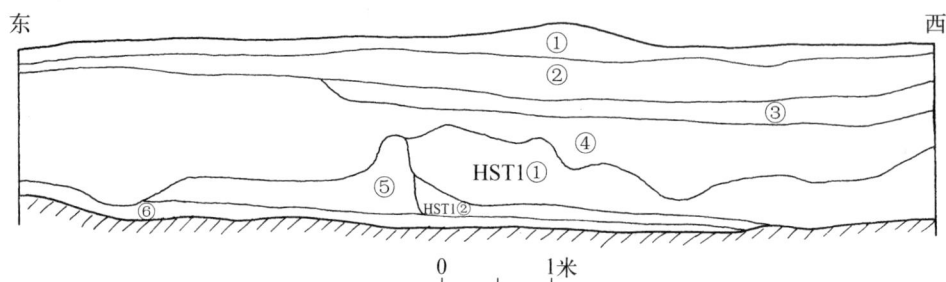

图三　丨T0501南壁剖面图

（二）丨T0401南壁剖面

第①层：耕土层，浅灰色土，厚0.05～0.26米。土质疏松，分布于整个探方，由南向北呈坡状堆积。内含较多植物根茎，出土零星陶片。

第②层：淡黄色土，深0.05～0.26、厚0.1～0.45米。土质较松软，分布于整个探方，由南向北呈坡状堆积。出土少量陶片。

第③层：灰白色土，深0.4～0.5、厚0～0.45米。土质坚硬，分布于探方西南部。出土大量陶片，以夹砂陶为主，可辨器形有盉、豆、盆等。另出土少量原始瓷片。

第④层：黄褐色花土，深0.15～0.9、厚0.15～0.9米。土质较硬，分布于整个探方。出土较多陶片，以夹砂陶为主，残碎严重，可辨器形有鬲、罐、豆、盉、纺轮。另出土少量玉器和石器。该层下发现H11，位于探方东南角。

第⑤层：浅黄色土，深0.85～1.35、厚0.15～0.7米。土质较硬，夹杂大量类似水锈的斑点，分布于整个探方。出土少量陶片，可辨器形有鬲、罐等。

第⑥层：灰色土，深0.95～1.5、厚0.1～0.2米。土质较硬，分布于整个探方。未发现遗物。

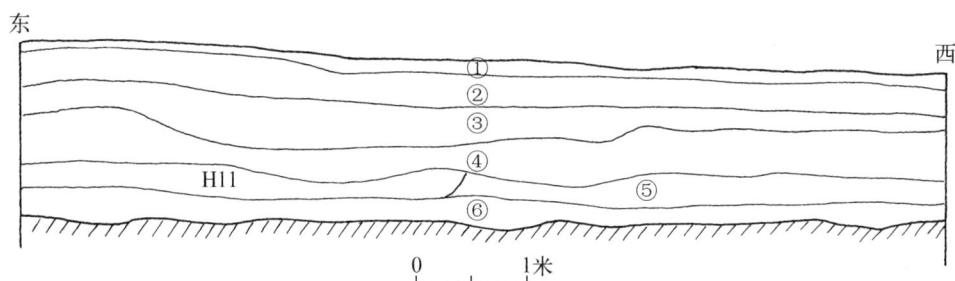

图四　丨T0401南剖面图

第⑥层下为生土。

二、遗　　迹

发现的遗迹30处,包括红烧土遗迹1处、灰坑20座、灰沟9条。

(一)红烧土遗迹

1处。

HST1　位于发掘区的东南,主体在ⅠT0500东部、ⅠT0501西南角,并向西北方向延伸。开口于第④层下,打破H12、H13及第⑤层。平面呈不规则长方形。长约12.56、宽4~5.25、厚约0.3~0.5米。分为两层:①层红烧土较为均匀,整体呈红色,土质较为板结,含少量灰烬及陶片;②层红烧土呈硬块状,整体呈红褐色,部分为黑红色,土质略疏松,内含灰烬较多,出土零星陶片(图五;彩版四一,2)。

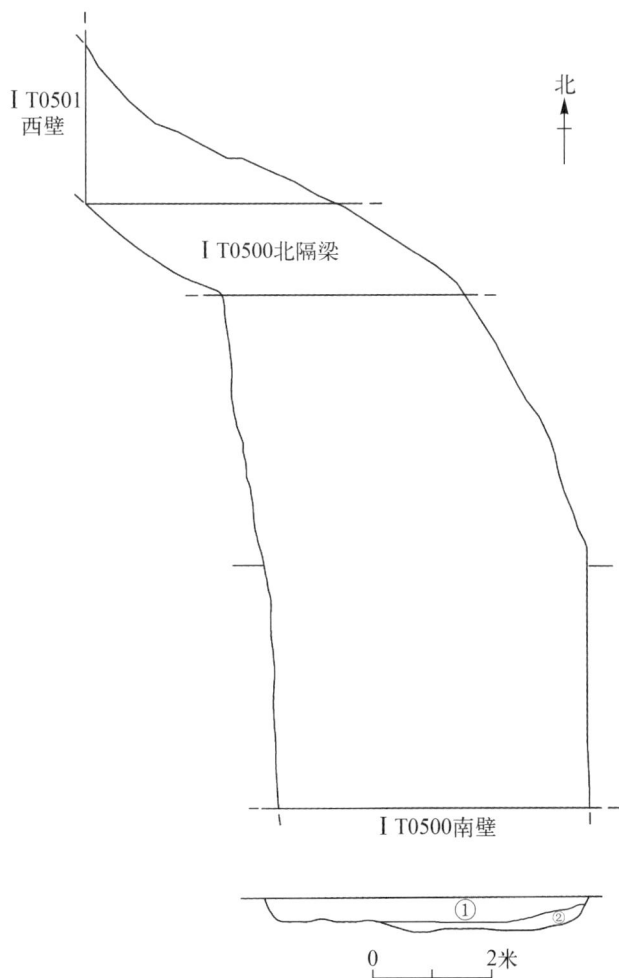

图五　HST1平、剖面图

（二）灰坑

共20座。其中H10至H21为周代灰坑。依平面形状可将周代灰坑分为圆形（或椭圆形）、不规则形两类。举例介绍如下。

1. 圆形（或椭圆形）

2座。

H18　位于ⅠT0500西部，开口于第④层下，打破第⑤层。已发掘部分平面呈半圆形锅底状，部分伸入西壁内，整体应为圆形或椭圆形。直径2.3、深0.8米。填土为浅灰色，土质较松，内含炭屑。出土少量夹砂红褐陶片，器形不可辨（图六）。

2. 不规则形

10座。

H11　位于ⅠT0401东南角，开口于第④层下，打破第⑤层，部分伸入东壁和南壁内。已发掘部分平面呈不规则形，长径4.4、短径3.1、深0.6米。填土为浅灰褐色，土质疏松，内含木炭、颗粒等杂物。坑内出土有陶罐、盉残片等（图七）。

H14　位于ⅠT0500西部，开口于第④层下，打破第⑤层。平面呈不规则形，直径1.28、深0.4米。填土为灰色，土质较松软，内含灰烬等杂物。坑内出土少量陶片，可辨器形有罐和鼎（图八）。

（三）灰沟

共9条。多为长条状和不规则状。其中G1至G7为近代沟，G8、G9为周代灰沟。以G9为例介绍如下。

G9　位于ⅠT0301南部，开口于第③层下，打破第④、⑤层。已发掘部分平面为长条形，呈东南、西北走向，两端分别伸入东壁和西壁内。长8.5、宽2.5～4、深0.35～0.5米。填土浅灰色，土质较松，内含灰烬和红烧土颗粒等杂物。出土陶片较多，可辨器形有鬲、罐、甗、盆、纺轮（图九）。

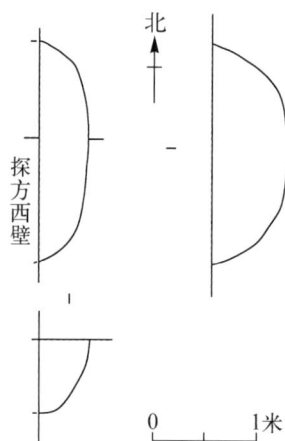

图六　H18平、剖面图

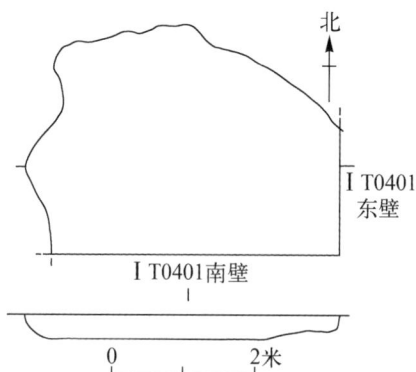

图七　H11平、剖面图

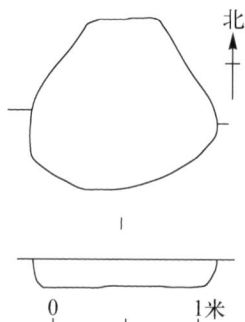

图八　H14平、剖面图

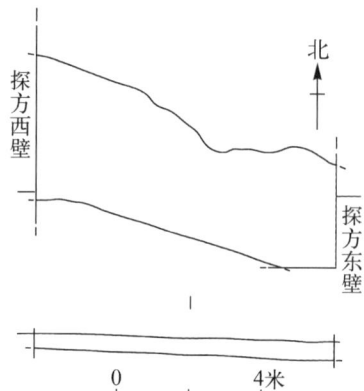

图九　G9平、剖面图

三、遗　物

本次发掘所获遗物较为丰富,主要有陶器、原始瓷器、石器、玉器和铜器等。

（一）陶器

以夹砂陶为主,以第③层为例,夹砂陶占70.8%,泥质陶较少,占21.3%,并发现数量极少的印纹硬陶。陶色主要以灰陶为主,占48.9%,其次为红褐陶,占26.2%,黑陶占17%。夹砂、泥质陶纹饰以细绳纹为主,另有少量抹断绳纹、附加堆纹、粗绳纹、指甲纹、叶脉纹、乳钉纹、菱形回纹等;印纹硬陶纹饰主要有复线回纹、大回纹(图一〇)。器类有鬲、罐、盆、瓮、豆、钵、甗、盉、纺轮、拍等,以鬲、罐、盆、豆、钵为主。陶器主要为轮制,造型规整,另可见泥条盘筑、拼接等方法。

鬲　21件。数量较多。除个别为泥质陶外,绝大多数为夹砂陶,多为口沿残片。根据口部不同,可分5型。

A型　7件。卷沿。根据颈、腹部不同,可分3亚型。

Aa型　3件。长束颈,方唇。根据肩部变化,可分3式。

Ⅰ式:1件。ⅠT0301⑤:2,夹砂黑陶。斜广肩。器身饰绳纹。口径18、残高5.4厘米(图一一,1)。

Ⅱ式:1件。ⅠT0201④:4,夹砂灰陶。弧肩。饰绳纹。口径19、残高6厘米(图一一,2)。

Ⅲ式:1件。ⅠT0302③:10,夹砂红陶。弧肩略带折意。肩下饰细绳纹。口径18、残高5.4厘米(图一一,3)。

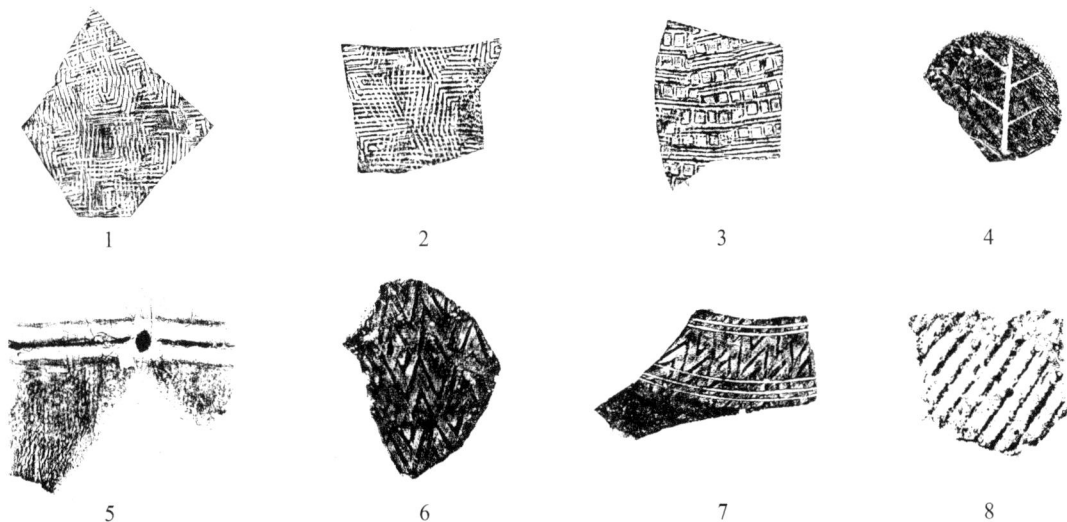

图一〇　陶器纹饰

1. 复线回纹(ⅠT0201③:6)　2. 复线回纹(ⅠT0202④:5)　3. 大回纹(ⅠT0201③:7)　4. 叶脉纹(ⅠT0202④:7)
5. 乳钉纹(ⅠT0201③:9)　6. 菱形回纹(ⅠT0202④:9)　7. 刻划弦纹、三角纹(ⅠT0201④:8)　8. 篮纹(ⅠT0401⑤:3)

Ab型　2件。短束颈,方唇,圆腹。均为夹砂灰陶。ⅠT0201④:1,腹略内收,上饰绳纹。口径18、残高6厘米(图一一,4)。ⅠT0201④:2,器身饰绳纹,间以弦纹。残高9厘米(图一一,5)。

Ac型　2件。弧束颈,圆唇,溜肩。ⅠT0301③:4,夹砂红褐陶。口径15、残高6厘米(图一一,6)。ⅠT0301③:11,夹砂灰陶。腹部饰细绳纹。口径16、残高5.2厘米(图一一,7)。

B型　4件。折沿。根据颈、腹部不同,可分2亚型。

Ba型　2件。束颈,方唇。ⅠT0501④:5,夹砂灰陶。弧肩。饰竖向绳纹,间以弦纹。残高6厘米(图一一,8)。ⅠT0302③:9,夹砂红陶。口径15、残高4厘米(图一一,9)。

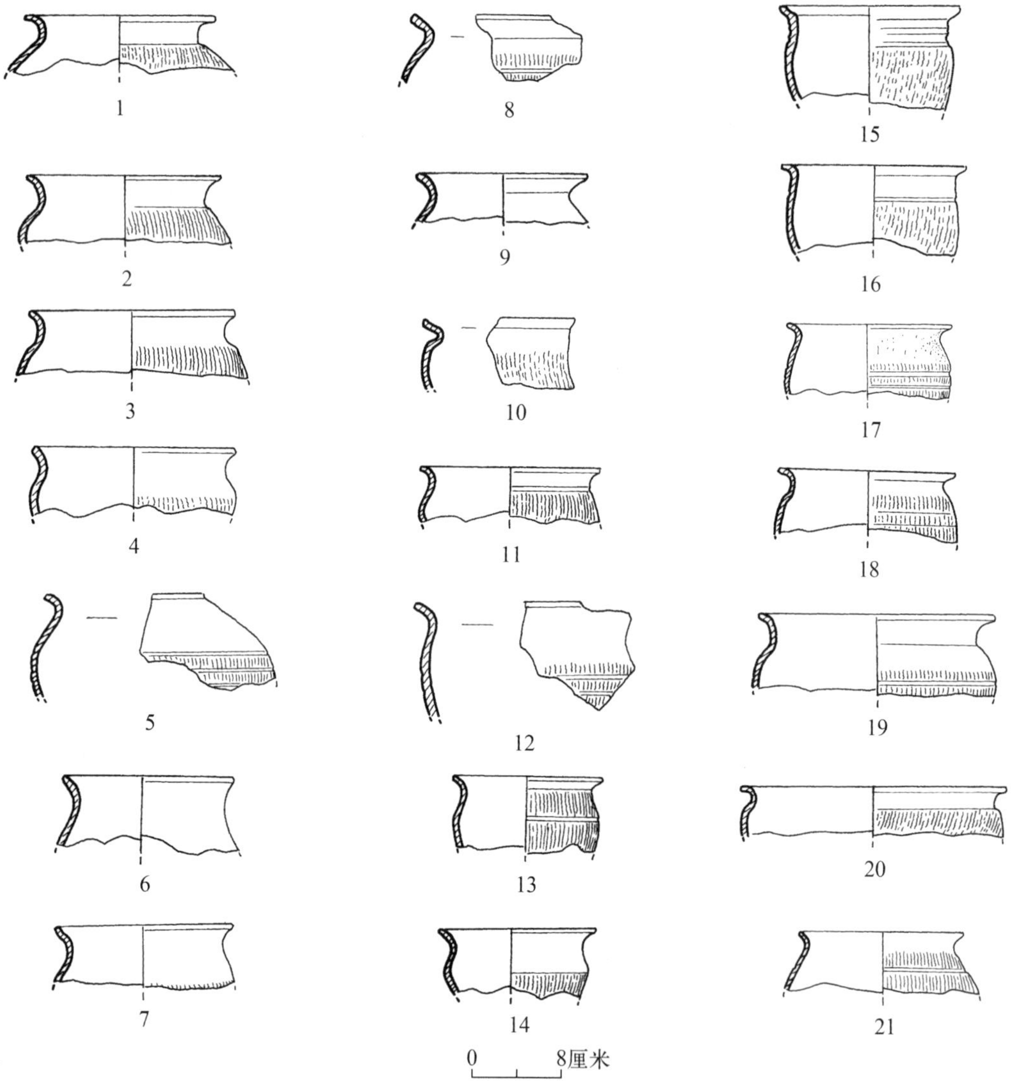

图一一　出土陶鬲

1. Aa型Ⅰ式(ⅠT0301⑤:2)　2. Aa型Ⅱ式(ⅠT0201④:4)　3. Aa型Ⅲ式(ⅠT0302③:10)　4、5. Ab型(ⅠT0201④:1、ⅠT0201④:2)　6、7. Ac型(ⅠT0301③:4、ⅠT0301③:11)　8、9. Ba型(ⅠT0501④:5、ⅠT0302③:9)　10、11. Bb型(ⅠT0302④:1、ⅠT0301③:12)　12. Ca型Ⅰ式(ⅠT0201④:3)　13、14. Ca型Ⅱ式(ⅠT0301③:5、ⅠT0301③:6)　15、16. Cb型(ⅠT0402④:1、ⅠT0202④:2)　17. Cc型Ⅰ式(ⅠT0501④:7)　18. Cc型Ⅱ式(ⅠT0302③:1)　19、20. D型(ⅠT0202④:1、ⅠT0401④:8)　21. E型(ⅠT0501④:6)

Bb型　2件。圆腹。ⅠT0302④∶1，泥质红陶。圆唇，折肩。饰细绳纹。残高6.4厘米（图一一，10）。ⅠT0301③∶12，夹砂灰陶。方唇，弧肩。饰绳纹，并有一道弦纹。口径16、残高5厘米（图一一，11）。

C型　7件。深腹。根据口、肩、腹部不同，可分3亚型。

Ca型　3件。方唇，折肩，腹内收明显。根据腹部变化，可分2式。

Ⅰ式：1件。ⅠT0201④∶3，夹砂灰陶。卷沿，腹部略直，饰绳纹，间以弦纹。残高10.4厘米（图一一，12）。

Ⅱ式：2件。夹砂红陶。腹部急收。ⅠT0301③∶5，折沿。口沿下饰竖向绳纹，腹部有一道弦纹。口径14、残高7厘米（图一一，13）。ⅠT0301③∶6，卷沿。腹部饰绳纹。口径15、残高6厘米（图一一，14）。

Cb型　2件。折沿，弧肩，腹略直。ⅠT0402④∶1，夹砂黑陶，口微凹，厚圆唇。颈饰弦纹，腹饰麦粒状绳纹。口径17、残高9.2厘米（图一一，15）。ⅠT0202④∶2，夹砂褐陶。圆唇。腹饰弦纹，其下饰绳纹。口径17、残高8厘米（图一一，16）。

Cc型　2件。夹砂灰陶。弧腹。根据肩部变化，可分2式。

Ⅰ式：1件。ⅠT0501④∶7，圆唇，肩部位置较低。腹饰绳纹，间以弦纹。口径15、残高9厘米（图一一，17）。

Ⅱ式：1件。ⅠT0302③∶1，方唇，肩部位置较高。器身饰竖向绳纹，间以弦纹。口径16.4、残高6.4厘米（图一一，18）。

D型　2件。夹砂灰陶。方唇大口。ⅠT0202④∶1，卷平沿，束颈，圆肩，饰竖向绳纹，间以弦纹。口径22、残高7.2厘米（图一一，19）。ⅠT0401④∶8，矮束颈，弧腹。饰斜向绳纹。口径25、残高4.5厘米（图一一，20）。

E型　1件。ⅠT0501④∶6，夹砂灰陶。卷沿，束颈，斜直肩。饰竖向绳纹，间以弦纹。口径15、残高6厘米（图一一，21）。

鬲足　8件。均为夹砂红陶，饰细绳纹。根据足部形状不同，可分2型。

A型　3件。锥状。根据足部高矮、粗细变化，可分3式。

Ⅰ式：1件。ⅠT0501④∶2，粗足。残高10厘米（图一二，1）。

Ⅱ式：1件。ⅠT0201③∶3，细足。残高7.8厘米（图一二，2）。

Ⅲ式：1件。ⅠT0202③∶2，细高足。残高12厘米（图一二，3）。

B型　5件。柱状。ⅠT0501④∶3，残高7.5厘米（图一二，4）。ⅠT0201③∶2，残高6.4厘米（图一二，5）。ⅠT0201③∶4，残高10.8厘米（图一二，6）。ⅠT0202③∶3，残高6厘米（图一二，7）。ⅠT0500③∶1，足略外撇。残高6.6厘米（图一二，8）。

鼎足　4件。根据足部形状不同，可分2型。

A型　2件。柱状。根据足部粗细不同，可分2亚型。

Aa型　1件。ⅠT0500⑤∶2，夹砂红陶。细直足。残高6厘米（图一二，9）。

Ab型　1件。ⅠT0201③∶5，夹砂褐陶。粗柱足外撇。残高7.8厘米（图一二，10）。

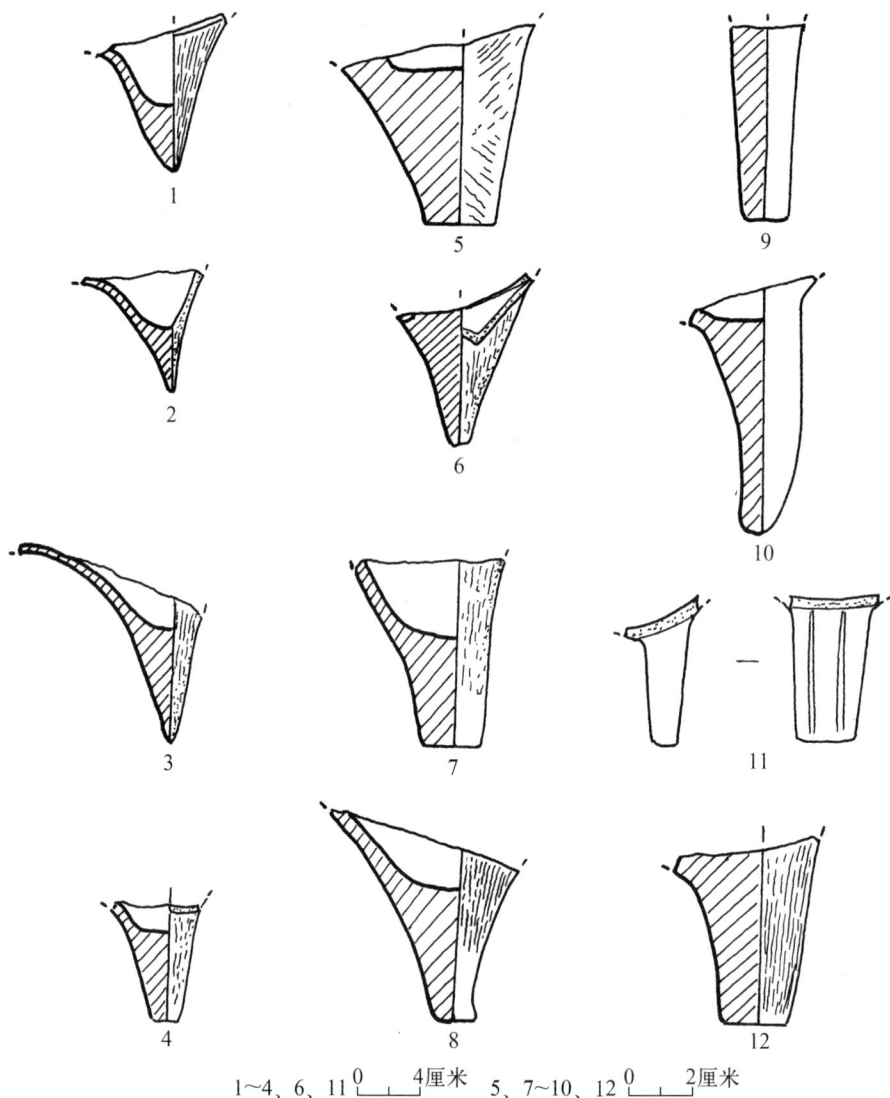

1~4、6、11 ⊢—⊣ 4厘米　　5、7~10、12 ⊢—⊣ 2厘米

图一二　出土陶鬲足、陶鼎足

1. 陶鬲足A型Ⅰ式（ⅠT0501④：2）　2. 陶鬲足A型Ⅱ式（ⅠT0201③：3）　3. 陶鬲足A型Ⅲ式（ⅠT0202③：2）
4~8. 陶鬲足B型（ⅠT0501④：3、ⅠT0201③：2、ⅠT0201③：4、ⅠT0202③：3、ⅠT0500③：1）　9. 陶鼎足Aa型（ⅠT0500⑤：2）
10. 陶鼎足Ab型（ⅠT0201③：5）　11、12. 陶鼎足B型（ⅠT0500⑤：1、ⅠT0501④：4）

B型　2件。夹砂红陶，扁平状。ⅠT0500⑤：1，足外侧有两道沟槽。残高9厘米（图一二，11）。ⅠT0501④：4，饰绳纹。残高6厘米（图一二，12）。

罐　46件。夹砂陶、泥质陶各占一定比例。根据口、肩和腹部不同，可分6型。

A型　19件。折沿。根据唇、肩部不同，可分4亚型。

Aa型　7件。圆唇，绝大部分为素面。根据口部变化，可分3式。

Ⅰ式：1件。ⅠT0401⑤：1，泥质灰陶。敞口，斜广肩，圆唇略尖。口径16、残高4厘米（图一三，1）。

Ⅱ式：3件。口略敞，斜直肩。ⅠT0500④：1，夹砂灰陶。口径17、残高6厘米（图一三，2）。ⅠT0401④：6，夹砂灰陶。厚圆唇。口径13、残高7.4厘米（图一三，3）。ⅠT0501④：9，夹砂红陶。厚圆唇。饰细绳纹。口径14.5、残高8厘米（图一三，4）。

Ⅲ式：3件。直口略敞。ⅠT0401④：5，夹砂灰陶。厚圆唇，折肩，直腹。口径13、残高8厘米（图一三，5）。ⅠT0301③：1，夹砂灰陶。口径15、残高10厘米（图一三，6）。ⅠT0301③：8，泥质红陶。口径18、残高8厘米（图一三，7）。

Ab型　6件。斜肩。根据颈、肩部变化，可分2式。

Ⅰ式：4件。略束颈，斜直肩，方唇。ⅠT0401④：4，夹砂灰陶。饰细绳纹，部分抹光。口径20、残高8厘米（图一三，8）。ⅠT0500④：6，夹砂红陶。宽口沿。腹部饰绳纹，间以弦纹。残高6厘米（图一三，9）。ⅠT0401④：7，夹砂灰陶。饰带状绳纹。口径17、残高7厘米（图一三，10）。

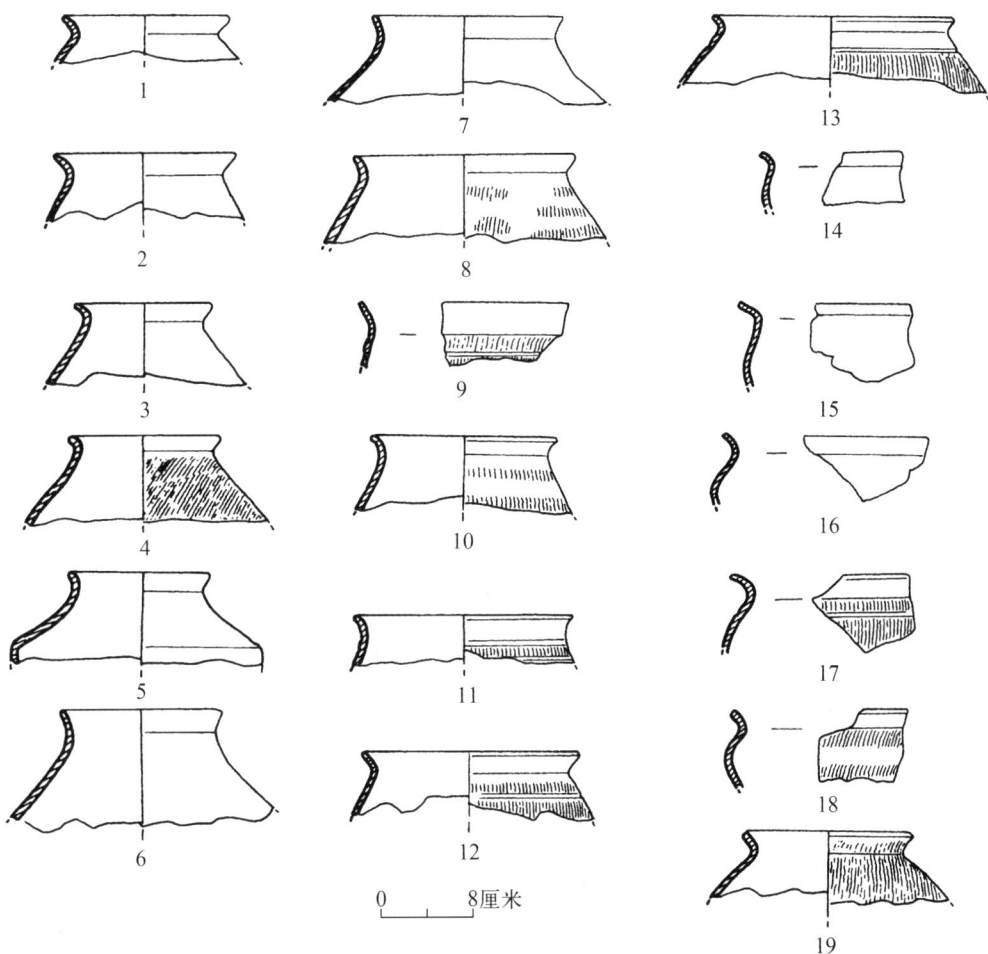

图一三　出土A型陶罐

1. Aa型Ⅰ式（ⅠT0401⑤：1）　2～4. Aa型Ⅱ式（ⅠT0500④：1、ⅠT0401④：6、ⅠT0501④：9）　5～7. Aa型Ⅲ式（ⅠT0401④：5、ⅠT0301③：1、ⅠT0301③：8）　8～11. Ab型Ⅰ式（ⅠT0401④：4、ⅠT0500④：6、ⅠT0401④：7、ⅠT0301④：8）　12、13. Ab型Ⅱ式（ⅠT0302③：6、ⅠT0401③：6）　14～18. Ac型（ⅠT0501⑤：1、ⅠT0500④：8、ⅠT0301④：1、ⅠT0301④：3、ⅠT0301④：9）　19. Ad型（ⅠT0501③：3）

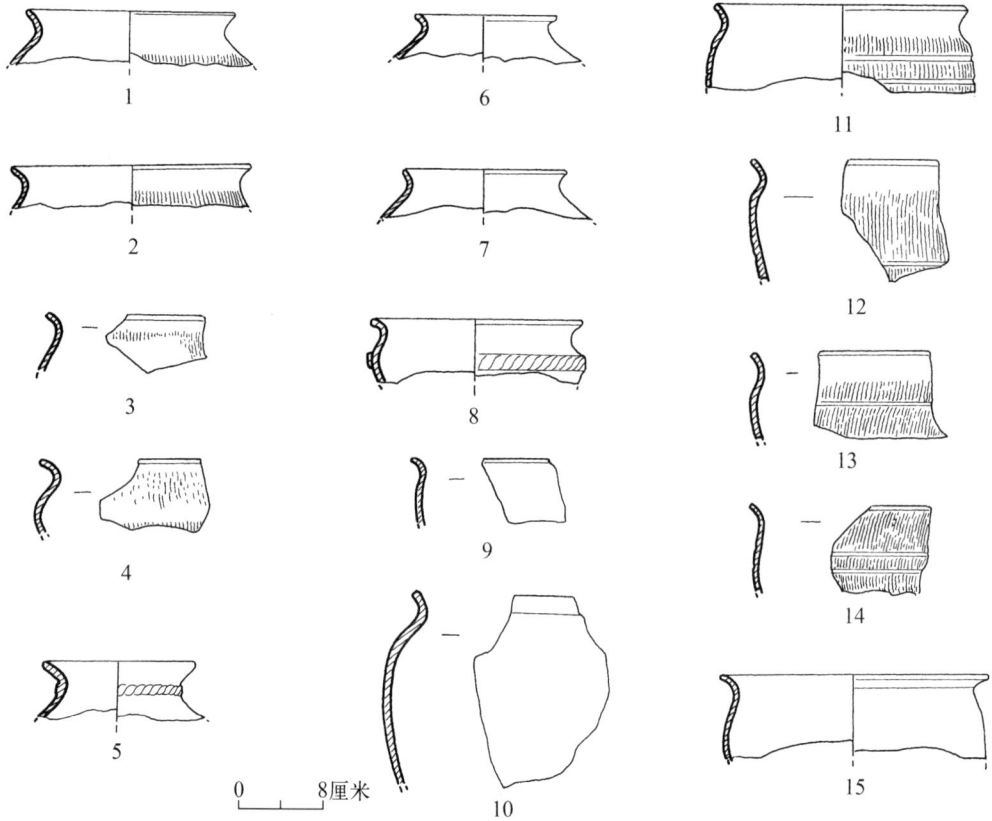

图一四　出土B型、C型陶罐

1、2. Ba型（ⅠT0401③：4、ⅠT0301③：9）　3、4. Bb型（ⅠT0301④：2、ⅠT0500④：9）　5～7. Bc型（ⅠT0301G9：3、
ⅠT0401③：1、ⅠT0401③：2）　8. Bd型（ⅠT0500②：1）　9～14. C型Ⅰ式（ⅠT0301④：4、ⅠT0302④：2、ⅠT0500④：3、
ⅠT0500④：4、ⅠT0500④：5、ⅠT0500④：7）　15. C型Ⅱ式（ⅠT0302③：3）

ⅠT0301④：8，泥质红陶。饰竖向绳纹，间以弦纹。口径20、残高4.2厘米（图一三，11）。

Ⅱ式：2件。束颈，斜广肩。ⅠT0302③：6，夹砂红陶。圆唇。饰细绳纹，间以弦纹。口径20、残高6厘米（图一三，12）。ⅠT0401③：6，夹砂灰陶。方唇。饰细绳纹及弦纹。口径23、残高7厘米（图一三，13）。

Ac型　5件。圆肩，腹部内收。ⅠT0501⑤：1，泥质灰陶。圆唇。残高5厘米（图一三，14）。ⅠT0500④：8，夹砂灰陶。圆唇。残高7厘米（图一三，15）。ⅠT0301④：1，泥质红陶。尖圆唇。残高6厘米（图一三，16）。ⅠT0301④：3，夹砂灰陶。方唇。饰竖向绳纹，间以弦纹。残高6.7厘米（图一三，17）。ⅠT0301④：9，夹砂灰褐陶。方唇。饰带状绳纹，肩部抹光。残高6.4厘米（图一三，18）。

Ad型　1件。ⅠT0501③：3，泥质灰陶。束颈，斜直肩，宽厚方唇。肩部饰细绳纹，颈部饰抹光绳纹。口径16、残高6厘米（图一三，19）。

B型　8件。卷沿。根据肩部不同，可分4亚型。

Ba型　2件。斜直肩。ⅠT0401③：4，夹砂红褐陶。厚圆唇。饰细绳纹。口径20.8、残高

5.2厘米(图一四,1)。ⅠT0301③:9,夹砂红陶。方唇。饰竖向细绳纹。口径24、残高4厘米(图一四,2)。

Bb型　2件。圆肩,圆唇,腹部内收。ⅠT0301④:2,夹砂红陶。肩部饰细绳纹,并有一道弦纹。残高5.2厘米(图一四,3)。ⅠT0500④:9,夹砂灰陶。饰绳纹。残高7厘米(图一四,4)。

Bc型　3件。溜肩。ⅠT0301G9:3,泥质红陶。圆唇。颈部饰一圈附加堆纹。口径15、残高6.4厘米(图一四,5)。ⅠT0401③:1,泥质灰陶。方唇。口径14、残高4.5厘米(图一四,6)。ⅠT0401③:2,泥质红陶。方唇。口径16、残高5厘米(图一四,7)。

Bd型　1件。ⅠT0500②:1,夹砂红陶。方唇,圆肩。肩部饰一道附加堆纹。口径21、残高5.4厘米(图一四,8)。

C型　7件。深腹。根据口、肩部变化,可分2式。

Ⅰ式:6件。卷沿,弧肩略带折意。ⅠT0301④:4,夹砂灰陶。厚圆唇。残高6.4厘米(图一四,9)。ⅠT0302④:2,泥质灰陶。圆唇。残高18厘米(图一四,10)。ⅠT0500④:3,夹砂红褐陶。方唇。腹部饰绳纹,间以弦纹。口径25、残高8厘米(图一四,11)。ⅠT0500④:4,夹砂灰陶。方唇。饰绳纹,间以弦纹。残高11.2厘米(图一四,12)。ⅠT0500④:5,夹砂灰陶。方唇。饰斜向绳纹,间以弦纹。残高8.4厘米(图一四,13)。ⅠT0500④:7,夹砂红陶。方唇。腹部饰竖向绳纹,间以弦纹。残高8.4厘米(图一四,14)。

Ⅱ式:1件。ⅠT0302③:3,夹砂红陶。卷沿外翻,方唇,圆肩,肩部位置下移。口径26.4、残高8厘米(图一四,15)。

D型　6件。大口,折沿,束颈。ⅠT0201③:1,夹砂褐陶。方唇。口沿以下饰细绳纹。口径32、残高5厘米(图一五,1)。ⅠT0302③:7,夹砂红褐陶。宽平折沿,方唇。口径40、残高5厘米(图一五,2)。ⅠT0302③:8,夹砂红褐陶。方唇。肩部饰细绳纹。口径36、残高5厘米(图一五,3)。ⅠT0302③:12,夹砂红陶。圆唇。肩部饰细绳纹。口径30、残高6厘米(图一五,4)。ⅠT0401③:3,夹砂红陶。圆唇。口径31、残高6厘米(图一五,5)。ⅠT0401③:5,夹砂灰陶。圆唇。肩部饰细绳纹。口径31、残高7厘米(图一五,6)。

E型　2件。高颈。根据口部不同,可分2亚型。

Ea型　1件。ⅠT0401②:1,泥质灰陶。直口,尖圆唇,折肩。口径15.2、残高6.8厘米(图一五,7)。

Eb型　1件。ⅠT0501⑤:2,夹砂红陶。敞口,圆唇,束颈。肩饰一道附加堆纹。残高6厘米(图一五,8)。

F型　4件。小罐。根据口部不同,可分3亚型。

Fa型　1件。ⅠT0301④:6,夹砂灰陶。敛口,平底,折肩,斜直腹。口径8.2、高4.4厘米(图一五,9)。

Fb型　2件。直口。ⅠT0301④:7,泥质灰陶。折肩,鼓腹。饰细绳纹。口径8.6、残高5.6厘米(图一五,10)。ⅠT0500HST1:1,夹砂红陶。圆腹,平底略内凹,器体变形严重。口径5.5、高4.5厘米(图一五,11)。

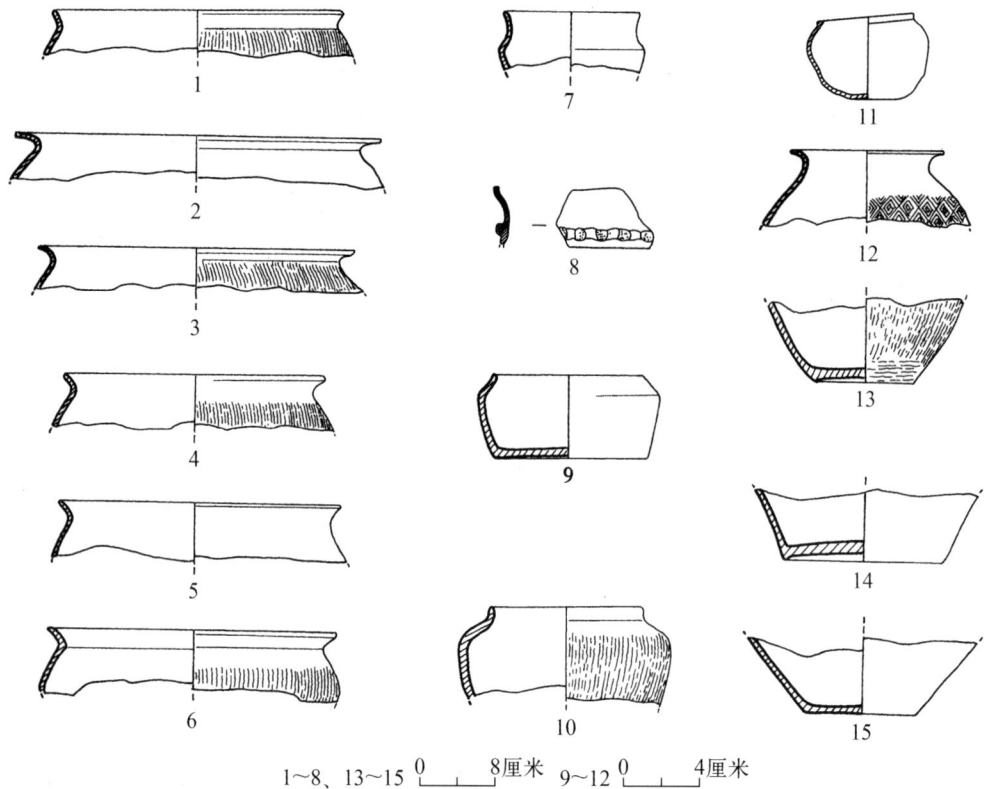

图一五　出土D型、E型、F型陶罐、陶罐底

1~6.陶罐D型（ⅠT0201③：1、ⅠT0302③：7、ⅠT0302③：8、ⅠT0302③：12、ⅠT0401③：3、ⅠT0401③：5）　7.陶罐Ea型（ⅠT0401②：1）　8.陶罐Eb型（ⅠT0501⑤：2）　9.陶罐Fa型（ⅠT0301④：6）　10、11.陶罐Fb型（ⅠT0301④：7、ⅠT0500HST1：1）　12.陶罐Fc型（ⅠT0302③：5）　13~15.陶罐底（ⅠT0302④：5、ⅠT0500③：2、ⅠT0500③：3）

Fc型　1件。ⅠT0302③：5，泥质灰陶。卷沿，尖唇，束颈。器身饰菱形方格纹。口径8.8、残高4厘米（图一五，12）。

罐底　3件。ⅠT0302④：5，夹砂灰陶。鼓腹，饰绳纹，底微凹。底径12、残高9厘米（图一五，13）。ⅠT0500③：2，夹砂灰陶。斜腹，底微凹。底径17.5、残高7厘米（图一五，14）。ⅠT0500③：3，夹砂红陶。斜腹，平底。底径13.5、残高8厘米（图一五，15）。

盆　7件。根据肩、腹部不同，可分3型。

A型　2件。弧腹，圆唇。腹部饰细绳纹，并有一道附加堆纹。ⅠT0301⑤：1，夹砂红陶。近直口。口径32、残高10厘米（图一六，1）。ⅠT0201⑤：3，夹砂褐陶。口略外撇。口径35、残高10厘米（图一六，2）。

B型　2件。圆腹，束颈。ⅠT0302③：2，夹砂灰陶。方唇。饰细绳纹，间以弦纹。口径39.6、残高6厘米（图一六，3）。ⅠT0501③：2，夹砂灰陶。圆唇。口沿以下饰三道弦纹，间饰细绳纹。口径25、残高9.2厘米（图一六，4）。

C型　3件。夹砂红陶。折肩。根据口部变化，可分2式。

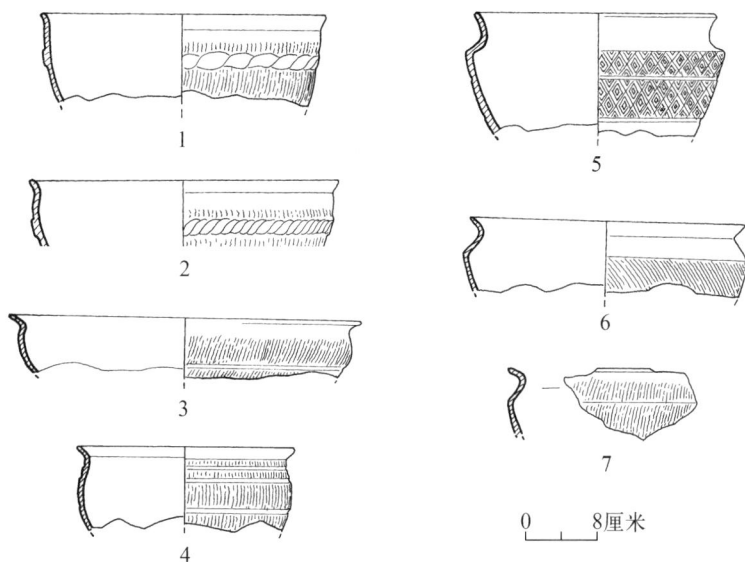

图一六　出土陶盆

1、2.A型（Ⅰ T0301⑤：1、Ⅰ T0201⑤：3）　3、4.B型（Ⅰ T0302③：2、Ⅰ T0501③：2）　5.C型Ⅰ式（Ⅰ T0501④：8）
6、7.C型Ⅱ式（Ⅰ T0302③：4、Ⅰ T0302③：11）

Ⅰ式：1件。Ⅰ T0501④：8，口略敞，卷沿，方唇。腹部饰菱形方格纹，间以弦纹。口径27、残高13.4厘米（图一六，5）。

Ⅱ式：2件。大敞口，卷沿外翻。Ⅰ T0302③：4，尖唇。腹部饰斜绳纹。口径31、残高8厘米（图一六，6）。Ⅰ T0302③：11，圆唇，饰细绳纹。残高7.4厘米（图一六，7）。

瓮　3件。夹砂灰陶。束颈。Ⅰ T0401⑤：2，折沿，方唇。肩部饰细绳纹，间以弦纹。残高10厘米（图一七，1）。Ⅰ T0401④：3，卷沿，圆唇，广肩。口沿以下饰两道弦纹，肩饰斜绳纹。口径14.5、残高8厘米（图一七，2）。Ⅰ T0301③：2，卷折沿，厚圆唇，广肩。肩部以下饰五道弦纹，间饰绳纹，肩部和腹部各饰一圈附加堆纹，中间饰弦纹，间饰绳纹。残高16厘米（图一七，3）。

瓠　2件。由上下两部分组成，束腰，无腰隔。Ⅰ T0302④：3，夹砂黑陶。弧肩。肩部饰细绳纹，间以弦纹。上下腹均残甚。残高7.5厘米（图一七，4）。Ⅰ T0302④：4，夹细砂灰陶。腰际饰一周附加堆纹，腹部以下饰斜向细绳纹。上下腹均残甚。残高8厘米（图一七，5）。

瓠足　1件。Ⅰ T0202③：1，夹砂红陶。饰细绳纹。残高16厘米（图一七，6）。

盉　2件。均为鬲式盉。Ⅰ T0401H11：1，夹砂灰陶。器形较大，口已残，鼓腹，设有一流一柄，柄残，矮实柱足。腹部饰粗绳纹。口径9、残高12厘米（图一七，7；彩版四二，1）。Ⅰ T0500H14：1，夹砂黑陶。器形较小，上体为甑形，底部有箅孔，下体呈鬲形，微鼓腹，弧矮裆，矮实柱足，设有一流一柄，均残。口径4.2、腹深2.2、高6.6厘米（图一七，8；彩版四二，2）。

豆　2件。泥质灰陶。根据盘口不同，可分2型。

A型　1件。浅盘。Ⅰ T0302④：6，斜方唇。口径12、残高3.6厘米（图一七，9）。

B型　1件。深盘。Ⅰ T0302③：13，粗矮柄，圈足外撇。口径12、高8.6厘米（图一七，10）。

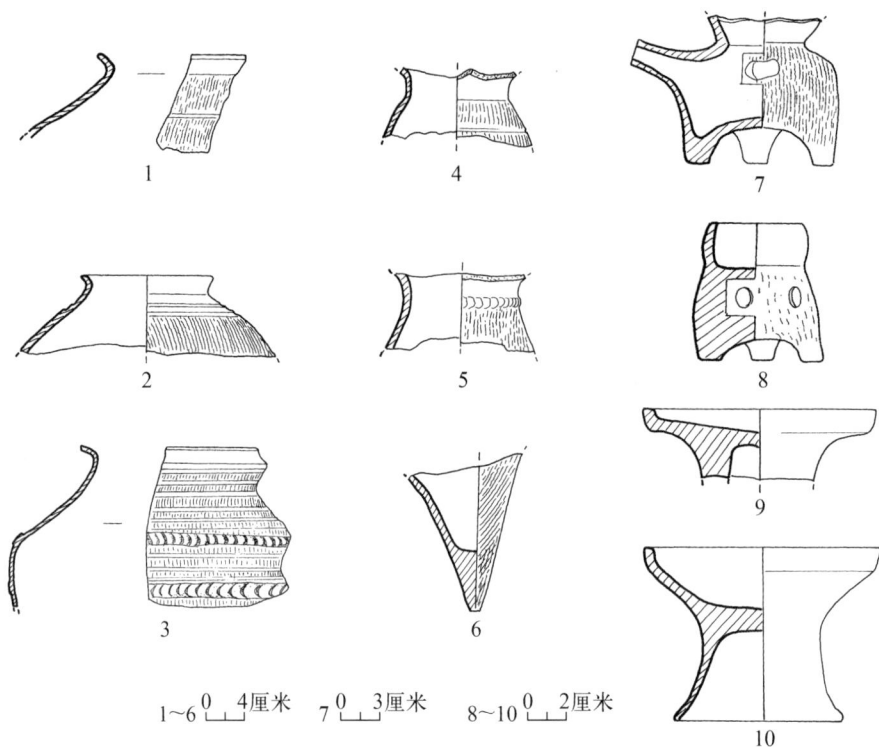

图一七　出土陶器

1～3.瓮（ⅠT0401⑤∶2、ⅠT0401④∶3、ⅠT0301③∶2）　4、5.甗（ⅠT0302④∶3、ⅠT0302④∶4）　6.甗足（ⅠT0202③∶1）
7、8.盉（ⅠT0401H11∶1、ⅠT0500H14∶1）　9.豆A型（ⅠT0302④∶6）　10.豆B型（ⅠT0302③∶13）

　　钵　3件。根据口部不同,可分2型。

　　A型　2件。敛口,深腹,平底。根据口、腹部变化,可分2式。

　　Ⅰ式:1件。ⅠT0201⑤∶2,夹砂红陶。斜方唇,腹内收。下腹饰绳纹。口径8、高5厘米(图
一八,1)。

　　Ⅱ式:1件。ⅠT0501③∶1,夹砂灰陶。腹较直,尖圆唇。上腹饰竖向绳纹,下腹饰横绳纹。
口径8.4、高6.6厘米(图一八,2)。

　　B型　1件。ⅠT0301④∶5,夹砂灰陶。敞口,斜方唇,腹部折收。腹部饰细绳纹。口径21、
残高6.4厘米(图一八,3)。

　　纺轮　3件。根据整体形状不同,可分2型。

　　A型　2件。圆饼状。ⅠT0301G9∶1,泥质灰陶。磨光素面。直径4.2、孔径0.65、厚1.8厘米
(图一八,4)。ⅠT0500H12∶1,泥质黑陶。器表饰粗绳纹。直径4、孔径0.5、厚1.4厘米(图一八,
5;彩版四二,3)。

　　B型　1件。ⅠT0401H11∶2,泥质黑陶。算珠状。直径3.8、孔径0.5、厚2.4厘米(图
一八,6)。

　　拍　1件。ⅠT0401④∶1,夹砂红陶。蘑菇状,短粗柄。直径8、通高4.6厘米(图一八,7)。

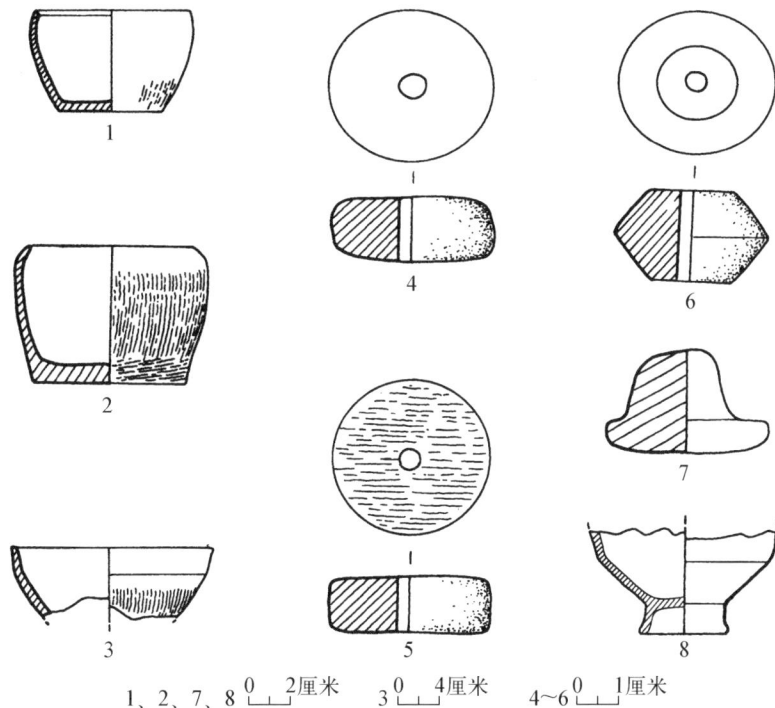

1、2、7、8 ⊢0──2厘米⊣　　3 ⊢0──4厘米⊣　　4~6 ⊢0──1厘米⊣

图一八　出土陶器、原始瓷器

1.陶钵A型Ⅰ式(ⅠT0201⑤:2)　2.陶钵A型Ⅱ式(ⅠT0501③:1)　3.陶钵B型(ⅠT0301④:5)　4、5.陶纺轮A型
(ⅠT0301G9:1、ⅠT0500H12:1)　6.陶纺轮B型(ⅠT0401H11:2)　7.陶拍(ⅠT0401④:1)　8.原始瓷豆(ⅠT0201⑤:1)

(二)原始瓷器

豆　1件。ⅠT0201⑤:1,深盘,斜折腹,矮足略外撇,轮制。残高5厘米(图一八,8)。

(三)石器

共10件。器类有锛、斧、刀、凿、镞、球等。

锛　4件。ⅠT0302②:2,青白石质。器体厚平,平面近长方形。单面刃。加工较细,通体磨光。长5.2、宽1.6~2.5、厚1.2厘米(图一九,1)。ⅠT0302②:4,青石质。平面略呈梯形,正面平直,背面略弧,身有疤痕。单面刃,刃稍残。通体磨光。长9、宽4~5.8、厚1.6厘米(图一九,2;彩版四二,4)。ⅠT0401③:8,青白石质。器体厚重,身有疤痕。平面呈长方形,单面刃。通体磨光。长6.2、宽3.4、厚2.5厘米(图一九,3)。ⅠT0402④:2,青石质。平面呈梯形,单面刃。通体磨光。长10、宽3~4.5、厚1厘米(图一九,4)。

斧　2件。ⅠT0201②:1,青石质。刃稍残,加工较粗糙。长6.8、宽4.7、厚1.6厘米(图一九,5)。ⅠT0401③:7,青石质。仅存半面。长13.6、最宽6、厚3厘米(图一九,6;彩版四二,5)。

刀　1件。ⅠT0401③:9,青石质。通体磨光。残长8、宽4.7、厚0.4厘米(图一九,7)。

凿　1件。ⅠT0301③:7,青石质。长条形。石质差,加工较粗糙。长10.6、宽4、厚1.5厘米

（图一九,8）。

镞　1件。ⅠT0101②：1,青石质。扁平状,锋尖已残,截面略呈菱形,两侧刃较锋利,铤残。通体磨光。残长2.4、宽约0.8～1.5、厚0.6厘米（图一九,9）。

球　1件。ⅠT0301③：10,粗砂岩石质。近圆形。有打击疤痕。最大径7厘米（图一九,10）。

（四）玉器

1件。ⅠT0401H11：3,绿色。残半。器表光滑,素面。可能为玉环或玦。直径5.3、孔径2.3、厚0.4厘米（图一九,11；彩版四二,6）。

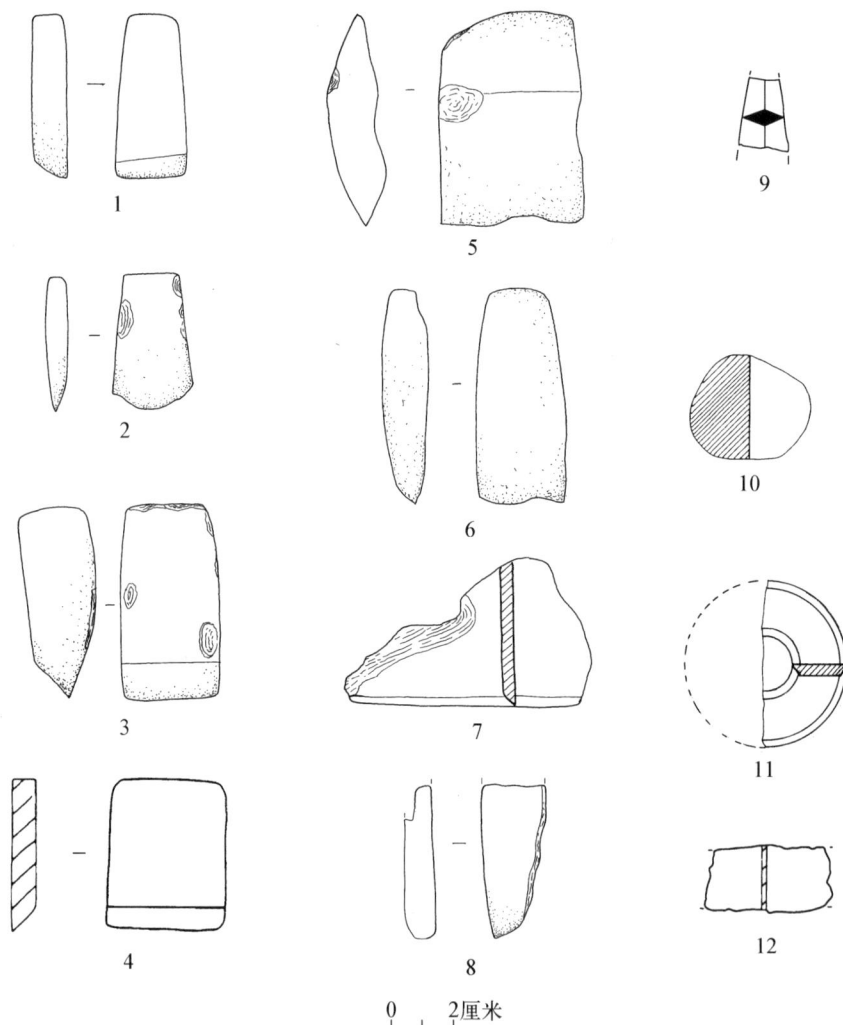

0　　2厘米

图一九　出土器物

1～4.石锛（ⅠT0302②：2、ⅠT0302②：4、ⅠT0401③：8、ⅠT0402④：2）　5、6.石斧（ⅠT0201②：1、ⅠT0401③：7）
7.石刀（ⅠT0401③：9）　8.石凿（ⅠT0301③：7）　9.石镞（ⅠT0101②：1）　10.石球（ⅠT0301③：10）
11.玉器（ⅠT0401H11：3）　12.铜器（ⅠT0301④：10）

（五）铜器

1件。Ⅰ T0301④：10，长片状。锈蚀严重，用途不明。长4.5、宽2.1厘米（图一九，12）。

四、结　　语

（一）年代与分期

庐江杨家墩遗址的文化内涵较为单纯，除第①②层为近现代扰动层外，均属周代。根据层位关系及出土器物形态演变特征，可将本次发掘所获周代遗存划分为三期。

第一期：遗存数量相对较少，以H17为代表，地层为第⑤⑥层。器形主要有鬲、罐、盆、钵等。Aa型Ⅰ式鬲与西周中期偏早的张家坡M385：2相近[1]。A型Ⅰ式钵与西周早期偏晚至中期偏早阶段的霍邱堰台第一期T1014⑬a：1相似[2]。A型盆与年代约为西周中期的寿县青莲寺第四期T2④：39相似[3]。原始瓷豆Ⅰ T0201⑤：1与年代推测为西周中期的老虎山D1M6：1相似[4]。综合来看，该期年代大致相当于西周中期。

第二期：遗存数量较多，以HST1、H11、H12、H14、H18、H19、G8等单位为代表，地层为第④层。该期遗存是庐江杨家墩周代遗址的主体。器形主要有鬲、罐、甗、鬲式盉。Cc型Ⅰ式鬲与西周晚期至春秋早中期的繁昌板子矶T603⑦：1相似[5]；A型盉与西周晚期的庐江大神墩遗址T322③：1相似[6]，而鬲式盉有学者认为流行于西周中期后段至春秋早期前段[7]。甗Ⅰ T0302④：4与西周中期偏晚至春秋早期的霍邱堰台第二期T0911③：5、三期T0913③：6相似[8]。综合来看，该期年代大致相当于西周晚期。

第三期：遗存数量较少，以G9等单位为代表，地层为第③层。器形主要有鬲、罐、盆、钵等。Ca型Ⅱ式鬲与相当于西周晚期的沣西M34：1风格相近[9]；盆Ⅰ T0501③：2与西周晚期至春秋早期的霍邱堰台第三期T0913③：7相类似[10]；A型Ⅱ式钵与春秋早中期的霍邱堰台第四期T0513⑧：1风格相近[11]；陶豆Ⅰ T0302③：13与西周中期偏晚至晚期偏早阶段的霍邱堰台第二期

① 中国社会科学院考古研究所编著：《张家坡西周墓地》，中国大百科全书出版社，1999年，第101页。
② 安徽省文物考古研究所编著：《霍邱堰台：淮河流域周代聚落发掘报告》，科学出版社，2010年，第311页。
③ 北京大学考古学系商周组、安徽省文物工作队：《安徽省霍邱、六安、寿县考古调查试掘报告》，《考古学研究（三）》，科学出版社，1997年，第275、276页。
④ 浙江省文物考古研究所：《沪杭甬高速公路考古报告》，文物出版社，2002年，第63页。
⑤ 安徽省文物考古研究所等：《安徽繁昌板子矶周代遗址发掘简报》，《文物》2013年第10期。
⑥ 安徽省文物考古研究所等：《庐江大神墩遗址发掘简报》，《江汉考古》2006年第2期。
⑦ 张爱冰：《也谈曲柄盉的年代及其相关问题》，《文物》2014年第3期。
⑧ 安徽省文物考古研究所编著：《霍邱堰台：淮河流域周代聚落发掘报告》，科学出版社，2010年，第289页。
⑨ 中国社会科学院考古研究所沣镐队：《1992年沣西发掘简报》，《考古》1994年第11期。
⑩ 安徽省文物考古研究所编著：《霍邱堰台：淮河流域周代聚落发掘报告》，科学出版社，2010年，第284页。
⑪ 安徽省文物考古研究所编著：《霍邱堰台：淮河流域周代聚落发掘报告》，科学出版社，2010年，第314页。

T0809⑧：5相近[1]。综合来看，该期年代大致相当于春秋早中期。

（二）文化性质

杨家墩遗址是一处小型聚落遗址，与庐江大神墩、霍邱堰台等遗址文化面貌基本一致。遗址出土的陶器以夹砂陶为主，泥质陶较少，另有极少量印纹硬陶和原始瓷。Aa 型 Ⅲ 式罐（Ⅰ T0401④：5）素面折肩，与张家坡 M6：1[2]风格基本相同，为周文化典型器物之一。遗址中出土的原始瓷器和印纹硬陶器，应是来自同时期吴越地区的文化因素。

遗址中出土的鬲式盉形态特殊，地域性强，在庐江大神墩遗址、枞阳汤家墩遗址以及六安、霍邱、安庆等皖西南地区普遍存在，是春秋时期群舒文化中典型铜器鬲式盉的雏形[3]。遗址中出土的折肩鬲、折肩盆也都属于群舒文化典型器物，具有浓厚的地方性特征。徐旭生先生曾认为："淮水南、大江北，如霍邱、寿县、六安、霍山、合肥、舒城、庐江、桐城、怀宁等县，西不过霍山山脉，东不过巢湖，这一带平坦的地带，除了六、蓼、钟离各国外，全属群舒散处的地域。"[4]由此可知，庐江杨家墩遗址主体当是受周文化影响的群舒遗存，兼有吴越地区的文化因素。

（三）红烧土遗迹分析

遗址中发现的红烧土遗迹，在安徽江淮地区同时期遗址中较为常见，如霍邱堰台遗址、六安堰邱遗址、霍山戴家院遗址就曾发现与房址相关的红烧土堆积。杨家墩遗址发现的红烧土遗迹未发现柱洞、木骨墙体等与房址有关的遗迹，较为特殊。因缺乏可资比较的考古资料，其用途遽难推断。

杨家墩遗址所属的庐江地区，是文献记载中"群舒"的重要区域之一。杨家墩遗址的发掘丰富了群舒文化的内涵，为推进江淮地区周代考古学文化的研究提供了新的资料。

附记：

发掘领队：王志高；现场负责：刘富良；先后参加发掘的人员有：张如意、李红伟、高庆辉、司恺义、周保冬、张宵悦、任玉瑛、李永忠；资料整理：司恺义、李永忠、朱广金、左凯文、徐良。本文的撰写及完善得到南京博物院张敏研究员的悉心指导，谨此致谢！

执　　笔：徐　良　左凯文　王志高

---

[1] 安徽省文物考古研究所编著：《霍邱堰台：淮河流域周代聚落发掘报告》，科学出版社，2010年，第304页。
[2] 中国社会科学院考古研究所编著：《张家坡西周墓地》，中国大百科全书出版社，1999年，第119页。
[3] 张爱冰：《也谈曲柄盉的年代及其相关问题》，《文物》2014年第3期。
[4] 徐旭生：《中国古史的传说时代（增订本）》，科学出版社，1960年，第181页。

庐江俞庄遗址周代遗存发掘简报

四川大学考古文博学院　　安徽省文物考古研究所

　　庐江县位于安徽江、淮之间,地处大别山东部余脉与长江中下游平原之间。境内地形以丘陵、平原为主。俞庄遗址位于庐江县万山镇永桥村俞庄东部,东南距庐江县城约5公里,西北距万山镇约6.5公里(图一)。此前的考古调查勘探中,将包括俞庄遗址在内的三处台墩合为俞庄遗址。后综合考虑三处台墩的位置、距离和文化遗存特点,将罗埠河以西的台墩称为俞庄遗址,河东的两处台墩称为高庄遗址。

　　俞庄遗址属江淮地区常见的台墩遗址,平面近椭圆形,面积约1 600平方米。当地民众称为"大墩子"。中心位置地理坐标为:东经117°14′24″,北纬31°18′18″。台墩西距俞庄的民房110米左右,西南距346国道(南京至六安段)约130米,东南距罗埠河约170米,东距河东的高庄遗址

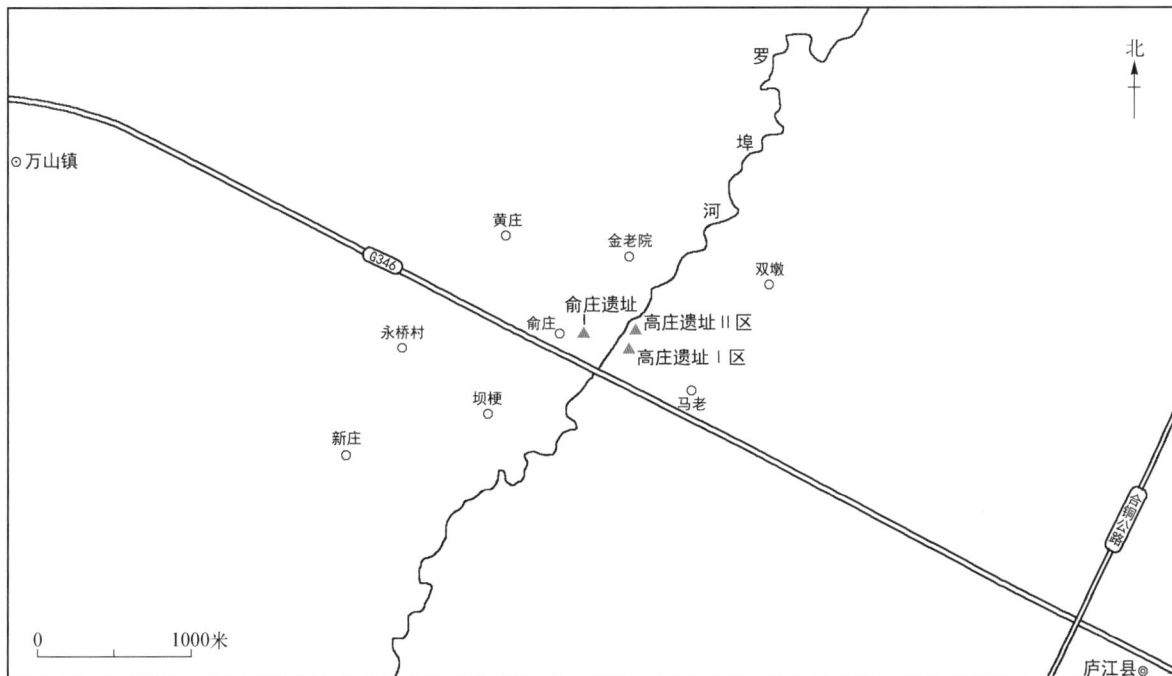

图一　俞庄遗址位置示意图

约285米。墩下西部有一水塘,当地人称"墩塘",两者相距约36米。台墩海拔19.4米,高于周围农田约1.6~3.6米。发掘前,遗址地表北、中部布满杂草,仅极少部分种植庄稼,其余部位多有树木。遗址四周均为平坦的农田。

为配合引江济淮工程建设,2018年8~10月,四川大学考古文博学院与安徽省文物考古研究所联合对该遗址进行了考古发掘。结合堆积情况,在土墩上以"十字"形连续布方9个,以便尽最大可能了解土墩堆积特点(图二)。其中6个探方(T1、T3~T6、T8)为10米×10米,2个探方(T2、T7)为10米×4米,1个探方(T9)为10米×5米,共计布方730平方米。隔梁宽2米,探方东隔梁的方向为333°(或153°)。后因有的隔梁未发掘,有的区域扩方,实际发掘面积603平方米。此处仅对周代遗存进行介绍。

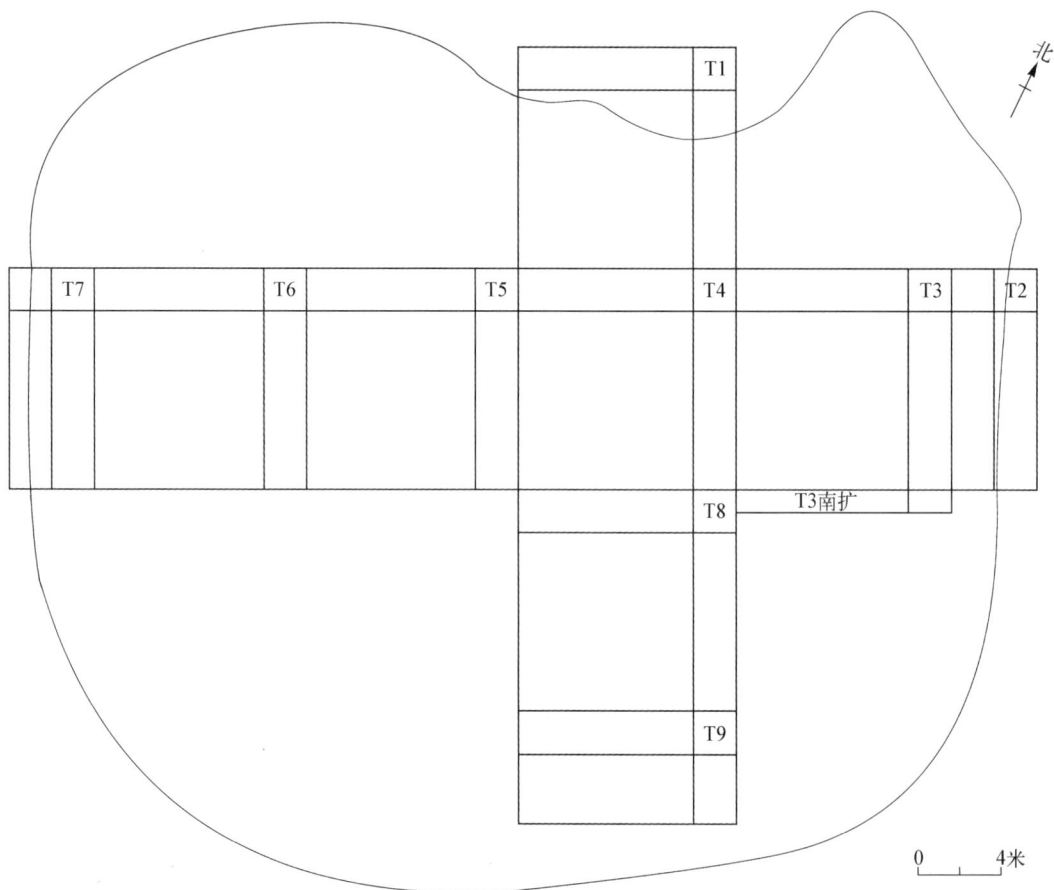

图二　俞庄遗址布方示意图

一、地 层 堆 积

土墩周边斜坡处的文化堆积向外逐渐变薄,其余各处地层堆积大致相似。整个遗址的地层大体呈水平分布,可划分为6层。现以T5西壁剖面为例,说明地层的堆积情况(图三)。

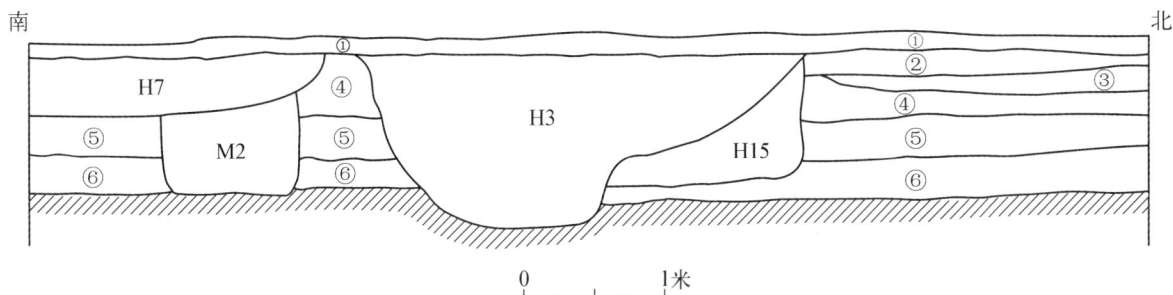

图三　T5西壁剖面图

第①层：灰褐色耕土，土质松散，含草根、树根，厚约0.08～0.2米。该层下开口的遗迹有H3、H7、H14、H15、M2，其中H3打破H15。

第②层：灰褐色土，土质稍硬，致密，夹少量红烧土块，厚约0.08～0.4米。整方分布。

第③层：黄褐色土，较为致密，夹大量红烧土块。厚约0～0.25米。主要分布于探方北部宽约2～3米的条状范围内。

第④层：黄褐色土，较纯净，土质较为致密，厚约0.1～0.45米。除了晚期坑，以及H3、H7、H15、M2等位置受到打破以外，探方其余部位均有分布。

第⑤层：灰褐色土，夹较少黑土，土质较为致密，厚约0.18～0.4米。除晚期遗迹打破以外，探方内其他部位均有分布。

第⑥层：黄褐色土，较纯净，土质较为致密，厚约0～0.36米。除探方内近北壁处不见外，其他地方均有分布。该层下开口的遗迹有13个柱洞（编号F7）。

二、遗　迹

俞庄遗址共计发现房址6座（F2～F7，F1销号），墓葬3座，灰坑17个，灰沟1条。遗迹的层位和分布呈现出明显的规律性。其中灰沟（G1）开口于地表，明显为现代遗迹。其余遗迹按照其层位和位置大体分属两种情况，其中房址F4、F5、F6、F7均开口于第⑥层下，打破生土，是俞庄遗址最早一批遗迹。这几座房址较为集中地分布于遗址北、中部的T1、T3～T5及T8的北隔梁内；其余遗迹均开口于第①层下，或被开口于第①层下的遗迹打破。这些遗迹中有一半集中分布于T5、T6内，另一半则散布于其他探方。

3座墓葬中，M1填土出土1件磨制石锛，同时也出土了多件铁棺钉；M2内出土残铁器。这两座墓葬明显为晚期墓葬，但更为具体的年代因无其他随葬品而不易判断。M3未见任何随葬品，但考虑到该墓与M1、M2较为靠近，三者都集中分布于遗址西南部T6和T5的西南角范围，年代可能距离不远。下文对于这三座墓葬不再介绍。

灰坑中的H3、H9出土了现代瓷片，H7打破M2，这三座灰坑明显为晚期灰坑；H10、H13未见陶片，H1、H4、H5、H15出土少于10片陶片，其年代仅从遗物角度不易准确判断；其余灰坑多出土

30片以上的周代陶片,仅有H14出土陶片16片,这些灰坑的年代为周代的可能性较大,但也不能排除为晚期遗迹的可能性。下面对房址和灰坑加以介绍。

（一）房址

6座房址中,F4～F7范围内共计发现类似柱洞的遗迹128个,依照这些柱洞类遗迹的分布规律及范围,大致将其归入F4～F7四座房址内。F2、F3都是仅发现了一定范围的堆积,虽有作为垫土的可能,但其表面没有明显的夯实或踩踏痕迹。受发掘面积的限制,南北两边的范围均超出探方还在向外延伸。此外,F3发现3个柱洞类遗迹,而F2未见柱洞或其他迹象,发掘时仅依据堆积范围给房址编号,对其属性的判定还存在不确定性。下面仅以F4、F6为例加以介绍。

1. F4

位于T3内,北至北隔梁范围内,且D74局部延伸至以北未发掘区,则F4的范围应该向北还有分布。南部在T3南扩1米范围内还有分布,并有可能继续向南延伸（图四）。因发掘面积限制,南北两端未继续发掘。

F4开口于第⑥层下,打破生土。仅发现柱洞形遗迹35个（整个发掘区第⑥层下发现的柱洞均统一编号）,包括D73～D104、D122、D126、D128。其中两组柱洞存在打破关系,即D95打破D96,D101打破D102。柱洞打破的生土面较平,在修筑房址前应该有平整地面的行为,但未见任何踩踏面或居住面痕迹,除了受到后期破坏,也可能与本地的土质和气候有关。

绝大多数柱洞（约31个）可大体分为西北—东南向三排。其中西排包括D77、D78、D79、D83、D86、D87、D128、D88、D94、D99、D100;中排包括D75、D81、D80、D82、D85、D89、D90、D92、D93、D95、D96、D98、D101、D102;东排包括D74、D76、D84、D91、D97、D104。西排柱洞南北分布长度约8.65米;中排柱洞南北分布长度约9.8米;东排柱洞南北分布长度约10.65米。另在西排柱洞以西分布有2个柱洞（D126、D73）,两柱洞间连线长约2.55米（柱洞长度计入在内）,与其他三排柱洞大体平行,不知是否与门道有关。在西、中两排柱洞之间的南面有1个柱洞（D103）,在东排柱洞东南有另1个柱洞（D122）,D103与D122的连线恰与三排柱洞大体垂直,不知是否为南部边界,或为另一建筑的北部边界。

从发现的柱洞情况推断F4可能为长方形。以发掘的柱洞计算,该建筑南北长约11.95米,东西宽约6.47米。不过,该房址的南、北部都有可能继续向外延伸,则其规模还要更大一些。

发现的35个柱洞形制多为圆形或近圆形,也有椭圆形或近椭圆形,还有极少长圆形。这些柱洞的长径（直径）最长1.12米,最短约0.2米;柱洞最深约0.3米,最浅约0.04米。

柱洞内填土多为灰褐色,或为黄褐色微显灰色,土质较致密,黏性。

此外,F4范围内未见其他迹象。

北

D74

D75

D75

D76

D77
D78
D79
D81
D81
D126
D80
D80
D82
D84
D83
D85
D85

D73
D86
D87
D128
D89
D89
D90
D90
D91
D88
D92
D93
D93

D94
D95
D97
D96
D98
D100
D99
D101
D102
D103
D104
D122

0　　　　　80厘米

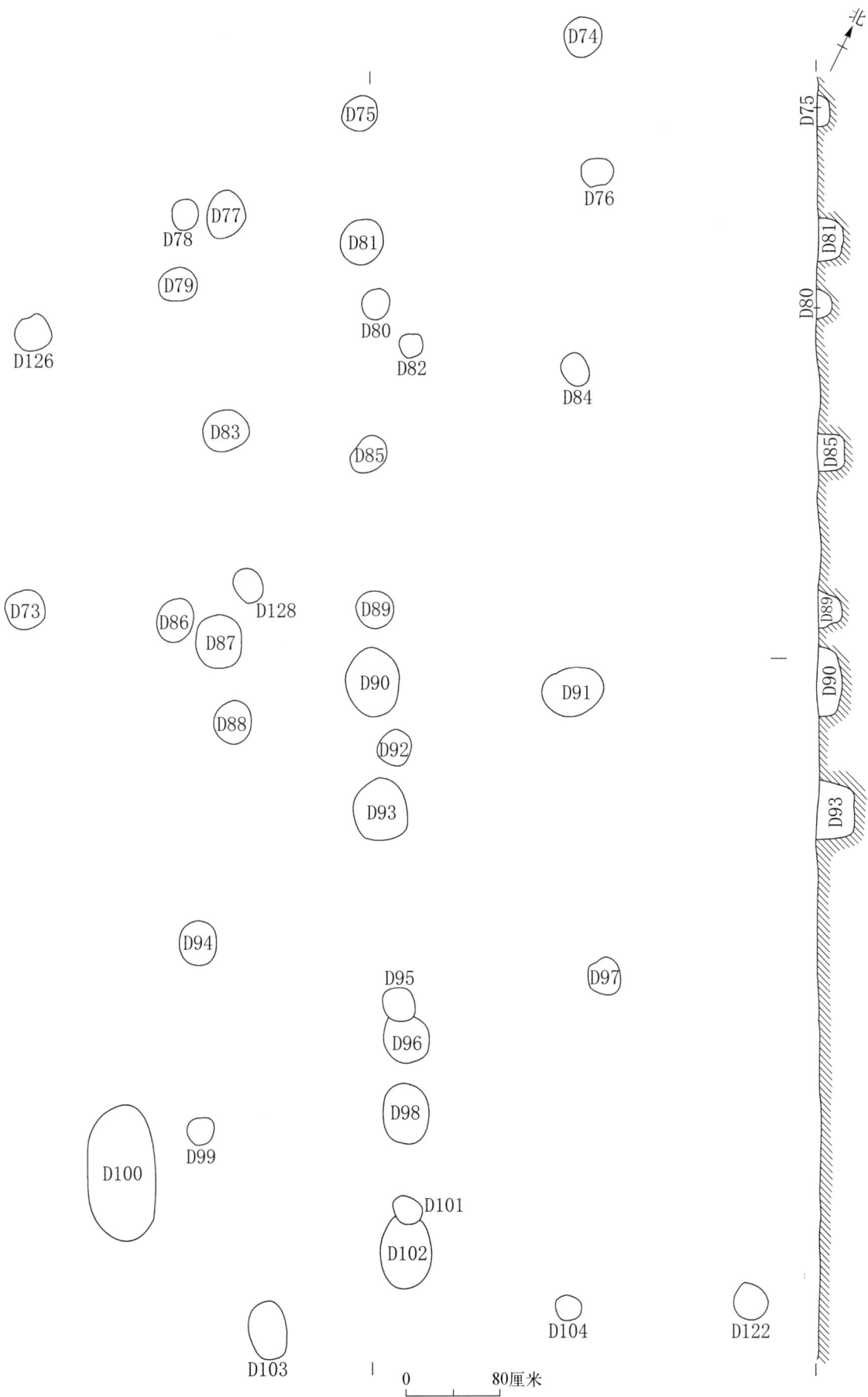

图四　F4平、剖面图

2. F6

F6位于T1中南部,西部延伸至未发掘区,南部延伸至T4北隔梁的北部,东部未进入T1东隔梁(图五)。

F6开口于第⑥层下,打破生土。仅发现柱洞形遗迹36个,包括D1～D36。其中两组柱洞存在打破关系,即D16打破D15,D20打破D21。所有的柱洞都较为密集地分布在大体呈梯形的范围内,因有两个柱洞(D17、D18)叠压于西壁下,延伸至西部未发掘区域,推测T1以西的区域还有柱洞分布。但各柱洞间看不出明显的分布规律。现已发掘的这些柱洞南部以D32、D34、D35、D36为一线,东部以D6、D7、D25为边界。北部的D1、D2、D3、D4、D5、D7虽大体亦呈一直线分布,但因其以北为陡坎,不排除曾受到破坏。西部范围因发掘面积限制未向西进一步发掘,故不明确其界限。

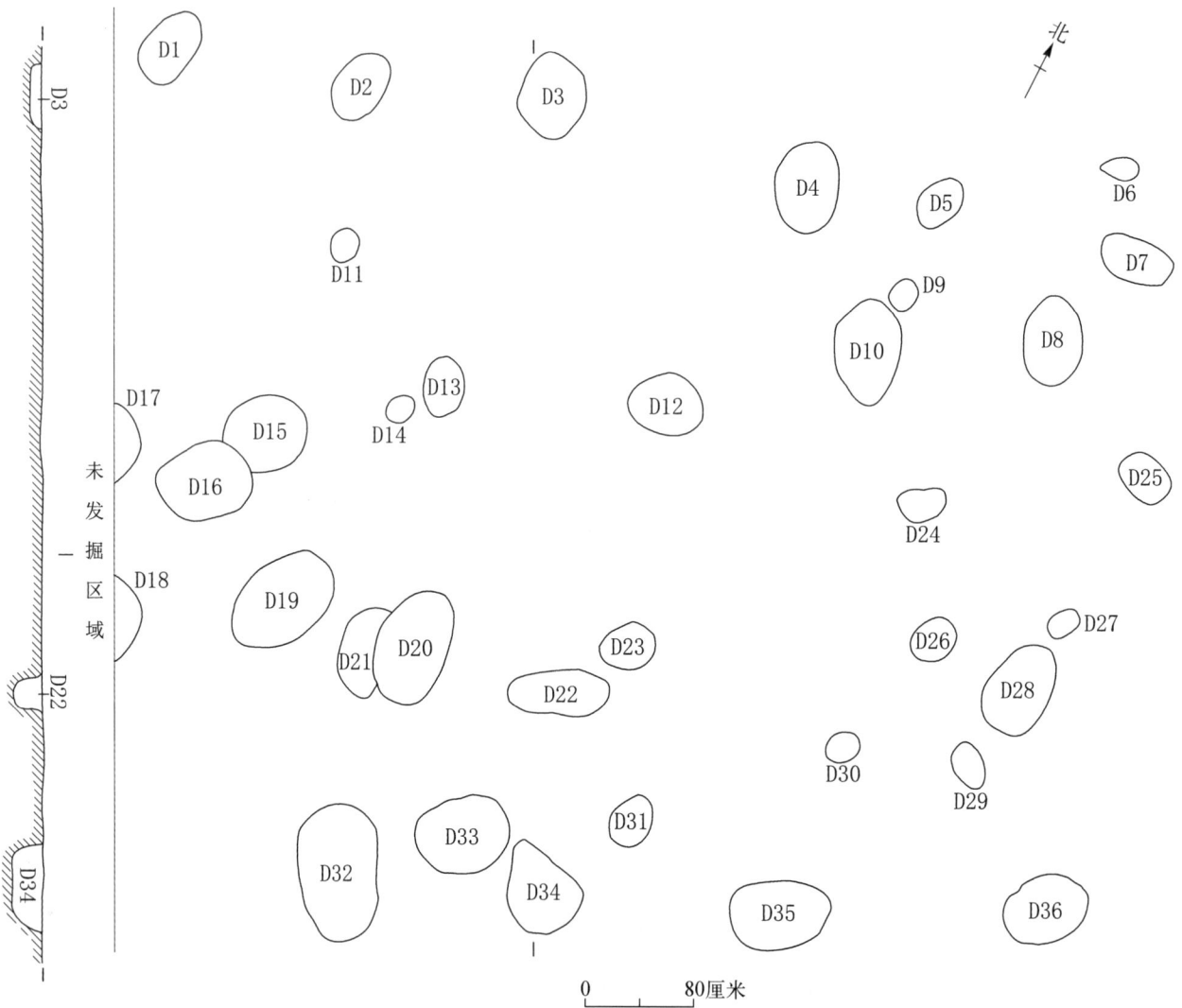

图五　F6平、剖面图

就现有柱洞分布范围计算,东西长约7.8米,南北宽约6.65米。因F6北部即为土墩的陡坎,推测F6的北部柱洞或依陡坎的边界而建,故形成北部边界与南部边界未平行的现象。如果土墩的陡坎部位原边界还向北延伸,则F6的北界很有可能还要向外,据现有迹象无法判断。

柱洞的形制以椭圆形和近椭圆形为多,还有近圆形、长圆形等;大小不一,最长约0.97米(D32),最短约0.22米(D14);深浅不一,最深约0.32米(D20),最浅约0.07米(D2、D11)。

柱洞内填土为灰褐色,或为黄褐色微泛灰色,土质较致密,黏性。

除此之外,柱洞分布的区域未见灶、窖穴等遗迹。

(二)灰坑

除了3座明显为晚期灰坑外,其余14座灰坑的平面形状有圆形(H6、H17)、不规则形(H1、H2、H4、H5、H8、H11、H14)、近椭圆形(H10)、近圆角方形(H16)、长方形(H15)五种,H12、H13因可能有较大未发掘部分,暂不推断其平面形制。下面以H16、H17为例加以介绍。

1. H16

H16位于T4东南部与T3西南部。开口于第①层下,口部距地表深约0.1~0.22米,打破第②、④、⑤、⑥层。

平面为不规则的四边形,各边均有一定弧曲,四角位置也较为圆曲。灰坑口部边缘形态明显。东西长约3.56、南北宽约3.14米。灰坑剖面不规则,南壁微外弧,其余部位亦为弧壁,但坡度较缓。坑壁不见任何加工迹象。灰坑底部凹凸不平,边缘形态多不明显。南部稍深,北部较浅。坑深约0.55米(图六)。坑底未见任何加工迹象。

坑内堆积为灰褐色土,夹杂大量红烧土块。出土陶片33片,均为夹砂陶,器形有鬲足、鬲裆、罐、器底等。

2. H17

H17位于T2中南部,已经处于该土墩的东部边缘位置。H17开口于表土层下,打破生土。坑口部分可能已经受到后期人为和自然的破坏。

图六　H16平、剖面图

　　灰坑的平面近圆形,口部边缘形态明显,南北长约1.88、东西宽约1.86米。底部亦近圆形,边缘形态明显,东西长约1.46、南北宽约1.31米。底部较平,北浅南深。坑深1.26~1.4米。剖面近梯形,四壁较为斜直(图七)。从灰坑的平、剖面形制看,应属人为有意挖建而成。

　　坑内仅有一层堆积,为黄褐色土,土质疏松,夹杂红烧土块。出土陶片32片,全部为夹砂陶,器形有鬲、盆、罐等。

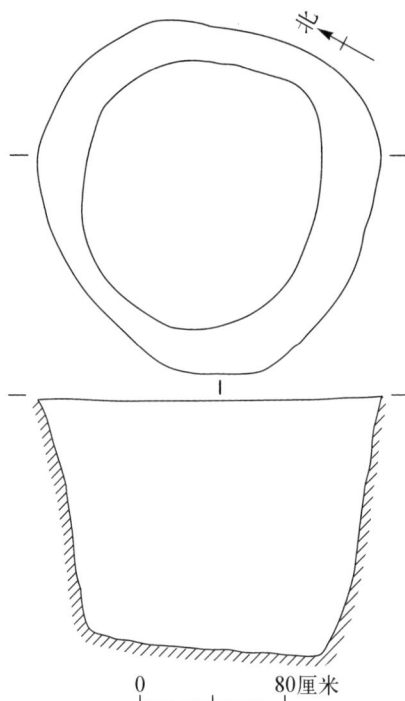

图七　H17平、剖面图

三、遗　　物

　　俞庄遗址出土周代遗物包括陶器和石器,其中陶器(片)的数量最多,石器较少。

(一)陶器

　　器形以鬲、罐、盆、豆为主,另有盉、甗、钵、簋、纺轮等。质地以夹砂陶占绝对多数,泥质陶数量较少。陶色主要以灰褐、橙红为主,其次是灰黑、橙黄、黄褐等。夹砂灰褐、灰黑陶多见于鬲、罐、甗、器底、圈足等,夹砂橙红、橙黄陶多见于鬲足、鼎足等,泥质陶多见于豆、簋等。纹饰以绳纹为主,弦断绳纹占一定的比例,其次为弦纹、附加堆纹、叶脉纹等(图八)。

　　陶器主要为轮制,造型较为规整。有的器类可见较明显的拼接痕迹,如盉、甗的上下部为分别制作后拼接而成,器物腰部内壁有加厚捏制修整痕迹。有的鬲足采用包足做法,内部存在部分空腔,有的足芯近于锥状。

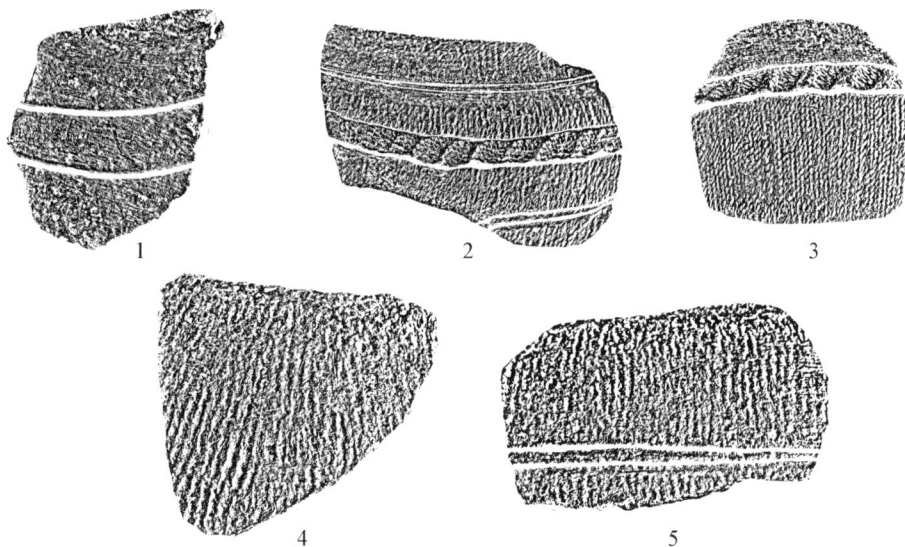

图八　陶器纹饰图

1. 弦纹（T4①）　　2. 绳纹、弦纹、附加堆纹组合（T3④）　　3. 绳纹、附加堆纹组合（T2②）
4. 绳纹（T6⑤）　　5. 绳纹、弦纹组合（T4⑤）

下面分类介绍各类陶器。

鬲　26件。依据肩部特征可分为3型。

A型　8件。溜肩或近直肩。依据口沿特征，分为3亚型。

Aa型　3件。侈口，卷沿，近直肩。以肩部特征分为2式。

Ⅰ式：2件。近斜直肩，口径与腹径接近。T3⑥：6，夹砂灰褐陶。侈口略呈盘口状，圆唇，微束颈。腹部饰竖向绳纹，颈部绳纹抹平，颈下有一条凸棱。口径20、残高6.6厘米（图九，1）。T4⑤：11，夹砂灰褐陶。圆唇，长卷沿。口径44、残高17.2厘米（图九，2）。

Ⅱ式：1件。近竖直肩，口径大于腹径。T2③：1，夹砂灰褐陶。方唇，浅弧腹。腹部饰竖向绳纹，上腹部饰一周附加堆纹，其上饰压印纹，凹窝内有斜向绳纹，口沿及颈部绳纹被抹去。口径29.6、残高8厘米（图九，3）。

Ab型　3件。侈口，短沿，溜肩或弧肩。依沿部和肩部特征分为2式。

Ⅰ式：2件。圆唇，微侈口，弧肩，弧腹。T1⑤：2，夹砂灰褐陶。卷沿，微束颈。沿部以下饰竖向绳纹，上腹部饰弦断绳纹。口径16、残高11.4厘米（图九，4）。T6⑤a：1，夹细砂灰褐陶。卷沿，束颈。腹部饰斜向绳纹，颈部绳纹被抹平。口径18.5、残高9.6厘米（图九，5）。

Ⅱ式：1件。圆唇，侈口明显，溜肩，弧腹。T1③：1，夹砂灰褐陶。卷沿斜直。锥状足，鬲足内窝较深，足尖残。口沿部有两个对称的立耳。三个鬲足在平面上呈等腰三角形，其中一足对应一个立耳。局部可见绳纹，裆部有烟炱痕迹。口径20、高23.6厘米（图九，6；彩版四三，1）。

Ac型　2件。圆唇，侈口，长卷沿，束颈，溜肩，弧腹。T4⑤：5，夹砂灰褐陶。腹部饰竖向绳纹。口径18、残高9.6厘米（图九，7）。T3⑤：5，夹细砂灰褐陶。口沿及颈部绳纹被抹去，上腹部饰弦断绳纹。口径18、残高7.6厘米（图九，8）。

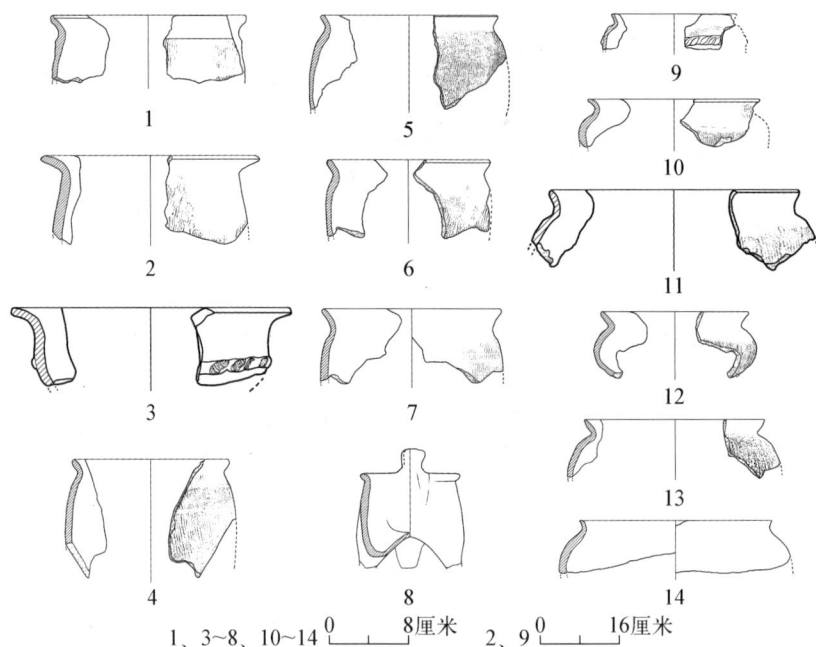

图九　A、B型陶鬲

1、2. Aa型Ⅰ式（T3⑥：6、T4⑤：11）　3. Aa型Ⅱ式（T2③：1）　4、5. Ab型Ⅰ式（T1⑤：2、T6⑤a：1）　6. Ab型Ⅱ式（T1③：1）
7、8. Ac型（T4⑤：5、T3⑤：5）　9、10. Ba型Ⅰ式（T4⑥：2、T5⑤：8）　11~13. Ba型Ⅱ式（T2②：9、H7：3、T1③：6）
14. Bb型（T4④：3）

B型　6件。鼓肩。以口沿及肩部外鼓程度分为2亚型。

Ba型　5件。圆唇，侈口，束颈明显，长鼓肩，口沿斜直。以鼓肩特征分为2式。

Ⅰ式：2件。鼓肩处偏上。T4⑥：2，夹砂灰褐陶，深灰色胎。卷沿。肩腹部饰绳纹，腹部贴附一周附加堆纹，其上饰斜向压印纹。口径26.5、残高6.8厘米（图九，9）。T5⑤：8，夹细砂灰陶，红褐色胎。腹部饰竖向绳纹，颈部绳纹被抹平。口径17.2、残高4.6厘米（图九，10）。

Ⅱ式：3件。鼓肩处下移，肩部加长。T2②：9，夹砂黑褐陶。卷沿。腹部饰竖向绳纹。口径26、残高8厘米（图九，11）。H7：3，夹砂灰陶。斜直沿，口沿二次加厚，且沿外壁有一道凸棱。腹部饰竖向细绳纹。口径15、残高7厘米（图九，12）。T1③：6，夹细砂灰陶，灰褐色胎。尖圆唇。腹部饰竖向绳纹，颈部绳纹被抹平，肩部饰弦断绳纹。部分区域有烟炱痕迹。口径18.2、残高2.8厘米（图九，13）。

Bb型　1件。直口或微侈口，微束颈。T4④：3，夹砂灰褐陶。尖圆唇。素面。口径18.8、残高5厘米（图九，14）。

C型　11件。折肩。依肩部具体特征分为4亚型。

Ca型　4件。圆唇，侈口，斜直肩较长。以肩部形态可分为2式。

Ⅰ式：3件。斜溜肩。T3⑥：4，夹细砂灰褐陶。腹部饰竖向粗绳纹。口径18.6、残高5.4厘米（图一〇，1）。T8⑥：4，夹砂灰褐陶，红褐色胎。肩腹部饰竖向绳纹，肩部饰一周附加堆纹，其上饰斜向压印纹，凹窝内有绳纹。通体有烟炱痕迹。口径19.6、残高8.4厘米（图一〇，2）。

T1④：4，夹砂浅灰陶。沿部以下饰竖向绳纹，肩部贴附一周附加堆纹，其上饰斜向压印纹。口径24、残高9.6厘米（图一〇，3）。

Ⅱ式：1件。广肩。T4⑤：6，夹细砂灰褐陶。肩腹部饰斜向绳纹，口沿及颈部绳纹被抹平。口径24、残高7.2厘米（图一〇，4）。

Cb型　3件。侈口，束颈，弧肩较长，肩腹交界处弧折。以肩部形态和口沿特征可分为2式。

Ⅰ式：1件。微弧肩。T3⑥：3，夹砂灰陶。圆唇，短沿。腹部饰竖向绳纹，口沿及颈部绳纹被抹去。部分区域有灰黑色烟炱痕迹。口径14、残高7.6厘米（图一〇，5）。

Ⅱ式：2件。明显弧肩。T3⑤：4，夹砂灰黑陶，灰褐色胎。圆唇。肩部贴附一周附加堆纹，其上饰斜向压印纹，凹窝内有绳纹，肩部以下饰竖向绳纹。口径30.5、残高10.4厘米（图一〇，6）。T3④：3，夹砂灰陶。方唇。满饰竖向绳纹，沿下饰凹弦纹，肩部贴敷一周附加堆纹，其上饰斜向压印纹，凹窝内有绳纹，腹部饰弦断绳纹。腹部有黑色的烟炱痕迹。口径20.8、残高10厘米（图一〇，7）。

Cc型　3件。侈口，卷沿，束颈，短肩。以肩部特征可分为2式。

Ⅰ式：1件。鼓肩。T3⑥：7，夹细砂灰陶。腹部饰斜向绳纹。肩部有椭圆形接柄痕迹，疑为带柄鬲。口径16.5、残高7.4厘米（图一〇，8）。

Ⅱ式：2件。溜肩。T4⑤：4，夹细砂黄褐陶，灰褐色胎。方唇。腹部饰弦断绳纹。口径15.2、残高3厘米（图一〇，9）。T8②：3，夹细砂灰黑陶，红褐色胎。方唇。肩腹部饰竖向绳纹，腹中部饰弦断绳纹。肩部有一道凹槽，应为修整痕迹。口径14.8、残高7厘米（图一〇，10）。

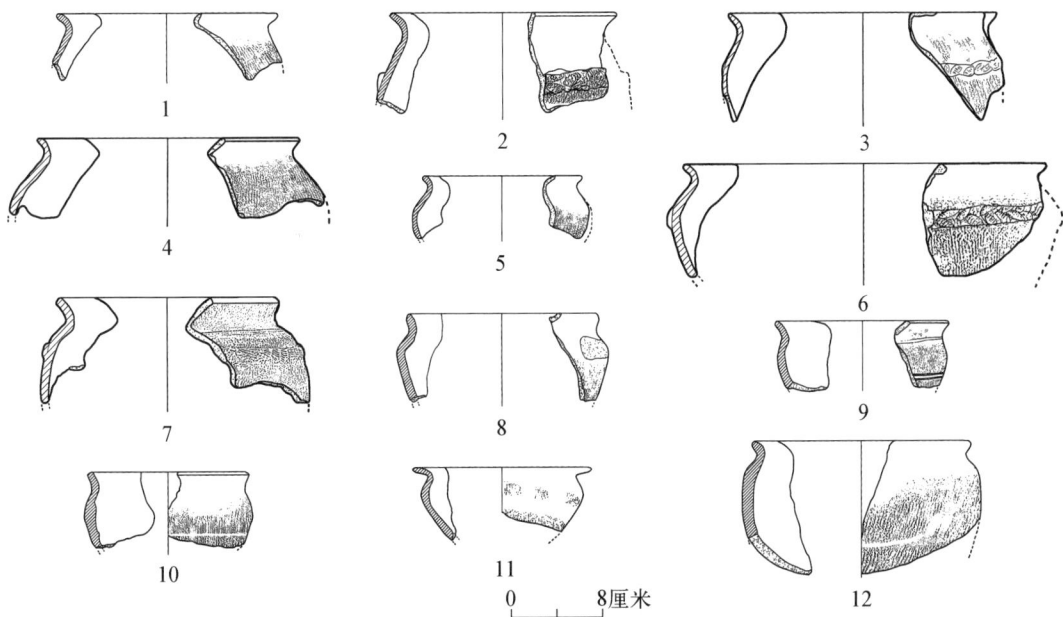

0　　　　8厘米

图一〇　C、D型陶鬲

1～3.Ca型Ⅰ式（T3⑥：4、T8⑥：4、T1④：4）　4.Ca型Ⅱ式（T4⑤：6）　5.Cb型Ⅰ式（T3⑥：3）　6、7.Cb型Ⅱ式（T3⑤：4、T3④：3）　8.Cc型Ⅰ式（T3⑥：7）　9、10.Cc型Ⅱ式（T4⑤：4、T8②：3）　11.Cd型（T5⑤：7）　12.D型（T3④：2）

Cd型　1件。大口，束颈明显，下腹急收。T5⑤：7，夹细砂灰陶，橙红色胎。尖圆唇。肩腹部饰竖向绳纹。口径15、残高6厘米（图一〇，11）。

D型　1件。圆唇，短卷沿，圆腹。T3④：2，夹砂灰褐陶，橙红色胎。侈口。腹部饰竖向绳纹，下腹部饰弦断绳纹。口径19.6、残高11.6厘米（图一〇，12）。

鬲足　8件。根据实足根形态的不同可分为2型。

A型　6件。锥状足。以袋足内窝深浅不同分为2亚型。

Aa型　2件。深袋足窝。T1③：2，夹砂橙红陶。足饰竖向绳纹，内侧接裆处有烟炱痕迹。残高11.5厘米（图一一，1）。H11：3，夹砂橙红陶。足饰竖向绳纹。残高12厘米（图一一，2）。

Ab型　4件。浅袋足窝。H6：2，夹砂红褐陶。饰竖向绳纹。高7.3厘米（图一一，3）。H17：2，夹砂黄白陶。外壁满饰粗绳纹。残高3.5厘米（图一一，4）。T1⑤：1，夹砂灰褐陶，橙红色胎。外壁满饰绳纹。残高6.7厘米（图一一，5）。T2②：2，夹砂灰褐陶。外壁满饰绳纹。残高8.8厘米（图一一，6）。

B型　2件。柱状足。T4⑤：2，夹砂红褐陶，灰黑色胎。实足根略高，鬲足芯残。残高5.5、足内芯深2.3厘米（图一一，7）。T4⑥：1，夹砂橙红陶。高实足根。饰竖向绳纹。残高9.5厘米（图一一，8）。

另外，发现鬲足芯2件。T5②：1，夹砂黄褐陶。整体近半球状圆锥形。素面。残高4、最大径5.2厘米（图一一，9）。T5⑤：2，夹砂橙红陶，灰黑色胎。残存的鬲足中部，可见部分鬲足芯及外壁。外壁满饰绳纹。残高4.2厘米（图一一，10）。

罐　13件。根据口沿和肩部特征分为6型。

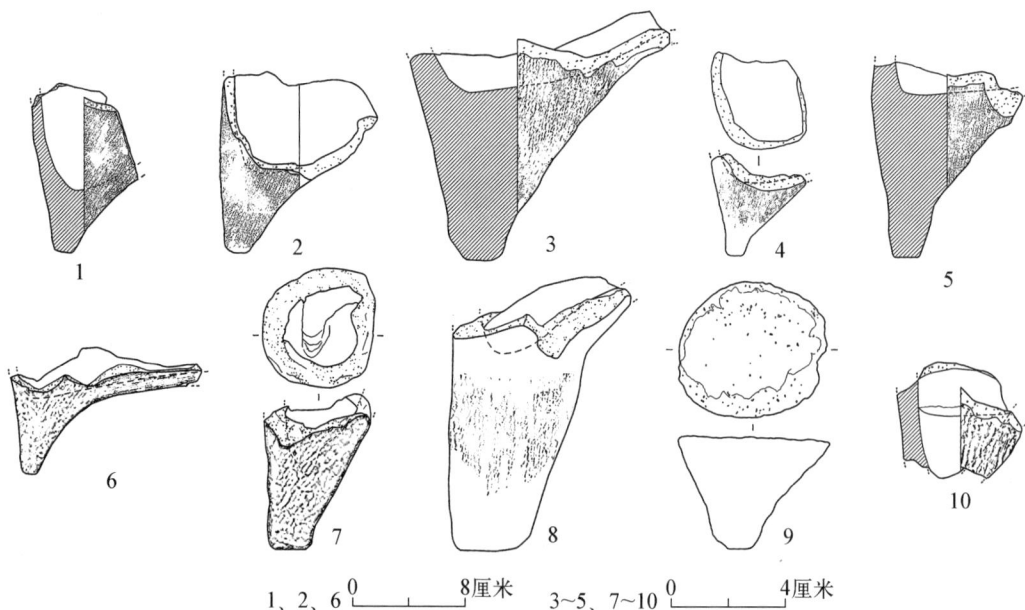

1、2、6　0 ——— 8厘米　　3~5、7~10　0 ——— 4厘米

图一一　鬲足

1、2. Aa型（T1③：2、H11：3）　3~6. Ab型（H6：2、H17：2、T1⑤：1、T2②：2）　7、8. B型（T4⑤：2、T4⑥：1）
9、10. 鬲足芯（T5②：1、T5⑤：2）

A型　4件。侈口,卷沿,束颈,广肩微弧。以口沿特征分为2亚型。

Aa型　3件。短沿。T8⑥:3,夹砂灰褐陶。尖圆唇。口径8.8、残高6厘米(图一二,1)。M2:3,夹砂灰黑陶,灰褐色胎。方唇。肩部饰斜向细绳纹。口径24、残高4.8厘米(图一二,2)。

Ab型　1件。长沿。标本H6:5,夹砂橙红陶。厚方唇。肩部饰竖向细绳纹,领肩分界处有一条凸棱,应为分接痕迹。口径22、残高6.8厘米(图一二,3)。

B型　1件。侈口,卷沿,弧肩,鼓腹。T6⑤:4,夹细砂灰褐陶。圆唇,短卷沿。肩腹部饰斜向绳纹。口径16、残高7.4厘米(图一二,4)。

C型　4件。侈口,卷沿,束颈,溜肩。T4⑤:9,夹砂灰褐陶,红褐色胎。圆唇。素面。唇中部有一条细凸棱,应为加工痕迹。口径16.8、残高5厘米(图一二,5)。T6⑤:5,夹砂橙红陶。方唇,肩中部微内凹。肩腹部饰斜向细绳纹。口径19.2、残高8.4厘米(图一二,6)。T4②:1,夹砂灰褐陶。尖圆唇。肩部饰斜向细绳纹。口径21.2、残高6厘米(图一二,7)。T1④:2,夹砂灰褐陶,红褐色胎。方唇。腹部饰弦断绳纹。口径16、残高6厘米(图一二,8)。

D型　2件。近直口,广肩。T1⑥:1,夹砂灰褐陶。圆唇,斜直肩。肩部饰弦断绳纹。口径14、残高9.4厘米(图一二,9)。

E型　1件。敛口,方唇,斜直肩。T1⑤:5,夹砂灰褐陶,红褐色胎。肩腹相接处折棱明显。肩部饰四道凹弦纹。口径13.2、残高6厘米(图一二,10)。

F型　1件。侈口,圆唇,短折沿,束颈,长斜直肩。H2:3,夹砂橙红陶。口径20、残高7.2厘米(图一二,11)。

罐底　4件。以底部形态分为2型。

A型　3件。平底。T4⑤:7,夹砂灰黑陶,橙红色胎。底部由中心向四周逐渐加厚。腹外壁饰细绳纹。底径7.6、残高3.3厘米(图一四,1)。T5④:3,夹细砂灰陶,红褐色胎。器底中部加厚。腹外壁饰细绳纹。底径5.8、残高2.7厘米(图一四,2)。H7:5,夹砂灰陶。整体厚薄均匀,下腹斜直。器表及底部饰绳纹。底径10.2、残高4厘米(图一四,4)。

B型　1件。内凹底。T3④:5,夹砂灰陶。底部厚薄不一。外壁及底部饰斜向细绳纹。底

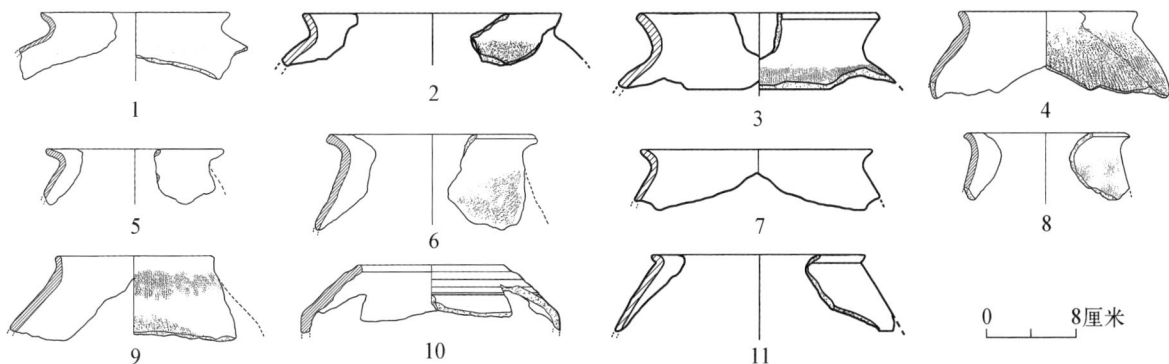

图一二　陶罐

1、2. Aa型(T8⑥:3、M2:3)　3. Ab型(H6:5)　4. B型(T6⑤:4)　5～8. C型(T4⑤:9、T6⑤:5、T4②:1、T1④:2)
9. D型(T1⑥:1)　10. E型(T1⑤:5)　11. F型(H2:3)

径18、残高6.5厘米（图一四，3）。

盆 7件。敞口，弧腹。根据口沿及腹部特征分为2型。

A型 2件。无沿。T3⑤∶6，夹砂灰褐陶。方唇。外壁饰细绳纹，内壁有一道凸弦纹。口径16.8、残高3.6厘米（图一三，1）。T2②∶10，夹砂灰黑陶，灰褐色胎。方唇。近口沿处饰细弦纹，腹部饰斜向细绳纹，唇面有一凹痕，应为修整痕迹。口径18、残高9厘米（图一三，3）。

B型 5件。卷沿，弧腹。根据纹饰差别分为2亚型。

Ba型 3件。上腹饰附加堆纹。T3⑤∶7，夹砂灰陶。方圆唇。腹部满饰斜向细绳纹，腹中部饰一周附加堆纹，其上饰斜向粗绳纹。口径30、残高19.2厘米（图一三，2）。T5④∶4，夹砂红褐陶。圆唇。腹部饰竖向细绳纹，上腹贴附一周附加堆纹，其上饰斜向压印纹，凹窝内有粗绳纹。口径32、残高14厘米（图一三，5）。T2②∶7，夹砂橙红陶。圆唇。外壁饰细绳纹，上腹部饰一周附加堆纹，其上按压斜向粗绳纹。残高15.6、宽14厘米（图一三，7）。

Bb型 2件。腹部无附加堆纹。T1③∶4，夹细砂灰褐陶。圆唇。外壁饰绳纹。口径36.8、残高8厘米（图一三，6）。H16∶2，夹砂灰陶。圆唇。下腹部饰斜向细绳纹，腹部饰两道平行凸弦纹。残高7.2厘米（图一三，11）。

豆盘 3件。以豆盘形态可分为2型。

A型 2件。浅盘形。T2②∶4，夹砂灰黑陶。直口微敛，圆唇，近平底。素面。口径11.6、残高2.8厘米（图一三，10）。T6⑤∶1，夹砂灰褐陶。下腹斜直，近平底。外壁饰细绳纹。残高2.8、宽9.2厘米（图一三，9）。

B型 1件。碗形。T3⑥∶1，夹砂灰陶。敞口，圆唇，弧腹。素面。接柄处断痕明显。口径14、残高4.4厘米（图一三，8）。

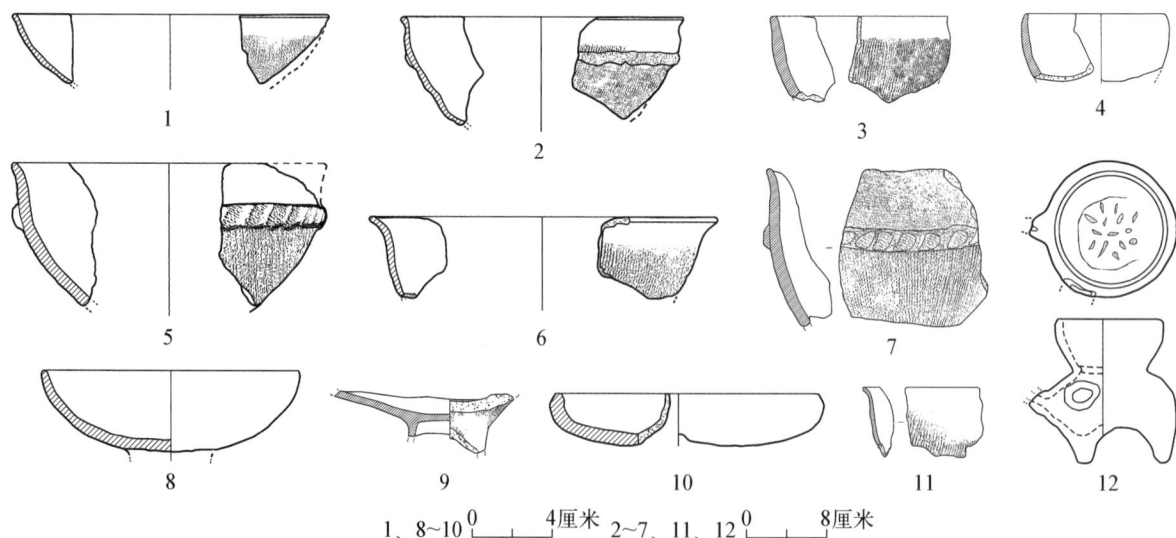

图一三　陶盆、陶豆、陶盉、陶钵

1、3. A型陶盆（T3⑤∶6、T2②∶10）　2、5、7. Ba型陶盆（T3⑤∶7、T5④∶4、T2②∶7）　4. 陶钵（H7∶4）
6、11. Bb型陶盆（T1③∶4、H16∶2）　8. B型豆盘（T3⑥∶1）　9、10. A型豆盘（T6⑤∶1、T2②∶4）　12. 陶盉（T4③∶1）

盉 1件。T4③:1,夹细砂灰褐陶。流与鋬手残,足微残。甑部微敛口,圆唇,腹部弧收,整体近似钵。鬲部圆鼓肩,腹近竖直,下接袋足。腹接鋬手的一端明显较另一端扁平。整体素面。高12厘米(图一三,12;彩版四三,2)。

钵 1件。H7:4,夹砂黄褐陶。敛口,尖圆唇,弧腹。素面。口径14、残高6.8厘米(图一三,4)。

鼎足 7件。依整体形态可分为2型。

A型 3件。柱状足。T3⑥:2,夹砂灰褐陶。柱状足向下渐细。外壁饰绳纹。残高4厘米(图一四,5)。T4⑤:3,夹砂黄白陶。柱足上下接近等粗。素面。残高6.8厘米(图一四,6)。

B型 4件。宽扁足。T4④:2,夹砂灰褐陶,红褐色胎。鼎足与器身相接处内凹。外壁饰绳纹。残长6、高4.6厘米(图一四,7)。T8⑥:2,夹砂红褐陶。素面,足两侧有捏制痕迹。残高7.5厘米(图一四,8)。T1③:3,夹砂红褐色。横剖面呈较规则的椭圆形。残高7.3、厚2厘米(图一四,9)。T8③:1,夹砂灰陶,橙红色胎。外壁饰竖向刻划纹,略呈鱼鳍形。残高3.5、厚2厘米(图一四,15)。

圈足 3件。T8⑤:4,夹砂灰褐陶。高圈足。素面。底径8.5、残高4厘米(图一四,10)。T8⑤:3,夹砂红褐陶。素面。底径12.2、残高4.8厘米(图一四,11)。T6⑤:3,夹细砂灰褐陶,红褐色胎。圈足略高,底部外撇。素面。底径16、残高8.2厘米(图一四,12)。

陶拍 1件。T3⑤:1,夹粗砂灰陶。拍面呈椭圆形,微内凹,背面有环状把手。拍面及周围饰竖向绳纹及刻划纹。长8、宽5.4、厚1.4厘米(图一四,13)。

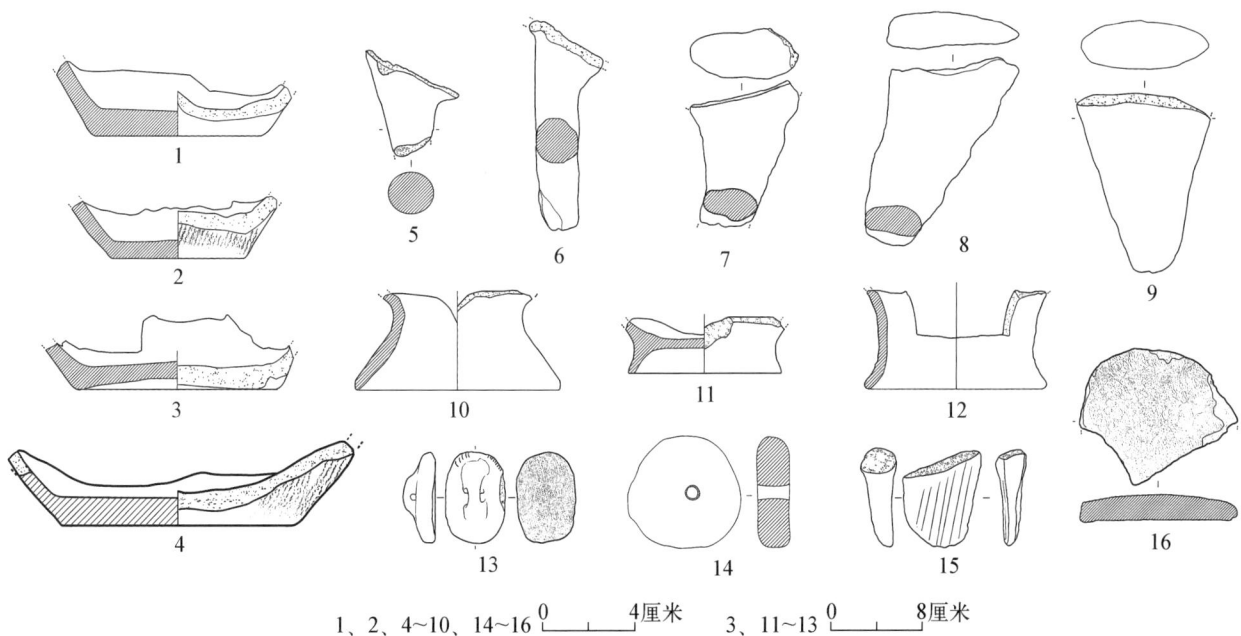

1、2、4~10、14~16 ⊢—0———4厘米—⊣　　3、11~13 ⊢—0———8厘米—⊣

图一四　出土陶器

1、2、4. A型罐底(T4⑤:7、T5④:3、H7:5)　3. B型罐底(T3④:5)　5、6. A型鼎足(T3⑥:2、T4⑤:3)
7~9、15. B型鼎足(T4④:2、T8⑥:2、T1③:3、T8③:1)　10~12. 圈足(T8⑤:4、T8⑤:3、T6⑤:3)　13. 陶拍(T3⑤:1)
14. 陶纺轮(T8⑤:1)　16. 圆陶片(T4④:1)

纺轮 1件。T8⑤：1，泥质橙红陶。近圆饼状，厚度均匀，边缘经修整，中部有圆形穿孔。素面。直径4.8、厚1.4厘米（图一四，14；彩版四三，3）。

圆陶片 1件。T4④：1，夹细砂灰陶，橙红色胎。残存部分呈扇形，边缘磨光，中部微外鼓。一面饰绳纹，局部有烟炱痕迹。残长7、厚1厘米（图一四，16）。

（二）石器

10件，包括斧、锛、凿、钺、镞、砺石等。

斧 1件。T4⑤：1，青灰色。整体略呈圆柱体。双面弧刃，刃部微残，器表通体磨光。高15.5、宽6.6、厚4.8厘米（图一五，1；彩版四三，4）。

锛 1件。H2：1，浅黄色。整体近扁平状长方体。单面直刃，器表有琢痕。高8.5、宽5、厚1.8厘米（图一五，2；彩版四三，5）。

凿 1件。M1：1，青灰色。整体近长方体。单面直刃，器身有打制疤痕。高6.7、宽3、厚3厘米（图一五，3；彩版四三，6）。

钺 1件。T5⑤：1，青灰色。残，仅存顶端，略呈扁平状三角形。通体磨光。器表有多处打制疤痕。残高6.6、厚1.1厘米（图一五，5）。

镞 1件。T8⑤：1，青灰色。残，剖面呈菱形，箭脊明显。部分区域磨光。残高7.5厘米（图一五，4）。

砺石 5件。F2：2，青灰色。残，扁平状，一侧中部经磨制、使用，较为光滑。残长6、宽4.4、

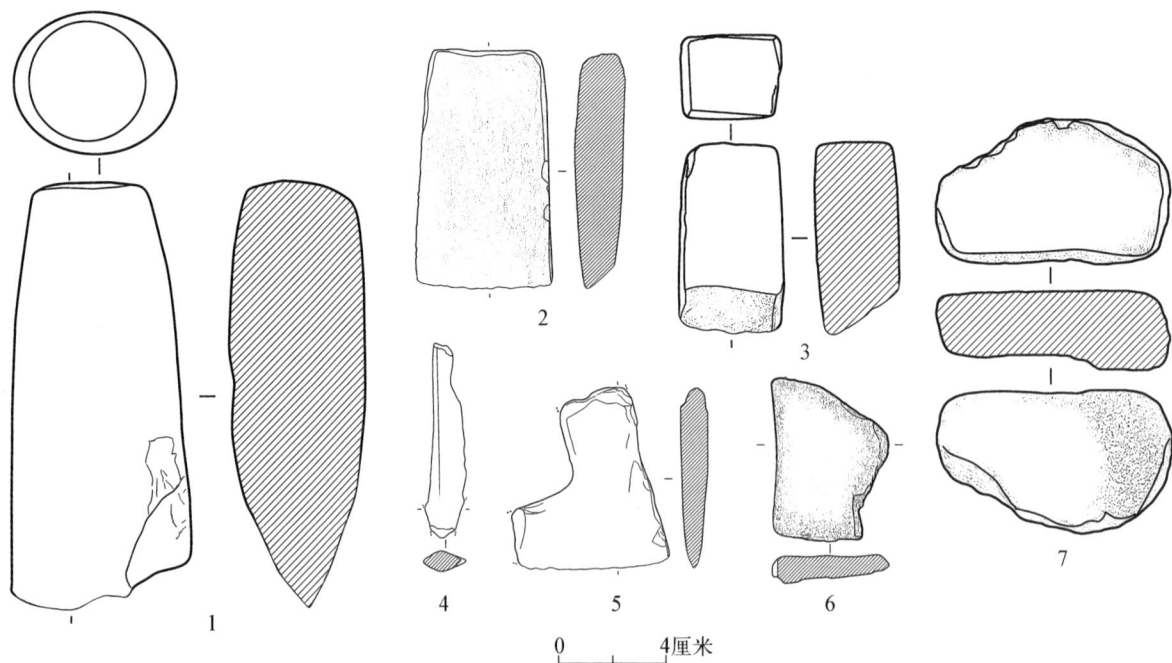

图一五　出土石器

1.斧（T4⑤：1）　2.锛（H2：1）　3.凿（M1：1）　4.镞（T8⑤：1）　5.钺（T5⑤：1）　6、7.砺石（F2：2、T1②：2）

厚1.1厘米（图一五，6）。T1②：2，灰白色。整体略呈椭圆形，扁平状。一侧中部经磨制、使用，较为光滑。残长9、宽5.2、厚3厘米（图一五，7）。

四、结　语

俞庄遗址出土周代遗物较少，且以残陶片为主，器形辨识上可能存在一定的误差。陶器以夹砂陶为主，泥质陶极少。器类较为简单，组合以鬲、罐、盆、豆为主。纹饰以绳纹、弦断绳纹占绝对主流。以上特征与霍邱堰台遗址[①]陶器面貌较为一致，但也缺少堰台遗址的一些器形。结合堰台、霍山戴家院[②]、铜陵师姑墩[③]等遗址的分期研究结论，此处将俞庄遗址周代遗存分为三期：

第一期：以第⑥、⑤层为代表。绝大多数都为夹砂陶，仅见个别原始瓷器残片。夹砂陶中，灰黑色（27.3%）和灰褐色最多（26.6%），其次为橙红色（16.6%）和橙黄色（13.5%），另有灰色（8.3%）、黑褐色（5.9%）和红褐色（1.4%）。俞庄陶鬲T6⑤a：1的长溜肩风格与堰台G2：2相近；T8⑥：4的长斜折沿风格与堰台T1011③：2相近；T4⑤：4、T3⑥：3、T6⑥：1分别与师姑墩T6⑧：5、T37⑦：1、T6⑨：1相近。陶罐T1⑤：5与堰台罐T0907⑦：1、师姑墩T7⑤：5相近；陶罐T6⑤：4、T1⑥：1分别与师姑墩T7⑨：31、T6⑧：1相近。豆盘ⅠT3⑥：1与堰台T0708⑨：1相近。需要说明的是，该期陶器中应存在带把鬲，T3⑥：7的肩部有椭圆形接柄痕迹，此类陶片存在一定数量。该期年代约为西周中期。

第二期：该期以第④、③层为代表。泥质陶约占1%，其余均为夹砂陶。夹砂陶中灰褐色陶最多（26.2%），还有灰黑色陶（19.7%）、橙红色陶（18.2%）、灰色陶（14.8%）、橙黄色陶（9.5%）、黑褐色陶（9.2%）和红褐色陶（1.5%）等。泥质陶中有灰色陶、橙黄色陶和灰褐色陶，但数量都极少。俞庄陶鬲T3④：3与戴家院AaⅠ式TW5S1⑪：2相近。陶盉T4③：1与师姑墩T9⑥：85相近。该期年代约为西周晚期或两周之际。

第三期：该期以第②层为代表，应该也包括部分开口于①层下的灰坑。泥质陶极少，基本都为夹砂陶。夹砂陶中，灰褐陶（30.1%）最多，橙红陶（19.9%）、灰陶（16.0%）和灰黑陶（13.7%）其次，此外还有橙黄陶（9.0%）、黑褐陶（7.0%）、红褐陶（4.3%）。俞庄陶鬲T2②：5、T2②：6、T2②：9分别与师姑墩T7④：124、T6④：3、T9②：15相似。豆盘T2②：4的浅盘敛口风格与堰台T0713③：6相近。该期年代约为春秋早中期。

另外，早期地层中出土的鼎足，可能是江淮地区夏商时期斗鸡台文化[④]遗留的传统。西周中期至春秋早中期的庐江县境是淮夷族群的分布区域，这里除了有地方风格的器物，也明显受到了包括中原系统文化在内的其他文化的影响。需要注意的是，上钵下鬲，中间有箅，一侧有流，与之成直角位置安柄，这一类形态的陶盉如T4③：1，以及带有双立耳、浅腹的陶鬲T4③：1等器物明

① 安徽省文物考古研究所：《霍邱堰台：淮河流域周代聚落发掘报告》，科学出版社，2010年。
② 安徽省文物考古研究所：《安徽霍山戴家院周代遗址发掘报告》，《考古学报》2016年第1期。
③ 安徽省文物考古研究所：《铜陵师姑墩：夏商周遗址考古发掘与研究》，文物出版社，2020年。
④ 王迅：《东夷文化与淮夷文化研究》，北京大学出版社，1994年，第48～56页。

显具有仿制铜器的风格。俞庄遗址未见铜器等高品级物品,这可能与未发现周代墓葬有一定关系。由于该遗址的规模本就不大,所以对于整体研究江淮地区周代普通聚落、聚落的等级区分,以及各小区域间的文化面貌差异都有重要意义。

附记:

　　参与发掘的有于孟洲、李忠宽、林朝阳、张茂林、武月波、刘珂、胡苏儿、侯文明、侯国庆;参与整理的有于孟洲、李泱泱、王玉霞、程一帆、王秋东;绘图万成忠、李泱泱,摄影李泱泱。发掘工作得到安徽省文物考古研究所宫希成、张辉,武汉大学徐承泰等先生的大力支持和帮助,简报写作得到西北大学豆海锋先生指点,在此一并表示感谢!

执　　笔:于孟洲　李泱泱　任文勋　张　辉　王玉霞

太和马庄遗址发掘简报

河南大学历史文化学院　安徽省文物考古研究所

马庄遗址位于安徽省西北部的太和县宫集镇钜阳村马庄自然村周边至西淝河沿岸，地处黄淮平原南端，阜阳、亳州两市之间。遗址中心地理坐标为：东经115°53′00″，北纬33°23′02″，高程21.9米（图一）。

经初步调查，马庄遗址分布范围较大，集中分布于西淝河沿岸、翟塘和殿顶子桃园等地。其中西淝河沿岸和翟塘地块在引江济淮项目施工范围内，为配合基本项目建设文物保护工作，受安徽省文物考古研究所委托，经国家文物局批准后，我们对该遗址实施了抢救性发掘。

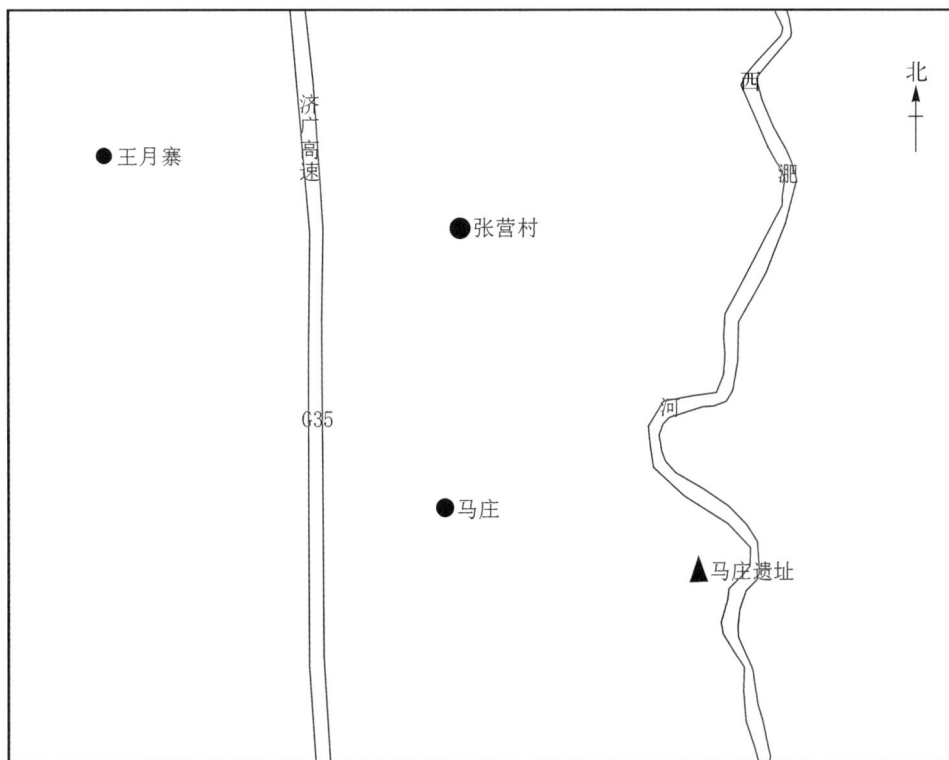

图一　马庄遗址地理位置示意图

为进一步全面了解和掌握马庄遗址的形制、文化内涵,以及各区域间的相互关系,从大遗址角度进行进一步分析和研究。我们采用钻探、探沟和探方发掘法相结合的方法,对马庄遗址西淝河沿岸、翟塘区、殿顶子桃园区域进行有选择地解剖、逐层发掘(彩版四四,1~3)。同时使用RTK、无人机、PS软件、数据处理等建立数字化探方管理系统,设立永久坐标点,对该区域进行铺毯式调查、发掘研究。本次发掘,计划发掘面积1 800平方米,实际发掘面积1 940平方米。

一、布方及地层堆积

(一)布方情况

2019年7月25日正式开始发掘工作,我们将马庄遗址划分为三个区域,即Ⅰ区西淝河沿岸、Ⅱ区翟塘区、Ⅲ区殿顶子桃园区(图二)。

1. Ⅰ区西淝河沿岸:我们在西淝河南岸断面地层(2米左右)发现大量两周时期陶片,为进一步探明该区域的文化堆积情况,在西淝河沿岸由西向东布10米×10米探方6个(Ⅰ区T1~T6)(图三)。

2. Ⅱ区翟塘区:根据前期勘探结果,该区域文化遗存较为丰富。为重点了解遗址结构及文化内涵等,东西向布10米×10米探方7个,河边布10米×10米探方1个(Ⅱ区T1~T8)(图四)。

3. Ⅲ区殿顶子桃园区:由东向西布5米×5米探方4个(ATDT1~T4),南部由东向西依次布10米×10米探方4个(Ⅲ区T1~T4)(图五)。

(二)地层堆积情况

Ⅰ区:地层堆积可分为9层。

第①层:近现代耕土层。灰褐色土,土质较疏松。包含大量植物根系以及近现代垃圾。广泛分布于T1~T6。厚0.1~0.4米,距离地表0.1~0.4米。

第②层:淤土层。灰黑色土,较致密。包含少量植物根系。分布于T1~T5。厚0.1米,距地表0.2~0.5米。

第③层:黑灰色土,土质致密。包含少量宋元时期瓷片和砖瓦颗粒。分布于T4、T6东部,自东部向西部延伸,逐渐变薄,呈斜面状向北向南倾斜。厚0.1~0.15米,距地表0.24~0.55米。推测该层为宋元时期地层。

第④层:灰褐色土,土质较疏松。出土极少量宋元瓷器碎片,T4出土可复原宋代瓷盘1件。分布于T1~T6,南部较厚,东、北、西较均匀,厚0.1~0.15米,距地表0.25~0.6米。推测该层为宋元时期地层。

第⑤层:黑灰色土,土质较致密,比较纯净。包含少量陶瓷片、碎砖块等。广泛分布于T1~T6中,其中以T5堆积最厚,遗存最为丰富,T1、T2、T4分布区域较小,地层堆积较薄。厚约0.1~0.25米,距地表0.3~0.65米。推测该层为隋唐时期地层。

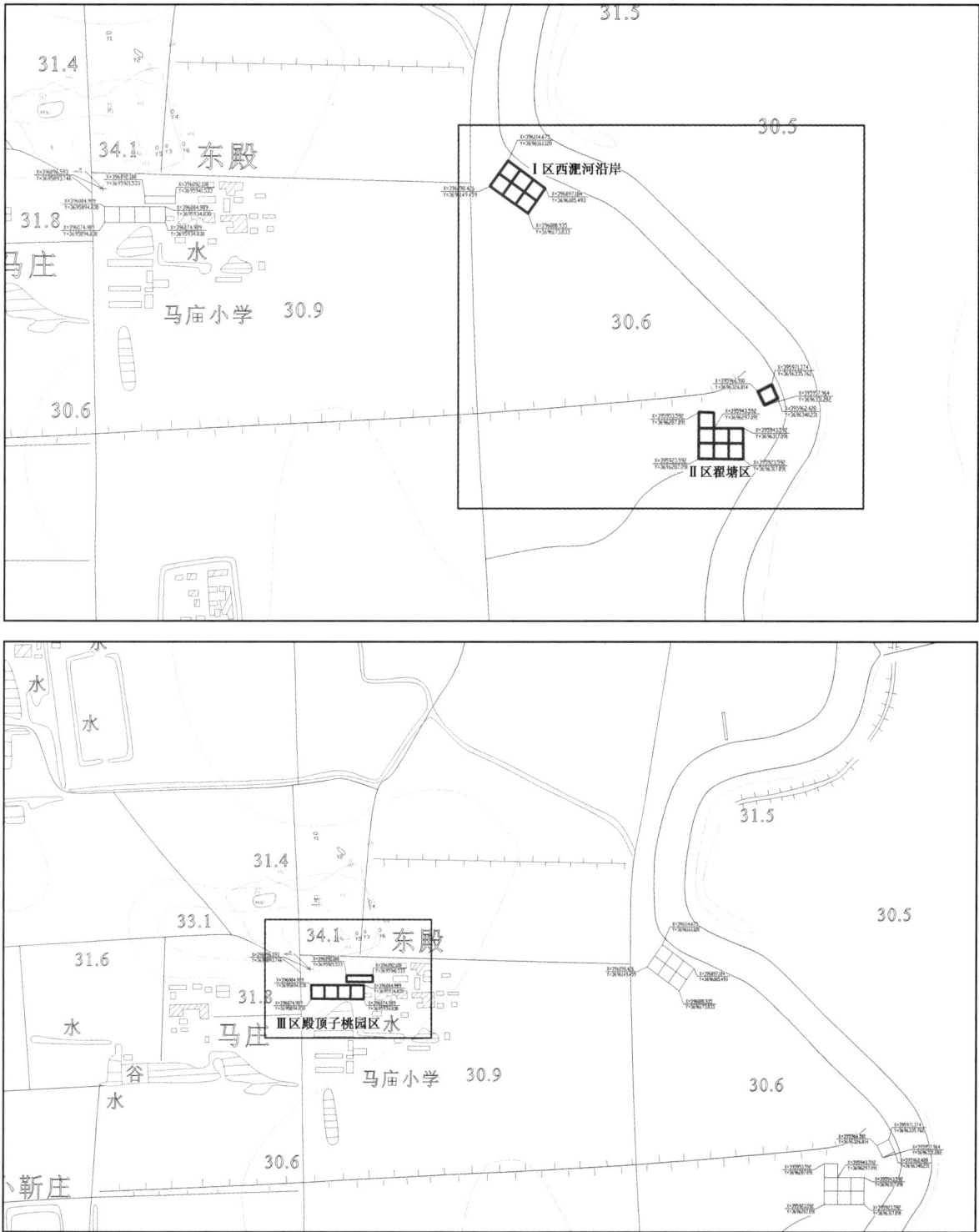

图二　探方分布示意图

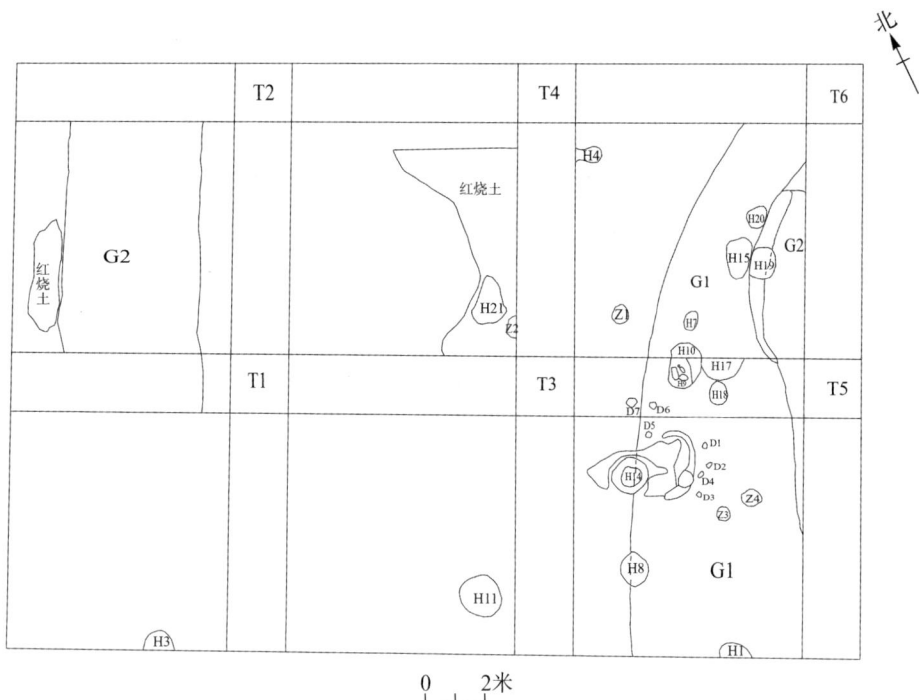

北

G2

T2　T4　T6

红烧土

H4

H20

G2

H15 H16

红烧土

G1

H21

Z2

Z1

H7

H10

H17

H18

T1　T3　T5

D7 D6

D5

D1

D2

D4

H14

D3 Z4

Z3

H8

G1

H11

H3

H1

0　2米

图三　Ⅰ区西淝河沿岸总平面图

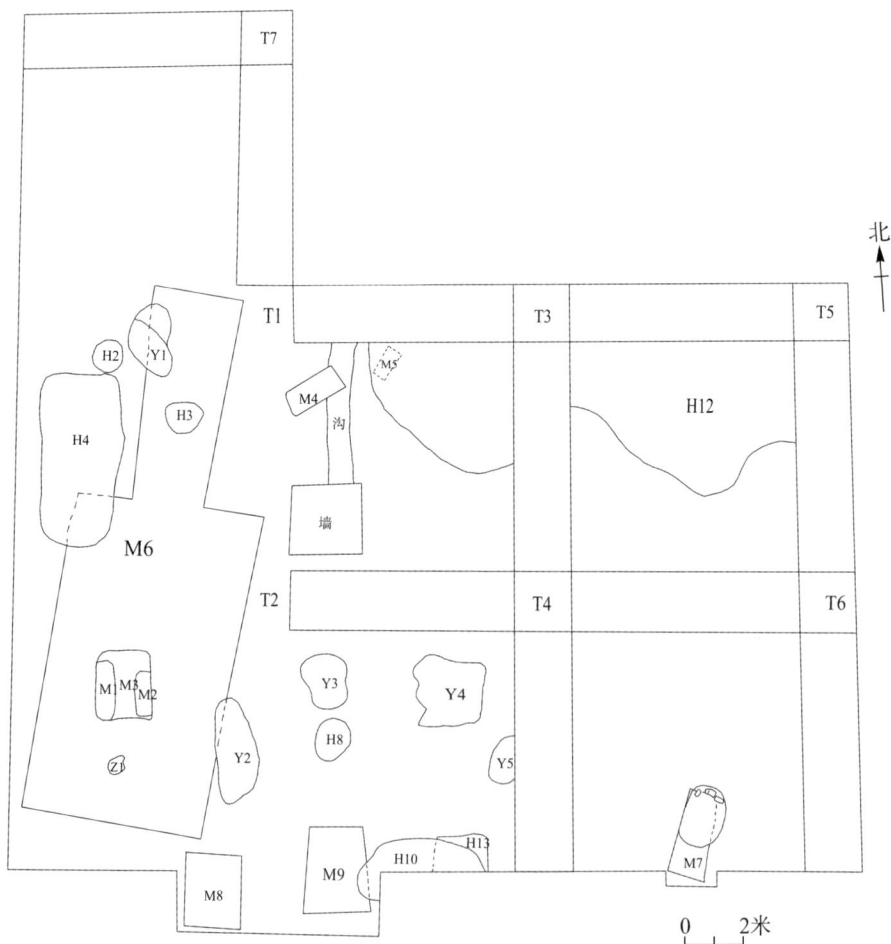

北

T7

T1　T3　T5

H2 Y1

M5

H3

M4

H12

H4

沟

M6

墙

T2　T4　T6

M1 M3

M2

Y3

Y4

H8

Z1

Y2

Y5

H13

M7

H10

M9

M8

0　2米

图四　Ⅱ区翟塘区总平面图

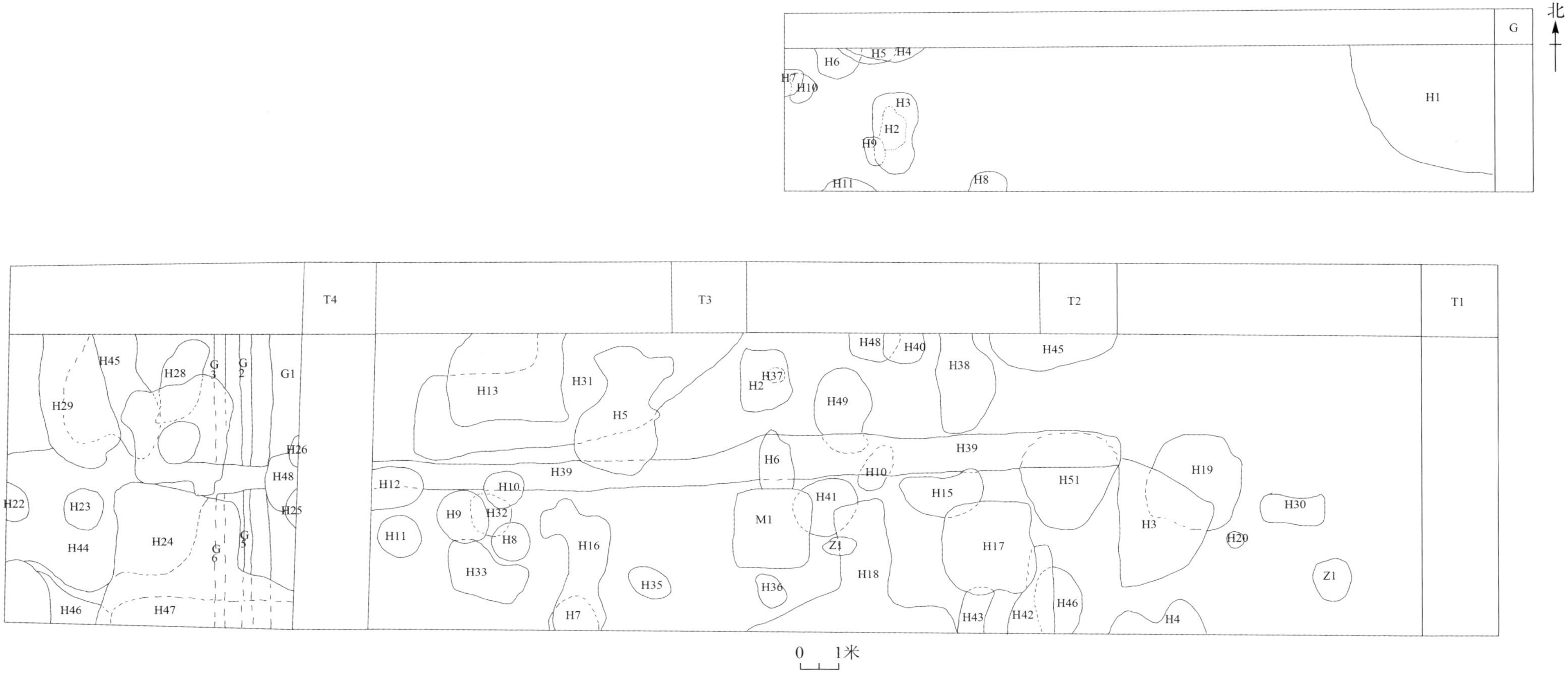

北

G

H1

H5 H4
H3
H2
H9
H6
H11
H7 H10
H8

T1

Z1
H30
H20
H19
H3
H4

T2

H45
H51
H46
H42
H17
H43
H38
H39
H15
H48 H40
H10
H49
H18
H41
Z1
H37
H2
H6
M1
H36

T3

H35
H5
H31
H16
H39
H7
H13
H10
H32
H8
H9
H33
H12
H11

T4

G1
H26
H48
H25
G2
G5
G3
G6
H28
H24
H47
H45
H29
H23
H44
H46
H22

0   1米

图五　Ⅲ区殿顶子桃园区总平面图

　　第⑥层：黄褐色土，土质致密。以T2、T3、T5、T6分布最为集中，分布于T5、T6的G1出土大量汉代器物，包括铜镜、铁器、五铢钱、货泉、瓦当等。厚约0.2～0.45米，距地表约0.5～1.1米。推测该层为两汉时期地层。

　　第⑦层：红烧土层，土质疏松。包含大量红烧土颗粒，夹杂有少量东周时期陶片。厚0.5～0.6米，距地表1.1～1.6米。推测该层为东周时期地层。

　　第⑧层：黑褐色土，土质湿软。包含有少量红烧土颗粒，夹杂大量两周时期绳纹陶片，并在该层采集有动物骨骼。分布于T1～T6。厚0.1～0.5米，距地表1.2～2.1米。推测该层为东周时期地层。

　　第⑨层：黑色土，黏性较强。包含大量泥质红陶颗粒。分布于T1～T6，尤以T1～T4分布最为集中。厚0.2～0.5米，距地表1.4～2.4米。推测该层为东周时期地层。

　　第⑨层以下为生土。

　　Ⅱ区：地层堆积可分为6层。

　　第①层：近现代耕土层。灰褐色土，土质较疏松。包含大量植物根系以及近现代垃圾。广泛分布于T1～T8。厚0.1～0.2米，距地表0.1～0.2米。

　　第②层：红褐色黏土，土质较致密。包含少量陶、瓷片。分布于T1～T4。厚0.1～0.2米，距地表0.2～0.3米。推测该层为明清时期地层。

　　第③层：红褐色淤土，土质较疏松。广泛分布于T1～T8。厚0.1～0.2米，距地表0.3～0.4米。推测该层为明清时期地层。

　　第④层：灰褐色土，较致密。主要分布于T2、T4，T1～T8西南侧较厚，东侧较薄。厚0.2～0.3米，距地表0.3～0.5米。推测该层为唐宋时期地层。

　　第⑤层：黄褐色土，较致密。包含少量瓷片。主要分布于T2、T4。厚0.2～0.3米，距地表0.33～0.7米。推测该层为唐宋时期地层。

　　第⑥层：黄褐色土，土质较疏松。包含少量汉代陶片。主要分布于T1、T2。厚0.1～0.5米，距地表0.4～1.2米。推测该层为汉代地层。

　　第⑥层以下为生土层。

　　Ⅲ区：地层堆积可分为4层。

　　第①层：近现代耕土层。灰褐色土，土质较疏松。包含大量植物根系以及近现代垃圾。分布于T1～T4。厚0.1～0.2米，距地表0.1～0.2米。

　　第②层：红褐色黏土，土质较致密。包含少量宋代陶瓷片。分布于T1～T3，西侧较厚，东侧较薄。厚0.1～0.2米，距地表0.2～0.3米。推测该层为宋代地层。

　　第③层：黄色土，土质较疏松。包含少量陶片。分布于T1～T3。厚0.1～0.2米，距地表0.3～0.4米。推测该层为宋代地层。

　　第④层：黑褐色土，土质较致密。包含较多周代陶片。分布于T1～T4。厚0.3～0.5米，距地表0.7～0.9米。推测该层为东周地层。

　　第④层以下为生土层。

二、遗　　迹

Ⅰ区发现遗迹27处,包括隋唐手工业作坊遗迹1处、兽骨遗迹2处、灰沟2处、灰坑22处。出土陶器、瓷器、铁器、铜钱等162件。

Ⅱ区发现遗迹31处,包括汉墓1座、明墓2座、活动面2处、灶2座、墙2处、灰坑16处、明清时期窑址6座。出土大量汉代砖瓦、陶器、铜器、骨器、漆器等。

Ⅲ区发现遗迹60处。ATDT1~T4发现战国到汉代瓦片坑1处、唐宋时期灰坑8处,出土大量战国到汉代筒瓦、板瓦残片和唐宋时期瓷器、陶器、铁器等。T1~T4发现灰坑50处、井1处,其中包括大量砖石坑,出土陶器、瓷器、蚁鼻钱等。

（一）东周灰坑

H20　位于Ⅲ T1西南部,H19东南方向,开口于第③层下,打破生土(图六)。平面开口近似圆形,壁面较粗糙。直径0.58、深0.3米。填土为灰褐色淤土,土质较疏松。出土少量绳纹陶片。

（二）汉代

1. 灰坑

H22　位于Ⅱ T2内,开口于第⑤层下,打破生土(图七)。坑口平面呈半圆形,弧壁斜收至底,底近平,坑壁、坑底未见加工痕迹。长0.8、宽0.58、深0.26米。填土分为两层:①层为黑褐色土,土质较松软,包含物有红烧土块、石块等。出土遗物以陶片居多,另有少量贝壳标本等。其中陶片以夹砂红陶为主,另有少量泥质红陶、泥质灰陶、夹砂灰陶;陶片多为素面,少量饰有梯格纹、弦纹等。②层为黄褐色土,土质较硬,无出土遗物。

2. 墓葬

M6　位于Ⅱ区T1和T2内,开口于第⑤层下,打破第⑥层(图八;彩版四五,1)。砖室墓,开口平面呈甲字型,直壁平底,带斜坡墓道,壁面粗糙。长17.56、宽6.69、深2米。填土为五花土,土质较疏松,仅在填土内发现铜盖弓帽、车軎、铜燕形牌饰各1件。根据墓葬形制推测,可能为汉代贵族墓葬,因盗扰而遭到严重破坏。

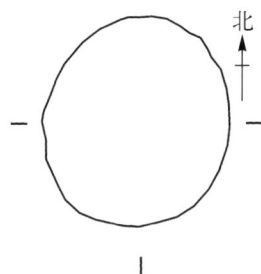

图六　Ⅲ H20平、剖面图

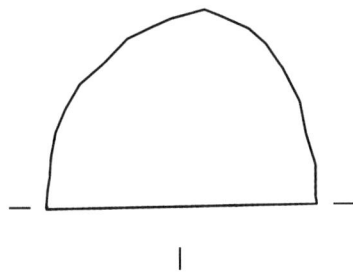

图七　Ⅱ H22平、剖面图

北

0　　80厘米

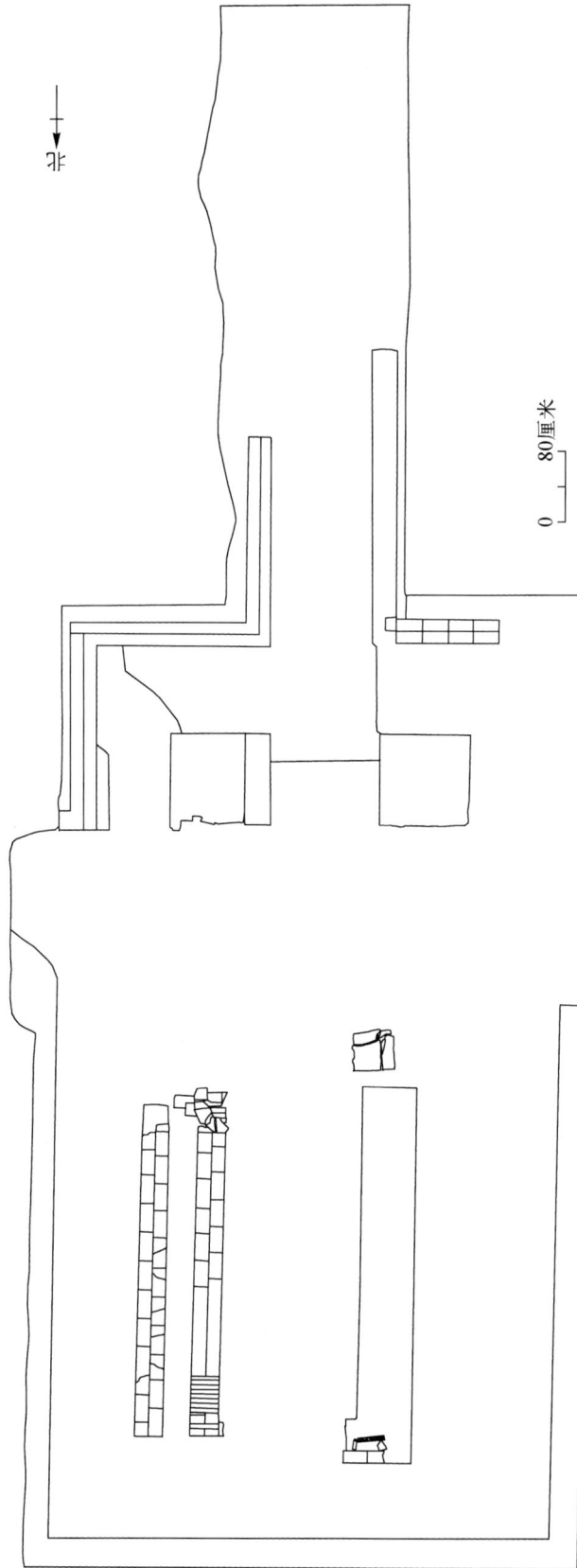

图八　Ⅱ M6平面图

（三）隋唐房址

F1　位于 Ⅰ T5 北部，开口于第④层下，打破第⑥层（图九）。开口平面近似椭圆形，直壁。深度约 0.2 米。填土为灰黄色土。出土有瓷碗、瓷盏、铁器、五铢钱等。F1 与周围 D1～D7、H14 应为同时期遗迹，推测周围遗迹为 F1 组成部分。根据发现的灰坑和出土的铁工具判断，F1 可能为一处铁器作坊。

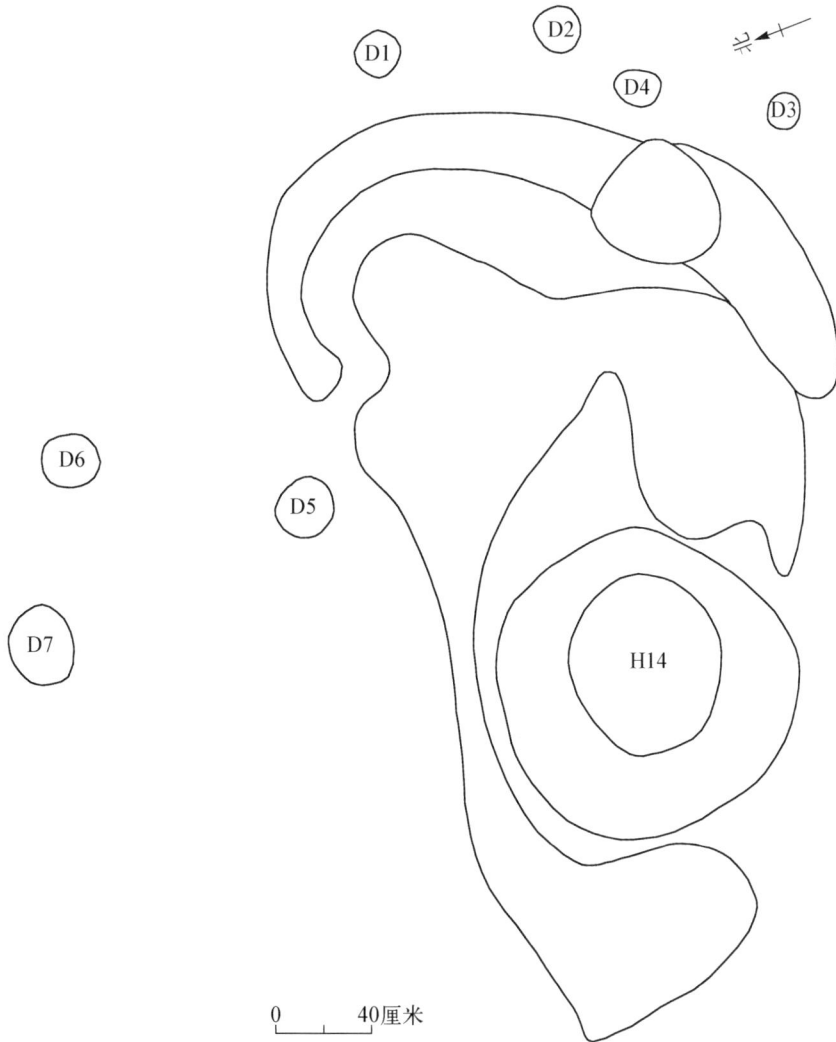

图九　F1 平面图

（四）宋代灰坑

H3　位于 Ⅱ T1 西部偏南，开口于第②层下，打破生土层（图一〇）。开口平面近似半圆形，壁面较细腻，从南向北逐渐变浅。南北长 3.5、东西宽 2.46、最深处 0.4 米。填土为灰褐色淤土，土质较疏松，偏南部发现少量红烧土。出土砖瓦及一些陶瓷残片。

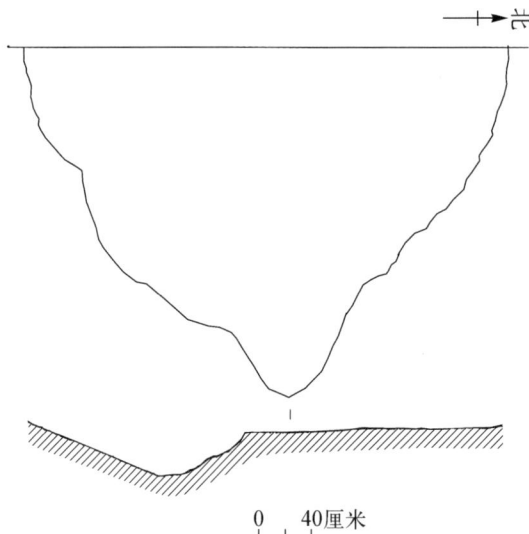

0   40厘米

图一〇　H3 平、剖面图

（五）明代墓葬

1. M8

（1）墓葬形制

位于 ⅡT2南侧，长方形竖穴土坑墓，正北方向（图一一）。开口于第②层下，距地表 0.63～0.64米，长2.34、宽2.06、深1.1米。墓壁向下逐渐垂直内收，较为规整，墓底平坦。填土为黄褐色五花土，土质较疏松，夹杂较多碎砖、陶片。

（2）葬式与葬具

墓葬为一男一女合葬墓。其中男性墓主位于西侧，仰身直肢葬。葬具已经腐朽，清理出棺钉28枚。骨骼下方铺有灰白色石床，石床近似长方形，北部较宽，南侧较窄。石床长1.74、宽0.6、厚约0.05米。石床北侧较厚，向南部逐渐变薄，南侧厚度仅0.02米。石床之上铺有一层均匀的青色防潮灰。经鉴定，男性墓主约55岁，身高约1.68米。女性墓主位于西侧，为仰身直肢葬，头向为北偏西90°。葬具为红色棺木，大部分已经腐朽，清理出棺钉15枚。少量棺木碎末已和土壤及骨骼混杂在一起，骨架整体呈红色，头骨因浸泡而发生移位。经鉴定，女性墓主约40岁，身高约1.7米。女性墓主无石床，位于男性墓主石床下1厘米左右，位置略低于男性墓主，体现出一定的男尊女卑思想。

（3）随葬器物

男性墓主头部至脚部均匀摆放有铜钱10枚。男性墓主头骨部位发现象牙簪1枚，做工精巧。女性墓主头部至脚部均匀摆放有铜钱7枚，头部位置发现铜簪1枚，做工较粗糙。在棺外北部正中发现釉陶罐1件，可能为男女墓主共用。

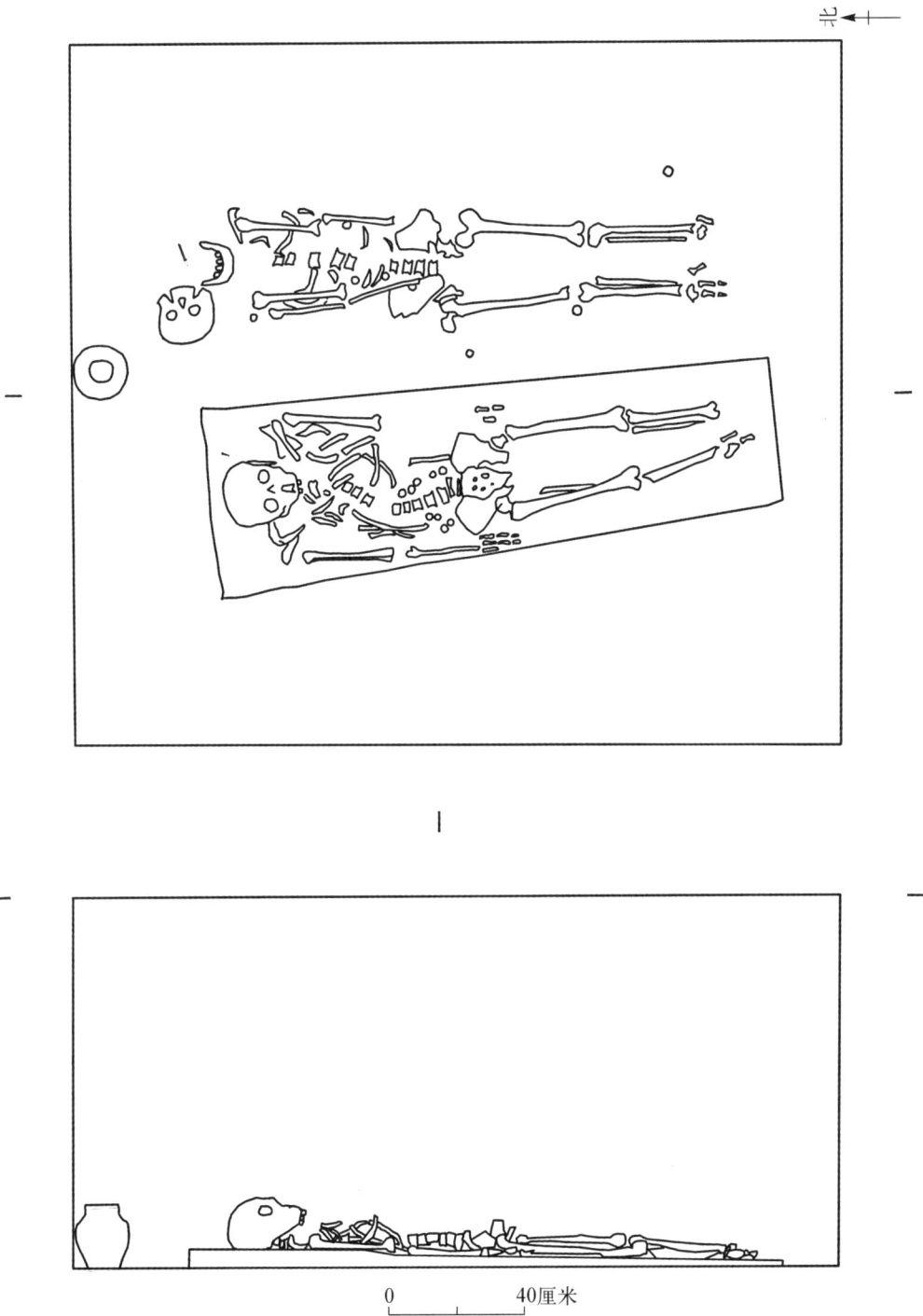

图一一　Ⅱ M8 平、剖面图

2. M9

（1）墓葬形制

靠近ⅡT4南壁，长方形竖穴土坑墓，紧邻M8，方向为北偏西10°（图一二）。开口于第②层下，但开口层位扰乱严重，距地表0.45～1.05米，墓葬形制较为规整，墓壁垂直，墓底平坦。长2.7、宽2.16、深约1.7米。填土为灰黑色、黄褐色混杂土，并夹杂含大量碎砖块的五花土。

（2）葬式与葬具

墓葬为一男一女合葬墓。墓穴内有棺无椁，棺木已朽，仅残留一段呈不规则长方形的黄色棺木，木纹清晰可见，棺木长0.22、宽0.05米。清理出棺钉33枚。墓葬内出土人骨两具，均为正北方向，仰身直肢葬。东侧为男性墓主，骨骼粗壮，较为完整。骨骼下方铺有灰白色石床，石床近似长方形，北部较宽，南侧较窄。石床长1.74、宽0.5、厚约0.05米。石床之上铺有一层均匀的青色防潮灰。经鉴定，男性墓主约60岁，身高约1.7米。西侧为女性墓主，头骨位于胸腔内，碎裂成若干块，尸骨凌乱无章，应该为二次搬迁葬，年龄不详。

（3）随葬器物

男性墓主头部至脚部均匀摆放有铜钱24枚，头骨部位发现有铜簪1枚。随葬有釉陶罐2件，分别位于男、女墓主头部正上方。

三、出土遗物

出土遗物以陶器为主，釉陶、瓷器次之，另有少量银器、铜器、铅锡器、铁器、石器、骨角器、漆器、植物种子等。

（一）东周

陶钵　1件。ATDH1∶2，泥质灰陶。侈口，方唇外卷，斜直腹，平底。口沿饰凹弦纹。口径14.83、底径5.94、高5.83厘米（图一三，14）。

陶豆　1件。ⅢT2⑤∶2，泥质灰陶。敞口，浅盘，柄部呈喇叭状。口径15、高11.5厘米。

陶盆　1件。ⅢT2④∶2，泥质灰陶。圆唇，弧腹，平底。口径32、高11.5厘米。

青铜环　1件。ⅢT1①∶2，环状。直径2.8厘米。

（二）汉代

铜盖弓帽　1件。ⅡM6∶1，菌首，管状中空，带钩。口径1、长6.4厘米（图一三，11；彩版四五，2）。

铜车軎　1件。ⅡM6∶2，圆柱形，中空。外饰三道匝形纹饰。底径4.19、高4.57厘米（图一三，12；彩版四五，3）。

铜燕形牌饰　1件。ⅡM6∶4，圆形镂空，中间有一飞燕。外轮饰有两组纹饰。直径3.9厘米

北

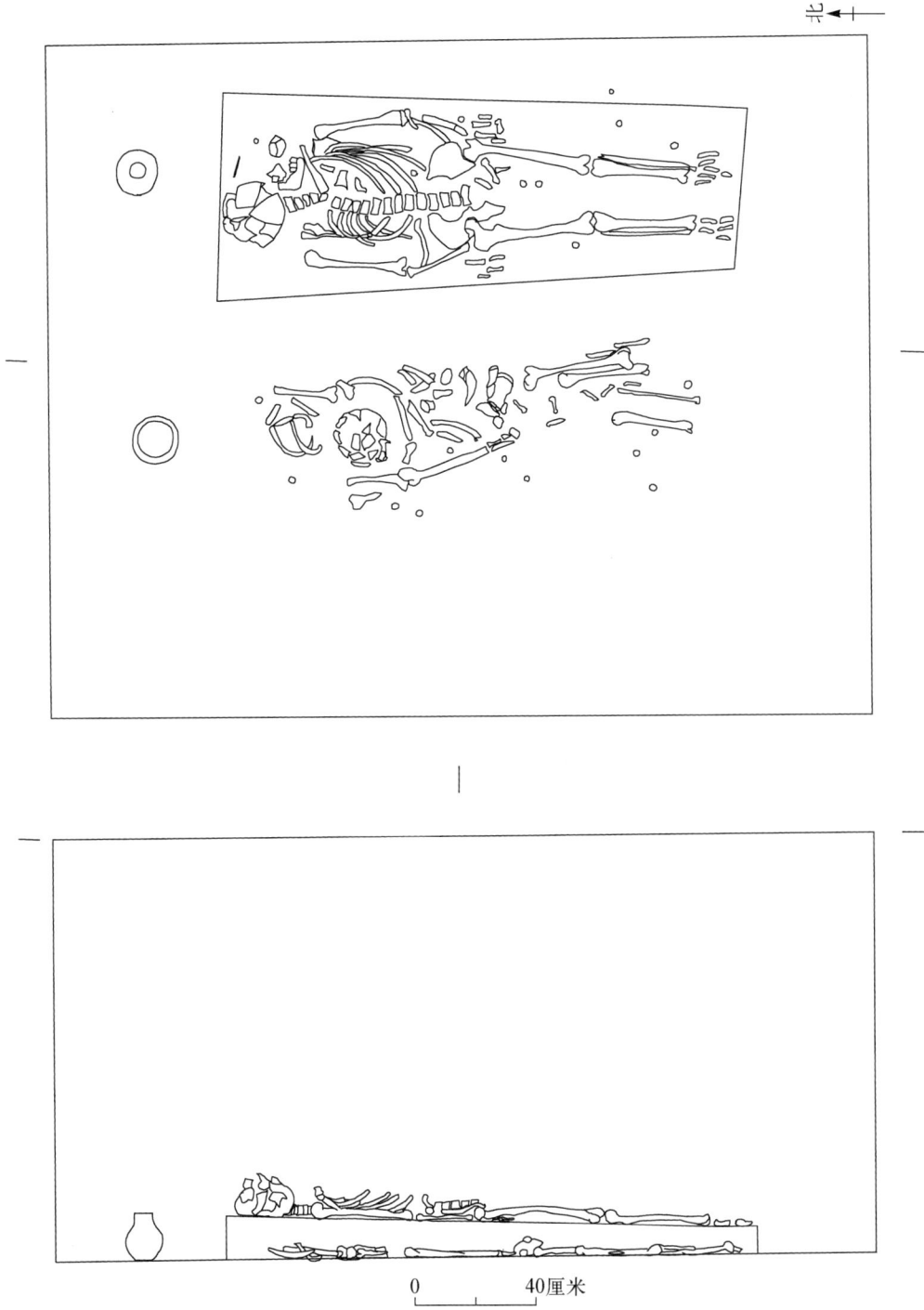

0   40厘米

图一二　ⅡM9平、剖面图

（图一三,13；彩版四五,4）。

（三）隋唐

瓷碗　3件。Ⅰ F1∶1,敞口微敛,圆唇,斜弧腹,圜底,圈足。胎质较粗,上部呈浅黄色,下部呈白色。青色釉,内壁施满釉,外壁施半釉,圈足无釉。口径11.71、底径5.12、高5.92厘米（图一三,8）。Ⅰ F1∶2,侈口,尖圆唇,溜肩,斜弧腹,饼足。胎质较粗。青色釉,内壁施满釉,外壁施半釉,圈足无釉。口径9.15、底径3.94、高5.12厘米（图一三,9）。Ⅰ F1∶3,敞口,尖圆唇,溜肩,弧腹,圜底。胎质较粗。青色釉,内壁施满釉,外壁施半釉,圈足无釉。口径9.81、底径5.17、高4.66厘米（图一三,10）。

（四）宋代

瓷碗　3件。ATDH6∶1,侈口,尖唇,弧壁,下腹较斜直,矮圈足。釉色白中泛黄,内壁施满釉,外壁施半釉,下腹及足部露胎。口径8.47、足径2.97、高3.86厘米（图一三,5）。ATDT1③∶1,侈口,尖唇,弧壁,矮圈足。腹部有两道弦纹。釉色白中泛黄,内壁施满釉,外壁施半釉,上壁饰有

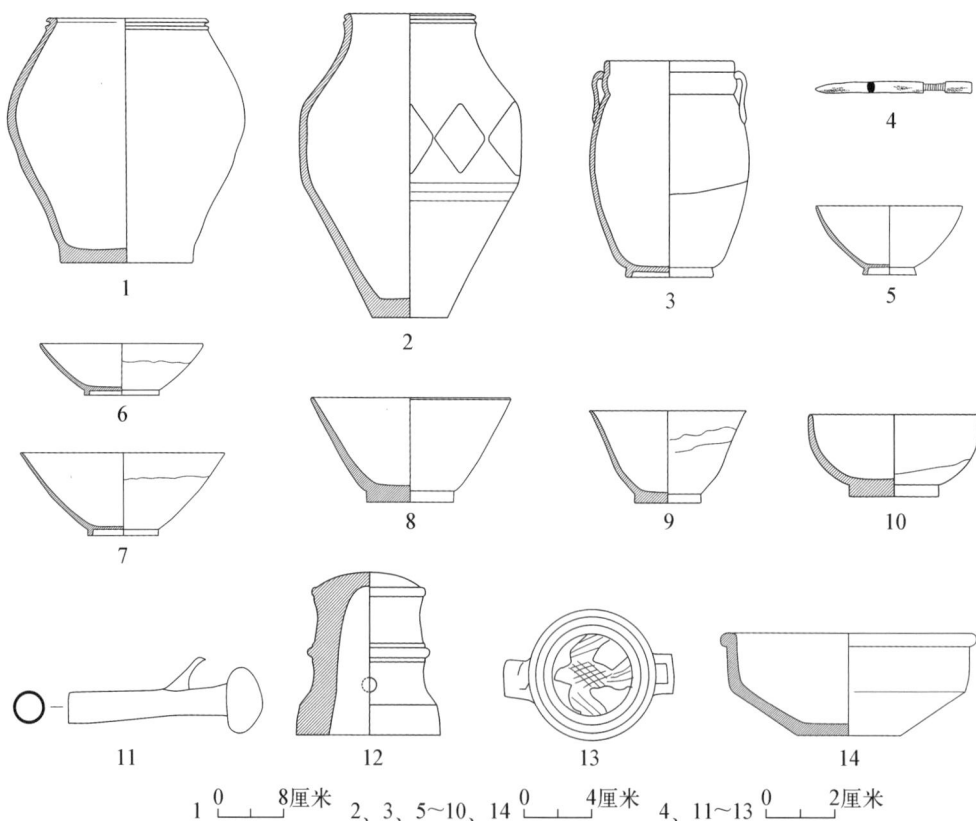

图一三　部分出土遗物

1～3.釉陶罐（ⅡM8∶1、ⅡM9∶1、ⅡM9∶2）　4.象牙簪（ⅡM8∶3）　5～10.瓷碗（ATDH6∶1、ATDT1③∶1、ATDT1④∶1、Ⅰ F1∶1、Ⅰ F1∶2、Ⅰ F1∶3）　11.铜盖弓帽（ⅡM6∶1）　12.铜车軎（ⅡM6∶2）　13.铜燕形牌饰（ⅡM6∶4）　14.陶钵（ATDH1∶2）

黑色条纹,下腹及足部露胎。口径9.55、足径4.34、高2.92厘米(图一三,6)。ATDT1④:1,侈口,尖圆唇,弧壁,圈足。釉色白中泛黄,内壁施满釉,外壁施半釉,下腹及足部露胎。口径12.03、足径4.1、高4.7厘米(图一三,7)。

(五)明代

釉陶罐 3件。ⅡM8:1,敞口,方唇,短束颈,溜肩,上腹较鼓,下腹弧内收,最大径在腹中部,平底。素面。器表施红釉。口径18.3、最大腹径28.2、底径15.4、高27.76厘米(图一三,1)。ⅡM9:1,侈口,圆唇,短束颈,溜肩,下腹弧内收,最大径在腹中部。腹部饰有菱形纹。器表施红釉。口径7.84、最大腹径13.05、底径4.43、高17.38厘米(图一三,2)。ⅡM9:2,斜平唇,短直颈,双耳,溜肩,微鼓腹,最大径在腹中部,下腹弧内收,圈足。施酱色釉,内壁施满釉,外壁施半釉。口径7.54、最大腹径9.48、底径5.1、高12.36厘米(图一三,3)。

铜簪 2件。ⅡM8:2,簪首为伞状,簪身与簪首连接处呈圆柱状,簪身逐渐变细,整体呈尖锥状。长10.7厘米。ⅡM9:3,簪首为耳挖状,簪身与簪首连接处呈无棱瓜瓣状,簪身逐渐变细,整体呈尖锥状。长9.1厘米。

象牙簪 1件。ⅡM8:3,通体呈白色,略发黄,打磨光滑。簪首呈方形,中上部带有螺纹,簪身较宽,至尾部逐渐变细,尾部略尖。长4.53厘米(图一三,4;彩版四五,5)。

铜钱 2组。

ⅡM8:4~25,圆形方孔钱,共22枚(其中填土内发现5枚)。为宋代、元代和明代铜钱。部分铜钱锈蚀严重,钱文不清。可辨识的有:

皇宋通宝 2枚。隶书,光背、小平、对钱。直径2.5厘米,重4.4克。

天圣元宝 1枚。篆书,小平、对钱。直径2.5厘米,重3.1克。

政和通宝 2枚。隶书,且隶书中杂有楷意,直读,光背、小平、对钱。直径3厘米,重4.5克。

淳化元宝 2枚。草书,光背。直径2.4厘米,重3.5克。

嘉祐通宝 1枚。篆书,旋读,光背、小平、对钱。直径2.55厘米,重3.7克。

宋元通宝 1枚。钱式沿袭"周元通宝"成规,小平钱,对读。直径2.6厘米,重3.4克。

至元通宝 1枚。光背、小平。直径2.3厘米,重3克。

洪武通宝 5枚。楷书,直读,钱文较规整,光背、小平,分量较轻。直径2.4厘米,重3.2克。

ⅡM9:4~27,圆形方孔钱,共24枚。为北宋及明代铜钱。部分铜钱锈蚀严重,钱文不清。可辨识的有:

治平元宝 3枚。隶书,小平。直径2.5厘米,重3.6克。

至道元宝 2枚。行书,光背、小平。直径2.5厘米,重3.8克。

元丰通宝 1枚。行书,光背、小平。直径2.41厘米,重3.5克。

皇宋通宝 2枚。楷书,光背、小平。直径2.5厘米,重4.4克。

洪武通宝 3枚。楷书,直读,钱文较规整,光背、小平。直径2.4厘米,重3.2克。

四、结　语

马庄遗址分布范围较大，文化内涵丰富，包含两周到明清的文化堆积，发现有窑址、作坊、房址、墓葬等遗迹，其中带有耳室和墓道的高等级汉墓在淮北地区较为罕见。出土遗物有陶器、釉陶器、瓷器、青铜器、铁器等，类型丰富。

Ⅰ区西淝河沿岸，遗存较为丰富，发现的文化层年代跨度较大。东周地层中发现大量泥质红陶颗粒，分布区域广，最深处达2.7米。由此可见，西淝河沿岸自古以来就是人类活动频繁的地区。此外该区域还发现有汉代牛骨祭祀遗迹、隋唐时期冶铁作坊等重要遗迹。

Ⅱ区翟塘区域，文化层相对较浅，平均深度约1.5米。此处发现了汉代墓葬1座、明代墓葬2座。根据墓葬形制推断，汉墓（M6）的等级较高，为皖北地区高等级汉墓的研究增添了新的实物资料。两座明代墓葬（M8、M9）均为有棺无椁的长方形竖穴土坑墓，墓葬结构并不复杂。经比较研究，M8葬俗葬式与淮河下游淮安楚州翔宇花园明墓M52[①]几乎一致，且女性墓主均属于二次葬，反映了这一时期淮河流域的葬俗葬式存在一定共性。不过M8、M9中的白石床比较少见。根据墓葬出土的釉陶器和铜钱判断，M8、M9当属于明代早期的平民墓。铜钱种类为大量宋代铜钱及少量元代铜钱，明代铜钱仅洪武通宝一种，其中北宋铜钱占85%以上。曾有学者对明墓出土铜钱进行过统计，北方地区"出土旧钱的明墓占到了随葬钱币墓葬的92.6%"[②]，与M8、M9的年代推断并不相悖。安徽北部地区公开发表的明代墓葬考古资料几为空白，因此这两座明墓的资料颇为重要。

Ⅲ区殿顶子桃园区发现的未被扰乱的战国时期灰坑十分重要，出土大量板瓦、筒瓦、蚁鼻钱、半两钱等。在一定程度上说明，东周时期遗址附近可能建有高等级公共建筑，这里是周人活动的重点区域。

通过对马庄遗址遗迹、遗物的系统整理与研究，我们可以确知该遗址为一处集生产、生活与埋葬为一体的综合性遗址。该遗址的发掘，对进一步探究江淮地区考古学文化序列、东周至明代历史进程等具有较为重要的意义。

领　　队：李溯源
发　　掘：华　铭　华佳莹　刘　昊　晋经昊　张　瑜　宋　敏　江诺雅　刘奥权
　　　　　刘云龙　代　琪　孙舒婷　朱国凯　李令立　王运卿
绘　　图：华　铭　蒙建舟　王　通　华佳莹　付嘉宁
摄　　影：华　铭
执　　笔：刘　昊（南京大学）
　　　　　王　通　华　铭（河南大学）

---

① 李则斌等：《淮安楚州翔宇花园明清墓葬群发掘简报》，《东南文化》2012年第1期。
② 夏寒：《浅议明墓中的古钱》，《四川文物》2006年第2期。

寿县五里闸墓地考古发掘简报

安徽省文物考古研究所　寿县文物保护中心

　　五里闸墓地位于安徽省淮南市寿县八公山乡大泉村五里庙,地处东淝河的东侧沿岸地带,西南距离寿县古城约1.8公里(图一)。该墓地为"三普"在册文物点之一,其地形和范围大体包括大泉村东南侧八公山南麓延续至东淝河岸的河边滩地,地貌为慢坡形岗地。早期该区域内开挖水塘等取土活动即发现有墓葬,调查时地表也零星发现有墓砖及陶器残片等遗物。2005年,安徽省文物考古研究所配合修建滁新高速公路时,对涉及该文物点的区域开展过抢救性考古发掘工作,主要发现了一批战国至汉代的小型墓葬[①]。

　　为配合引江济淮工程江淮沟通段的建设,受安徽省文物局委托,安徽省文物考古研究所于2017年12月至2018年3月间对五里闸墓地和老河间滩地两个区块进行了前期考古勘探工作。根据勘探资料并结合工程施工的实际进度与安排[②],2018年8月我们对施工区域内的遗迹进行了陆续发掘,先后共清理墓葬12座、窑址1座,布小型探沟2条以解剖式发掘灰坑,合计发掘面积约150平方米。其中窑址为现代石灰窑,灰坑亦为近现代堆积。所发掘的墓葬中有7座位于探区以内,但均遭后期盗扰等,破坏比较严重。后期施工过程中在探区以外又陆续有墓葬发现,我们对其进行了抢救性清理,现将出土随葬品较为丰富的4座墓葬简报如下。

一、M8

(一)墓葬形制

　　该墓位于探区以外,为后期施工过程中发现。墓口上部因工程取土已遭破坏,开口层位不详,打破生土。M8为一座石板双室墓。方向约290°。墓圹平面呈长方形,直壁,平底。墓圹四壁贴砌石板,每边两块,西壁及南壁石板遭后期破坏。中部亦由两块石板将墓室分隔,墓底亦用石板平铺,墓顶由石板覆盖。石板呈青灰色,素面无饰,属页岩质。未发现墓道。墓内填土为黄褐

---

① 安徽省文物考古研究所发掘资料,待刊。
② 项目前期设计图纸与后期实际施工范围有所变化。

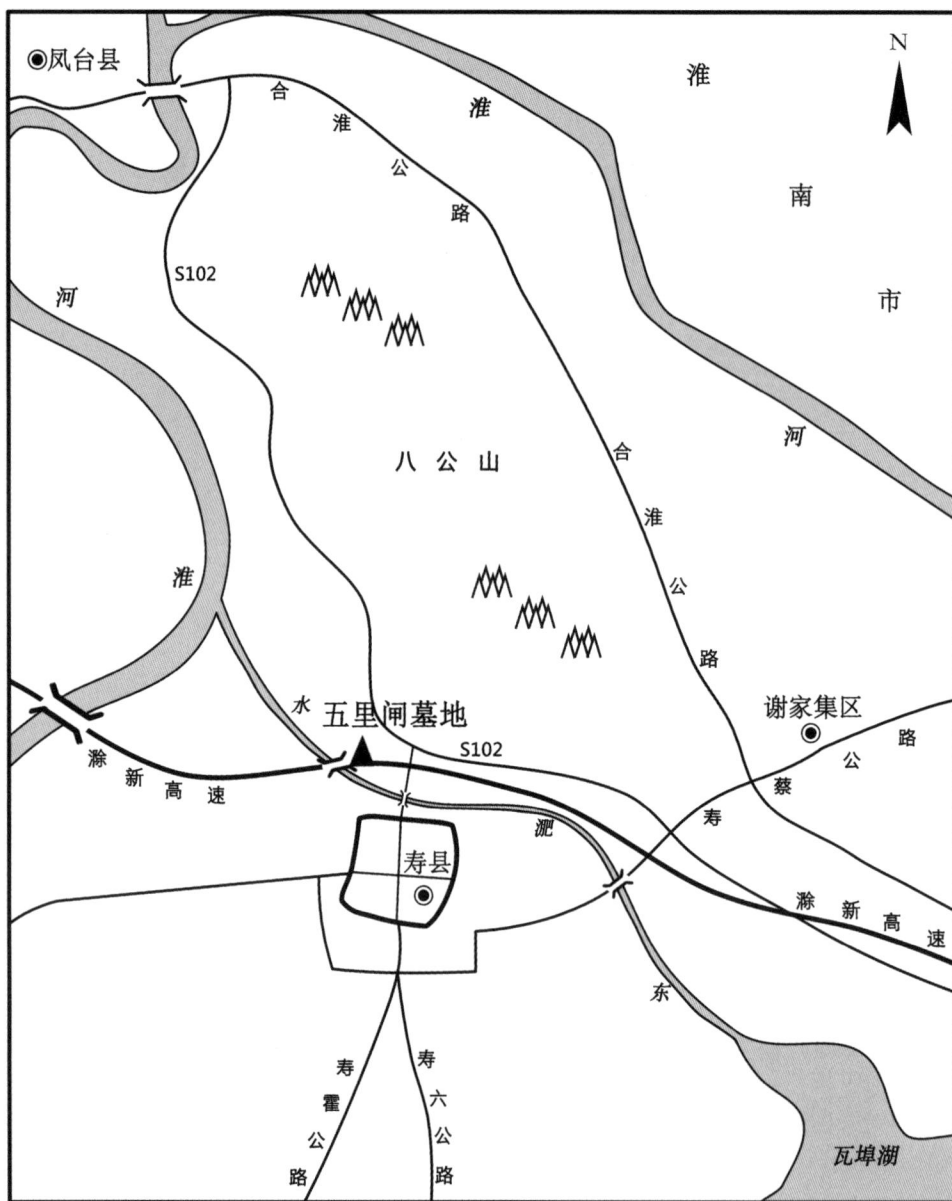

图一　五里闸墓地位置示意图

色黏土，土质较致密。未发现木质棺痕及人骨遗存，具体葬式不详。随葬品多出土于墓葬南室。墓葬长约2.9、宽约2.5、深约0.84米（图二；彩版四六）。

（二）随葬品

　　M8共出土随葬品14件（组），主要为陶器（釉陶器）、铜器和玉器。陶器器形有鼎、盒、壶、瓿、杯、镳斗、圈厕、灶和井等，铜器有剑、削、铜镜和钱币等，玉器则为小饰品。

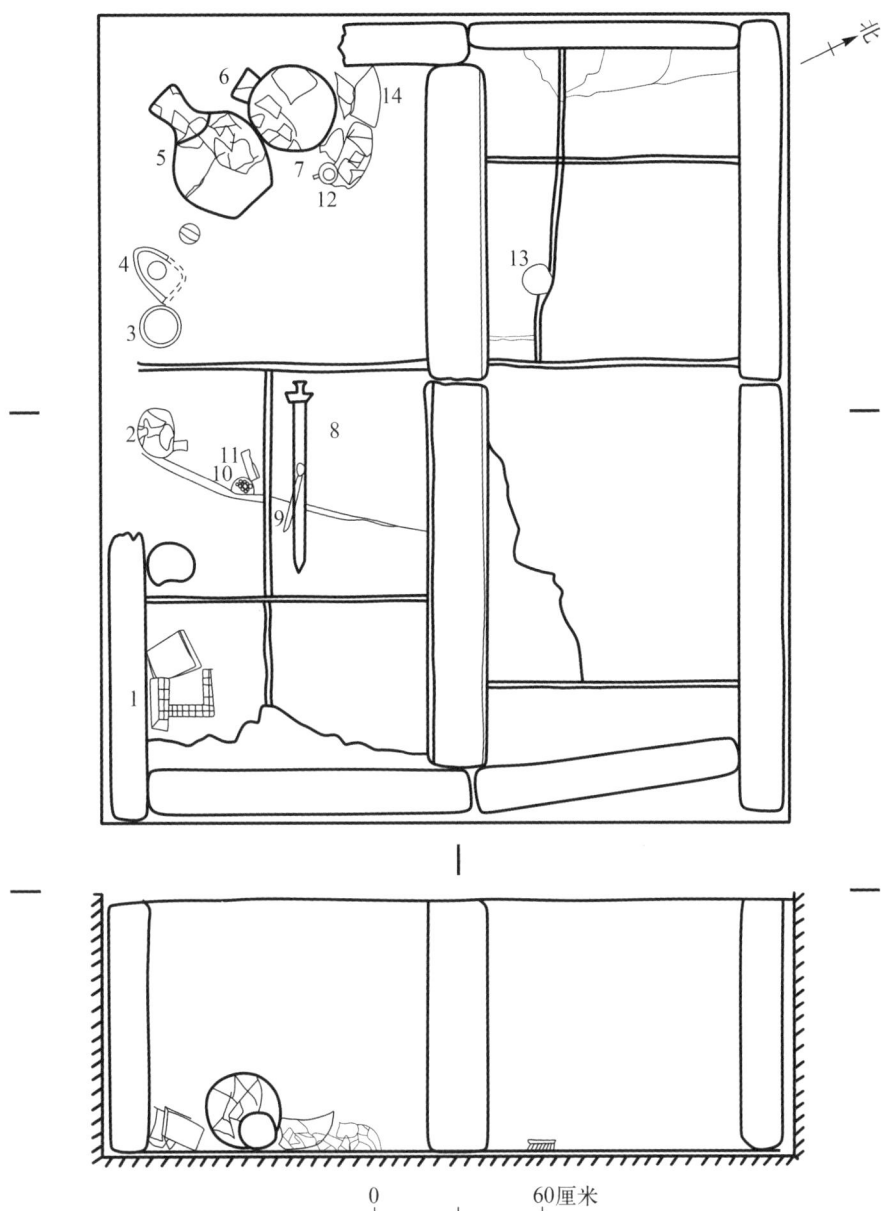

图二 M8平、剖面图

1.陶圈厕 2.陶鼎 3.釉陶井 4.陶灶 5.釉陶壶 6.釉陶瓿 7.陶杯 8.铜剑 9.铜削 10.铜钱 11.玉饰件
12.釉陶鐎斗 13.铜镜 14.釉陶盒

陶鼎 1件。M8：2，泥质红陶。无盖，无足。鼎身子口内敛，沿内凹，尖圆唇，肩部微鼓，斜腹，平底。肩部置对称长方形双耳，耳为长方形，上端弧外撇，下端有长方形穿孔。肩、腹交界处有一道凸弦纹。轮制。口径13.4、底径11.6、高14.8厘米（图三,9；彩版四九,1）。

釉陶盒 1件。M8：14，盒身为泥质红陶，不施釉，盖面施低温釉。盒身子口内敛，沿内凹，圆唇，上腹竖直，下腹斜内收，小平底。盖面呈球面形，圆唇，弧腹，圜顶。轮制。盒身口径15.2、底径7.2、高14.8厘米，盒盖口径18.4厘米（图三,7；彩版四九,2）。

釉陶壶　1件。M8：5，器身为红胎，上腹部以上施青灰色釉，釉色不均匀。壶身敞口呈喇叭状，尖圆唇，高束颈，斜溜肩，弧鼓腹，下腹斜内收，平底。近口部饰一周带状水波纹，较窄；下颈部亦饰一周带状水波纹，较宽；肩部附置两个对称牛鼻状耳；肩及上腹部饰三道组合凸弦纹，下颈部水波纹与肩部凸弦纹之间有刻划弧线纹装饰，下腹部饰多道凹弦纹。轮制加手制。口径14.6、底径12、高33.2厘米（图三，1；彩版四九，3）。

釉陶瓿　1件。M8：6，器身为红胎，肩部以上施青釉，釉色不均匀，且脱落严重。敛口，圆唇加厚外凸，圆肩，鼓腹，下腹斜内收，平底。肩上附置两个对称桥形耳，耳上模印抽象兽面纹，耳上部各贴塑附置一个横"S"形装饰。上腹及肩部饰三组凸弦纹，口部与肩部凸弦纹的间隔地带饰两周线刻弧线纹与戳刺纹组合纹饰。轮制加手制。口径6.4、底径13.2、高23.2厘米（图三，4；彩版四九，4）。

陶杯　1件。M8：7，泥质红陶。敞口，尖圆唇，斜腹较深，短粗柄，假圈足，玉璧状底。通体素面。轮制。口径9、底径5.4、高7.2厘米（图三，8；彩版四九，5）。

釉陶鐎斗　1件。M8：12，泥质红陶，上部饰酱灰色低温釉，下腹不施釉，有流釉现象。斗身敛口，尖圆唇，矮斜领，唇下微凹，溜肩，鼓腹，下腹斜弧内收，小平底。近口沿处一侧附置一个圆柱形实心流，流上端卷弧外敞，下端斜垂。腹部与流成90°夹角处置一个扁状实心短柄，柄尖上

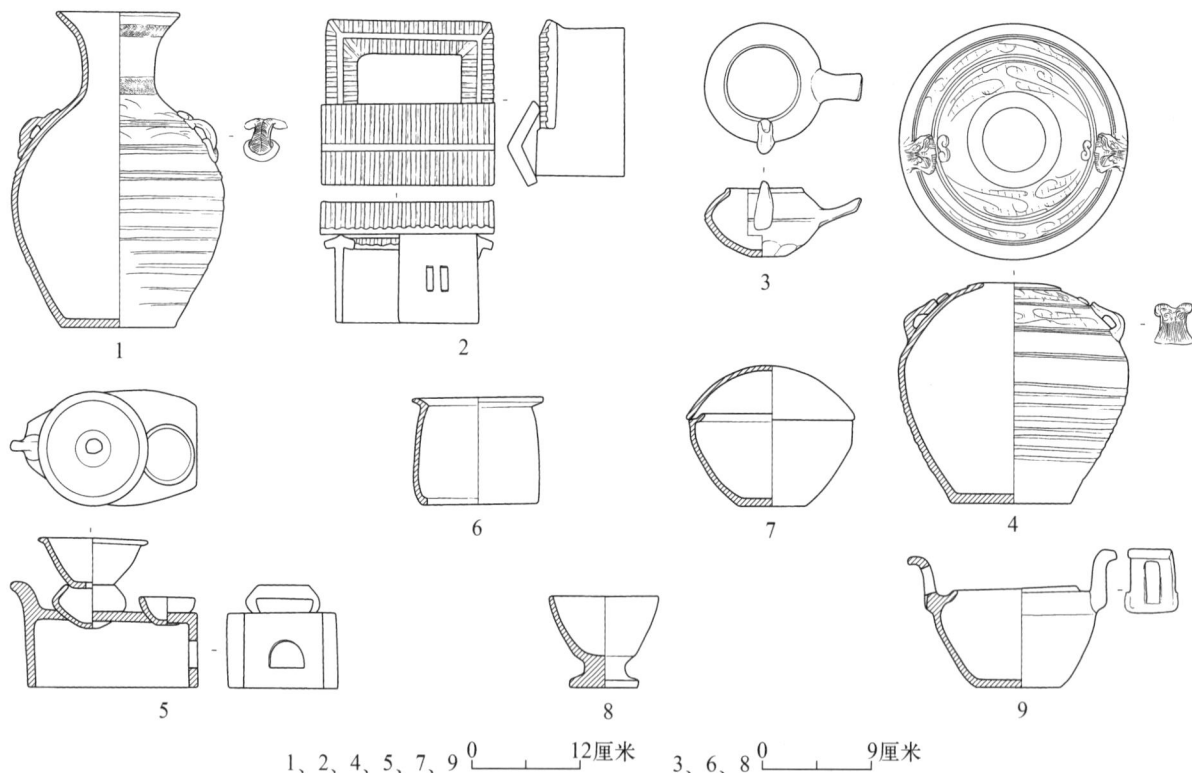

1、2、4、5、7、9　0—————12厘米　　　3、6、8　0—————9厘米

图三　M8出土陶器

1.釉陶壶（M8：5）　2.陶圈厕（M8：1）　3.釉陶鐎斗（M8：12）　4.釉陶瓿（M8：6）　5.陶灶（M8：4）　6.釉陶井（M8：3）
7.釉陶盒（M8：14）　8.陶杯（M8：7）　9.陶鼎（M8：2）

翘。轮制加手制。口径6、底径2.7、高6厘米（图三，3；彩版四九，6）。

陶圈厕　1件。M8：1，泥质红陶。平面呈长方形，四周有围墙。陶圈三侧围墙顶上起人字形脊，脊上模印竖条形瓦棱纹。围墙另一侧为长方形厕所，厕门开长方形出入口并竖置两个小窗户，上部置悬山式顶，顶上模印竖条瓦棱纹。手制。长19.2、宽17.3、高13厘米（图三，2；彩版五〇，1）。

陶灶　1组。M8：4，由4件器物组合而成，分别为灶身1件、釜2件、甑1件。灶身呈船形，前方后尖，灶身开两个火眼，前壁有拱形灶门，后端釜眼后斜立一柱体烟囱，不穿透。灶体内空无底。灶面近平，双釜眼。近后端置釜、甑一套，釜身敛口，尖圆唇，鼓腹近折，下腹斜直，小平底；甑为敞口，尖圆唇，平折沿，斜直腹，平底，底部中间有一个圆形甑孔。近前端置单釜一件，釜口外敞，尖圆唇，斜腹，平底，腹部饰多道凹弦纹。轮制加手制。灶体长20、宽12.4、高16厘米（图三，5；彩版五〇，2）。

釉陶井　1件。M8：3，泥质红陶，器表施低温釉。井体呈圆筒状，无井栏。圆唇，侈口，折沿，直腹微弧，底部中空。通体素面。轮制。口径10.8、底径9、高8.4厘米（图三，6；彩版五〇，3）。

铜剑　1件。M8：8，保存较差。剑首呈圆形，出土时与剑茎脱离。实心扁茎，宽格，无箍。剑身前窄后宽，隆脊不明显。长50、宽3.2厘米（图九，2）。

铜削　1件。M8：9，保存较差。环首椭圆形，断面呈椭圆形。柄较短，上下近平直，断面呈梯形。单面弧刃，尖部微残。长22、宽2厘米（图九，3）。

铜镜　1件。M8：13，保存较差，锈蚀严重，镜面纹饰无法识读。

铜钱　数枚。M8：10，锈蚀严重，无法辨识。通过部分碎片观察可知，币身较薄，铜质极差。

玉饰件　1件。M8：11，粉化严重，无法提取。

二、M9

（一）墓葬形制

该墓亦位于探区以外，为后期施工过程中发现。墓口上部因工程取土已遭破坏，其开口层位不详，打破生土。M9为砖室墓，方向约10°。平面呈长方形，直壁平底。墓壁砖为平铺横砌，墓底砖为人字形错缝铺砌。有券顶，墓室后部券顶保存较好，前室券顶遭破坏坍塌。墓道朝南，位于墓室南侧。墓内填土为黄褐色黏土，土质较致密。未发现葬具和人骨痕迹，具体葬制和葬式不明。随葬器物多存于墓室西部，顺墓室西壁而置。墓葬残长约3.33、宽约1.28、深约0.7米。墓道长约1.8、宽约1.04米，坡度约10°（图四；彩版四七，1、2）。

（二）随葬品

M9共出土随葬品5件（组），主要为陶器（釉陶器），器形有壶、杯、圈厕、灶和井等。

釉陶壶　1件。M9：2，泥质红陶，通体施低温红釉，脱釉现象严重。带盖。壶身侈口呈喇叭

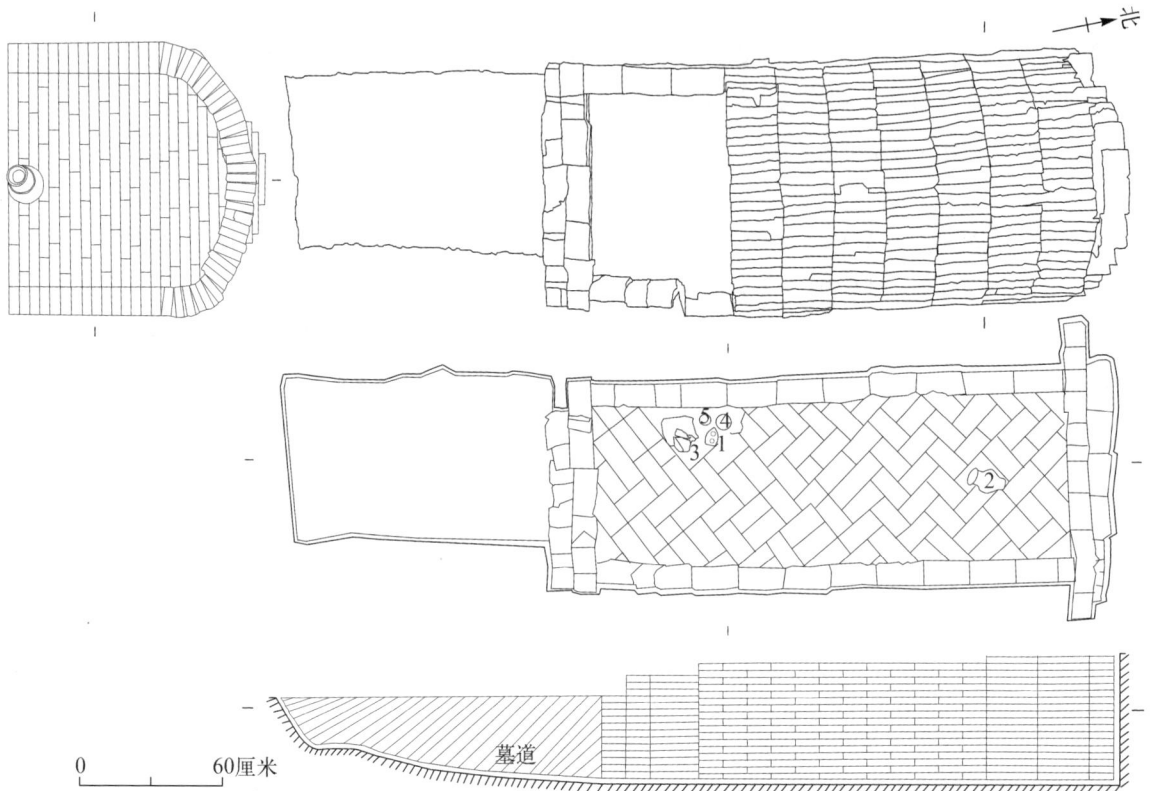

图四　M9平、剖面图

1. 陶灶　2. 釉陶壶　3. 陶圈厕　4. 釉陶井　5. 陶杯

状，圆唇外卷，高束颈，斜溜肩，弧鼓腹，下腹斜内收，平底。肩部附置两个对称弧面桥形耳，颈部饰多道凸弦纹，肩部及上腹部饰两道组合凹弦纹。盖呈覆钵形，盖面施釉。圆唇，敞口，斜弧腹，圜顶。素面。轮制。口径11.2、底径11.6、高28厘米（图五，3；彩版五〇，4）。

陶杯　1件。M9：5，泥质红陶，柄部残留有少量红釉。敞口，尖圆唇，斜直腹较深，短粗柄，假圈足，玉璧状底。通体素面。轮制。口径6.8、底径2.8、高5.6厘米（图五，5；彩版五〇，5）。

陶圈厕　1件。M9：3，泥质红陶。平面呈长方形，四周有围墙。陶圈三侧围墙顶上起人字形脊，脊上模印竖条形瓦棱纹。围墙另一侧为长方形厕所，厕门开长方形出入口并竖置两个小窗户，上部置悬山式顶，顶上模印竖条瓦棱纹。手制。长20、宽17、高12.6厘米（图五，2；彩版五〇，6）。

陶灶　1组。M9：1，由4件器物组合而成，分别为灶身1件、釜2件、甑1件。灶身呈船形，前方后尖，灶身开两个火眼，前壁有拱形灶门，后端釜眼后斜立一柱体烟囱，不穿透。灶底内空无底。灶面近平，双釜眼。近后端置釜、甑一套，釜身为敛口，圆唇，鼓腹近折，下腹斜内收，小平底；甑体为敞口，圆唇，平折沿，斜直腹，平底，底部中间有一个圆形甑孔。近前端置单釜一个，釜身口外敞，尖圆唇，斜腹，平底，腹部饰多道凹弦纹。轮制加手制。长18、宽10.8、高12.8厘米（图五，1；彩版五一，1）。

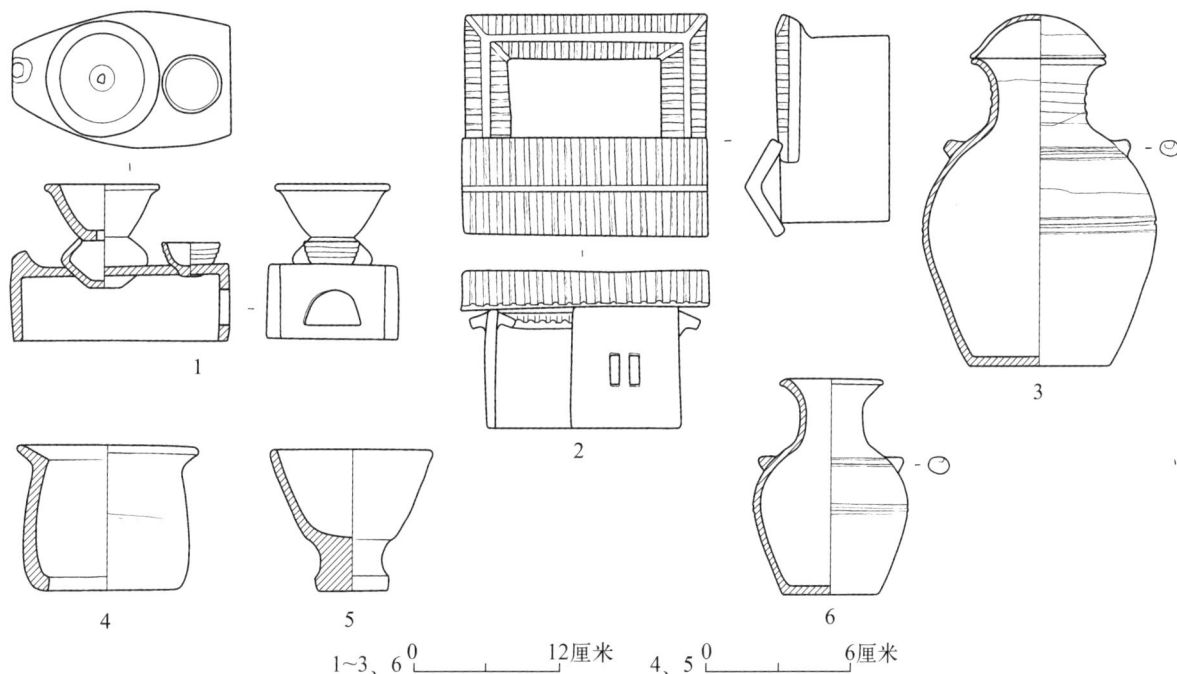

图五　M9、M10出土陶器

1.陶灶(M9:1)　2.陶圈厕(M9:3)　3、6.釉陶壶(M9:2、M10:2)　4.釉陶井(M9:4)　5.陶杯(M9:5)

　　釉陶井　1件。M9:4,泥质红陶,口沿内侧残留有低温红釉,推测原器表均有施釉。井体呈圆筒状,无井栏。圆唇,侈口,折沿,直腹微弧,底部中空。口径7.4、底径6.4、高5.8厘米(图五,4;彩版五一,2)。

三、M10

（一）墓葬形制

　　该墓亦位于探区以外,为后期施工过程中发现。墓口上部因工程取土已遭破坏,其开口层位不详,打破生土。M10为砖室墓,方向0°。平面呈长方形,墓室南部被施工破坏,墓道情况不详。残存部分有券顶,墓壁砖为横铺顺砌,墓底砖为人字形错缝铺砌。墓室尾端上部有横砌砖结构。墓内填土为黄褐色黏土,土质较致密。未发现葬具和人骨痕迹,具体葬制和葬式不明。该墓残长约1.8、宽约2、深约1.8米。现场采集到随葬器物均不在墓室北部,推测可能位于墓室南部(图六;彩版四八,1)。

（二）随葬品

　　M10共采集到随葬品2件,分别为陶器(釉陶器)、铜器两类。陶器(釉陶器)为釉陶壶,铜器为铜镜。

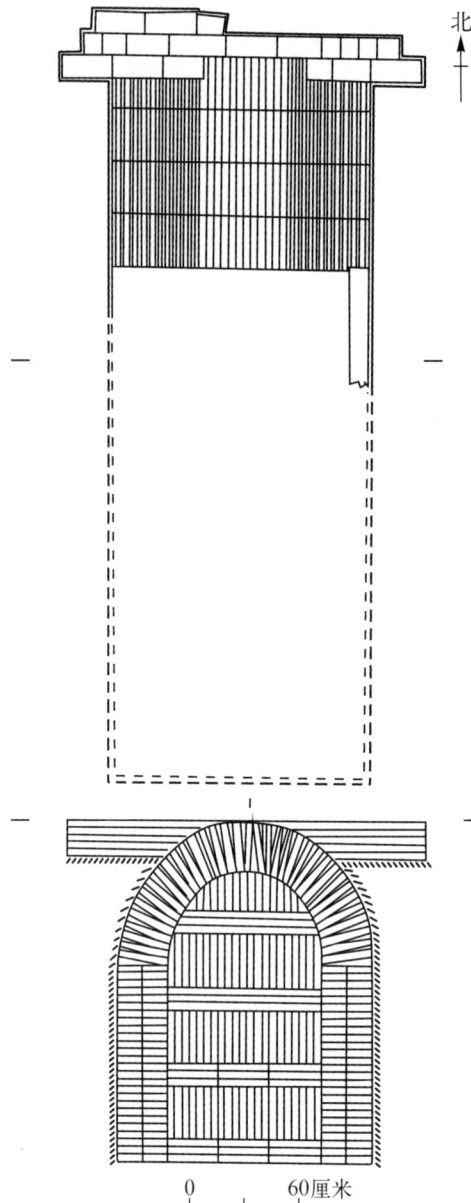

图六 M10平、剖面图

釉陶壶 1件。M10：2，泥质红陶，肩、颈部及口沿内侧残存有低温红釉痕迹。无盖。壶身侈口呈喇叭状，尖圆唇，高束颈，斜溜肩，弧鼓腹，下腹斜内收，平底。肩部附置两个对称弧面桥形耳。肩部及上腹部饰两周组合凹弦纹。口径8.8、底径8、高17.4厘米（图五，6；彩版五一，3）。

铜镜 1件。M10：1，已残裂，且锈蚀严重，根据纹饰大体识读应为规矩镜。形体较小，窄缘，环形纽，方纽座。纽座外为主体图案，因锈蚀无法识读。主体图案向外饰一周栉齿纹带，再向外近缘处饰两周三角形几何纹带。直径10.8、厚0.5、纽高0.7厘米（图九，4）。

四、M12

（一）墓葬形制

该墓亦位于探区以外，为后期施工过程中发现。墓口上部因工程取土已遭破坏，其开口层位不详，打破生土。M12为砖室墓，方向约13°。平面呈长方形，有券顶且保存较好，我们判断其未被盗扰。墓壁竖直，墓壁砖为平铺横砌，墓底砖为人字形错缝铺砌。墓底铺砌砖中间有凸起，可能为地质运动导致的变形。未发现墓道痕迹，根据迹象推测其应有墓道，且方向朝南。墓内填土为褐色黏土，土质较致密。未发现葬具和人骨痕迹，具体葬制和葬式不明。墓葬长约3.44、宽约1.15、深约0.8米。随葬器物均置于墓室东部和北部，多顺墓室东壁而列（图七；彩版四八，2）。

（二）随葬品

M12共出土随葬品11件（组），主要分为陶器（釉陶器）、玉器和铜器三类。陶器器形主要有鼎、盒、壶、杯、圈厕、灶和井等；铜器主要为铜镜和铜钱；玉器为玉琀，材质为滑石质，已粉化。

釉陶鼎 1件。M12：5，泥质红陶。带盖。无足。盖面及鼎身均施低温红釉，釉面脱落较为严重。鼎身子母口内敛，沿内凹，圆唇，肩部微鼓，下腹斜直，平底。肩部置对称长方形双耳，其中一耳残，耳为长方形，上端弧外撇，下端有长方形穿孔。肩与腹部交接处有一道折痕。盖呈覆钵形，圆唇，直敞口，圜顶。素面。轮制加手制。鼎身口径9.6、底径5.6、高10厘米，盖口径11.2厘米（图八，7；彩版五一，4）。

釉陶盒 1件。M12：7，泥质红陶。带盖。盖面及鼎身均施低温红釉，釉面脱落较为严重。盒身子口内敛，沿内凹，圆唇，斜腹，平底。腹部有三道凹弦纹。盖呈覆钵状，尖圆唇，弧腹，圜顶。素面。轮制。盒身口径10、底径4.2、高10、盖口径10.8厘米（图八，8；彩版五一，5）。

釉陶壶 2件。泥制红陶。无盖。口沿内侧、颈下部及肩部施红褐色釉。壶身侈口近喇叭状，圆唇，高束颈，弧腹，下腹斜直，平底。肩部附置两个对称平锥形纽。颈部饰多道凸弦纹，肩部及上腹部分别是一周组合凹弦纹。轮制。M12：11，弧腹较鼓，器腹显瘦鼓。口径6.8、底径8、高18厘米（图八，4；彩版五一，6）。M12：1，弧腹较垂，器腹显肥胖。口径11.6、底径11.6、高25.2厘米（图八，1；彩版五二，1）。

釉陶杯 1件。M12：9，泥质红陶。内壁残留施釉痕迹。敞口，圆唇较厚，侈口，斜腹较深，短粗柄中实，假圈足，玉璧状底。腹部有多道凸棱。口径6.2、底径3、高5.7厘米（图八，5；彩版五二，2）。

陶圈厕 1件。M12：10，泥质红陶。面呈长方形，四周有围墙。陶圈三侧围墙顶上起人字形脊，脊上模印竖条形瓦棱纹。围墙另一侧为长方形厕所，厕所门开长方形出入口及竖置两个小窗户，上部置悬山式顶，顶上模印竖条瓦棱纹。手制。长18.4、宽16.4、高10.4厘米（图八，3；彩版五二，3）。

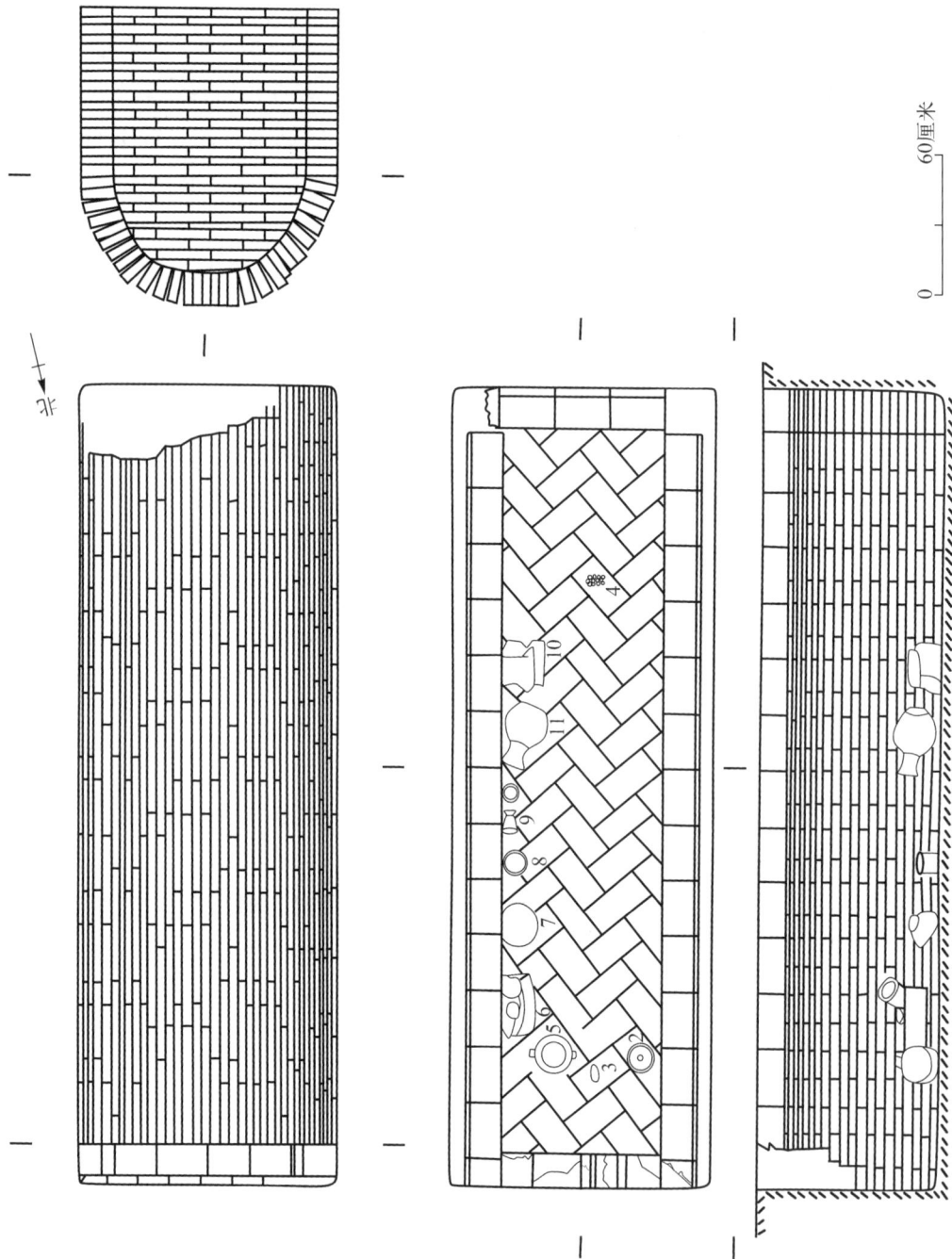

图七 M12平、剖面图

1. 釉陶壶 2. 铜镜 3. 釉玉珩 4. 铜钱 5. 釉陶鼎 6. 陶灶 7. 釉陶盒 8. 釉陶井 9. 釉陶杯 10. 陶圈厕 11. 釉陶壶

0 ⊢——⊣ 60厘米

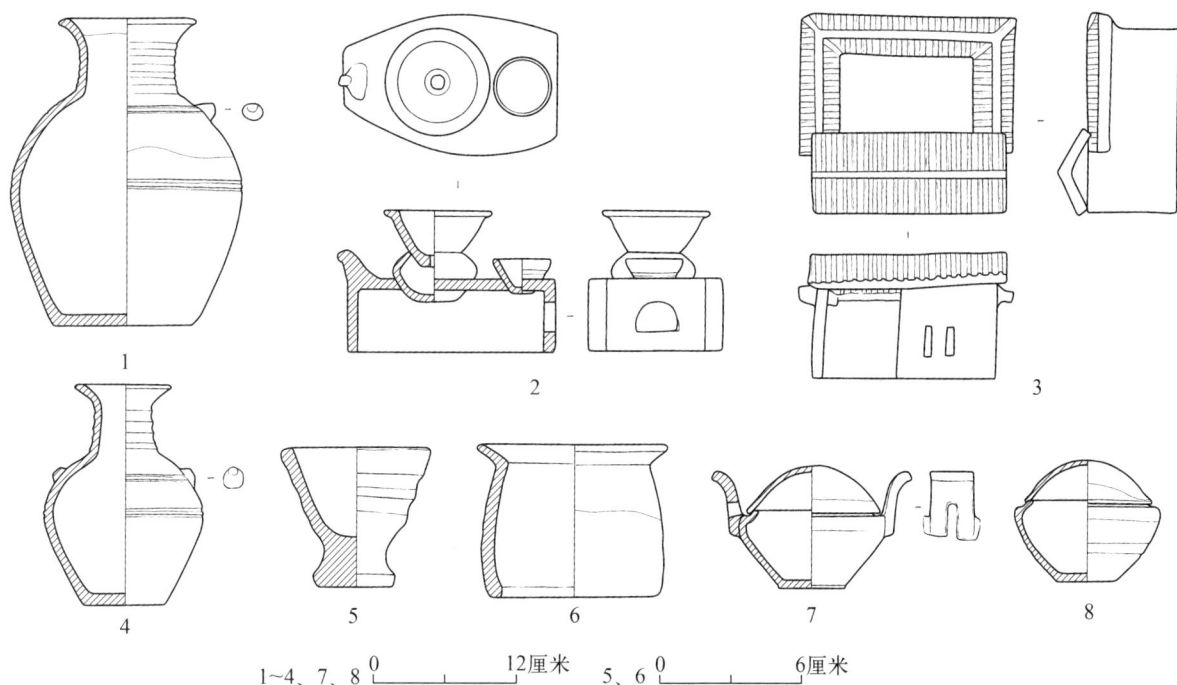

图八　M12出土陶器

1、4.釉陶壶（M12∶1、M12∶11）　2.陶灶（M12∶6）　3.陶圈厕（M12∶10）　5.陶杯（M12∶9）　6.陶井（M12∶8）
7.陶鼎（M12∶5）　8.陶盒（M12∶7）

陶灶　1组。M12∶6，由4件器物组合而成，分别为灶身1件、釜2件、甑1件。灶身呈船形，前方后尖，灶身开两个火眼，前壁有拱形灶门，后端釜眼后斜立一柱体烟囱，不穿透。灶底内空无底。灶面近平，双釜眼。近后端置釜、甑一套，釜身为敛口，圆唇，鼓腹近折，下腹斜内收，小平底；甑体为敞口，圆唇，平折沿，斜直腹，平底，底部中间有一个圆形甑孔。近前端置单釜一个，釜身口外敞，尖圆唇，斜腹，平底。腹部饰多道凹弦纹。轮制加手制。长18.4、宽11.6、高11.6厘米（图八，2；彩版五二，4）。

釉陶井　1件。M12∶8，泥质红陶，口沿内侧残留有低温红釉，推测原器表均有施釉。井体呈圆筒状，无井栏。圆唇，侈口，折沿，直腹微弧，底部中空。口径8、底径7、高6.2厘米（图八，6；彩版五二，5）。

铜镜　1件。M12∶2，四乳四神镜。锈蚀较为严重。形体较小，宽素缘，环形纽，圆纽座。纽座外饰一周栉齿纹带，纹带外为一周四乳四神相间组成的主体图案，向外近镜缘处又饰一周栉齿纹带。直径14、厚0.7、纽高1厘米（图九，1）。

铜钱　数枚。M12∶3，锈蚀严重，板结成一块，无法辨识。通过部分碎片观察可知，币身较薄，铜质极差。

玉琀　1件。M12∶4，粉化严重，无法提取。

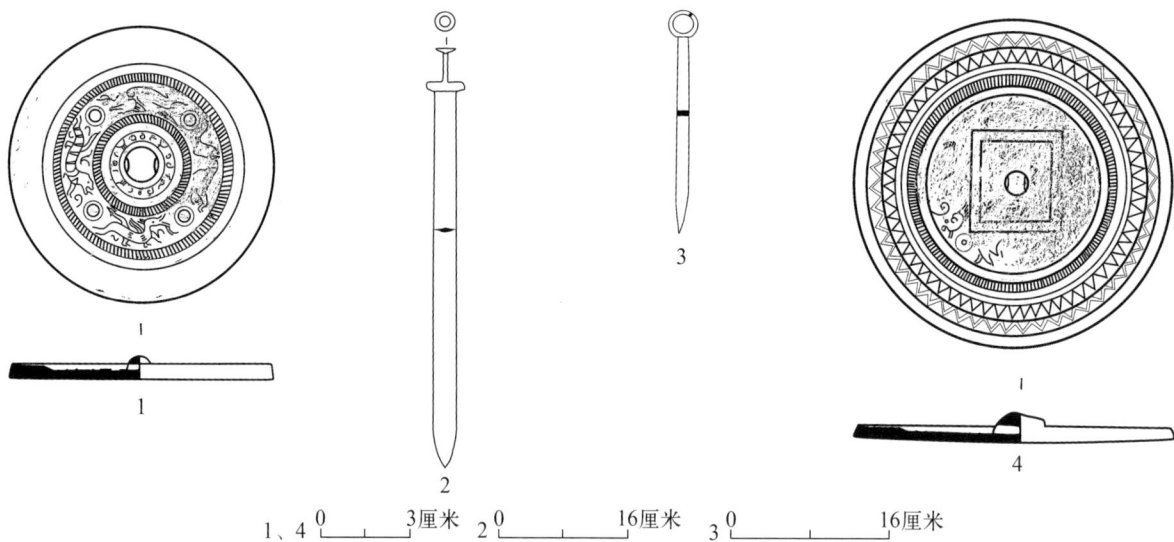

图九　M8、M10、M12出土铜器

1、4.铜镜（M12∶2、M10∶1）　2.铜剑（M8∶8）　3.铜削（M8∶9）

五、结　　语

（一）墓葬年代

由于这批墓葬均未发现有明确纪年的随葬品,故我们对其墓葬年代的判断主要依据陶器的类型学分析和组合关系进行探讨。通过对随葬器物的对比不难发现,这4座墓葬的随葬品无论是器物组合还是形制风格方面均较为相近,故其墓葬年代也应较为接近。

M12未被盗扰,其器物组合较为完整,比较具有典型性。陶鼎M12∶5无鼎足,其形制与寿县柏家台M2∶5[①]和淮南市唐山沙里岗M12∶2[②]形制相近。陶灶M12∶6的形制特征亦与柏家台M2∶4及沙里岗M12∶3形制基本相同。陶圈厕M12∶10与柏家台M2∶2及沙里岗M12∶12形制类似。壶M12∶11与沙里岗M12∶7形制接近。井M12∶8与柏家台M2∶3形制类似。盒M12∶7与沙里岗M12∶4形制接近。故可以认为五里闸M12的年代应与这两座墓葬年代相近。

五里闸M8所出器物在形制和组合方面与M12极为相似,突出表现在鼎、盒、灶、圈厕、井和杯的器物组合,只是壶的情况稍有不同。M8的壶为高温釉陶壶,M12的壶均为低温釉陶壶,且二者在肩部装饰方面也有一定区别。M8∶6釉陶瓿的形制与天长县北岗M9∶22瓿[③]相近。M8的墓葬形制与柏家台M2基本相同,均为双室石板墓,而沙里岗M12亦为石椁墓。根据柏家台M2出土铜

---

① 寿县博物馆、寿县文管所：《安徽寿县东津柏家台两座汉墓的清理》,《江汉考古》1992年第4期。
② 淮南市博物馆：《安徽淮南市唐山镇战国至汉代墓葬发掘报告》,《文物研究》第19辑,科学出版社,2012年。
③ 安徽省文物工作队：《安徽天长县汉墓的发掘》,《考古》1979年第4期。

镜情况可知,其年代应为新莽时期,而天长北岗 M9 的年代也被限定在西汉晚期至东汉早期之间。已有的研究表明,自西汉晚期开始,在徐州和安徽萧县等地画像石椁墓出现,至新莽时期出现了小砖券墓,规模比较小[1]。

综合上述分析,我们认为本次五里闸墓地发掘的这 4 座墓葬的年代应为两汉之际,更确切说可能为新莽时期。

(二)墓葬反映出的文化特征

本次五里闸墓地发掘的这批墓葬,虽然数量不多,且多数被后期盗扰破坏,但仍为我们研究以寿县为代表的淮河中游南岸地区汉代葬制葬俗等问题提供了重要资料。就器物组合来看,这批墓葬随葬品中仿铜陶礼器组合不完整,以井、灶和圈厕等模型明器为主的组合特征表明其延续了该地区西汉晚期以来的风格。而从文化因素的角度来说,鐎斗、杯应属本地区的楚文化因素传统,低温铅釉陶器属于中原北方系统,而高温钙釉陶壶和瓿则属于典型的南方系统,应为江淮东部地区文化因素向该区域的传播所致[2]。近年来配合基本建设,我们在寿县八公山南麓、东淝河北岸地区发掘了大量墓葬,力证该区域为围绕寿春城遗址的重要小型墓葬区,本次五里闸发现的新莽时期的墓葬则进一步佐证了该区域作为小型墓葬区的传统至少延续至两汉之际。以 M8 为代表的石板墓,从墓葬形制来看,有单室、双室以及三室等不同类型,且均没有墓道,这种以石板砌筑墓室的风格与汉代画像石墓的分布及特征基本一致。就地取材是营建石室墓的基础,寿县地区发掘的石板墓石材均为本地八公山常见石料。大量石室墓的年代基本为两汉之际的情况,或可说明该地区中小型墓葬自西汉时期土坑木椁墓向东汉时期砖室墓演变过程中存在过渡阶段。

附记:

本次发掘领队张义中,现场负责人蔡波涛。参加发掘的人员有见鑫、田玉龙、李鹏飞和寿县文物保护中心李军,陶器修复由李胜利、刘玉芬完成,绘图由李光辉、文尹、王雨和王艳完成,器物摄影由高凡完成。

执　　笔:蔡波涛　李　军

---

① 中国社会科学院考古研究所:《中国考古学·秦汉卷》,中国社会科学出版社,2010年。
② 杨哲峰:《输入与模仿——关于〈萧县汉墓〉报道的江东类型陶瓷器及相关问题》,《江汉考古》2013年第1期。

肥西塘新圩遗址发掘简报

北京联合大学　安徽省文物考古研究所

2019年3月至7月,受安徽省文物考古研究所委托,北京联合大学与安徽省肥西县文管所、中古文物保护集团有限公司等单位组成联合考古队,对塘新圩遗址进行了考古发掘,总计发掘面积400平方米。现将发掘情况简报如下。

一、地 理 位 置

塘新圩遗址位于安徽省合肥市肥西县高店乡岗圩村,调查确定为汉代遗址(图一),地理坐标为:北纬31.950 39°,东经116.851 32°。坐落于早期古河床之上,面积36 000平方米,文化层距地表0.8~1米,厚1~2.5米,包含有红烧土颗粒及汉代陶瓦片。

二、布方及地层堆积

设置布方总基点后,按照5米×5米进行整体虚拟布方,共布设探方16个(编号:塘新圩T5101~T5108、T5201~T4208),发掘总面积400平方米。考古发掘严格遵守国家文物局颁布的《田野考古工作规程(2009年)》,选择遗迹相对丰富的区域发掘,发现(似)台基1处、灰坑8座(图二;彩版五三)。(似)台基出土陶片较多,以泥质陶片为主,夹砂陶片较少;灰陶占绝大多数,另有少量红陶;有素面、饰绳纹者。可辨器形有罐、豆等。此外,遗址中出土的动物骨骼与植物遗存都已经系统采集,相关报告另文发表。

塘新圩遗址地层共分11层:

第①层:棕色土,土质较软,厚0.08~0.16米,包含大量的杂草、树根、草根、近代建筑垃圾等。

第②层:黄棕色土,土质较硬,夹少量红烧土颗粒,厚0.15~0.2米,包含大量的杂草、植物根系。

第③层:淡棕色土,土质较软,夹少量红烧土颗粒,厚0.08~0.26米。

第④层:棕色土,夹少量红烧土颗粒,含铁锈斑,出土少量碎瓦片,厚0.15~0.24米。

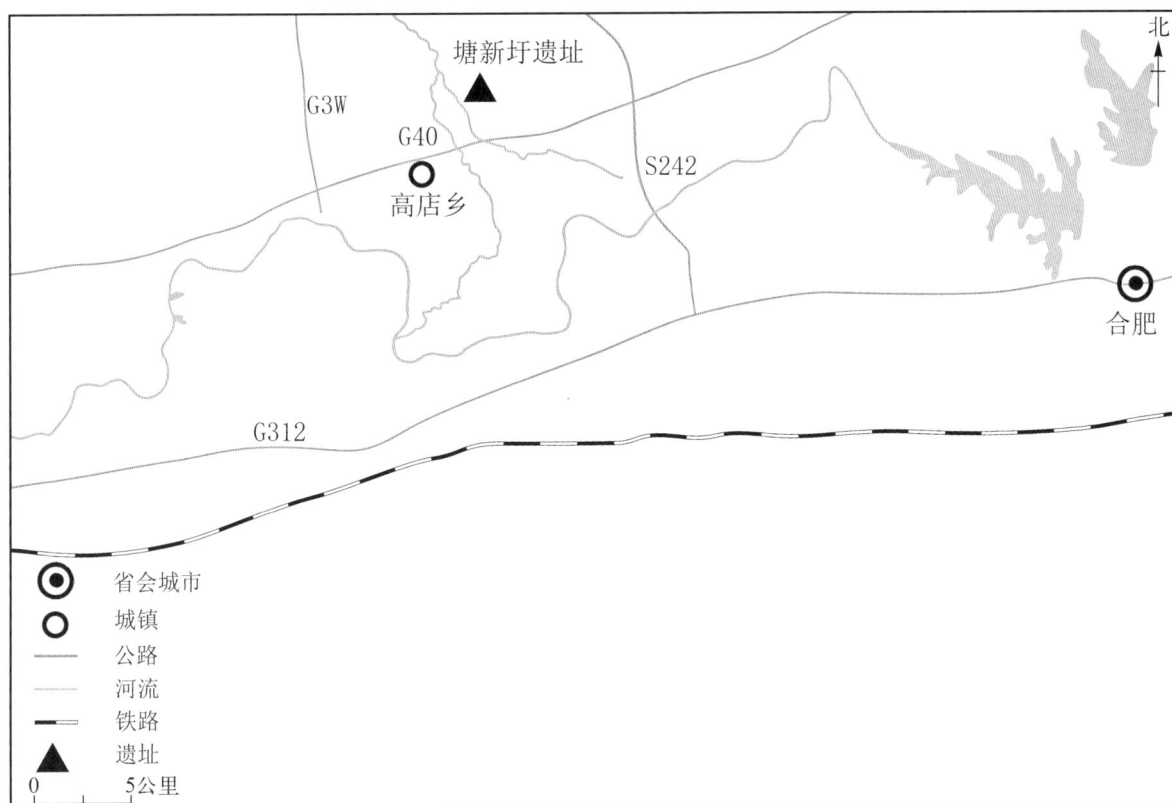

图一　塘新圩遗址地理位置示意图

　　第⑤层：深灰褐色土，土质较软，黏性土，夹细沙，含红烧土颗粒、炭粒及少量草木灰、出土一些碎陶片，厚0～0.42米。

　　第⑥层：深黄褐色土，土质较硬，含红烧土颗粒、炭粒及少量草木灰，出土一些碎陶片，厚0.3～0.68米。

　　第⑦层：灰色土，土质较软，黏性土，夹少量红烧土颗粒及炭粒，出土一些陶片，厚0.2～0.3米。

　　第⑧层：深灰色土，土质较软，黏性土，夹少量红烧土颗粒及炭粒，出土一些陶片，厚0.2～0.34米。

　　第⑨层：灰褐色土，土质较软，黏性土，夹少量红烧土颗粒及炭粒，出土一些陶片，厚0.42～0.56米。

　　第⑩层：深灰褐色土，土质较软，较纯净，不见任何包含物，厚0.32～0.46米。

　　第⑪层：深灰色土，土质较软，夹极少量红烧土颗粒及炭粒，出土一些陶片，厚0.23～0.48米（图三、图四）。

　　第⑪层以下为生土。

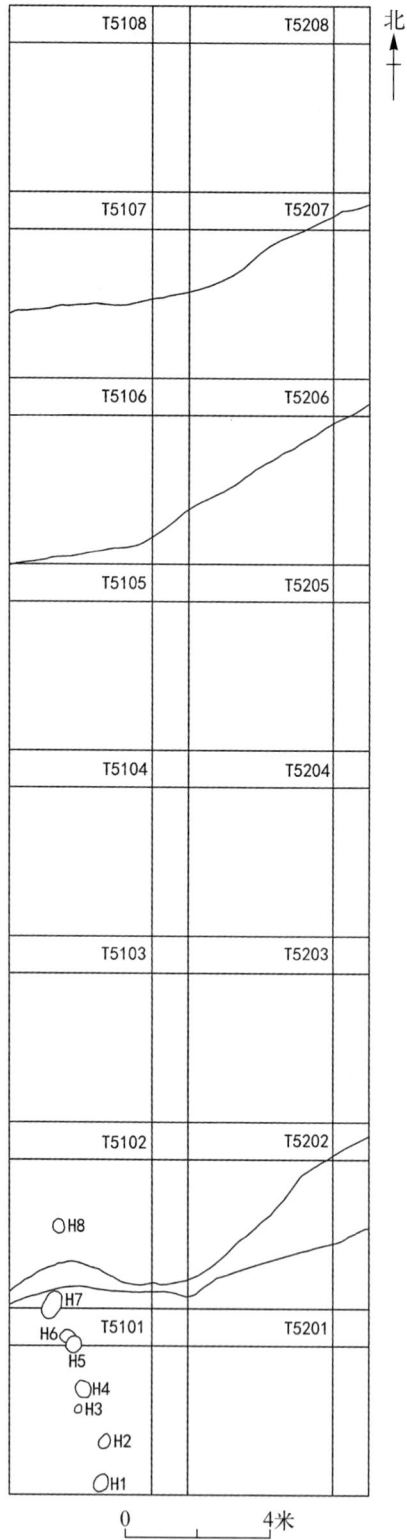

图二　塘新圩遗址遗迹分布示意图

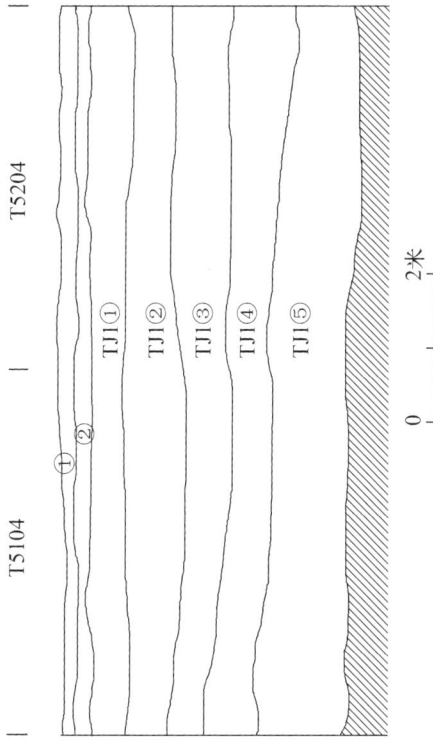

图三 塘新圩遗址横剖面图

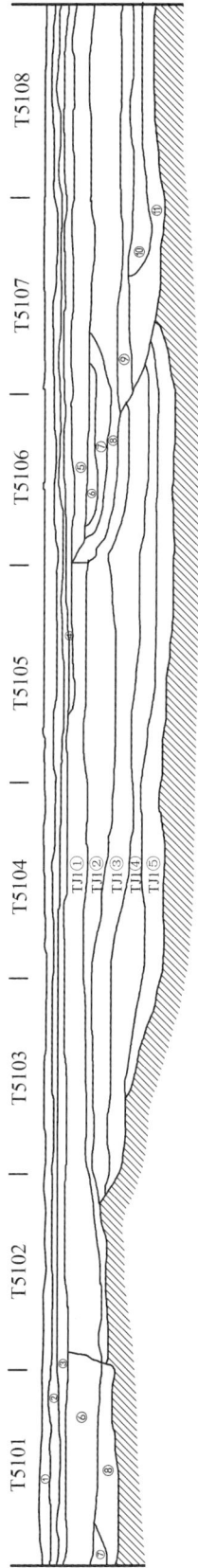

图四 塘新圩遗址纵剖面图

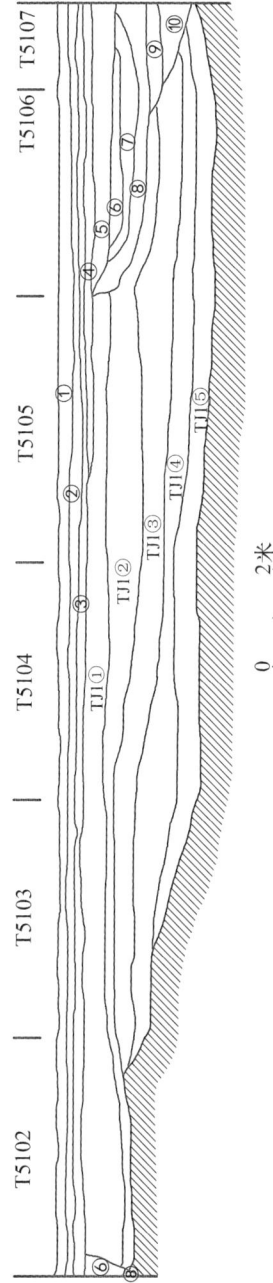

图五 TJ1剖面图

三、主 要 收 获

（一）主要遗迹

塘新圩遗址发现的遗迹主要有（似）台基1处、灰坑8座。灰坑平面形状大部分为圆形或椭圆形，似为依地势形成的垃圾倾倒场所。

（似）台基　1个。TJ1，位于T5102南部，T5103、T5104、T5105、T5106、T5107、T5202、T5203、T5204、T5205、T5206及T5207北部（图五）。开口距地表0.4米，开口距坑底4.04～4.38米，实际发掘深度3.9～4.15米。开口平面呈不规则长方形，南北长28.9、宽10米，台基底部长25、宽10米。台基底略平。

台基堆积可分为5层：

第①层：黄、灰、黑三色土混杂的花夯土，土质较硬，出土大量陶片，厚0.3～0.4米。

第②层：黄、灰两色土混杂的花夯土，土质较硬，夹较少的红烧土颗粒，出土较多陶片，厚0.4～0.54米。

第③层：黄、灰两色土混杂的花夯土，土质较硬，黏性土，夹稍多的红烧土颗粒，出土若干陶片，厚0.64～0.86米。

第④层：黄、灰两色土混杂的花夯土，土质较硬，黏性土，夹大量的红烧土颗粒，出土若干陶片，厚0.33～0.64米。

第⑤层：黄、灰两色土混杂的花夯土，土质较硬，黏性土，夹大量的红烧土颗粒，厚0.48～0.56米。

（二）主要遗物

塘新圩遗址出土的遗物主要是陶罐、陶瓦及陶砖，且可复原的器物也不多，多为器物口沿、足部等，还发现1件磨制石器。

磨制石斧　1件。T5101③：1，保存完整，为完整双面刃石斧，平面形状为不规则梯形。岩性为硅质岩，横剖面和纵剖面分别为不规则椭圆形和不规则四边形。柄部和刃部平面形状均为凸刃状，侧视形状均为直刃状。加工方式为打制和磨制，有使用痕迹。长14.5、宽7.7、厚3.3厘米，重578克。柄部、刃部的弧长、弦长、矢长分别为6.5、5.6、1.5厘米和9、7.2、1.8厘米。两侧面对称、两侧边略对称，可测刃角为78°、75°、77°（图六；彩版五四，1）。

黄釉瓷碗　1件。T5106⑦：1，敞口，口沿下方略内凹，圆唇，深腹，平底。素面。口径16、底径8.2、高7.9厘米（图七，1；彩版五四，3）。

青灰釉瓷碗　1件。T5102④：1，敞口，圆唇，深腹，平底。素面。器表偶见流釉现象。口径13.6、底径7、高5.9厘米（图七，2；彩版五四，2）。

陶豆柄　2件。T5208⑦：1，泥质灰陶。细长柄，中空，喇叭形器座，台形底。素面。底径9.5、残高11、台底厚约0.6厘米（图七，3）。T5108②：1，泥质灰陶。细长柄，中空，柄部可见手制

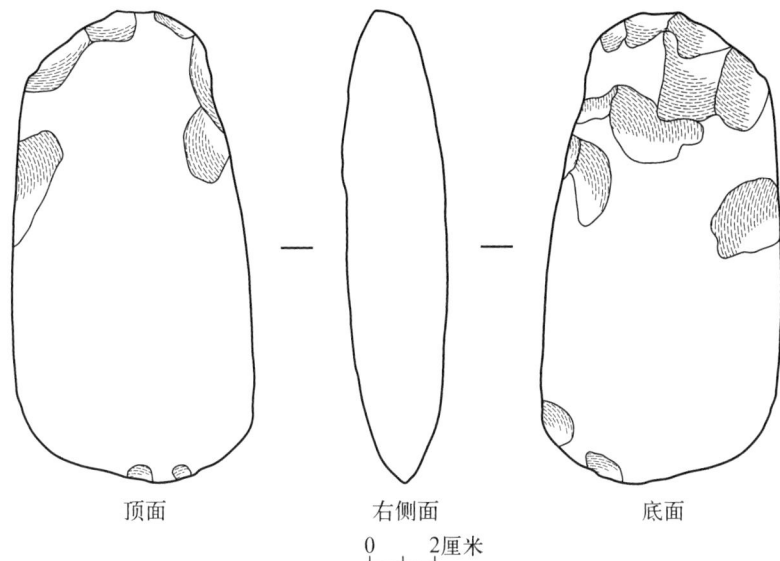

顶面　　　　右侧面　　　底面

0　2厘米

图六　塘新圩遗址出土石器（T5101③：1）

痕迹,浅盘形器座,台形底。素面。底径9.3、残高10.9、台底厚约1厘米（图七,4）。

瓦当　2件。T5108④:1,泥质灰陶。圆形瓦当,当心不明,外缘较厚,当面施有卷曲云纹。直径14.9、通高3.2、外缘宽0.8、高0.5厘米（图七,5；彩版五四,4）。T5208④:2,泥质灰陶。仅存局部,整体形态不明,当心不确,当面施有花样纹饰,因残缺严重,具体形态不明。残长6.3、残高7.7、厚约2.6厘米（图七,6；彩版五四,5）。

筒瓦　8件。T5102④:1,泥质灰陶。半圆筒状,背面施有竖向绳纹,瓦舌不确。残长21.3、宽15.6、高9.2、厚约1.7厘米（图七,7；彩版五五,1）。T5204TJ1②:1,泥质灰陶。半圆筒状,瓦舌不确,背面施有竖线纹以及三组三角连环纹,内侧布纹痕迹明显。残长16.5、宽13.3、高7.1、厚约1.2厘米（图七,8；彩版五五,5）。T5206TJ1①:1,泥质灰陶。半圆筒状,瓦舌略外翻,背面施有密集的竖线纹、三角连环纹,并有方格状抹平痕迹。内侧布纹痕迹明显。残长16.3、残宽12.8、残高6.5、厚约1.2厘米（图七,9；彩版五五,8）。T5205TJ1①:1,泥质灰陶。半圆筒状,瓦舌略外翻。背面施有稀疏的竖线纹,内侧布纹痕迹明显。残长14.6、残宽15.5、残高7.3、厚约1.3厘米（图七,10；彩版五五,7）。T5204TJ1②:2,泥质灰陶。半圆筒状,背面施有竖线纹以及"福"字纹,内侧隐约可见布纹。残长6、宽14.7、高9.1、厚约1.6厘米（图八,1；彩版五五,6）。T5203③:1,泥质灰陶。半圆筒状,背面施有竖线纹、三组三角连环纹以及汉字等,文字内容待考。残长13.1、宽12.3、高4.2、厚约1.7厘米（图八,2；彩版五五,4）。T5106③:1,泥质灰陶。整体形状残缺不明,瓦背面施有竖线纹、田字纹等汉字纹饰。残长14.8、残宽8、厚约1.8厘米（图八,3；彩版五五,3）。T5103④:3,泥质红褐陶。半圆筒状,背面施有竖向绳纹,瓦舌略外翻。瓦身残缺不全。残长23、宽16.9、高8.5、厚约1.4厘米（图八,4；彩版五五,2）。

砖　1件。T5102③:1,泥质灰陶。残存部分呈方形,整体形状不明,侧面施有三组三角纹。残长15.5、宽15.1、厚约5.5厘米（图八,5）。

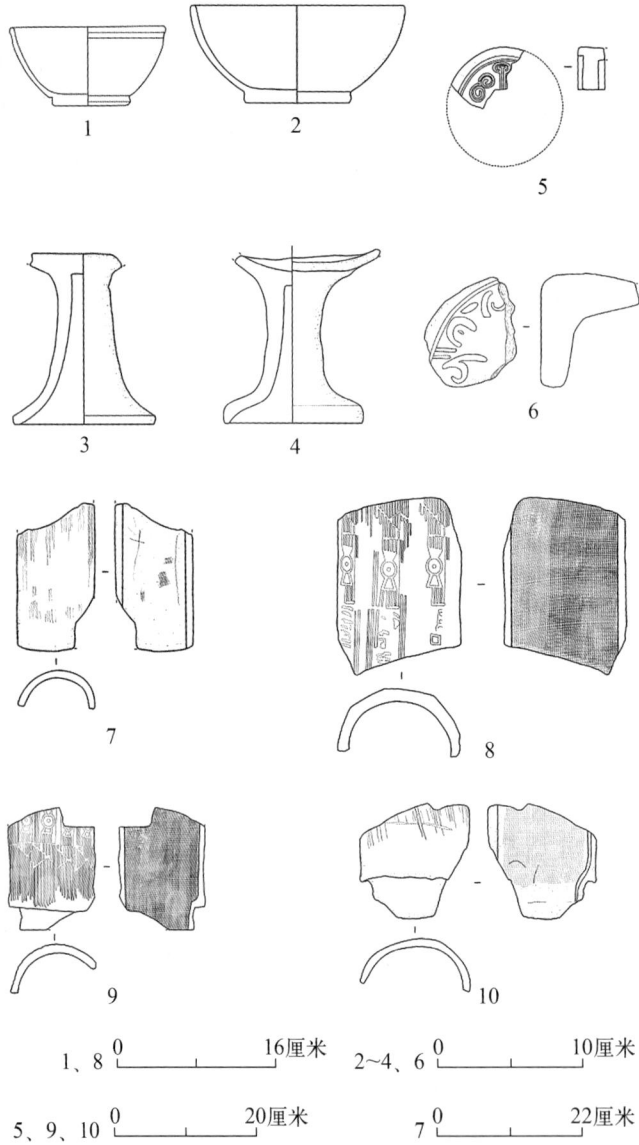

图七 塘新圩遗址出土遗物

1. 黄釉瓷碗（T5106⑦：1） 2. 青灰釉瓷碗（T5102④：1） 3、4. 陶豆柄（T5208⑦：1、T5108②：1）
5、6. 瓦当（T5108④：1、T5208④：2） 7～10. 筒瓦（T5102④：1、T5204TJ1②：1、T5206TJ1①：1、T5205TJ1①：1）

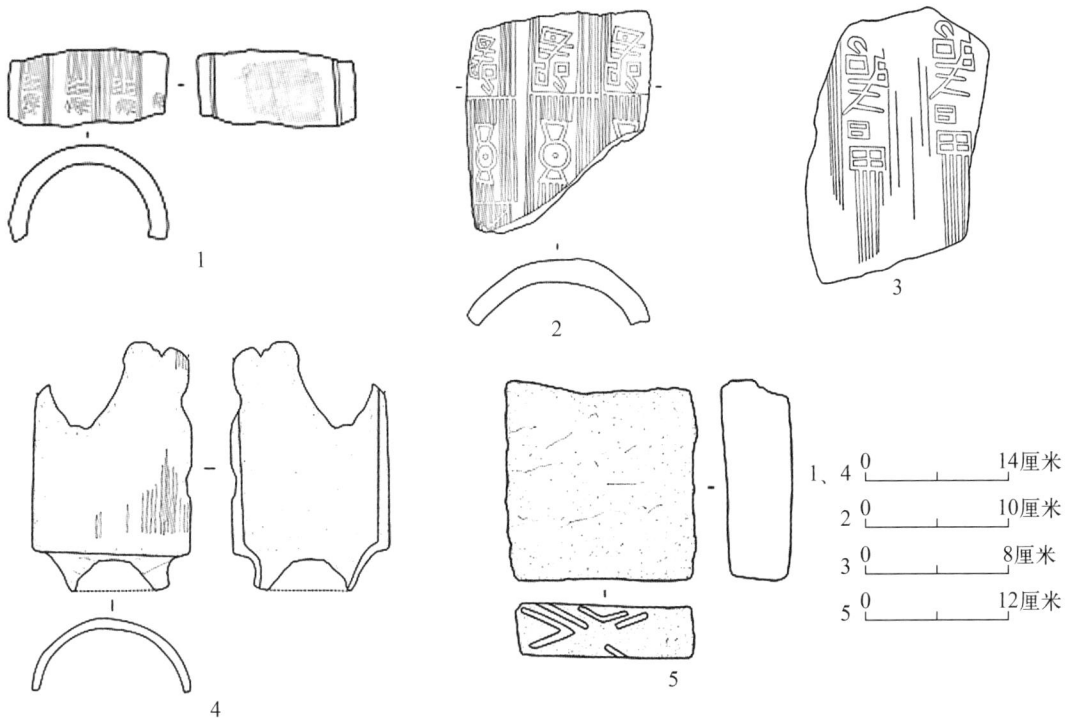

图八　塘新圩遗址出土遗物

1～4.筒瓦(T5204TJ1②∶2、T5203③∶1、T5106③∶1、T5103④∶3)　5.砖(T5102③∶1)

四、结　　论

塘新圩遗址应属于江淮地区典型的墩台类(也称台墩类)遗存。该遗址出土的遗物不丰富，以陶器为多，还有一些建筑遗物，推测该遗址应是一处建筑类遗址。

塘新圩遗址的年代，根据与安徽省发现的一些遗址、遗存进行对比，大部分遗存应属于汉代至明清时期。

领　　队：宋　蓉(北京联合大学)

执行领队：冯小波(北京联合大学)

发　　掘：张义中(安徽省文物考古研究所)

　　　　　李　泉　谭　琛　周天媛(北京联合大学硕士研究生)

　　　　　康家宏(安徽省肥西县高店乡文化站)

　　　　　余振河　侯文明　张　闯(中古文物保护集团有限公司)

整　　理：潘来东　徐泽斌　李丁生(中古文物保护集团有限公司)

石器鉴定：冯小波(北京联合大学)

植物鉴定：孙永刚（赤峰学院） 常经宇（安徽大学博士研究生）

动物鉴定：王春雪（吉林大学）

执　　笔：冯小波　宋　蓉（北京联合大学）

　　　　　谦　谦（中古文物保护集团有限公司）

参考文献：

［1］安徽省文物考古研究所等：《安徽省濉溪县戚家汉—清代遗址发掘简报》，《文物研究》第21辑，科学出版社，2015年，第163～172页。

［2］淮南市博物馆：《安徽省淮南市山南地区先秦遗址调查简报》，《文物研究》第19辑，科学出版社，2012年，第45～61页。

［3］安徽省文物考古研究所等：《安徽省长丰县古城遗址发掘报告》，《文物研究》第19辑，科学出版社，2012年，第62～93页。

［4］安徽省文物考古研究所等：《安徽省临泉县沈子国古城遗址调查报告》，《文物研究》第19辑，科学出版社，2012年，第94～100页。

［5］安徽省文物考古研究所等：《安徽省宿州市邱园战国至汉代墓群发掘简报》，《文物研究》第19辑，科学出版社，2012年，第101～111页。

［6］天长市博物馆等：《安徽省天长市槽坊汉墓群发掘简报》，《文物研究》第19辑，科学出版社，2012年，第126～131页。

［7］宁国市文物管理所：《安徽省宁国市"八路一桥"建设工程中墓葬及窑址清理简报》，《文物研究》第19辑，科学出版社，2012年，第132～145页。

肥西王大郢遗址发掘简报

北京联合大学　安徽省文物考古研究所

2019年3月至7月,受安徽省文物考古研究所委托,北京联合大学与安徽省肥西县文管所、中古文物保护集团有限公司等单位组成联合考古队,对王大郢遗址进行了考古发掘,总计发掘面积540平方米。现将发掘情况简报如下。

一、地　理　位　置

王大郢遗址位于安徽省合肥市肥西县高店乡新河村,中心地理坐标为:北纬31.879 53°,东经116.883 86°(图一)。遗址分布面积9 000平方米,坐落于早期古河床之上,现为水稻收割后荒地。遗址由三处台地组成,均属于高店乡新河村,其东为董油坊自然村,南为河嘴子自然村,西为刘老庄自然村,北为董小圩自然村。经初步勘探,文化层深约0.6～1.4米,为商周时期遗址。上部遭早期平整土地破坏较多,文化层基本消失不见,现距地表3～6米为淤积土层。调查发现残存早期沟道1条,东西长48、南北宽5～8、深1～1.8米,沟内见红烧土块及商周时期陶片,分布面积约325平方米。沟南发现1个灰坑,被一现代坟叠压部分,破坏较严重。

二、布方及地层堆积

设置布方总基点后,按照5米×5米进行整体虚拟布方,共布设探方20个(编号:王大郢T4101～T4110、T4201～T4210),加上扩方,发掘总面积540平方米。考古发掘严格遵守国家文物局颁布的《田野考古工作规程(2009年)》,选择遗迹相对丰富的区域发掘,发现灰坑38个、灰沟3条(图二;彩版五六,1)。出土陶片较多,以泥质陶为主,夹砂陶较少;灰陶占绝大多数,另有少量红陶。可辨器形有罐、鬲、豆、壶等,鬲足较多。此外,遗址中出土的动物骨骼与植物遗存都已经系统采集,相关报告另文发表。

王大郢遗址的地层堆积分为两层:

第①层:可分为两个亚层。

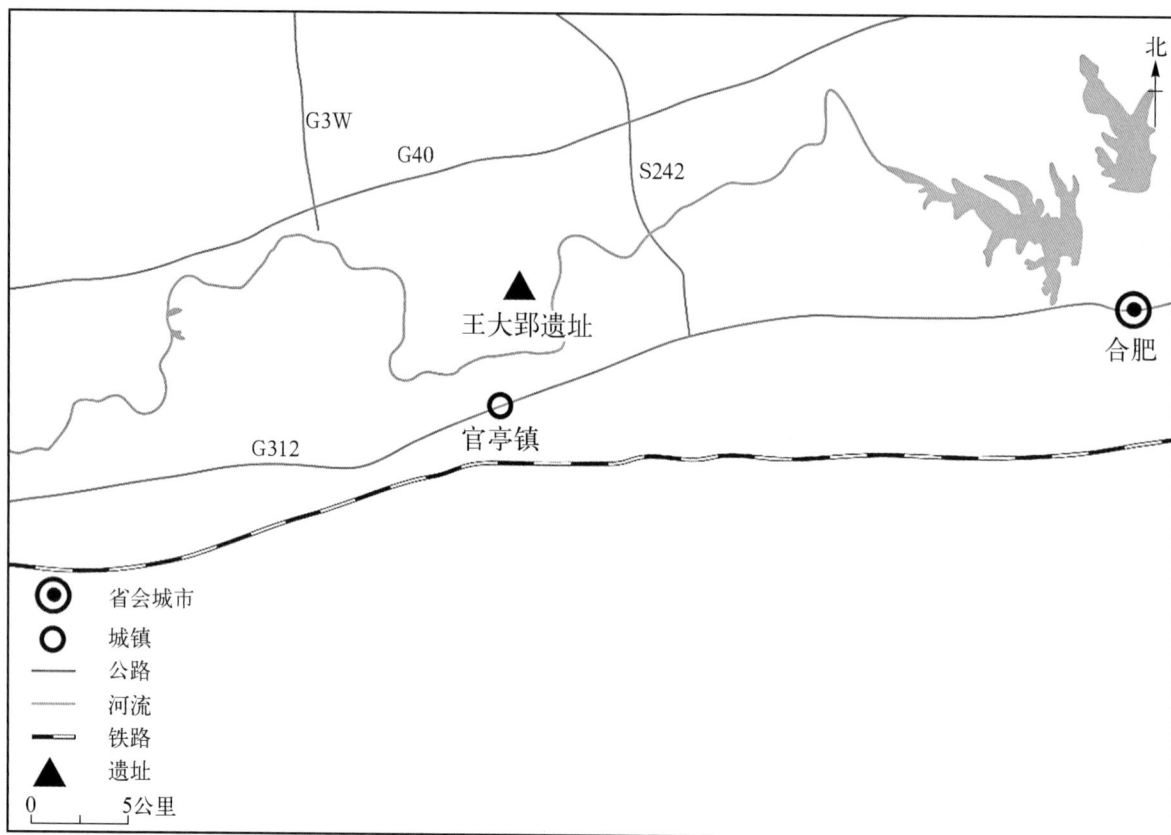

图一　王大郢遗址地理位置示意图

第①a层：浅棕黄色黏土，厚0.2～0.3米，土质较软，含有植物根茎、近现代墓葬迁移后的堆积物等。

第①b层：浅棕灰色黏土，厚0.15～0.2米，分布于全探方，土质较软，含有植物根茎等。此层下发现灰坑、灰沟等遗迹。

第②层：浅棕色黏土，厚0.2～0.25米，分布于全部探方，局部厚薄不一，土质较硬，不见其他遗物。

第②层以下为生土，生土层呈黄褐色，较硬，带有褐黑色斑点，未见底（图三、图四）。

三、遗迹与遗物

（一）主要遗迹

主要遗迹有灰坑38个、灰沟3条。灰坑平面形状大部分为圆形或椭圆形，也有一些灰坑的开口平面形状不规则。

H1　位于T4107，开口于第①b层下，打破G2和生土。平面呈椭圆形，壁略直，底部相对平坦，坑壁及坑底人工痕迹不明显。坑口距现地表0.15～0.2、直径约1.28～1.42、深0.32～0.48米。

北

T4110　　T4210

T4109　　T4209

T4108　　T4208

G1

T4107　　T4207

G2
H1

T4106　　T4206

H6
H5

H7
T4005　　T4105　H30　　T4205

H29

H20

H10

H19

H11

H18
H17
H12
H13　H16
T4004　　T4104　　　H14
H15
T4204
H31

T4103　　　　H4　　T4203
H27
H28　H9

H2

T4102　　T4202　H32

H26
H21
H33
H23　H25　H34
H22　　H24　H35　H3
H36

H37
T4101　H38　T4201

H8　　　H8

0　　　　4米

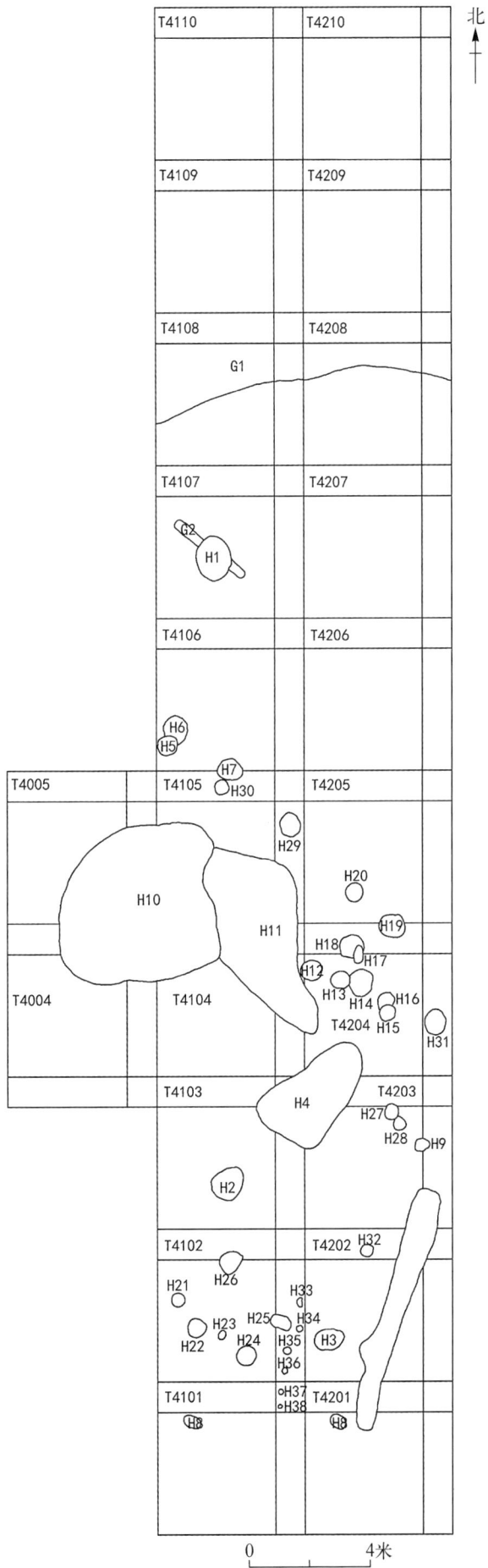

图二　王大郢遗址遗迹分布示意图

T4210　　　　　　　　　　　　　　　　　　　　　　T4110

①b
②

0 1米

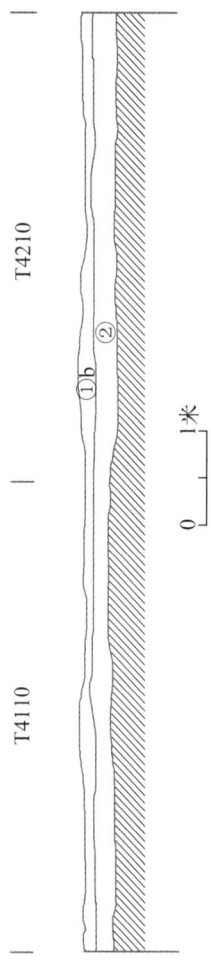

图三　王大郢遗址横剖面图

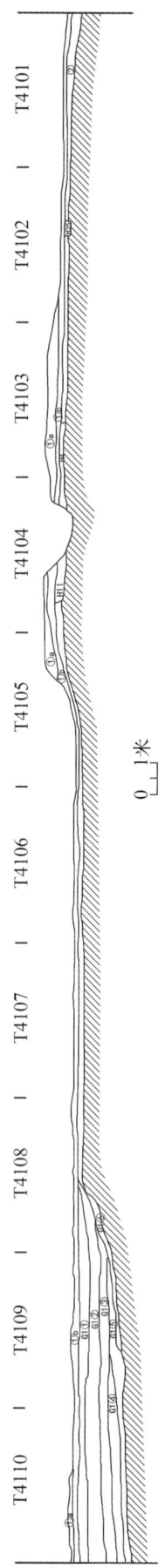

T4101　T4102　T4103　T4104　T4105　T4106　T4107　T4108　T4109　T4110

0 1米

图四　王大郢遗址纵剖面图

坑内堆积只有一层,灰褐色土,土质稍硬,夹较少炭屑。没有出土遗物(图五)。

H10 横跨T4105、T4104、T4004、T4005四个探方,开口于第①b层下,打破G2和生土。平面近椭圆形,壁略直,底部相对平坦,坑壁及坑底人工痕迹不明显。坑口距现地表0.15～0.25、直径约5.2～5.3、深0.5～0.75米。坑内堆积可分为三层:①层为灰褐色土,土质较硬,发现有陶片;②层为褐灰色土,土质稍硬,发现有陶片;③层为褐灰色土,土质较硬,发现有陶片(图六;彩版五六,2)。

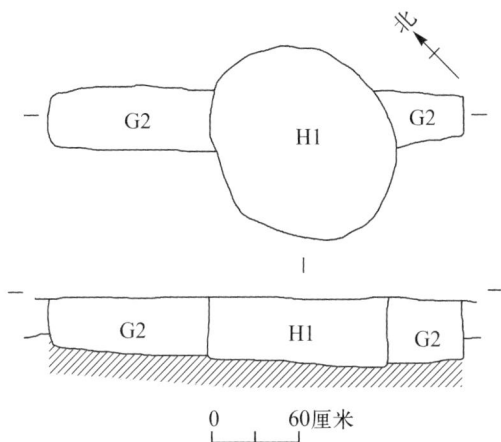

图五　H1平、剖面图

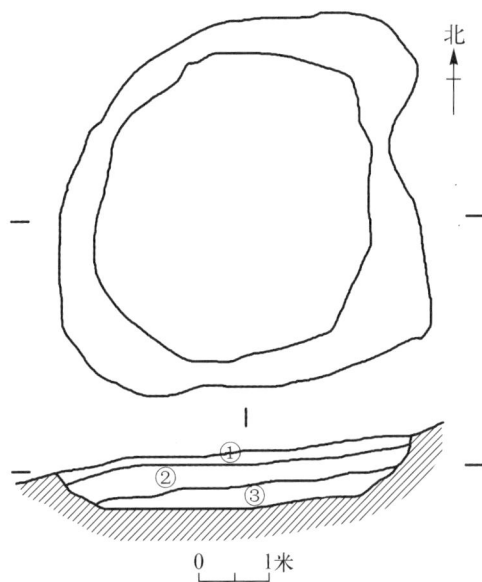

图六　H10平、剖面图

(二)主要遗物

王大郢遗址出土的遗物主要是陶器,可复原的器物不多,多为器物口沿、足部等。

豆 2件。H10①:1,泥质灰褐陶。敛口,浅腹,呈钵形,柄部粗矮,喇叭形器座。素面。口径13、底径8.6、高6.1厘米(图七,1;彩版五七,1)。H10②:1,泥质灰褐陶。敞口,圆唇,束颈,鼓腹,柄部粗壮,中空,喇叭形器座。素面。口径23.3、底径16.9、高19厘米(图七,2;彩版五七,2)。

豆柄 2件。H10①:4,泥质灰陶。豆柄粗壮,中空,喇叭形器座,台形底。底部饰有两周凹弦纹。底径20、残高10.5厘米(图七,3)。H10②:4,泥质黑陶。柄部较粗,中空,喇叭形器座。柄部表面饰有三道凹弦纹。底径17.2、残高10.5厘米(图七,4)。

豆圈足 3件。H10①:10,泥质黑褐陶。柄部粗矮,中空,台形底,足底有沿。素面。底径7.7、残高2.8、台底厚约0.6厘米(图七,15)。H10③:3,泥质黑陶。柄部粗壮,中空,喇叭形器座,台形底,足部表面略有起伏。底径8.7、残高8.3厘米(图八,1)。H10③:1,泥质灰黑陶。喇叭形豆座,台形底,折沿明显。底径14、残高5.4厘米(图八,2)。

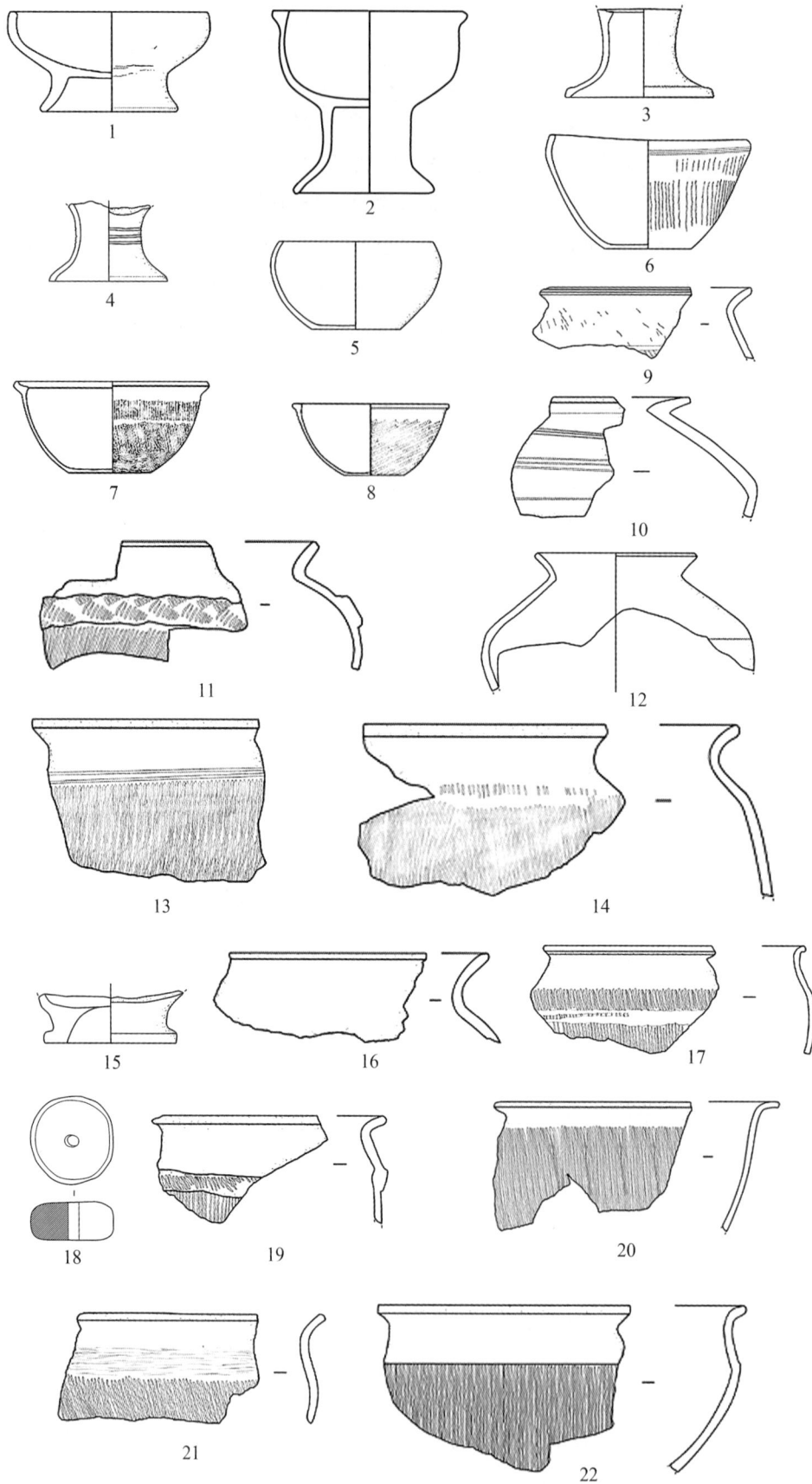

图七　王大郢遗址出土陶器

1、2.豆（H10①：1、H10②：1）　3、4.豆柄（H10①：4、H10②：4）　5、7、8.钵（H10②：2、H10①：3、H10①：5）
6.盆（H10①：2）　9～14、16、17、19～22.罐口沿（H10①：25、H10①：8、H10①：7、H10①：9、H10①：11、H10①：13、
H10①：15、H10②：3、H10③：2、H10②：5、H10②：6、H10②：7）　15.豆圈足（H10①：10）　18.纺轮（H10①：14）

盆 1件。H10①：2，泥质灰褐陶。敞口，方唇，平沿，斜直腹，平底。腹部饰有拍印方格纹。口径21.8、底径8.5、高11.2厘米（图七，6；彩版五七，3）。

钵 3件。H10①：3，泥质黑陶。敛口，方唇，鼓腹，平底。素面。口径12.8、底径7.1、高6.8厘米（图七，7；彩版五七，4）。H10①：5，泥质黄褐陶。敛口，平唇，斜直腹，平底。腹部饰有竖向绳纹。口径16.4、底径6.5、高8.9厘米（图七，8；彩版五七，5）。H10②：2，泥质灰褐陶。敞口，方唇外撇，斜直腹略鼓，平底。腹部饰有竖向压印绳纹。口径23.5、底径12.4、高11.5厘米（图七，5；彩版五七，6）。

罐口沿 14件。H10①：25，夹砂黑褐陶。敞口，方唇，束颈。唇部饰有两周凹弦纹，颈部饰有零星竖向绳纹，间或可见两周凹弦纹。口径13、残高5.6厘米（图七，9）。H10①：7，泥质黑褐陶。敞口，方唇，束颈，溜肩。肩部饰有附加堆纹，肩部及堆纹上饰有竖向绳纹。口径16、残高8.3厘米（图七，11）。H10①：8，泥质灰黄陶。小口，平沿，方唇，束颈，溜肩，折腹。肩腹部饰有三组凹弦纹。残高8.9厘米（图七，10）。H10①：9，泥质黑陶。敞口，方唇，束颈，溜肩，鼓腹。肩腹相交位置饰有一道弦纹，并隐约有压印纹饰。口径13、残高11.3厘米（图七，12）。H10①：11，夹砂灰黄陶。敞口，方唇，束颈，溜肩。肩部饰有两周凹弦纹，以下为竖向绳纹。口径18、残高8.9厘米（图七，13）。H10①：13，夹砂灰黄陶。敞口，方唇，束颈，溜肩。肩部饰有竖向绳纹。口径20、残高10厘米（图七，14）。H10①：15，夹砂黄褐陶。敞口，方唇，束颈。肩部隐约饰有绳纹。口径14、残高5.3厘米（图七，16）。H10②：3，泥质黑褐陶。敞口，方唇，束颈，溜肩。肩部饰竖向绳纹，并可见抹平痕迹。口径16、残高7.9厘米（图七，17）。H10③：2，泥质黑陶。口径22、残高5.8厘米（图七，19）。H10②：5，泥质黑褐陶。敞口，平沿，方唇，斜直腹。腹部饰有竖向绳纹。口径22、残高10厘米（图七，20）。H10②：6，泥质红褐陶。敞口，方唇，束颈，肩部不明显。肩部饰有竖向绳纹。口径17、残高6.9厘米（图七，21）。H10②：7，泥质灰黄陶。敞口，方唇，束颈，折肩。肩部饰竖向绳纹。口径32、残高11.8厘米（图七，22）。H10③：5，夹砂灰褐陶。敞口，方唇，束颈，溜肩。肩部饰附加堆纹，堆纹上饰竖向绳纹。口径16、残高8.3厘米（图八，3）。H10③：4，夹砂灰褐陶。敞口，方唇，束颈，溜肩。颈部饰有两道凹弦纹，肩部饰有竖向绳纹。口径21、残高11.6厘米（图八，4）。

纺轮 1件。H10①：14，夹砂黄陶。平面形状为圆形，剖面形状为不规则圆角四边形。直径5、孔径0.7、厚2.2厘米（图七，18）。

板瓦 1件。G1①：1，泥质青灰陶。背面隐约可见竖向绳纹。长34.4、宽26、高5.2、厚1.7厘米（图八，5；彩版五七，7）。

陶砖 1件。G1③：1，泥质青灰陶。长方形，较厚重。背面隐约可见竖向绳纹，砖面中央饰有同心圆纹，圆心凸出，两侧饰有凸起的十字交叉纹。残长17.5、宽14、高约6.6厘米（图八，6；彩版五七，8）。

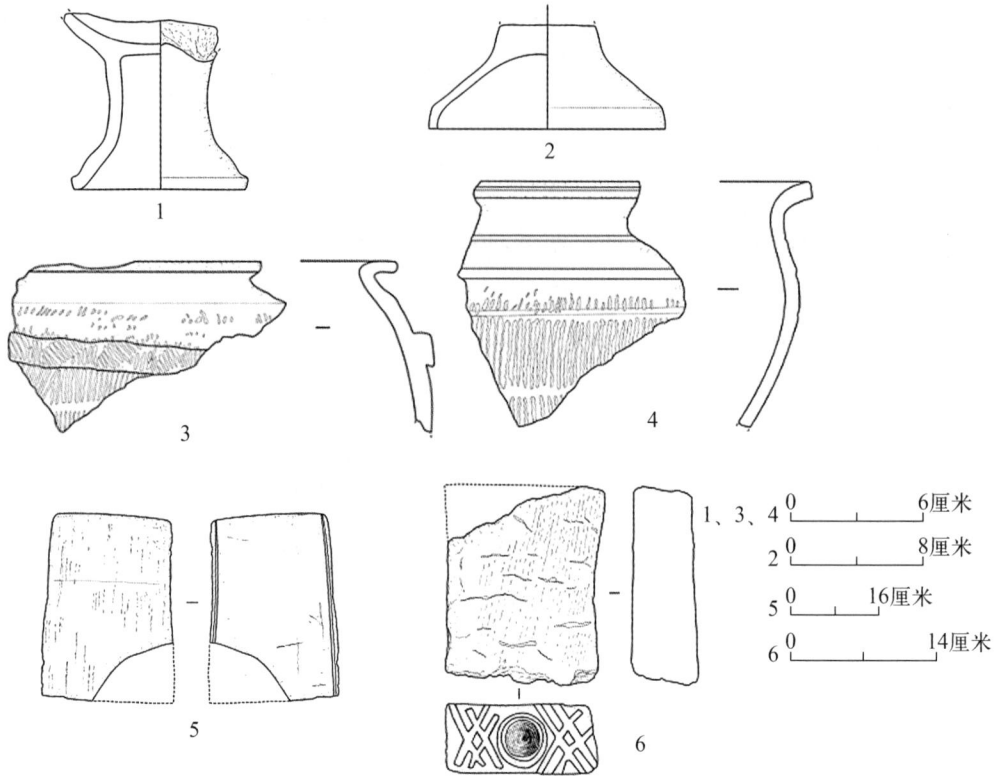

图八　王大郢遗址出土陶器

1、2.豆圈足（H10③：3、H10③：1）　3、4.罐口沿（H10③：5、H10③：4）　5.板瓦（G1①：1）　6.陶砖（G1③：1）

四、结　　论

王大郢遗址属于江淮地区典型的墩台类（也称台墩类）遗存。该遗址出土的遗物不丰富，以陶器为多，陶器的种类以生活用陶器——罐、豆、盆、钵等居多，还有一些可能为建筑遗物，推测该遗址是一处典型的生活类遗址。

王大郢遗址的年代，根据与安徽省发现的一些遗址、遗存进行对比，大部分遗存应属于汉代至明清时期。

领　　队：宋　蓉（北京联合大学）

执行领队：冯小波（北京联合大学）

发　　掘：张义中（安徽省文物考古研究所）

　　　　　李　泉　谭　琛　周天媛（北京联合大学硕士研究生）

　　　　　康家宏（安徽省肥西县高店乡文化站）

　　　　　余振河　侯文明　张　闯（中古文物保护集团有限公司）

整　　理：潘来东　徐泽斌　李丁生（中古文物保护集团有限公司）

石器鉴定：冯小波（北京联合大学）

植物鉴定：孙永刚（赤峰学院）

　　　　　常经宇（安徽大学博士研究生）

动物鉴定：王春雪（吉林大学）

执　　笔：冯小波　宋　蓉（北京联合大学）

　　　　　谦　谦（中古文物保护集团有限公司）

参考文献：

［1］安徽省文物考古研究所等：《安徽省霍山县西汉木椁墓》，《文物》1991年第9期，第43～46页。

［2］安徽省文物考古研究所等：《安徽省六安市九里沟两座西汉墓》，《考古》2002年第2期，第56～63页。

［3］张义中、徐凤芹：《皖西地区中小型西汉墓的分期与年代》，《文物研究》第21辑，科学出版社，2015年，第103～125页。

［4］安徽省文物考古研究所等：《安徽省濉溪县戚家汉—清代遗址发掘简报》，《文物研究》第21辑，科学出版社，2015年，第163～172页。

［5］淮南市博物馆：《安徽省淮南市山南地区先秦遗址调查简报》，《文物研究》第19辑，科学出版社，2012年，第45～61页。

［6］安徽省文物考古研究所等：《安徽省长丰县古城遗址发掘报告》，《文物研究》第19辑，科学出版社，2012年，第62～93页。

［7］安徽省文物考古研究所等：《安徽省临泉县沈子国古城遗址调查报告》，《文物研究》第19辑，科学出版社，2012年，第94～100页。

［8］安徽省文物考古研究所等：《安徽省宿州市邱园战国至汉代墓群发掘简报》，《文物研究》第19辑，科学出版社，2012年，第101～111页。

［9］天长市博物馆等：《安徽省天长市槽坊汉墓群发掘简报》，《文物研究》第19辑，科学出版社，2012年，第126～131页。

［10］宁国市文物管理所：《安徽省宁国市"八路一桥"建设工程中墓葬及窑址清理简报》，《文物研究》第19辑，科学出版社，2012年，第132～145页。

合肥牯牛岗遗址发掘简报

甘肃省文物考古研究所　安徽省文物考古研究所

　　牯牛岗遗址位于安徽省合肥市蜀山区南岗镇牯牛岗,西距合肥市约20公里,遗址分布于派河南岸弯道内的台地之上,台墩平面呈马蹄状,东西长235、南北宽145米。地势较为平坦,地表植被丰茂。遗址中心点坐标为:北纬31°80′29.24″,东经117°04′99.09″,平均海拔23米(图一)。

　　2019年7～11月,甘肃省文物考古研究所对牯牛岗遗址引江济淮工程合肥段穿越区域进行抢救性发掘,共布设10米×10米探方20个,发现4座墓葬,零散分布于发掘区南部(图二),现将发掘情况简报如下。

一、地层单位及层位关系

　　牯牛岗遗址坐落于派河南岸弯道内的台地之上。本次发掘采用象限法布方,布方覆盖整个台地顶面。从目前发掘的遗迹和遗物观察,发掘区域的文化层堆积较为单一。以T0302探方北壁剖面为例介绍如下(图三)。

　　第①层:现代耕土层,浅黄褐色细砂土,土质较疏松,含有较多植物根系,厚约0.15～0.3米。

　　第②层:黄色细砂土,土质致密,无包含物,暂未见可判断年代及遗址性质的遗物。在整个发掘区域,除4座墓葬外暂未见其他遗迹现象。

　　第②层下为生土。

二、遗　　迹

　　共发现4座墓葬,均为竖穴土坑墓,分别编号为M1、M2、M3、M4。详述如下:

(一)M1

1. 墓葬形制

墓葬形制　竖穴土坑墓,方向248°(图四)。

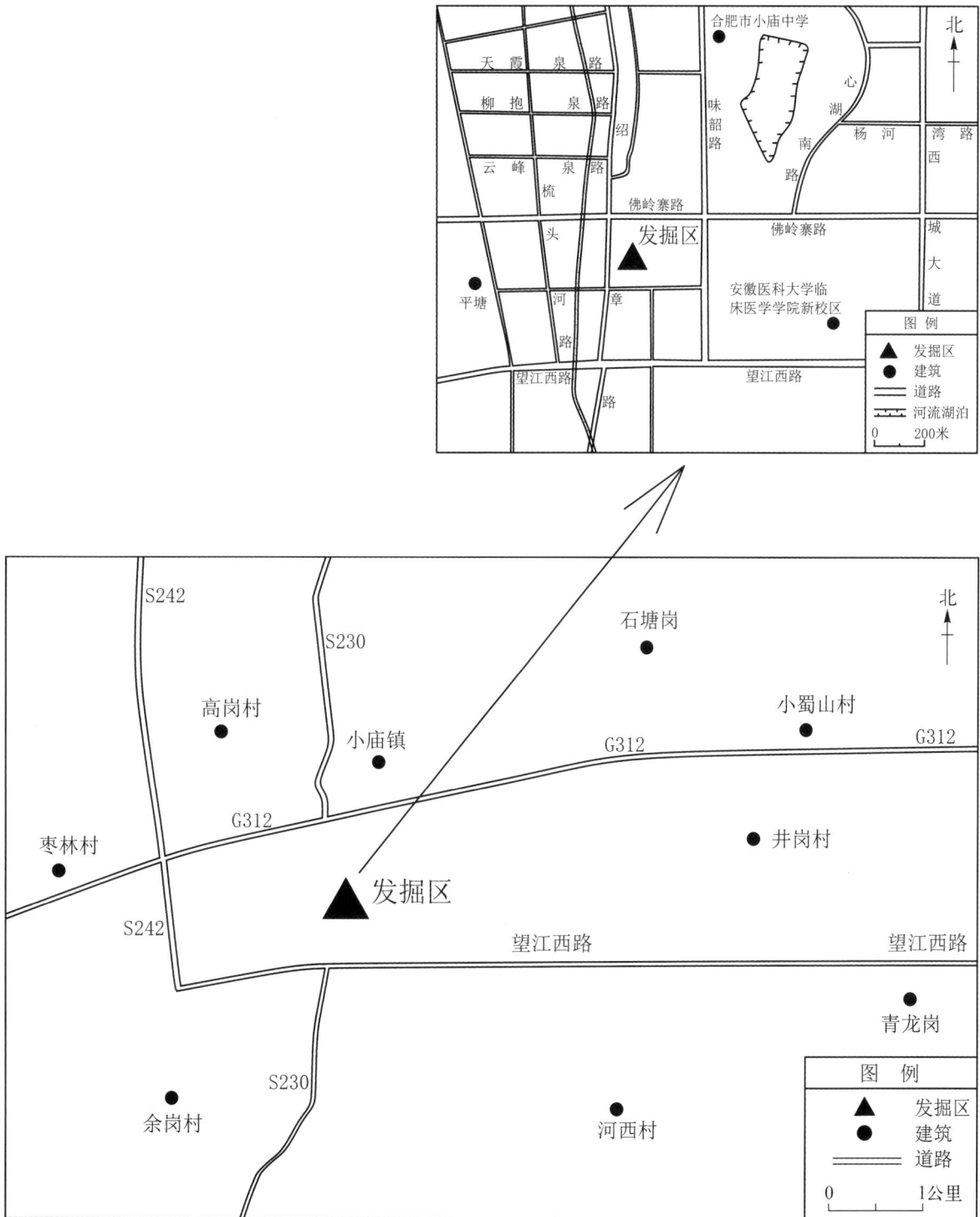

图一 牯牛岗遗址位置示意图

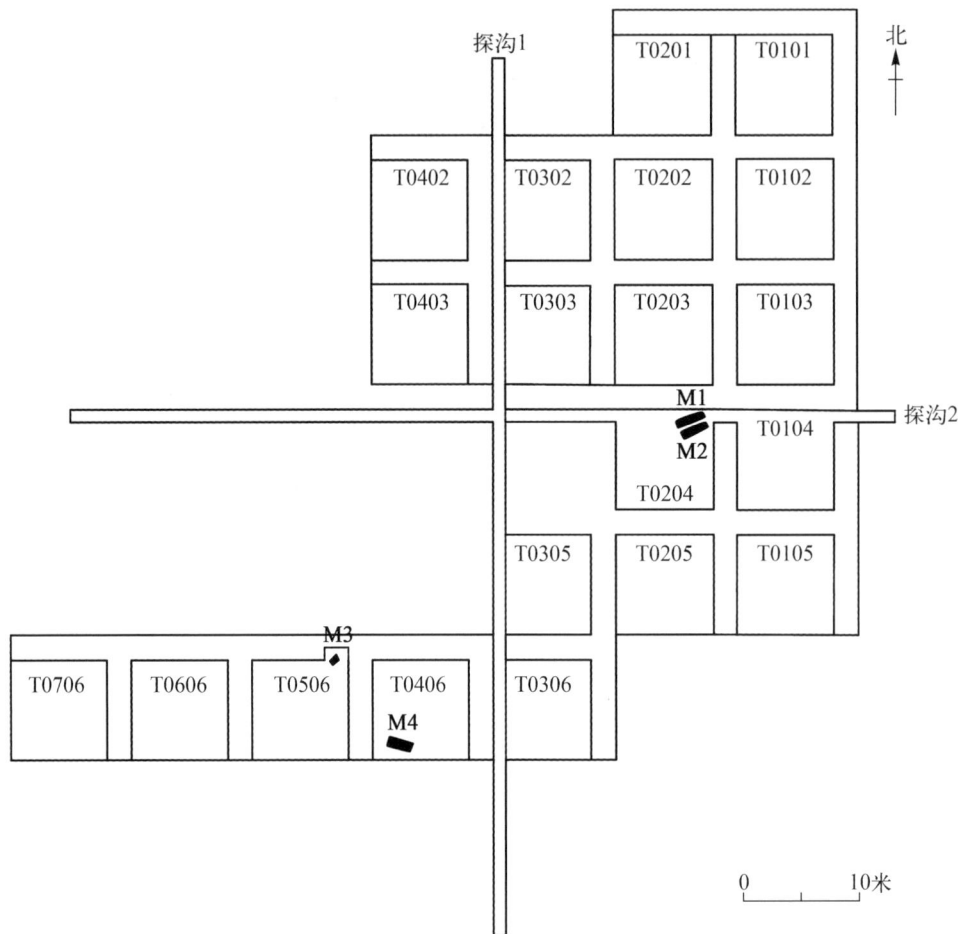

图二　牜牛岗遗址遗迹分布图

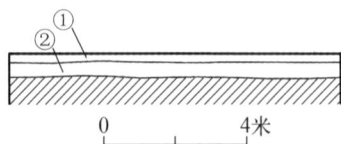

图三　T0302北壁剖面图

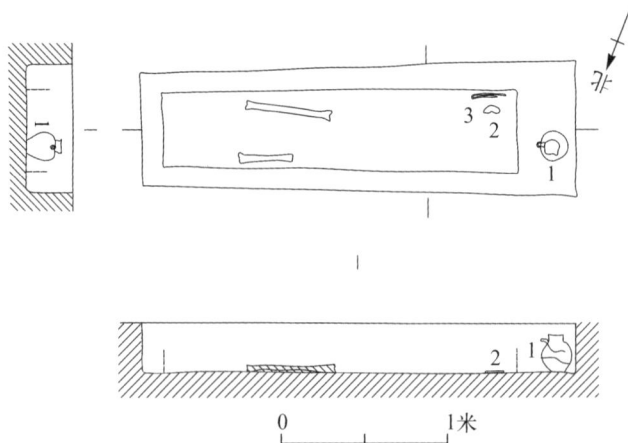

图四　M1平、剖面图

1. 陶壶　2. 铜镜　3. 银钗

墓室 平面为长方形,长2.36、宽0.6～0.72、开口距地表0.2、深0.26米。填土为浅黄褐色细砂土,土质较致密,夹杂少量水锈。

葬具 有棺木和棺钉痕迹,棺长1.92、宽0.4～0.44米。

葬式 棺痕范围内发现1具人骨,保存较差,仰身直肢葬,头向西南。

2. 出土器物

墓室出土1件陶壶、1件铜镜、1件银钗。

陶壶 M1:1,夹砂灰陶。方唇,直口,口部见一流,鼓肩,颈部与腹部见一扁平状环耳把,通体素面,平底。口径8.69、腹径15、底径7.26、高18.66、唇厚0.63厘米(图五,1)。

铜镜 M1:2,圆形,钮残,座外一圈凸弦纹圈,镜面腐蚀严重。直径9.19、厚0.17厘米(图五,2)。

银钗 M1:3,断成三节。残长18.19厘米(图五,3)。

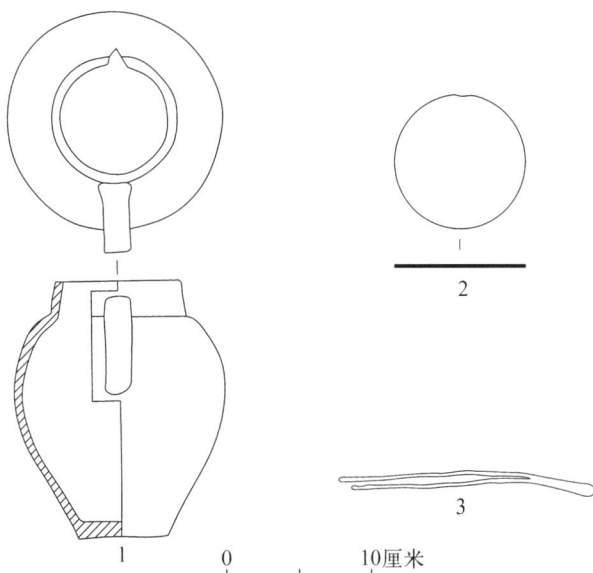

图五 M1出土器物

1.陶壶(M1:1) 2.铜镜(M1:2) 3.银钗(M1:3)

(二)M2

1. 墓葬形制

墓葬形制 竖穴土坑墓,方向248°(图六)。

墓室 平面为长方形,长2.24、宽0.6～0.8、开口距地表0.2、深0.3米。填土为浅黄褐色细砂土,土质较致密,夹杂少量水锈。

葬具 有棺木和棺钉痕迹,棺长1.72、宽0.38～0.42米。

葬式 棺痕范围发现1具人骨,保存较差,仰身直肢葬,头向西南。

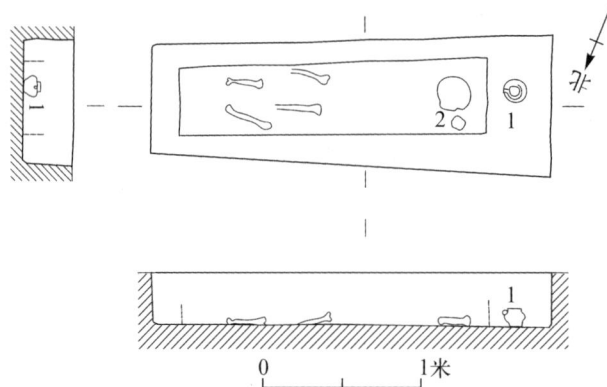

图六　M2平、剖面图

1. 陶壶　2. 铜镜

2. 出土器物

墓室出土1件陶壶、1件铜镜。

陶壶　M2：1，夹砂红陶。圆唇，直口，立领，领部见一道凹弦纹，口部见一流，鼓肩，颈部与腹部见一扁平状环耳把，通体素面，小凹底。口径8.41、腹径10.85、底径5.03、高10.27、唇厚0.43厘米（图七，1）。

铜镜　M2：2，葵花形，残，座外一圈葵花形边缘，镜面腐蚀严重。残直径11.18、厚0.24厘米（图七，2）。

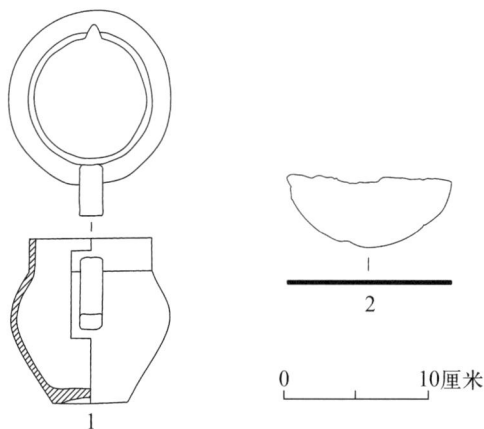

图七　M2出土器物

1. 陶壶（M2：1）　2. 铜镜（M2：2）

（三）M3

1. 墓葬形制

墓葬形制　竖穴土坑墓，四壁贴砖，方向39°（图八）。

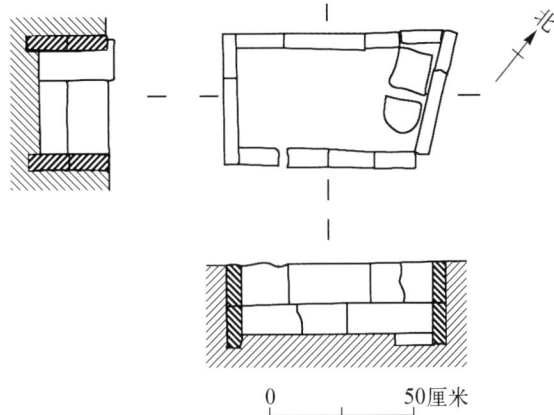

图八　M3平、剖面图

墓室　平面呈近长方形，长0.64～0.8、宽0.44、开口距地表0.32、深0.3米，墓整体用砖铺成，砖长约0.25、宽0.14、厚0.05米。

葬具、葬式不详。

2. 出土器物

无。

（四）M4

1. 墓葬形制

墓葬形制　竖穴土坑墓，方向290°（图九）。

墓室　平面呈长方形，东西长2.28～2.34、南北宽0.84～0.9米，二层台宽约0.3米，墓深0.3米。

葬具　棺痕长1.82、宽0.46～0.5、厚约0.04米。

葬式　棺痕范围内发现1具人骨，保存较差。仰身直肢葬，头向西北，面向不清。

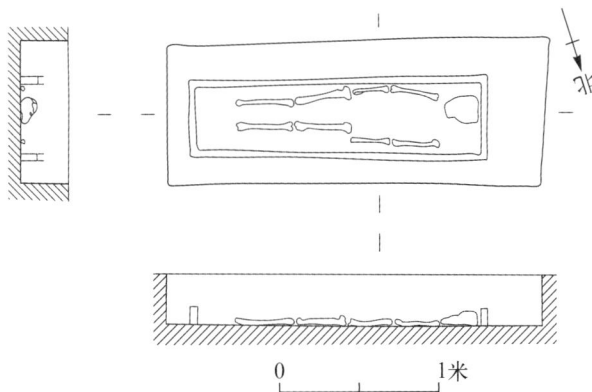

图九　M4平、剖面图

2. 出土器物

无。

三、结　语

牯牛岗遗址发现墓葬形制均为长方形竖穴墓，无壁龛、无头箱，有木棺痕迹，葬式为仰身直肢葬。长方形竖穴土坑墓，属于明清时期常见平民墓形制，在全国范围内普遍使用，如宜城詹营村明墓群、湖北荆州张家屋台墓地 M15、M22、M26 等。

M1、M2 出土陶壶与江苏泰州觉正寺明代墓葬中出土陶壶形制相似，圆唇、短流、直颈、有把。

安徽合肥地区发现的明清平民墓多使用三合土浇浆，如安庆明代纪年墓，墓葬形制与本次发掘的墓葬均为长方形竖穴墓，墓主身份为庠生，属于无官位士人。本次发掘的 4 座墓葬均未使用三合土浇浆，墓主身份应低于乡绅士人，属一般平民。

根据墓葬形制及出土的陶壶、铜镜、银钗等器物综合分析，该遗址应为明清时期平民墓葬。该遗址的发掘，丰富了该地区明清时期平民墓葬的相关资料，进一步完善了安徽地区明清物质文化的序列，为今后该地区的研究提供了重要参考资料。

领　　　队：张义中　王　山
发掘人员：屈红国　吕亚歌　张景卫　祝志锋等
绘图、照相：屈红国　张景卫
执　　　笔：王　山

参考文献：

［1］殷涤非：《安徽肥东县闲集乡明墓的清理》，《考古通讯》1958 年第 3 期。
［2］武襄宜：《宜城詹营村明墓清理简报》，《江汉考古》1988 年第 1 期。
［3］朱振文、夏天霞：《安徽滁州市南小庄发现明墓》，《考古》1996 年第 11 期。
［4］方晖：《安徽歙县明代贵夫人墓》，《中原文物》2003 年第 4 期。
［5］汪惟寅、叶定一、汪俊明等：《江苏泰州明代墓葬清理简报》，《东南文化》2007 年第 3 期。
［6］郑建明、胡秋凉、包扣林等：《浙江长兴石泉明墓发掘简报》，《文物》2015 年第 7 期。
［7］刘德银、刘建业、王家鹏等：《湖北省荆州市张家屋台墓地发掘简报》，《文博》2017 年第 4 期。

彩　　版

0　　　10米

肥西高古墩新石器时代遗址发掘简报

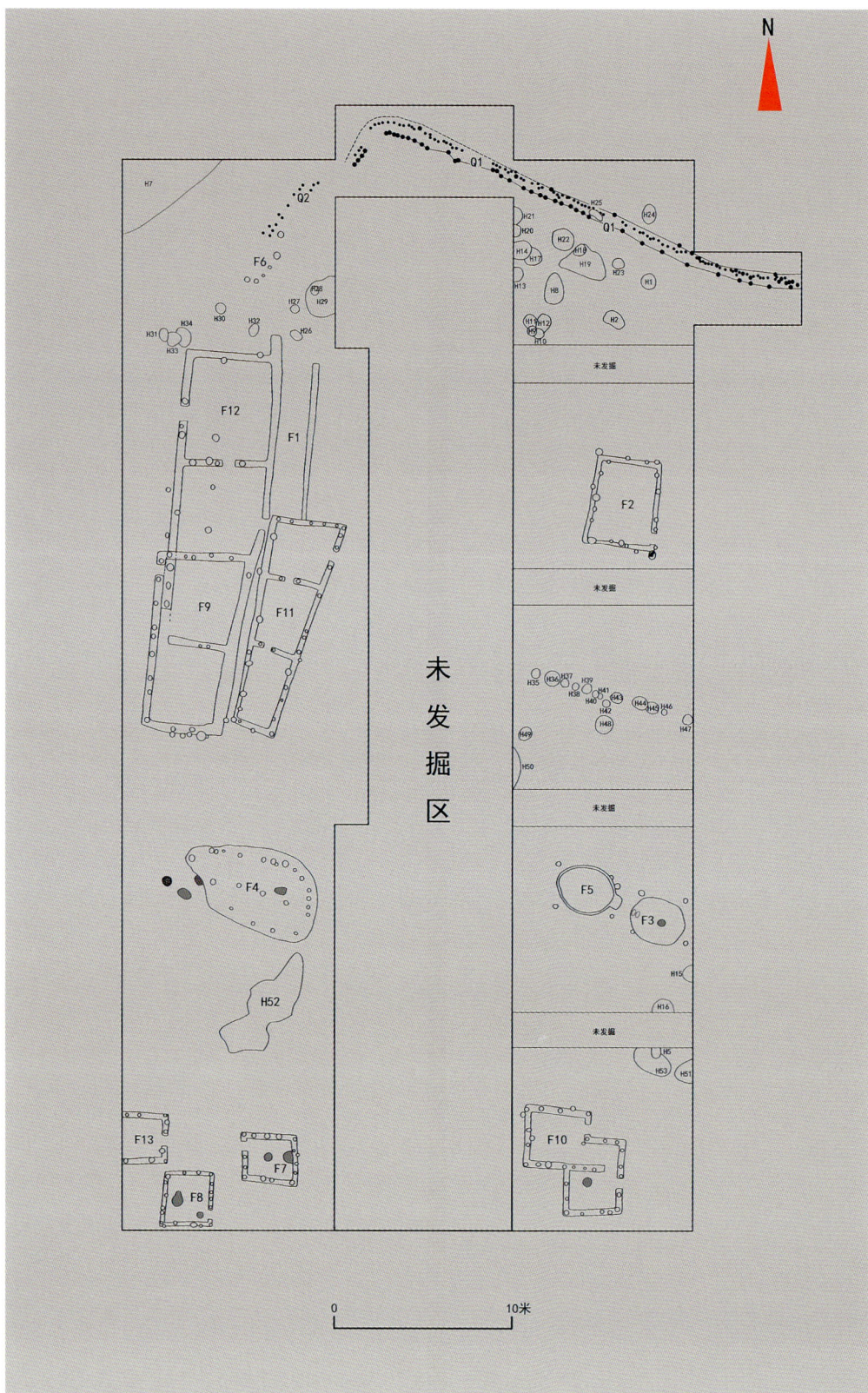

N

H7

Q2

Q1

Q1

H25

H24

H21

H20

H22

H14

H17

H19

H23

H13

H8

H1

F6

H36

H12

H2

H27

H29

H10

H26

H31

H34

H30

H32

H33

F12

F1

未发掘

F2

未发掘

F9

F11

H35

H36

H37

H39

H38

H40

H41

H43

H44

H49

H46

H42

H47

H48

未发掘

H49

H50

F4

F5

F3

H52

H15

H16

未发掘

H5

H53

H51

F13

F10

F7

F8

未
发
掘
区

0　　　　　　　　　　10米

肥西高古墩新石器时代遗址发掘简报

1. F2

2. F4

肥西高古墩新石器时代遗址发掘简报

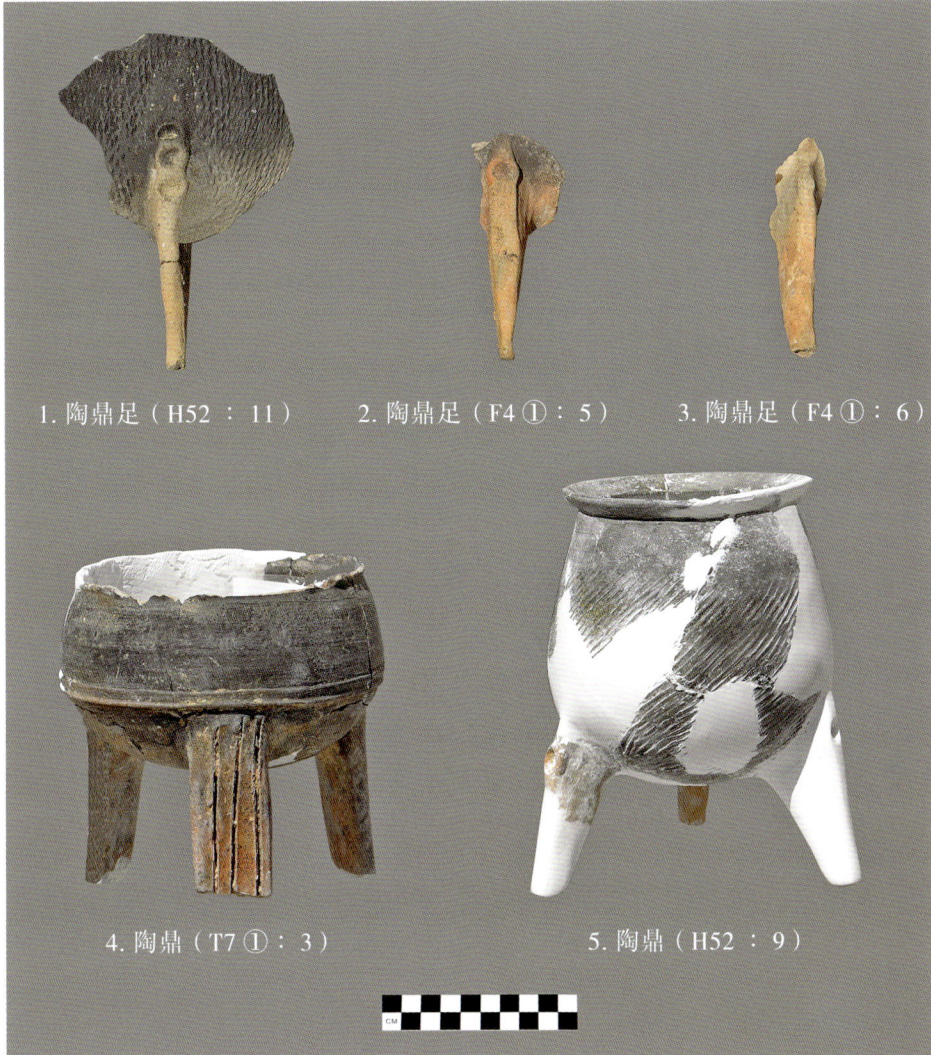

1. 陶鼎足（H52：11）　　2. 陶鼎足（F4①：5）　　3. 陶鼎足（F4①：6）

4. 陶鼎（T7①：3）　　　　5. 陶鼎（H52：9）

6. 陶纺轮（T5②：1）　　7. 陶纺轮（T6①：3）　　8. 陶纺轮（T7②：1）

1. 石磬（H52①：7）

2. 石斧（F4②：2）

3. 石凿（T4②：1）

4～8. 石镞（H52①：5、T2②：1、T9②：1、T8②：1、T8②：2）

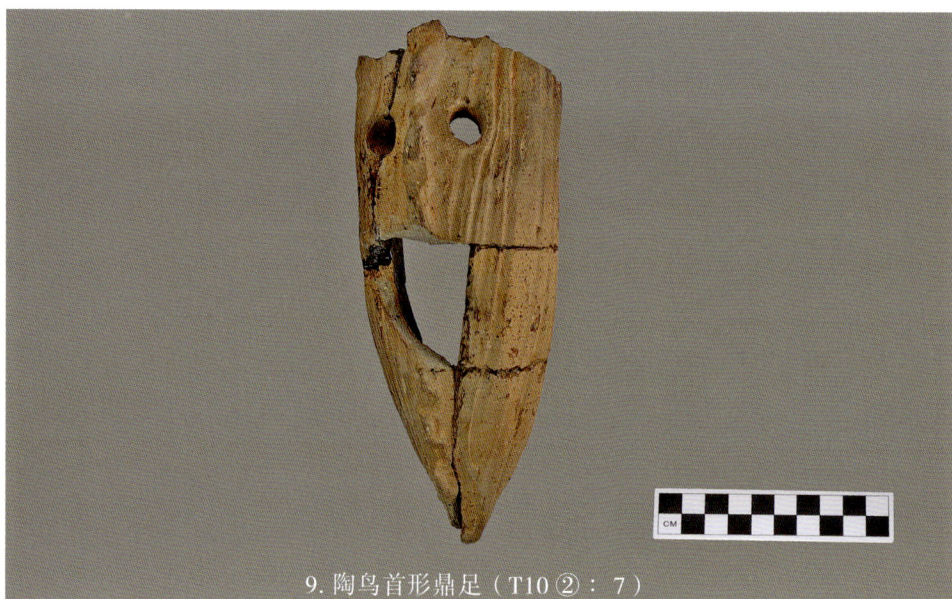

9. 陶鸟首形鼎足（T10②：7）

肥西高古墩新石器时代遗址发掘简报

1. 陶豆（M1：1）

2. 陶豆（M1：10）

3. 陶碗（M1：3）

4. 陶碗（M1：11）

5. 陶罐（M1：12）

6. 陶壶（M1：2）

桐城魏庄遗址新石器时代墓葬发掘简报

1. 陶壶（M1：7）

2. 陶壶（M1：8）

3. 陶纺轮（M1：5）

4. 石锛（M1：4）

5. 石锛（M1：9）

6. 石钺（M1：6）

1. 陶鼎（M2：6）

2. 陶釜（M2：15）

3. 陶豆（M2：2）

4. 陶豆（M2：10）

5. 陶罐（M2：3）

6. 陶罐（M2：5）

1. 陶罐（M2 ∶ 16）

2. 陶壶（M2 ∶ 11）

3. 陶盆（M2 ∶ 4）

4. 陶杯（M2 ∶ 7）

5. 陶杯（M2 ∶ 8）

6. 陶杯（M2 ∶ 9）

1. 玉隧孔珠（M2：1）

2. 陶豆（M3：1）

3. 陶豆（M3：7）

4. 陶碗（M3：8）

5. 陶盘（M3：4）

6. 陶罐（M3：10）

桐城魏庄遗址新石器时代墓葬发掘简报

1. 陶罐（M3：11）

2. 陶杯（M3：2）

3. 石锛（M3：3）

4. 石锛（M3：9）

5. 石钺（M3：5）

6. 陶豆（M4：5）

桐城魏庄遗址新石器时代墓葬发掘简报

1. 陶豆（M4 ： 10）

2. 陶罐（M4 ： 1）

3. 陶罐（M4 ： 2）

4. 陶罐（M4 ： 7）

5. 陶罐（M4 ： 11）

6. 陶壶（M4 ： 6）

1. 陶盆（M4：9）

2. 陶杯（M4：8）

3. 陶纺轮（M4：12）

4. 陶纺轮（M4：13）

5. 陶豆（M5：1）

6. 陶壶（M5：3）

1. 陶罐（M5：6）

2. 陶杯（M5：5）

3. 石锛（M5：4）

4. 陶纺轮（M7：1）

5. 陶罐（M8：2）

6. 陶罐（M8：5）

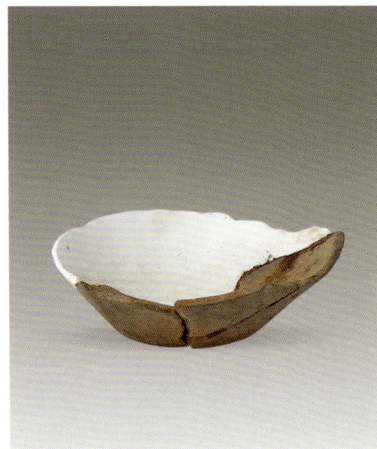

1. 陶杯（M8：3）　　　　2. 陶杯（M8：7）　　　　3. 陶器底（M8：4）

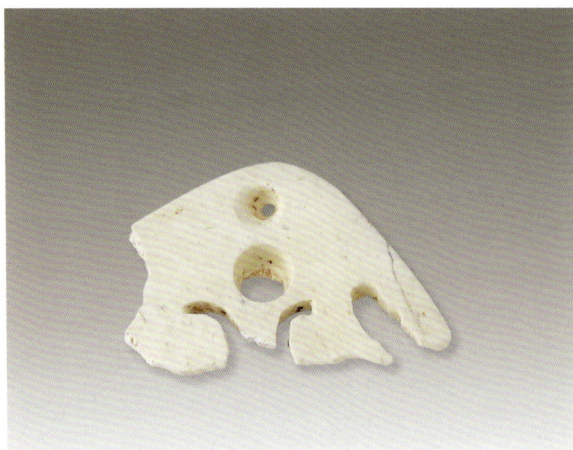

4. 玉璜（M9：1）　　　　　　　5. 玉环（M9：4）

6. 玉隧孔珠（M9：2）　　　　　7. 玉隧孔珠（M9：3）

1.Ab 型陶鬲（H11①：15）

2.B 型陶鬲（H11①：18）

3.A 型陶钵（H11②：11）

4.B 型陶钵（H11③：19）

5.C 型陶钵（H11③：10）

1.A 型陶罐（H11③：16）

2.B 型陶罐（H11④：8）

3. 陶豆（H1①：3）

4. 陶簋（H11⑤：15）

1. 陶罐（M10：1）

2. 陶豆（M12：1）

3. 陶罐（M17：1）

4. 陶鬲（M17：2）

5. 陶罐（M18：1）

6. 铜爵（ⅡT0211②b：1）

1. 陶盆形豆（H15①：1）

2. 陶钵形豆（H15①：2）

3. 陶钵形豆（H15①：5）

4. 陶钵形豆（H15②：3）

5. 陶豆残器（H15②：24）

6. 陶豆盘（H15②：6）

1. 陶豆盘（H15 ② ：7）

2. 陶豆柄（H15 ② ：25）

3. 陶豆座（H15 ① ：12）

4. 陶豆座（H15 ② ：4）

5. 陶豆座（H15 ② ：5）

6. 陶豆座（H15 ② ：13）

1. 陶豆座（H15 ② ：21 ）

2. 陶豆座（H15 ② ：22 ）

3. 陶豆座（H15 ② ：26 ）

4. 陶豆座（H15 ③ ：7 ）

5. 陶豆座（H15 ③ ：11 ）

6. 陶豆座（H15 ③ ：12 ）

1. 陶豆座（H15 ③：12）

2. 陶鼓腹钵（H15 ①：6）

3. 陶鼓腹钵（H15 ①：7）

4. 陶鼓腹钵（H15 ②：2）

5. 陶鼓腹钵（H15 ②：19）

6. 陶斜直腹钵（H15 ②：9）

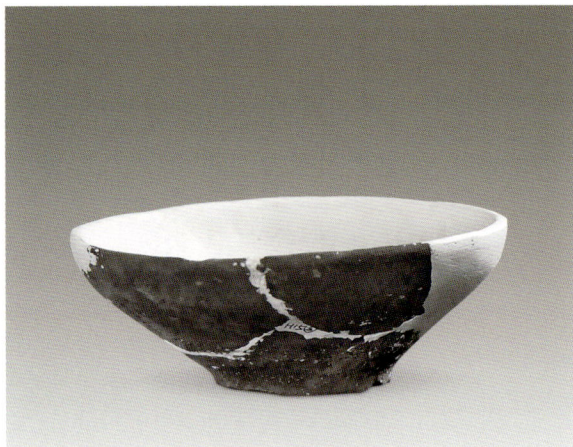

1. 陶圈足碗（H15 ②：10）

2. 陶假圈足碗（H15 ①：8）

3. 陶罐（H15 ②：1）

4. 陶罐口沿（H15 ①：11）

5. 陶罐口沿（H15 ①：13）

6. 陶罐口沿（H15 ①：14）

1. 陶罐口沿（H15 ② : 15）

2. 陶罐口沿（H15 ② : 16）

3. 陶罐口沿（H15 ② : 17）

4. 陶罐口沿（H15 ② : 18）

5. 陶罐口沿（H15 ② : 20）

6. 陶罐口沿（H15 ③ : 1）

1. 陶罐口沿（H15 ③：2）

2. 陶罐口沿（H15 ③：3）

3. 陶罐口沿（H15 ③：4）

4. 陶罐口沿（H15 ③：5）

5. 陶罐口沿（H15 ③：6）

6. 陶罐口沿（H15 ③：8）

1. 陶罐口沿（H15③：9）

2. 陶罐口沿（H15③：10）

3. 陶罐口沿（H15④：3）

4. 陶罐口沿（H15④：4）

5. 陶罐口沿（H15④：5）

6. 陶盆（H15④：1）

1. 陶盆口沿（H15 ②：14）

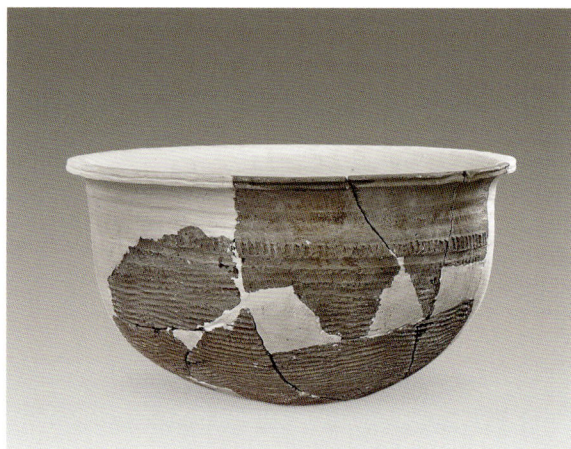

2. 陶釜（H15 ②：8）

3. 陶鬲（H15 ④：2）

4. 陶台形器（H15 ①：9）

5. 陶纺轮（H15 ①：10）

6. 陶鬲足（H15 ④：6）

1. 陶鬲足（H15④：8）

2. 陶器把手（H15④：7）

3. 原始瓷盘形豆（H15①：3）

4. 原始瓷盘形豆（H15①：4）

5. 石镰（H15②：27）

6. 石斧（H15③：14）

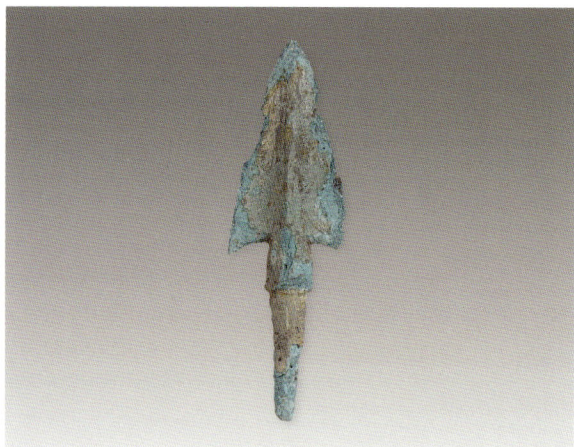

1. 铜镞（H15 ② ： 12）

2. 铜戈（H15 ② ： 11）

3. 陶盘形豆（H32 ： 1）

4. 陶盘形豆（H32 ： 2）

5. 陶钵形豆（H13 ① ： 1）

6. 陶有耳罐（H30 ： 1）

1. 陶无耳罐（H108：1）

2. 陶无耳罐（H32：7）

3. 陶甑（H62：1）

4. 陶施纹盆（H42①：1）

5. 陶施纹盆（H42③：1）

6. 陶素面盆（H38：4）

1. 陶素面盆（T5231 ②：1）

2. 陶素面盆（T5231 ②：2）

3. 陶深腹钵（H32 ：3）

4. 陶深腹钵（H34 ：1）

5. 陶浅腹钵（H33 ：3）

6. 陶浅腹钵（H38 ：3）

1. 陶浅腹钵（H40：1）

2. 陶盂（H35：5）

3. 陶碗（H32：4）

4. 陶碗（H33：1）

5. 陶碗（H33：2）

6. 陶碗（H38：2）

1. 陶鬲（H108：2）

2. 陶三足盘（H12②：1）

3. 陶器盖（H67：1）

4. 陶器盖（T5229②：1）

5. 陶纺轮（H12：1）

6. 陶纺轮（H26：1）

1. 陶纺轮（H38：1）

2. 陶权（T1480 采集：1）

3. 瓷碗（H13②：1）

4. 石斧（T5243 剖沟：100）

5. 石斧（T5231②：1）

6. 石斧（H110：1）

1. 石凿（H38：19）

2. 石凿（石楔）（H38：18）

3. 石锛（H12②：2）

4. 铁剪（H16：1）

1. 坝埂遗址地理环境

2. 环带状红烧土面建筑

1. Z5

2. F1

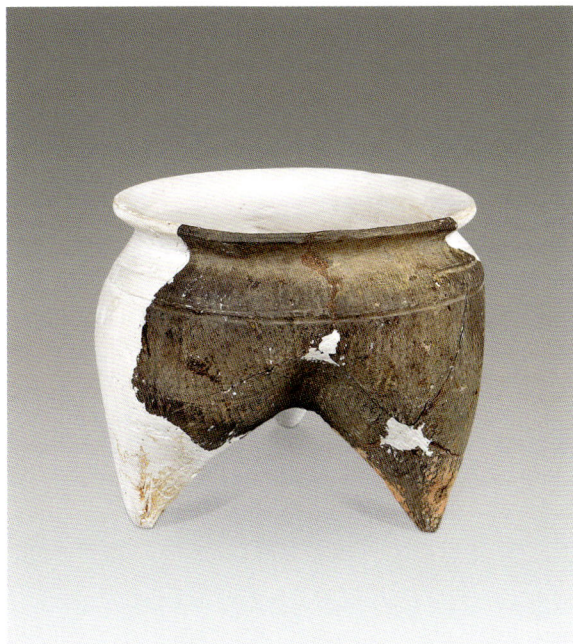

1. 陶鬲（T1519⑧：1）

2. 陶钵（T1519⑧：2）

3. 陶盉（T1517⑥：6）

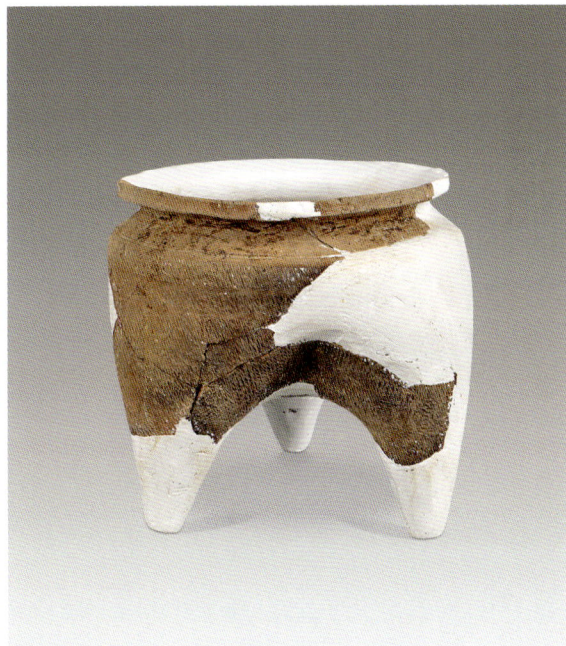

4. 陶鬲（T1518⑥：2）

彩版四○　庐江坝埂遗址出土陶器

1. 陶鬲（T1515⑥：2）

2. 陶盂（T1515⑥：1）

3. 陶罐（H7：2）

庐江坝埂遗址周代遗存发掘简报

1. 杨家墩遗址发掘区全景

2. 红烧土遗迹 HST1 局部（西—东）

1. 陶盉（ⅠT0401H11：1）

2. 陶盉（ⅠT0500H14：1）

3. 陶纺轮（ⅠT0500H12：1）

4. 石锛（ⅠT0302②：4）

5. 石斧（ⅠT0401③：7）

6. 玉器（ⅠT0401H11：3）

1. 陶鬲（T1③：1）

2. 陶盉（T4③：1）

3. 陶纺轮（T8⑤：1）

4. 石斧（T4⑤：1）

5. 石锛（H2：1）

6. 石凿（M1：1）

庐江俞庄遗址周代遗存发掘简报

1. Ⅰ区西泄河沿岸发掘现场

2. Ⅱ区翟塘区发掘现场

3. Ⅲ区殿顶子桃园区发掘现场

太和马庄遗址发掘简报

1. Ⅱ M6

2. 铜盖弓帽（Ⅱ M6：1）

3. 铜车軎（Ⅱ M6：2）

4. 铜燕形牌饰（Ⅱ M6：4）

5. 象牙簪（Ⅱ M8：3）

1. 清理前

2. 清理后

寿县五里闸墓地考古发掘简报

1.M10

2.M12

1. 陶鼎（M8：2）

2. 釉陶盒（M8：14）

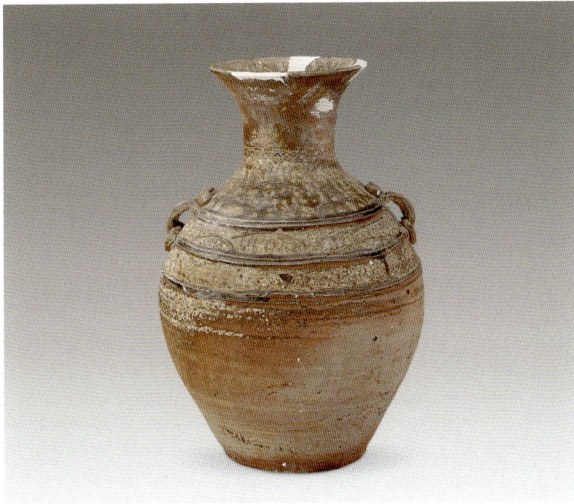

3. 釉陶壶（M8：5）

4. 釉陶瓿（M8：6）

5. 陶杯（M8：7）

6. 釉陶鐎斗（M8：12）

1. 陶圈厕（M8：1）

2. 陶灶（M8：4）

3. 釉陶井（M8：3）

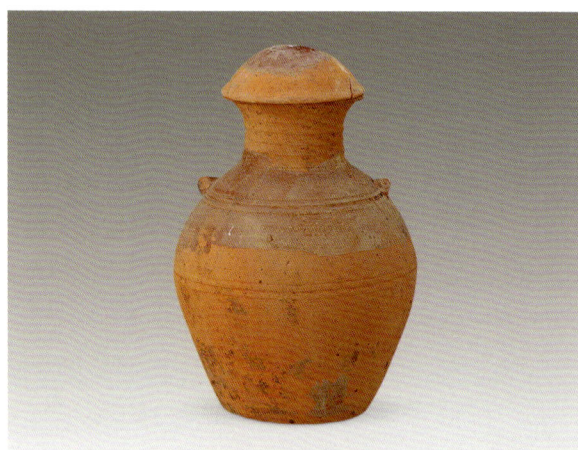

4. 釉陶壶（M9：2）

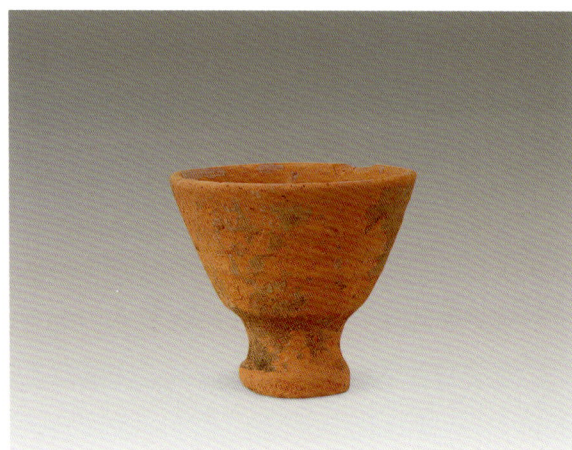

5. 陶杯（M9：5）

6. 陶圈厕（M9：3）

1. 陶灶（M9：1）

2. 釉陶井（M9：4）

3. 釉陶壶（M10：2）

4. 釉陶鼎（M12：5）

5. 釉陶盒（M12：7）

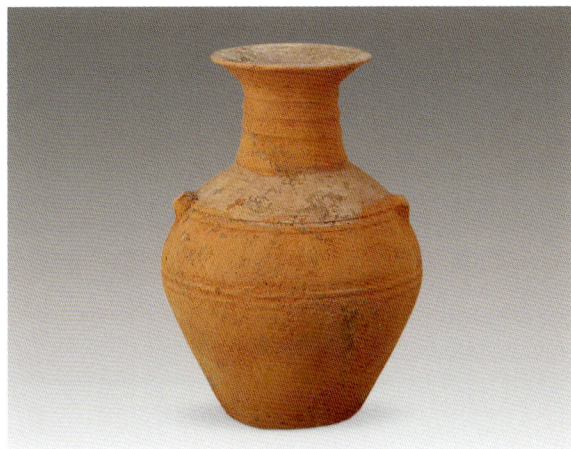

6. 釉陶壶（M12：11）

1. 釉陶壶（M12：1）

2. 釉陶杯（M12：9）

3. 陶圈厕（M12：10）

4. 陶灶（M12：6）

5. 釉陶井（M12：8）

肥西塘新圩遗址考古发掘简报

1. 石斧（T5101 ③：1）

2. 瓷碗（T5102 ④：1）

3. 瓷碗（T5106 ⑦：1）

4. 瓦当（T5108 ④：1）

5. 瓦当（T5208 ④：2）

1. 筒瓦（T5102 ④：1）

2. 筒瓦（T5103 ④：3）

3. 筒瓦（T5106 ③：1）

4. 筒瓦（T5203 ③：1）

5. 筒瓦（T5204TJ1 ②：1）

6. 筒瓦（T5204TJ1 ②：2）

7. 筒瓦（T5205TJ1 ①：1）

8. 筒瓦（T5206TJ1 ①：1）

1. 王大郢遗址遗迹分布图

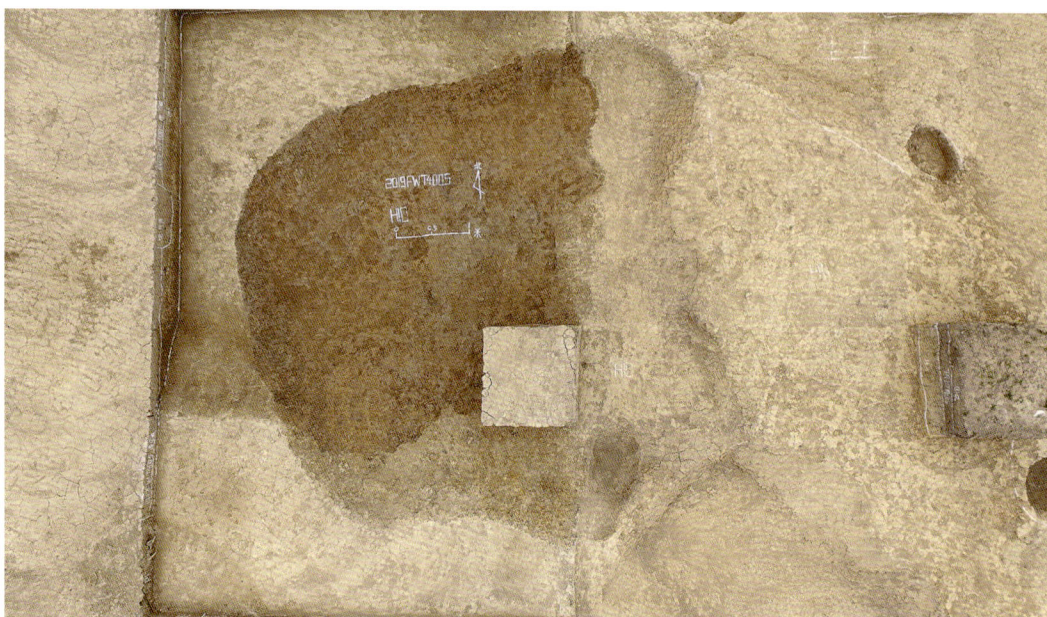

2. H10

1. 陶豆（H10①：1）

2. 陶豆（H10②：1）

3. 陶盆（H10①：2）

4. 陶钵（H10①：3）

5. 陶钵（H10①：5）

6. 陶钵（H10②：2）

7. 板瓦（G1①：1）

8. 陶砖（G1③：1）